GAODENGYUANXIAO TONGJIXUE JINGPINJIAOCAI

高等院校统计学精品教材

现代金融统计分析

主　编/陈耀辉
副主编/杨益民　徐立霞

中国统计出版社
China Statistics Press

(京)新登字 041 号

图书在版编目(CIP)数据

现代金融统计分析 / 陈耀辉主编 .--北京:中国统计出版社,2012.3

ISBN 978-7-5037-6479-0

Ⅰ.①现… Ⅱ.①陈… Ⅲ.①金融统计－统计分析 Ⅳ.①F830.2

中国版本图书馆 CIP 数据核字(2012)第 024894 号

现代金融统计分析

作　　者/陈耀辉
责任编辑/张　赏
装帧设计/杨　超
出版发行/中国统计出版社
通信地址/北京市西城区月坛南街 57 号　邮政编码/100826
办公地址/北京市丰台区西三环南路甲 6 号
网　　址/www. stats. gov. cn/tjshujia
电　　话/邮购(010)63376907　书店(010)68783172
印　　刷/河北天普润印刷厂
经　　销/新华书店
开　　本/787×1092mm　1/16
字　　数/570 千字
印　　张/23.5
印　　数/1－3000 册
版　　别/2012 年 3 月第 1 版
版　　次/2012 年 3 月第 1 次印刷
书　　号/ISBN 978-7-5037-6479-0/F·3107
定　　价/43.00 元

前 言

随着经济的发展和中国市场化进程的推进，现代统计分析方法在金融领域中的作用越来越重要，社会对现代金融统计理论和实务知识的需求也越来越迫切，不仅需要了解中国金融市场规模及其对国民经济总体的贡献、金融资产与负债结构的变动特点与趋势、资金流量及其运行轨迹、金融数据质量与可信性、金融稳健状况等，而且更需要对海量金融数据进行统计分析，探究数据之间的关系及其内部隐含的关键信息，发现数据中的变化规律，监测金融运行模式，进而做出科学的决策。为此，我们编写了《现代金融统计分析》。

描述金融运行过程需要借助规范的数据格式、表现形式，这是数据的生产与发布问题。对这些数据进行挖掘、分析是现代金融统计分析的主要任务。“现代金融统计分析”是运用现代统计学的基本分析方法研究金融运行问题，既可以从宏观经济决策部门政策制定者的视角分析宏观金融数据、探究宏观金融运行规律；也可以从监管者的视角分析微观金融数据，分析金融机构、金融市场和金融部门的稳健性与效率；还可以从资金供给者或投资者的视角，分析金融市场交易与投资数据、上市公司财务数据，解决投资分析与决策问题。

本书以宏观金融中的货币、信贷、资金流量、国际收支、金融稳健性和微观金融中的金融工具、金融投资为研究对象，分为宏观金融统计分析、微观金融统计分析、金融投资统计分析三个模块来编排内容，阐释现代金融统计与数据挖掘的关系，介绍金融数据挖掘的主要统计方法，通过运用金融与经济运行中的真实数据，验证金融学中的重要命题、原理或模型，通过实验使读者掌握进行金融统计分析的基本方法和工具，能够利用金融数据分析解决实践中的定量研究问题，掌握撰写金融统计分析报告的规范和技能。

本书的框架结构体系是在教学改革实践中逐渐探索总结出来的，力图适应新时代中国高校金融统计交叉学科人才培养的基本要求，符合统计学一级学科宽口径内涵的中国金融统计的教育特点，符合 2003 年教育部高等教育质量工程中强调“实验教学”的基本要求。因此，本教材在编写的过程中，既注重金融学和统计学的交叉特点，又突出了货币、金融和投资统计分析的中国特色。

本书的使用对象主要有四个层次：一是社会经济统计专业的高年级本科生；

二是应用统计专业硕士一年级研究生;三是非统计专业的本科生和经管类专业的硕士研究生;四是金融统计实际工作者。在金融统计工作与国际接轨的过程中,从事金融统计实际工作的人员面对知识更新的巨大挑战,亟需学习现代金融统计知识。

本教材由陈耀辉教授设计体系、统稿并编写第一、二、三、四、五、十一章,杨益民教授编写第七、八、九章,徐立霞副教授编写第六、十章。全书完稿后,在南京财经大学统计学专业 2006 级、2007 级和 2008 级试用三次,在试用过程中,2006 级的王国营同学、2007 级的陈思易同学参加了部分数据的收集、整理和更新工作。2010 级研究生鲍学云、刘小波等同学认真地校阅了全书的内容。

本书基本内容可以在一学期内 60—72 个(含 10—12 个实验课时)课堂教学课时内完成。我们设计了两套教学方案,针对高年级本科生和应用统计硕士及低年级研究生两个不同的层次,实际使用时可根据需要做一些合理的取舍。

章节内容	本科生	研究生
第一章　金融统计学概述	6	4
第二章　各类银行统计	10	8
第三章　涉外金融统计	4	2
第四章　金融稳健统计	6	4
第五章　金融投资统计理论基础	6	4
第六章　债券投资与利率风险	6	4
第七章　股票市场投资分析	6	6
第八章　投资组合模型	6	6
第九章　资本资产定价模型(CAPM)与因素模型	8	8
第十章　期权定价模型	8	8
第十一章　VaR 与风险管理	6	6
课时合计	72	60

本书的出版得益于中国统计出版社的大力支持与帮助,感谢教材编辑部杨映霜女士的精心策划与安排,感谢张赏编辑倾注的大量心血。在写作过程中,编者参阅了大量的参考文献,在此对被参阅文献的作者表示诚挚的谢意!

随着金融市场的发展和金融工具的创新,现代金融统计体系及内容仍将是一个动态完善、更新的过程。虽然我们竭尽全力,但由于水平有限,错误在所难免,请各位专家、读者提出可操作性的建议,我们不胜感激。联系方式:njcdtjxcyh@sina.com。

编　者

2011 年 11 月

目录

第一章　金融统计学概述

本章学习目标

通过本章的学习，能够从总体上对金融统计学有一个较为全面的了解。掌握金融统计的概念、性质，了解金融统计在我国的发展状况；正确理解金融统计的研究范围，熟悉金融统计常用的研究方法；在此基础上，明确金融统计的作用与任务。了解SNA(1993)的账户结构及一些主要经济总量指标的解释；了解资金流量核算的基本知识和原因，了解资金流量表的表示方法及基本平衡关系。

第一节　金融统计的基本问题

一、金融统计的概念和性质

金融统计，顾名思义，是金融系统各项经济活动的统计。作为一门新兴的专业统计，它是我国国民经济统计体系的重要组成部分，是国家管理金融和经济的一个重要工具，也是我国制定货币政策、实施金融计划管理工作的依据和基础。

金融统计是随着金融业的产生和发展而逐步建立和发展起来的。金融是货币流通和信用活动以及与之相联系的经济活动的总称。广义的金融泛指一切与信用货币的发行、保管、兑换、结算、融通有关的经济活动，甚至包括金银的买卖；狭义的金融专指信用货币的融通。金融的内容可概括为货币的发行与回笼、存款的吸收与付出，贷款的发放与回收、金银及外汇的买卖、有价证券的发行与转让、保险、信托、国内或国际的货币结算等。从事金融活动的机构主要有银行、信托投资公司、保险公司、证券公司，还有信用合作社、财务公司、投资信托公司、金融租赁公司以及证券、金银、外汇交易所等。

货币和信用本来是相对独立的经济范畴。最初，人们用自然形态的特殊商品来充当货币，此时的货币称为商品货币。后来由于交换的发展，商品货币逐渐固定为某种金属，以后又发展为金属铸币、纸币。随着货币形态的不断演变，货币的外延也在不断扩大。最初的货币仅是作为交换的媒介，与信用并不发生直接联系。随着社会经济的发展，交易日益频繁，对信用的需要愈来愈多，货币也成为较为固定形态的金属货币，于是，货币与信用就逐渐结合起来，形成以货币为对象的信用形式，这就是货币信用。货币信用经历了货币兑换、货币贷放、货币保管、代理支付、汇兑等形式。综上所述，货币信用的出现，已经包含了金融关系的某些特性，随着货币信用的发展，这种金融关系也愈来愈强，这就是早期的金融。但总的来说，早期的金融在整个社会生活中的影响作用还不大，与发达的商品经济下的金融相比，还处于萌芽状态。

在发达的商品经济条件下，随着专门经营货币和信用业务的现代金融机构——银行的出现，货币信用关系得以迅猛发展。银行通过其货币信贷业务对全社会的货币流通以及货币资本的分配和再分配起了组织和枢纽作用。银行凭借其经营货币兑换和汇兑业务的特殊地位，组织发行可兑换银行券。银行券本身没有价值，但可与金属货币并行流通。随着银行券的出现，银行信用逐渐扩展，以银行信用为基础的汇兑、非现金结算等业务空前发展起来，主要的社会经济活动和商品交易都通过这些信用货币来进行，信用货币逐渐成为社会的主要流通手段和支付手段。银行信用的扩张和收缩，直接影响到货币流通的增减波动变化。这时，货币和信用紧密地结合起来，构成了新的经济范畴，这就是金融。

金融统计则是适应国家经济管理和一国金融业发展的需要而建立和发展起来的。金融统计是国家统计体系的重要组成部分，集金融信息、金融分析与政策咨询于一体，以社会金融活动中的各种数量关系为研究对象，以金融与经济统计数据为依托，运用定性与定量分析相结合的方法，分析、判断、预测国民经济运行及金融的发展情况，是中央银行货币政策决策的重要依据，也是国家进行宏观调控的重要工具。

(一)金融统计的概念

一般的，根据使用场合的不同，统计包含三方面的含义:统计工作、统计资料和统计学。统计工作是一项社会实践活动，是为了反映所研究对象的某种数量特征及其规律性，对社会、政治、经济、科技和自然现象的数据资料进行搜集、整理和分析的活动过程。统计资料也称统计信息，是统计工作取得的用来反映所研究对象的数量特征的数据资料的总称。统计学是研究如何搜集、整理统计资料，分析研究对象在一定条件下的数量特征和数量关系的方法与科学。简言之，统计学是关于认识现象总体数量特征及其规律性的方法论科学。

相应地，金融统计是对金融活动及其规律性进行研究的一种方法，是金融统计工作、金融统计资料、金融统计学的总称。金融统计工作，是按照国家金融统计有关法规，采用各种科学的统计方法，对社会金融现象的数据资料进行搜集、整理和分析的活动，即金融统计实践。金融统计资料，是金融统计工作活动过程中所取得的有关社会金融现象和过程的数字资料和其他资料，是金融统计工作的成果。金融统计学则是研究金融统计资料搜集、整理、分析原理的方法与科学。它以特定的金融现象的数量为研究对象，研究金融统计工作中的基本规律，阐述金融统计的性质，明确金融统计工作的基本方针，确定金融统计的范围。

金融统计的三种含义之间既有区别又有联系，其联系主要表现为以下两个方面:第一，金融统计工作与金融统计资料是金融统计活动过程与活动结果的关系。金融统计工作的直接目的是为了获得金融统计资料，而金融统计资料的获得又必须依靠金融统计工作来完成。第二，金融统计工作与金融统计学是统计实践与统计理论的关系。一方面，金融统计学来自金融统计工作，是金融统计工作的理论概括与经验总结;另一方面，金融统计学又对金融统计工作具有指导作用。

此外，金融统计学作为一门专业统计学，不同于社会经济统计学原理，也不同于经济统计学和其他部门统计学。首先，金融统计学与社会统计学原理之间是一般统计原理与具体统计方法论的关系。前者侧重研究金融活动中诸多现象的数量方面，是一种具体统计方法论，后者则是针对社会经济的整体发展而提出的一般性的统计方法原理。金融统计学必须遵循社会经济统计原理所提出的搜集、整理和分析社会经济现象一般性的原理、原则和方法，同时还必须体现作为一门专业统计学的特点。其次，金融统计学与经济统计学是个别与一般、个性与共性的关系。经济统计学是从整个国民经济出发，把各种社会经济现象作为一个整体来进行研究。它也研究金融现象的数量问题，只不过是从宏观的角度出发的，金融现象是经济现象的一个组成部分。金融统计主要从金融部门出发研究金融现象的数量的问题及资料的搜集、整理和分析的方法论问题。总之，经济统计学是关于整个经济现象的数量的方法论，金融统计学则是关于金融现象的数量的方法论，它是经济统计学中一门独立的部门统计学。再次，金融统计学与一般的部门统计学既有区别又有联系。一方面，金融统计学研究对象的特殊性决定了金融统计学区别于一般的部门统计学。它研究的对象是金融现象的数量方面，是金融部门经营货币、经营信用业务活动过程中所发生的一切金融现象，是一种特殊的价值运动现象。另一方面，金融活动与社会经济活动的其他方面是相互促进、相互制约、紧密联系的。因此，金融统计学的研究又离不开其他部门研究的一些相关成果，以促进自身的发展。从这个角度讲，金融统计学与一般的部门统计学又是相互促进、密切联系的。

（二）金融统计的性质

金融统计学作为一门以金融现象的数量方面为特殊研究对象的专业统计，有以下几个基本性质：

第一，金融统计是从总体上对客观金融现象进行研究的。金融统计工作者将零散的金融数据搜集、整理并加以分析后，得出一个金融单位、一个金融系统、一个地区甚至全国的数据资料。综合分析这些资料后，揭示出该金融单位、该金融系统、该地区甚至全国的金融活动的本质和规律，从而为政策制定提供依据。

第二，金融统计研究金融领域内客观现象的现状及发展过程。如中央银行某年的货币供应量是多少，具体到各个层次上又是多少，以及中央银行应该根据社会经济发展的需要来调整货币供应量。又如各金融机构通过哪些渠道聚集了多少信贷资金，这些资金又各自投放到了哪里，各是多少等等。金融统计通过这些具体数字资料来反映金融管理、金融经营活动的规模、水平、速度、结构比例关系，从而揭示金融活动规律。

第三，金融统计必须定性分析和定量分析相结合，才能有效地揭示金融活动的规律。金融统计对金融现象和过程的数量的研究，必须是在定性分析的基础上进行定量分析。也就是说，只有对各种金融现象所涉及的概念有一个确切地把握之后，再进行数量方面的研究，才能对各种金融现象的本质有一个更深的认识，才能更好地揭示金融活动的规律。

第四，金融统计研究的目的在于探寻金融活动的规律，应用这种规律性的认识进行科学预测，为有关决策部门提供依据，从而促进金融更好地发展。

（三）我国金融统计的发展沿革

自 1949 年以来，我国金融系统自上而下逐步建立了一套较为完整的统计机构。中国人民银行设立了调查统计机构，负责全国金融系统基本统计报表的统计工作，各专业银行及非银行金融机构也自上而下建立了统计机构，负责本地区、本系统的统计业务。尤其是中共十一届三中全会以来，随着社会主义市场经济体制的逐步建立、改革开放的逐步推进以及经济全球化进程的逐步加快，我国经济保持了持续、快速、健康发展的良好态势，综合实力明显增强，金融市场逐步健全，金融工具种类不断增加，金融在整个国民经济中的地位与作用日益重要。特别是自 1984 年起，中国人民银行专门行使中央银行职能，成为国家对宏观经济进行调控的最重要机构后，金融统计也随之日益受到人们的重视。1986 年 10 月，中国人民银行颁布了《金融统计暂行规定》和《其他金融机构统计管理暂行办法》，开创了金融统计工作的新局面。1994 年中共十四大出台了一系列金融法律和法规，适应社会主义市场经济发展的要求，从金融统计体制到方法制度都进行了重大改革。经中国人民银行第 26 次行长办公会议通过，并于 2002 年 12 月 15 日起正式实施的《金融统计管理规定》进一步将我国的金融统计工作向制度化、规范化和法制化的方向推进。

（四）金融统计的作用

随着经济的发展，金融在整个国民经济中发挥愈来愈重要的作用，如动员闲置资金、积聚零散资金，加速资金周转的中介作用，对整个经济中的货币供应量以及产业结构、产品结构、地区结构的调控作用，对总体国民经济的宏观调控以及综合反映作用等等。相应地，金融统计在国民经济中也发挥着重要的作用，主要表现在以下几个方面：

1. 搜集、整理金融统计资料，为制定金融政策提供依据

通过统计调查，金融统计工作者搜集、整理金融统计资料，并通过一系列完整的统计报表和分类详细的统计指标，提供各种金融统计数据，准确地反映金融活动的状况及发展变化的情况，反映社会总需求与社会总供给的平衡状况及其变动情况。这些统计资料，是政府确定金融战略目标、确定长远金融规划的基础，是政府了解金融运行情况、分析金融形势、制定货币政策的重要依据。

2. 对金融统计资料进行科学分析，为宏观经济调控提供导向

金融统计部门花费大量的人力、物力、财力，通过金融调查获得大量丰富而又详实的统计资料，为社会提供重要的金融信息源。首先，通过对微观金融信息的搜集、整理与综合，利用总量、水平、速度、结构、比例关系等指标，综合反映各金融机构和全国金融活动情况。其次，金融统计部门除定期提供各种统计报表外，还通过开展专题调查、典型调查、抽样调查，运用现代统计的科学方法，进行金融统计预测，分析研究宏观经济的发展变化情况和金融的发展趋势。因此，金融统计所反馈的金融信息是政府加强宏观经济调控的重要依据，为宏观经济的调控提供了导向。

3. 进行金融统计监测，为加强金融监管提供服务

通过完善金融统计调查、金融统计分析和强化金融统计监测，可以及时准确地对社会金融活动和国民经济运行状况进行全面系统的定量检查、监测和预警，以促进经济和金融按照客观规律的要求，持续、稳定、健康、协调发展。同时，随着我国经济和金融体制改革的深入发展，对金融统计的要求越来越高。我们应深化金融统计体制改革，完善金融统计制度，改进金融统计方法，完善金融统计指标体系，深入开展金融统计分析，强化金融统计预测，提高金融统计监测质量，加大金融统计监督力度，及时反映经济和金融活动中存在的变化，发现金融管理中存在的问题，为国家调整金融政策、加强金融监管服务。

4. 开展金融统计咨询活动，实现金融统计信息资源共享

金融统计部门利用其掌握的丰富的金融统计资料，运用科学的分析方法和先进的技术手段，深入开展综合分析和各种专题研究，不仅能为政府进行科学决策和为金融管理提供政策依据和对策方案，而且还可以实现金融统计信息资源共享，加强金融统计资源的开发利用，扩大金融统计的服务范围。因此，有必要采取具体有效的措施，扩大金融统计信息的传播范围，增加传播渠道，加快传播速度，积极为社会各界及生产经营者、消费者提供金融统计信息和咨询，为社会公众服务，从而更充分地实现金融统计的价值。

二、金融统计的研究范围和研究方法

(一)金融统计的研究范围

金融统计以金融现象的数量方面为其研究对象,以金融现象为其研究范围。而金融现象是指货币资金的融通现象,主要包括货币流通现象和以银行信用为主的各种信用现象。

1. 货币流通现象

货币流通现象,是指在商品交换过程中,货币作为流通手段和支付手段所形成的连续不断的运动。换言之,是货币在交换过程中同商品不断换位的运动。搞清楚商品流通和货币流通的关系,有利于我们更好地理解货币流通现象。在商品流通中,货币不断地由买者手中转到卖者手中,货币的这种不断的运动是完全依赖于商品流通的。因为如果没有可供交换的商品,也就不需要作为商品交换媒介的货币。而没有商品交换,也就不会形成货币流通。所以,货币流通是商品流通的结果,商品流通是货币流通的前提。正确理解货币流通,还要了解货币流通自身的特点:第一,在货币流通中,作为流通主体的货币形态始终不变。第二,在货币流通中,作为商品交换媒介的货币不会退出流通,而是在商品交换过程中不断运动。第三,货币流通取决于商品交换的发达程度和社会对于流通手段和支付手段的需要程度。第四,货币流通具有相对独立性,它可超越商品流通形成自身的运动。

现代货币流通有两种形式:现金流通和非现金流通(即转账结算流通)。现金流通是指以纸币和铸币为流通手段和支付手段,通过现款直接完成的货币收付行为。非现金流通是指各经济主体在银行存款的基础上,通过在银行存款账户转移存款的办法来进行的货币收付行为。现金流通和非现金流通实际上是统一的和相互联系的。因为货币流通本身是统一的,无论是现金流通还是非现金流通,都是由商品流通引起的,都在发挥着货币的职能,二者具有密切的关系。

与两种货币流通形式相对应,货币有两种流通渠道,即现金流通渠道和非现金流通渠道。货币流通渠道是指货币进入流通和退出流通的途径。现金流通渠道分为现金投放渠道和现金回笼渠道。前者包括工资及对个人的其他支出、采购支出、行政管理支出和财政信用支出等,后者包括商品销售收入、服务事业收入、财税收入、信用收入等。非现金流通渠道主要包括了商品价款收付、劳务费用收付、货币资金拨缴的收付以及信贷资金的发放与回收等。

2. 信用现象

信用现象是指未来偿还商品赊销或货币借贷的承诺,是关于债权和债务关系的约定。其实质上是财产使用权的暂时让渡,这种让渡不是无偿的,而是以还本付息为条件的。信用的产生可归因于这样一个基本事实,即在一定时期内并非每一个经济单位都能做到收支平衡,当一个经济单位出现资金盈余,而另一个单位出现收不抵支时,便形成了双方借贷的基础。这样,在社会再生产运行过程中,一方面是部分单位和个人有闲置的货币资金需要寻求出路,另一方面是部分单位和个人因临时性需要借入一笔货币资金。通过信用调节,将这些资金在全社会范围内抽余补缺,使资金从盈余部门流向短缺部门,就会使全社会资金的使用效益大大提高,社会的产出规模就会增大,人们的福利也会因此而增加。

不论何种形式的信用,都具有以下几个共同特征:第一,信用的标的是一种所有权和使用权相分离的资金。第二,信用以还本付息为条件。第三,信用以相互信任为基础。第四,信用以收益最大化为目标。第五,信用具有特殊的运动形式,表现为,G——G′。从表面上看,信贷资金的运动只表现为一种简单的“钱生钱”的过程，但这只是一种表面现象。信贷资金是以产业资金运动和商业资金运动为基础而运动的，它有两重付出和两重回流，表现为如下的公式：G——G——W…P…W′——G′——G。

现代信用的形式繁多，按信用主体的不同，可分为商业信用、银行信用、国家信用、消费信用和国际信用等五种形式。其中，商业信用和银行信用是现代市场经济中与企业的经营活动有直接联系的最主要的两种形式。

信用工具也称融资工具，是资金供应者和需求者之间进行资金融通时所签发的、证明债权或所有权的各种具有法律效用的凭证。按融通资金的方式，可以分为直接融资信用工具和间接融资信用工具；按可接受的程度不同，可分为无限可接受性的信用工具和优先可接受性的信用工具；按偿还期限的长短，可分为短期信用工具、长期信用工具和不定期信用工具三类。几种典型的信用工具有：期票、汇票、支票、信用证、信用卡、股票、债券等。

就我国而言，证券市场从创立至今已有十余年了。其间，证券市场的发展极其迅速，中国经济的证券化率已经超过 50%(股票市值占 GDP 的比重)，证券市场在国民经济中的地位愈发重要。其中，2003 年中国期货市场由复苏转入高速成长，成为经济中新的亮点。因此，我国金融统计的研究范围有必要在现有的基础上进一步拓展，从而更好地为经济发展服务。

(二)金融统计的研究方法

掌握了科学的研究方法，可以使我们的工作事半功倍，从而更加迅速有效地揭示金融领域内众多现象的规律。一般地，统计学有以下几种基本的研究方法。第一，大量观察法。这是指对研究总体中的全部或足够多数的单位进行调查的方法。由于统计总体的大量性和复杂性，总体中各单位的属性就会有不同的表现。要准确把握总体特征，就不能只观察个别单位，而必须观察总体中足够多的乃至全部的单位。统计调查的许多方法，如统计报表、普查、抽样调查等都是通过观察总体中的大量单位，从而了解研究对象的发展情况。第二，综合分析法。所谓综合，是指把经过大量观察所取得的资料以各种综合指标的形式表现出来，以反映总体的一般数量特征。常用的综合指标有总量指标、相对指标、平均指标、变异指标等。所谓分析，是指对综合指标进行分解和对比分析，以反映总体的差异和数量关系。常用的统计分析方法有统计分组法、趋势分析法、相关和回归分析法、平衡分析法等。第三，归纳推断法。它是指通过统计调查，通过观察各单位的特征来得出总体的特征。但往往人们所观察的单位只是总体的一部分，这就产生了根据样本数据来判断总体数量特征的归纳推理方法，即统计推断法。一般而言，统计所观察的资料都是一种样本资料，因而归纳统计法也就广泛地应用于统计研究的许多领域，可以说它是现代统计学的基本方法。第四，数学模型法。它是根据一定的假设条件，用数学方程去模拟现实现象相互关系的一种研究方法。它包括三个基本要素：变量、基本关系式、参数。其中，变量是可变的数量标志和指标；基本关系式是指数学方程的表现形式，有线性和非线性之分；参数是表明方程式中自变量对因变量影响程度的数值，它是由一组实际观察数据来确定的。数学模型大大提高了人们统计分析的能力。

和一般的统计工作过程一样，金融统计工作过程也要先后经过金融统计设计、金融统计调查、金融统计整理和金融统计分析四个阶段，具体的思路如图 1.1－1 所示。下面以金融统计工作过程为线索，来阐述金融统计的一般性的研究过程。

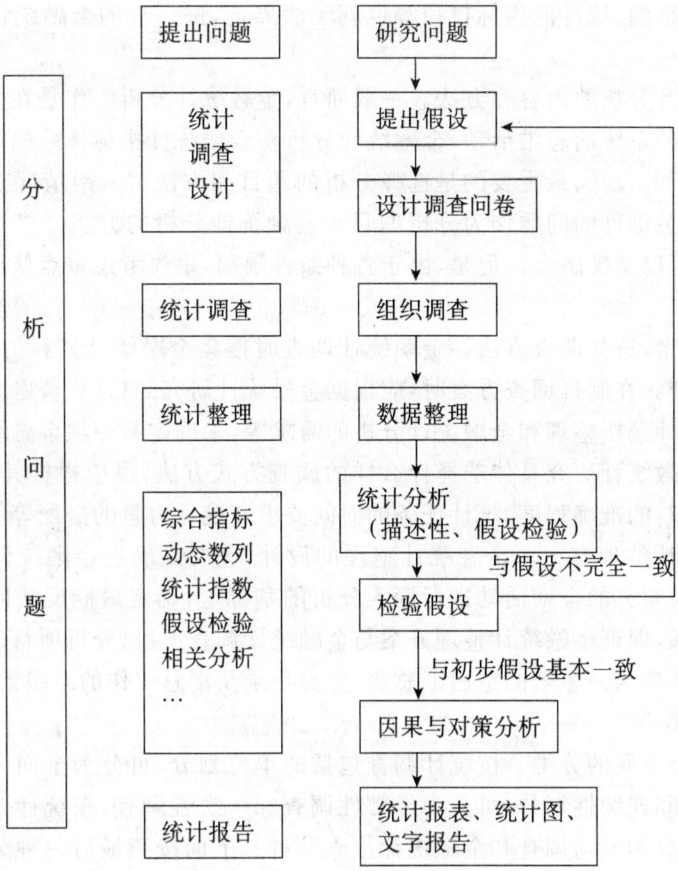

图 1.1—1 金融统计过程关系

1. 金融统计设计

金融统计设计，是根据金融统计研究对象的性质和研究目的，对整个统计工作所作的通盘考虑和科学安排。金融统计设计的成果是各种设计方案，包括金融统计指标体系、各种分类目录、金融统计报表制度、调查方案、综合整理方案和分析方案。金融统计设计是整个金融统计工作过程的开始，金融统计设计质量的好坏，直接影响到后三个工作阶段的工作质量。

做好金融统计设计工作，要注意以下几点：

(1)明确金融统计研究的目的。这是金融统计设计的首要环节，是决定金融统计内容和方法的出发点。任何一种社会经济现象都可以根据不同的目的、不同的角度进行统计研究。如果目的不清，就无法确定研究什么和怎样研究，也就无法正确地确定金融统计总体、金融统计内容和金融统计方法，进一步的研究工作也就无从进行。

(2)确定金融统计指标和指标体系，明确统计分类和分组。确定金融统计指标和指标体系是金融统计设计的中心内容。任何一项统计研究，在目标明确之后，就要确定研究对象哪些方面的数量状况，究竟用什么样的统计指标来反映这些数量状况。金融统计指标和指标体系是金融统计的“语言”，有了这种语言，就可以进行金融统计描述，还可以作进一步的金融统计分析。与金融统计指标和指标体系相联系的是要明确金融统计分类和金融统计分组。这些分类和分组与金融统计总体范围和指标口径有直接联系。如果金融统计分类和分组不能明确界定，金融统计的对象范围、统计的指标口径等也就无法界定，进一步的金融统计分析工作也就难以进行。

(3)确定金融统计分析的内容和方法。一般而言，金融统计分析工作是在金融统计整理之后进行的，但作为一种系统的思维活动，金融统计分析在金融统计指标体系确定之后就要被考虑到。金融统计分析的设计，最主要的是选择分析的题目和方法。一般情况是根据当前社会经济形势，抓住带有关键性的问题作为分析题目。金融统计分析的方法是多种多样的。这些方法在具体运用时可以交叉融合。但是，由于各种条件限制，事先考虑重点使用什么方法进行分析是很有必要的。

(4)制订调查方案，选择调查方法。金融统计调查时搜集金融统计资料的过程，是金融统计整理和分析的基础。在制订调查方案时，应根据金融统计研究的目的、金融统计指标和指标体系的内容、金融统计分析整理和金融统计分析的需求等，来确定某一项金融统计调查的具体内容。此外，一项金融统计研究具体选择什么样的调查方式方法，也应根据其研究目的、统计指标的特点、统计资料的准确程度、统计任务的时间要求和统计力量的搭配等等通盘考虑。

(5)制订金融统计整理方案。金融统计整理的设计，主要是确定金融统计分组的组织形式。这就要求在对所研究的金融活动进行深入分析的基础上，确定最能反映问题本质的金融统计分组和指标体系，保证金融统计整理方案与金融统计调查项目、分析项目的相互衔接。金融统计整理的结果表现为一整套的空白汇总表、分类目录及汇总工作的组织计划等。

2. 金融统计调查

金融统计调查有不同的分类。按统计调查包括的单位划分，可分为全面调查和非全面调查；按统计调查的时间连续性划分，可分为经常性调查和一次性调查；按统计调查搜集资料的组织方式不同，可以分为专门调查和金融统计报表两种。下面按照最后一种分类来加以具体说明。

(1)专门调查

专门调查是为了某些特定目的而专门进行的调查。专门调查有普查、抽样调查、重点调查、典型调查和问卷调查五种。

①普查就是对研究对象中的所有单位全面进行的调查。例如，要了解银行职工的基本情况，就要对银行工作的每一个人进行登记。普查与统计报表统称为全面调查。

②抽样调查是按照随机原则从调查总体中抽取部分单位作为样本进行观察，并根据所获得的样本数据，对总体的数量作出具有一定可靠程度保证的估算和推断。由于金融统计涉及国民经济和社会生活的众多方面，不可能也没有必要对每个问题进行全面调查。为了及时了解有关金融活动的情况，提高决策的准确性，常采用抽样调查的方法，取得所需要的有关资料。比如，在调查市场物价变化、股票行情、居民投资倾向和储蓄倾向、居民手持现金的水平等时，抽样调查是最直接、最有效的方法。

③重点调查是在所调查的对象当中，选择部分重点单位进行调查。这里的重点单位是指在总体中具有举足轻重地位的那些单位。这些单位的数目在总体单位数中的比重虽然不一定很大，但是由于它们在总体中的地位重要，作用突出，因而能够反映出总体的基本情况，重点调查可以就重点单位进行调查，也可以就重点问题进行调查。其优点在于，调查单位数目少，相对于全面调查而言，节省大量的人力、物力和财力，且便于有关领导部门及时掌握调查对象的基本情况，及时指导相关工作。

④典型调查是在对调查总体作了全面分析的基础上，根据调查的目的和要求，选择少数具有代表性的典型单位进行深入的调查研究。一般地，各银行和非银行金融机构都要根据各自的业务范围和管理需要进行各种典型调查。

⑤问卷调查是将所要调查的项目编成详细的问题列于问卷上，由被调查者填写有关内容。这种调查可分为结构性问卷调查和非结构性问卷调查。前者又称标准化问卷调查或控制式问卷调查。在这种调查的问卷上，事先准备标准表格、提问方式和标准化备选答案，按逻辑关系将有关资料列出。非结构问卷事先不准备标准表格、提问方式和标准化备选答案，只是限定调查方向和询问内容，然后由调查者和调查对象自由交谈。

(2)金融统计报表

统计报表是我国搜集统计资料的一种重要方法。统计报表是按照国家有关法规的规定，自上而下地统一布置，自下而上地逐级提供统计资料的一种统计调查方法。金融统计报表是根据国家的有关政策法规和金融部门的需要，按照统一的表格形式、统一的指标内容、统一的报送程序和报送时间，自下而上逐级提供统计资料的统计调查方法。

金融统计报表由各金融机构的统计部门统一管理。随着我国金融业的不断发展和金融监管的不断加强，金融统计报表不断改进、充实和完善，形成了一套比较严密、科学、完善的体系和管理制度。

金融统计报表根据其性质和要求的不同，有如下几种分类：第一，按调查范围的不同，可分为全面和非全面统计报表；第二，按报表内容和实施范围的不同，可分为国家金融统计报表、部门金融统计报表和地方金融统计报表；第三，按报送周期长短，可分为日报、月报、季报、半年报和年报；第四，按填报单位的不同，可分为基层统计报表和综合统计报表。主要的统计报表是全面的、定期的，在搜集统计资料的工作中占有重要的地位。由于金融保密性强，阅读金融统计报表就成了社会了解金融领域发展状况的主要途径。

3. 金融统计整理

金融统计整理是指根据金融统计研究目的，对金融统计调查所得到的原始资料进行科学地分组和汇总，或者对已加工的综合资料进行再加总，为金融统计分析提供系统的、有条理的综合资料的过程。

金融统计整理要在对所研究的金融现象进行深刻分析的基础上，抓住最基本的、最能说明问题本质特征的统计指标，对金融统计资料进行加工整理，这是金融统计整理必须遵循的原则。

金融统计整理的步骤一般如下：

第一，设计和编制金融统计资料的汇总方案。正确制订汇总方案，是确保有计划、有组织地进行整理的首要步骤，是金融统计设计在金融统计整理阶段的具体化。金融统计汇总方案应明确规定各种统计分组和各项汇总指标。

第二，对原始资料进行审核。在汇总前，要对金融统计调查资料进行审核，主要是审核原始资料是否准确、及时、完整，发现问题及时纠正。

第三，用一定的组织形式和方法，对原始资料进行分组、汇总和计算。根据汇总要求和具体条件，选择适当的汇总形式和汇总方法。要按汇总方法进行汇总，计算各组指标和综合指标。

第四，对整理好的资料进行审核，改正在汇总过程中所发生的各种差错。

第五，编制金融统计报表，以简明扼要的方式来反映金融现象在数量方面的有关联系。

由金融统计整理的概念可知，金融统计整理主要是对相关资料的分组和汇总。下面，就对金融统计资料的分组和汇总分别加以简要说明。

(1)金融统计分组

金融统计的调查资料大多是比较零散的，为了深刻揭示金融现象的内在联系与结构特征，同样也必须根据金融统计的研究目的，根据研究现象的特征进行分组，使之形成具有稳定性的、系统化的资料，为金融现象的深入分析打下基础。

一般地，进行统计分组的首要问题在于能否正确地选择分组标志。这里所说的分组标志就是将统计总体划分为若干个性质不同的标准或根据，比如可按规模大小进行分组，也可按产权结果进行分组，还可按所经营的产品进行分组等等。由此可见，依据不同的分组标志，分组的结果也就不同。分组标志一经选定，就必然突出了总体在此标志下的性质差异而掩盖了总体在其他标志下的差异。因此，正确选择分组标志就成为统计分组的关键问题。

正确选择分组标志，必须遵循以下两个原则：第一，根据统计研究的目的来选择。不同的研究对象，应选择不同的分组标志。即使是同一研究对象，也应根据不同的研究目的而选择不同的分组标志。统计研究目的对选择分组标志有着直接决定的作用。第二，必须根据研究对象的特点，选择最本质的标志。由于社会经济现象是复杂多样的，在选择分组标志时，根据研究目的，既可以选择唯一的分组标志，也可以选择众多的分组标志。

按照分组的任务和作用、分组标志的多少及分组标志的性质等，可以对金融统计进行分类。

按照其任务和作用不同，金融统计分组可以分为类型分组、结构分组和分析分组，从而划分金融现象的性质与经济类型、研究同类总体的结构和分析被研究现象总体诸标志之间的依存关系。例如，金融机构按性质可分为中央银行、商业银行、政策性银行以及非银行金融机构；商业银行按经济类型又可以分为国有独资商业银行、股份制商业银行和其他商业银行等等。任何统计分组都可以对总体进行结构分析，因此，类型分组、结构分组往往是相互联系的。

按照分组标志的多少不同，金融统计可以分为简单分组和复合分组。所谓简单分组，是指总体按一个分组标志进行分组。对同一总体选择两个或两个以上的标志分别进行简单分组，就形成平行分组体系。简单分组就是只以一个标志进行分组。复合分组，是指对同一总体选择两个或两个以上的标志在同一栏目中层叠起来进行分组。由若干个复合分组组成的分组体系成为复合分组体系。由于许多金融问题关系复杂，因此常常需要进行多层次分组。例如，信贷资金的来源与运用不仅涉及到各项具体内容，而且涉及到国民经济的各个部门，这就需要按国民经济部门和信贷资金的来源与运用的各构成项目进行多层次分组，以便深入地反映信贷资金来源与运用的结构关系。

(2)金融统计汇总

一般的，统计汇总主要有以下几种组织形式：第一，逐级汇总，是指按照一定的管理体制，自下而上地对调查资料逐级进行汇总。这种形式的优点是：能满足各级部门对调查资料的需要，同时便于就地审核和订正原始资料；缺点是：耗时较长，容易出现差错。第二，集中汇总，是指将全部资料集中到组织统计调查的最高机关进行一次性汇总。其优点是：可以缩短汇总时间，减少汇总差错；缺点是：原始资料如有差错，不能就地订正，且汇总结果不能够及时地满足各级部门的需要。第三，综合汇总，是指一方面对一些基本的统计指标进行逐级汇总，另一方面又将全部资料实行集中汇总。这种组织形式综合了逐级汇总和集中汇总的优点，但是又比逐级汇总和集中汇总花费更多的人力、物力和财力。

统计汇总的技术主要有手工汇总和计算机汇总两种。随着信息技术的突飞猛进和经济水平的不断提高，手工汇总中的一些形式将被逐渐淘汰，而逐步过渡到计算机汇总。

在我国，金融统计资料的汇总工作都采用计算机技术。汇总的程序包括：第一，编码，即根据程序的规定把汉字数字化。为了用计算机处理分组问题，首先要把各种分组标志所拟定的各级名称给以数字代号。无论是调查资料的编码还是国民经济和金融活动的各种重要分类，都要严格执行国家统一的规定。编码的质量不仅影响数据录入的质量和速度，而且还影响着数据处理的最终结果。第二，编程序，即根据统计整理方案的要求，用计算机语言，对计算机在汇总中的工作程序进行安排，对于规范化的管理方案，可以制作成汇总程序软件。第三，数据录入，是指实际数字和编码通过录入设备记载到存储介质上。第四，逻辑检查，也称数据的编辑或编审，即按照事先规定的一套逻辑规则，由计算机自动对录入的数据进行检查。第五，数据计算处理。通过有关计算规则进行计算。第六，制表打印，是指按照汇总程序，将汇总结果以统计表的形式打印出来。

国际货币基金组织金融统计的主要方法是三级汇总（见图1.1—2）。国际货币基金组织定期编印的《国际金融统计》是按照三级汇总的原则对金融数据进行整理的，向公众提供各成员国货币和经济发展的重要统计数据。第一级是将金融资料合并成三个职能部门：货币当局（MAS）、存款货币银行（DMBs）和其他金融机构（OFIs）。第二级是将货币当局和存款货币银行的资料合并成"货币概览"，它提供了关于货币和信贷的统计方法及数据资料。第三级是其他金融机构和"货币概览"合并成"金融概览"。

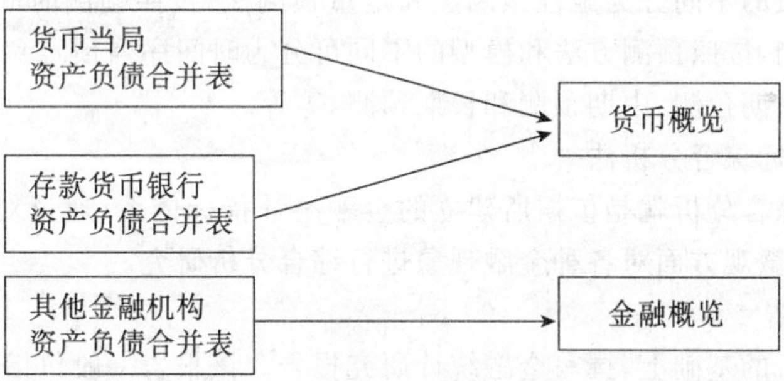

图1.1—2　金融资料三级汇总关系

4. 金融统计分析

金融统计分析要坚持以下原则：第一，坚持实事求是的原则。坚持实事求是对统计分析尤为重要，违背了这一原则，统计分析即使具有极其丰富的资料，也会成为一纸空文，甚至起到不良作用。要坚持实事求是，就要做到以下几个方面：首先，数字要准确，情况要真实。数字的准确性是统计工作的生命线，而统计分析是用统计数字作为立论的依据，只有依据准确的统计数字，才有可能做出符合实际的结论。其次，要尊重客观实际，切忌主观臆断，要有全局观点，切忌片面性。再次，要敢于讲真话，不能随波逐流，不能隐瞒错误和缺点。第二，以党和国家的方针政策为准绳。统计工作的基本任务之一就是检查与监督各地区、各部门执行党和国家的方针政策与计划的执行情况。统计分析人员要认真学习和熟悉有关方针政策，并以这些政策为准绳来衡量各项经济活动和社会发展是否偏离了方向。第三,以社会主义市场经济理论为指导。统计分析主要是分析社会经济现象的发展变化状况,因此,必须紧密结合我国具体情况,以社会主义市场经济理论为指导。

统计分析的一般步骤如下:第一,确定分析目的并选定分析题目;第二,拟订分析提纲;第三,搜集、鉴别、整理资料;第四,进行分析,得出结论;第五,根据分析结果提出统计分析报告。

具体到金融统计分析,主要有金融统计指标法、金融统计综合分析法、金融统汁预测分析法。下面逐一加以说明。

(1)金融统计指标法

所谓金融统计指标,是指根据金融监管以及金融企业自身发展的需要,按照金融统计制度对金融业务活动进行调查、归纳、汇总而设计的统计项目,它由指标名称及其数值构成,反映某种金融现象的具体数量或数量关系。按照不同的分类标准,金融统计指标可以分为数量指标与质量指标、绝对指标与相对指标。金融统计数量指标又称金融统计总量指标,一般用绝对数表示,如存贷款总额、货币流通量、货币供给量等,金融统计质量指标是表明金融现象质量的指标,一般用相对数或平均数表示,如存贷款利率、汇率、资本充足率等。一系列相互联系的金融统计指标所构成的一个金融核算整体,就构成了金融统计指标体系。金融统计指标及金融统计指标体系的设立体现了政府在一定时期内发展经济的方针政策,反映金融业务活动的发展状况,是进行金融统计分析的基础。

(2)金融统计预测分析法

所谓金融统计预测,是指根据大量的实际金融统计资料所反映的金融现象的发展规律和数量对比关系,运用统计方法,预测金融现象未来可能出现的趋势和达到的水平。金融统计预测方法按照方法性质的不同分为定性预测法和定量顶测法,按照预测时间状态的不同可分为静态预测和动态顶测,按照预测方法和模型的不同可分为时间序列预测和回归顶测,按照时间长短的不同可分为短期预测、中期预测和长期预测,等等。

(3)金融统计指标综合分析法

金融统计指标综合分析就是依据所建立的金融统计指标体系,通过对各种相互联系的指标的比较,从宏观或微观方面对各种金融现象进行综合分析研究。

5. 金融统计报告

在金融统计分析的基础上,撰写金融统计研究报告。该报告一般包括以下几个部分:研究的背景和目的、研究的基本过程、主要的结论、结论的成因分析、对策研究、附录(包括所运用的主要方法、主要附表和附图等)。

三、金融存量核算与流量核算的关系

在《货币与金融统计手册》(2000)中,存量反映某一时点资产和负债的状况,而金融存量核算主要针对金融与非金融部门的金融性交易形成的存量,通常是通过部门资产负债表来反映的。

流量反映经济价值的产生、转换、交换、转移或消失,它涉及机构单位资产和负债的物量、构成和价值的变化。金融流量核算针对机构部门之间金融性活动产生的资产或负债的变化,这种变化包括由于交易或持有期内外界因素的变动而带来的物量变化,一般通过积累账户中的资本账户、金融账户、资产物量其他变化账户、重估价账户来反映。

金融流量与金融存量的核算是金融统计的主要内容，虽然二者在金融统计体系中是通过不同的账户反映出来的，但二者又有着密切的联系。存量的变化反映当期的流量，流量的积累又归于存量；流量的变化以存量为起点，流量变化的结果又形成新的存量；同样，本期末的存量又是下期流量的开始。

应当明确，金融统计核算是描述机构部门之间的金融性活动，目的是清楚地分析资金在不同部门之间的运动，因此，金融统计基本上是流量核算，只是金融流量活动的结果才涉及存量，这些存量表现在资产负债表中。

资金流量核算的重点是编制资金流量账户。资金流量账户是部门账户，它不仅重视对金融公司资金流量的核算，同时，账户也相应地对其他机构部门的金融活动进行了描述。资金流量账户最初是一个单独的统计体系，但是因为已经被纳入了国民经济核算账户的框架，特别是将有关金融数据与储蓄和资本形成的数据联系起来，而与非金融经济数据相互关联。它通常与资产负债表相互联系，并与每一机构部门的金融资产和负债的存量账户一起编制。资金流量账户同时又是交易账户，对全社会资金流量进行核算是整个金融统计的核心。

四、金融统计与货币统计的关系

货币统计是对金融公司及其子部门的资产和负债的存量核算，资产和负债的变动涉及流量的核算，其结果以部门的资产负债表以及部门的概览表来展现。金融统计与货币统计有根本的区别：

第一，两者在核算范围上不同。金融统计核算涉及的部门范围比货币统计的范围要广，它不仅涉及金融部门，还涉及非金融部门及国外部门，包括国民经济总体中各部门之间以及这些部门和国外的所有金融流量核算。

第二，货币统计和金融统计的目的和作用不同。货币统计主要是为了反映金融部门的资产负债情况，货币概览表的编制为国家的货币政策提供总量上的数据支持。金融统计的目的在于对整个社会的资金流动进行全面的核算和分析，反映社会的资金余额状况，为资金流量分析提供数据支持。

第三，货币统计和金融统计核算的侧重点不同。货币统计侧重于金融存量核算，它最终是通过编制部门的资产负债表和概览表来实现的。而金融统计侧重于金融流量核算，它以金融账户和资金流量账户的编制和分析为任务。

金融统计与货币统计两者关系非常密切。货币统计的部门资产负债数据是金融统计流量数据的起点和来源，金融统计的金融账户也同样为分析货币概览表数据的变动提供了帮助；离开货币统计，金融统计就成了无根之本、无源之水；没有金融统计的构架，货币统计中货币数量的变动就没有依据。因此，货币统计与金融统计是两个相互联系、相互区别、相互影响的统计体系。

五、资金流量统计的作用

资金流量统计的作用，概括起来主要有以下几点：

(1)资金流量账户可以展示金融政策执行的许多渠道，可以通过中央银行、其他存款性公司和非金融性部门的账户跟踪货币政策实施的影响，分析财务状况的变化对支出决策和经济行为的影响，从而分析和描述当前经济活动及其趋势，为编制经济计划作辅助性预测。

(2)资金流量账户中包括了各机构部门十分丰富的金融交易数据,体现了在全社会的金融活动中各机构部门的经济联系和核算约束。资金流量账户中所体现的可以检验的金融交易关系,比货币统计中的更多,这些有严密相互联系和约束的金融数据,可以用来评估当前经济政策及其变化对未来经济发展的影响。另外,在构建金融监管统计体系时,资金流量账户还提供了许多其他统计体系无法提供的数量信息,为金融监管统计体系奠定了数据基础。

(3)由于资金流量账户确保了金融数据的内在一致性,确保了金融预测与国民账户预测的一致性,所以资金流量矩阵表中的相互联系和约束关系可以纳入有关的经济模型。这类模型中的各种变量可以同时预测,其核算的约束关系也可以用作对所预测结果进行的一致性检验。

第二节 SNA(1993)的账户考查

本节首先给出SNA(1993)的账户结构,对每一账户及重要的经济总量作一解析,并对积累账户和资产负债表予以重点考察。

一、SNA(1993)账户结构

国民经济核算体系由一套逻辑严密、协调一致而完整的宏观经济账户、资产负债表和表式组成,它们的基础是一套符合国际惯例的概念、定义、分类和核算规则。在此框架里,经济数据可以按照经济分析、决策和政策制定的要求,以一定的方式编制和表述。

在SNA(1993)中,把能够出于自身利益拥有资产和负债并从事各种经济交易活动的单位称为机构单位。而机构单位按照其主要职能、行为和目的组合在一起,就形成了机构部门。SNA(1993)中的五大机构部门包括:①非金融公司部门,主要从事市场货物和非金融服务生产的机构单位。②金融公司部门,主要从事金融中介活动或辅助金融活动的机构单位。③广义政府部门,除负有政治责任和经济调节作用外,主要生产用于个人和公共消费的非市场服务(可能包括货物),并对收入和财富进行再分配的机构单位。④住户部门,包括经济中的所有自然人,住户部门中的机构单位是由单个人或一群人组成的。住户的主要职能是提供劳动力、进行最终消费,作为企业主,从事市场货物和非金融服务的生产。⑤为住户服务的非营利机构部门,主要为住户从事非市场服务生产的法律实体,住户的自愿捐赠是其主要资金来源。

机构单位从事大量的经济活动,这些活动产生了经济流量。SNA(1993)将其所记录的经济流量分为交易和其他经济流量两大类。交易是指按照两个机构单位间的相互协议而进行的经济活动,那些不是由于交易而产生的流量则是其他经济流量。按照经济流量的性质,其又可以分为四个大类:①货物和服务交易,涉及货物和服务的来源和使用;②分配交易,由增加值分配给劳动力、资本和政府的交易及涉及收入和财富的再分配的交易所组成;③金融手段交易,包括金融资产的净获得或负债的净发生;④其他积累,包括前三项没有涉及的改变资产负债数量或价值的各种交易和其他经济流量。

国民经济账户是国民经济核算的核心,它们可以提供特定经济的全貌。从层次上看,国民经济账户包括两部分内容,即国民经济总量账户和国民经济机构部门账户。国民经济总量账户是从国民经济运行出发,运用账户描述国民经济产品和服务的来源、生产、收入分配和使用,积累、资产负债和对外经济联系。国民经济机构部门账户主要是了解机构部门之间的数量关系，以及它们与国民经济总量的联系，目的是达到深入理解国民经济核算结果所反映的国民经济运行过程和内容。

国民经济机构部门账户与总量账户在体系上的设置基本是一致的，在具体账户上则有所不同。本书前面对国民经济账户的介绍基本上是从国民经济总量角度给出的，为了便于更深人地理解国民经济核算结果所反映的国民经济运行过程和内容，本节给出的国民经济账户以国民经济机构部门账户为主进行考察。

国民经济机构部门账户体系，主要由四大部分构成：经常账户、积累账户、资产负债表和国外账户。每一部分又可以进一步细分，从而得到细分的子账户。

经常账户记录货物和服务的生产，由生产产生的收入，随后收入在机构单位之间的分配和再分配，以及收入作为消费或储蓄目的的使用。经常账户又分为生产账户、收入分配和使用账户两大块。生产账户记录 SNA(1993)所界定的货物和服务的生产活动。收入分配和使用账户由一套环环相扣的账户组成，它们反映收入：①怎样在生产中形成；②如何分配给对生产创造的增加值享有权益的机构单位；③又如何在机构单位之间进行再分配；④怎样被住户、政府单位和非营利机构最终使用。

积累账户记录机构单位通过交易或因为其他事件引起的金融、非金融资产和负债的获得和处置。引起这种获得和处置的原因有两个方面：第一，与其他单位进行交易；第二，与生产有关的内部交易记录(存货变化和固定资产消耗)。资本账户记录非金融资产的变化以及对应的净值变化，金融账户记录金融资产的获得和处置。资产其他变化账户又包括两个子账户：一个是资产物量其他变化账户，记录由于交易以外因素引起的机构单位或部门持有的资产和负债变化额；一个是重估价账户，记录由于价格变化引起的资产和负债价值的变化。

资产负债表主要反映机构单位或部门在核算期期初和期末的资产和负债的存量价值。资产负债表的子账户还包括资产负债变化账户，它概括记录了积累账户的主要内容，即资产和负债的变化，从而连接了期初、期末两个存量表。

需要说明的是，在本节中未单列国外账户，除非在必要的情况下，国外账户的有关内容被融入整个国民经济总体的相关账户中。图 1.2—1 列示了一国国民经济总体的主要账户结构。

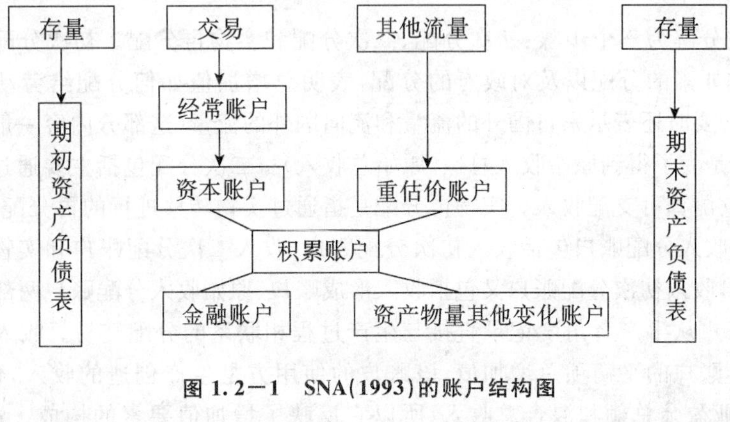

图 1.2—1　SNA(1993)的账户结构图

图 1.2—1 表明，资产负债表对存量进行核算，而流量核算通过经常账户和积累账户进行。交易账户由经常账户和积累账户中的资本账户和金融账户组成，而其他流量账户由重估价账户和资产物量其他变化账户构成。期初存量在期初资产负债表里反映，期初存量加上期内的

流量变化，就得到了在期末资产负债表里反映的期末存量。

二、SNA(1993)账户与主要经济总量解析

总体来看，SNA(1993)的中心账户框架由资产负债表、经常账户和积累账户构成。下面，我们首先对账户进行解析，然后对各账户中的主要经济总量指标作一系统分析。

(一)经常账户

经常账户包括四部分：货物和服务账户、生产账户、收入分配账户和收入使用账户。

1. 货物和服务账户

货物和服务账户的主要作用是对一国在一定时期内的市场中的货物和服务的来源和使用作出全面反映。

SNA(1993)对货物和服务的定义规定如下：货物是对其有某种需求，且能够确定其所有权的有形实体。它有两个特点：①货物的生产和交换是完全独立的两种活动。②货物的生产可以与其随后的销售或再销售分离，这是货物显著的经济特征，服务则不具有这种特征。服务是不能够确定其所有权的独立存在实体。它有以下特点：①它不能脱离生产单独进行交易。②当生产完成时，它们必须已经提供给消费者。

货物和服务账户有两个特点：①货物和服务账户是总体平衡的，即在总使用和总资源之间存在着平衡关系，而不是就每种类型交易的平衡，因此它没有平衡项。②货物和服务账户的收支方向与其他账户相反。其使用列在右方，资源列在左方；而其他账户一般都是使用列在左方，资源列在右方。

从货物和服务账户可以得到按支出法计算的国内生产总值，即最终消费加上总资本形成加出口减进口。

2. 生产账户

生产账户是对一国在一定时期内的生产成果和价值形成的核算，从核算关系看也是生产收入与生产支出的净消耗的差额是增加值净额，也就是国内生产净值。国内生产净值也被认为是劳动报酬、生产税净额和营业盈余之和。生产账户通过增加值与收入分配和使用账户相联系。

3. 收入分配账户

收入分配被分解为三个步骤：初次分配、二次分配和实物再分配。初次分配是指增加值针对劳动力和资本要素的分配以及对政府的分配，表明总增加值如何分配给劳动力和资本两个要素以及政府，必要时还表示来自国外的流量和流向国外的流量(这部分内容一般在国外账户中反映)，测算结果是为了得到原始收入总额(原始总收入)。二次分配包括主要通过现金转移进行的收入再分配，它测算可支配收入。实物再分配是指通过实物转移进行的再分配，它测算调整后的可支配收入。收入分配账户包括收入初次分配账户、收入二次分配账户和实物收入再分配账户三部分。其中，收入初次分配账户又包括收入形成账户、原始收入分配账户两部分。

收入形成账户从生产者角度记录直接与生产过程相联系的分配交易。收入形成账户的收入来源方是生产账户的平衡项总增加值，该账户的使用方是生产创造的收入，包括劳动报酬、生产税净额、营业盈余总额和混合总收入，所以它反映了增加值要素的构成。这里，混合总收入是对住户部门而言的，因为其劳动报酬与营业盈余在实际中无法明确区分，所以称为混合总收入。营业盈余和混合总收入是增加值减去劳动报酬、生产税净额之后的平衡项。收入形成账户是为常住企业或常住企业群体编制的，它记录了属于政府单位和直接参与生产的单位的

原始收入,是生产账户的进一步延伸或细化。

原始收入分配账户展示收入初次分配的剩余部分,它是对一国在一定时期内国民所分配生产收入的核算。它与收入形成账户所核算的收入都是初次分配收入,只是核算主体不同,其中主要涉及对外经常交易账户的部分内容。其记录的内容可归纳为两部分:一部分是各部门作为收入接受者从收入形成账户中所获得的生产性收入;另一部分是各部门之间进一步发生的账户收入流量。

原始总收入是原始收入分配账户的平衡项。国内各机构部门的原始收入总和一般又称为国民总收入,或者国民生产总值(GNP)。国内各机构部门的原始收入净额总和一般又称为国民净收入,或者国民生产净值。从国民总收入中减去固定资本消耗就得到了国民净收入。

收入二次分配账户的主要目的是核算出国民可支配收入,它与原始收入分配账户紧密联系。

实物收入再分配账户是以收入二次分配账户为基础,反映实物社会转移状况及结果的账户。

4. 收入使用账户

收入使用账户显示具有某种最终消费的部门的可支配收入是如何在最终消费和储蓄之间进行分配的。收入使用账户来源方是收入二次分配账户的平衡项——国民可支配收入,使用方是最终消费支出和储蓄总额,储蓄总额是收入使用账户的平衡项。

(二)积累账户

积累账户反映资产、负债、净值方面的所有变化。由于积累账户的这种特点,所以它的账户表述形式类似于资产负债表本身。在积累账户中,资产的所有变化,不论是正的还是负的,都记录在左方,负债的所有变化及净值的变化则在右方。积累账户分四个子账户进行核算:资本账户、金融账户、资产物量其他变化账户、重估价账户。

1. 资本账户

资本账户记录与非金融资产获得有关的交易和涉及财产再分配的资本转移,它是对实物投资及其资金来源的全面核算。

资本账户中的储蓄净额、资本转移收入净额是投资资金来源的重要部分,前者与收入使用账户相连,后者与国外积累账户中的资本转移收入净额相对应。资本形成总额及构成与货物和服务账户相连。净贷款/净借款是平衡项。

2. 金融账户

金融账户按金融手段类型记录交易,反映所有发生在各机构单位及国外之间的金融交易所引起的金融资产和负债的变动。负债净额加上贷出或借入净额就等于金融资产购买净额。

3. 资产物量其他变化账户

资产物量其他变化账户记录那些不仅引起资产和负债价值发生变化而且会引起其物量也发生变化的异常事件。

这个账户记录由非积累交易引起的资产物量变化,包括地下资源的发现或损耗、战争、自然灾害及核算本身造成的资产物量的变化。

4. 重估价账户

重估价账户专门记录在一定时期内资产(或负债)完全由于价格变化而形成的持有资产(或负债)的收益和损失。

(三)资产负债表

资产负债表主要是对国民经济存量的核算,它一般有期初资产负债、本期资产负债变化和期末资产负债三部分。期初和期末资产负债表把资产列在左方，负债和净值列在右方。净值即资产与负债之差，是资产负债表的平衡项，它相当于一个单位或一个部门所持有的经济价值存量的现值。就每类资产和负债而言，期初和期末资产负债之间的变化产生于积累。净值变化等于资产变化减去负债变化。

资产负债变化表概述了积累账户的内容，即资产和负债的总变化，以及按主要来源列出的净值变化等。

（四）主要的经济总量关系

对整个国民经济总体而言，经常账户的主要平衡项目有国内生产总值、国民总收入、国民可支配收入总额以及储蓄总额。这些平衡项目的每一项都有对应的净额项目，从总额中减去固定资本消耗便可得到净额项目。经常账户的最终平衡项目为储蓄，是收入中未用于最终消费支出的部分。储蓄是积累账户的起点，它和资本转移净额一起代表可用于资本形成的资源，增加金融资产并减少负债。积累账户包括因交易和其他事件形成的非金融和金融资产的存量、负债以及净值的变化。资产负债表涵盖机构部门和国民经济总体的非金融和金融资产与负债的存量以及净值，期初存量加上积累账户的流量变化形成就可得到期末存量。

每一账户都有重要的平衡项目，而这些平衡项目往往是非常重要的经济总量。这些经济总量之间的关系，我们在表1－1中给出。

表1－1　主要经济总量计算表

账户		经济总量关系
经常账户	生产	1. 按基本价格计算的产出－中间消耗＝增加值＋产品税净额＝国内生产总值
	收入初次分配	2. 国内生产总值＝雇员报酬＋税收－补贴＋营业盈余总额/混合总收入 3. 国民总收入＝国内生产总值＋雇员报酬（来自国外的净额）＋财产收入（来自国外的净额）
	收入二次分配	4. 国民可支配收入总额＝国民总收入＋来自国外的经常转移净额
	收入使用	5. 国民可支配收入总额－住户最终消费支出－为住户服务的非营利机构的最终消费支出－政府最终消费支出＝储蓄总额－固定资本消耗＝储蓄净额
积累账户	资本	6. 储蓄净额＋来自国外的资本转移净额＝由储蓄和资本转移带来的净值变化－资本形成净额－获取－非生成非金融资产的处置＝净贷款/净借款
	金融	7. 净贷款/净借款＝获取金融资产的净额－产生的负债净额
	重估价	8. 由非金融资产、金融资产和负债的持有收益/损失带来的净值的变化
	资产物量其他变化	9. 由非金融资产、金融资产和负债的物量其他变化带来的净值的变化
资产负债表	期初资产负债表	10. 期初非金融资产＋期初金融资产—期初负债＝期初净值
	资产负债表变化表	由以下因素造成的净值变化： 储蓄和资本转移 非金融资产、金融资产和负债的重估价 非金融资产和金融资产及负债的物量其他变化
	期末资产负债表	11. 期末非金融资产＋期末金融资产—期末负债＝期末净值

表1－1中的各经济总量都是通过SNA(1993)各账户推导出来的，在此，我们不再赘述。

对一国国民经济总体的储蓄、资本形成，我们也可以通过账户推导的方式，考察其与国外经济的关系。主要经济总量如表1－2所示。

表1－2　国内与国外之间的储蓄与资本形成关系表

1. 国内生产总值＝最终消费支出＋资本形成＋出口－进口
2. 对外经常账户余额＝出口－进口＋来自国外的原始收入净额＋来自国外的经常性转移净额
3a. 国民可支配收入总额＝国内生产总值＋来自国外的原始收入净额＋来自国外的经常性转移净额 3b. 国民可支配收入总额＝最终消费支出＋资本形成＋出口－进口＋来自国外的原始收入净额＋来自国外的经常性转移净额 3c. 国民可支配收入总额＝最终消费支出＋资本形成＋对外经常账户余额
4. 储蓄＝国民可支配收入总额－最终消费支出＝资本形成＋对外经常账户余额。
5. 对外经常账户余额＝储蓄－资本形成
6a. 储蓄－资本形成－获取的非生成非金融资产净额＋来自国外的资本转移净额＝对国外的净贷款/净借款 6b. 对国外的净贷款/净借款＝对外经常账户余额－获取的非生成非金融资产净额＋来自国外的资本转移净额

表1－2中的等式显示了储蓄、资本形成和国外之间的主要经济联系：等式1实际上是国内生产总值的支出法；等式2表明对外经常账户余额是货物和服务的出口减去进口再加上来自国外的原始收入净额和经常性转移净额；等式3a对国民可支配收入总额作了定义；等式3b是等式3a的扩展，等式3c是等式3b的简化式，目的在于确定对外经常账户余额；等式4对等式3c的内容作了调整，表明从收入使用账户中得到的储蓄等于资本形成与对外账户余额之和；等式5表明储蓄与资本形成之间的缺口正好等于对外经济账户余额；等式6a反映了整个国民经济总体资本账户的情况，等式6b通过将资本账户和对外经济账户余额联系起来计算对国外的净贷款/借款。

三、资产负债表和积累账户

资产负债表和积累账户是SNA(1993)建议采用的金融统计框架，因为它们为将金融存量和流量纳入完整的账户体系提供了一套国际认可的指导原则。资产负债表和积累账户包括与金融分析相关的交易、其他流量和存量。这些账户构成一个完整的统计体系，用以衡量核算期期初和期末的资产和负债，以及在期初和期末之间资产和负债物量及价值的所有变化。资产负债表和积累账户涵盖了前面章节介绍的所有经济资产。期初和期末的资产负债表包括非金融资产和金融资产及负债的存量，积累账户的四个分账户是流量账户，反映存量价值在资产负债表期初和期末之间的所有变化。

对于每一项或每一组资产和负债，期初资产负债表和期末资产负债表之间的变化产生于积累账户。从资产负债变化的原因上看，任何个别项目的存量价值在期初和期末资产负债表之间的变化都可以分解成交易因素、外生因素和价格因素三个方面，这恰恰构成了积累账户所使用的分类基础，即交易类型、物量变化或持有收益/损失。根据这一分类，由交易因素引起的资产负债的变动记录在资本账户和金融账户中，其中非金融资产交易记入资本账户，金融资产交易记入金融账户；由外生因素引起的资产负债的物量变化记录在资产物量其他变化账户中；由价格因素引起正的或负的应计名义持有收益的变化记录在重估价账户中。积累账户包括资本账户和金融账户、资产物量其他变化账户、重估价账户，实现了对资产负债变动的完整登录。

(一)资产负债表

资产负债表是在特定时点编制的一个部门或整个国民经济总体的非金融资产和金融资产及负债的存量价值的报表。期初存量反映在期初资产负债表中，期末存量反映在期末资产负债表中，根据期初与期末资产负债表，我们可编制期内的资产负债变化表，以反映期末与期初存量的变化情况。期初与期末资产负债表前文已述及，在此着重介绍资产负债变化表。通过资产负债变化表，属于流量账户的积累账户与属于存量账户的资产负债表得以连接在一起。

编制资产负债及其变化表之前，一般须将积累账户加以汇总，编制成资产负债变化表。期初资产负债表和期末资产负债表内相应资产负债项目之间的差额，就是核算期内资产负债的全部变化，这些变化通过积累账户系列，即资本账户、金融账户、资产物量其他变化账户和重估价账户来分别表现。这样，若将这些变化进行汇总，就可以通过一张资产负债变化表来表示，如表 1－3 所示。

表 1－3 资产负债变化表

资产变化		负债及净值变化	
资产总变化		负债总变化	
非金融资产		净值总变化	
生产资产		储蓄和净资本转移	
非生产资产		资产物量其他变化	
金融资产		名义持有损益(实际价格变化)	
		其中：中性持有损益	
		实际持有损益	

表 1－3 是以总量形式给出的资产负债变化表。表 1－4 是以机构部门的形式给出的期初、期末资产负债表与资产负债变化表。

表 1－4 资产负债表及其变化表

账户	资产						交易和平衡项	负债及净值					
	合计	国外	经济总体	…	金融公司	非金融公司		非金融公司	金融公司	…	经济总体	国外	合计
期初资产负债表							非金融资产						
							生产资产						
							非生产资产						
							金融资产						
							负债						
							净值						

续表

账户	资产						交易和平衡项	负债及净值					
	合计	国外	经济总体	…	金融公司	非金融公司		非金融公司	金融公司	…	经济总体	国外	合计
资产负债变化表							资产总变化						
							非金融资产变化						
							生产资产变化						
							非生产资产变化						
							金融资产变化						
							负债总变化						
							储蓄和净资本转移						
							资产物量其他变化						
							名义持有损益						
期末资产负债表							非金融资产						
							生产资产						
							非生产资产						
							金融资产						
							负债						
							净值						

编制资产负债表及其变化表是为了简洁地列示资产负债核算记录，但是由于在该表中资产负债的变化是由积累账户系列汇总得到的，因此所显示的资产负债变化情况比较粗略，对这种变化到底是由交易因素、外生因素和价格因素中的哪一种所引起的，则无法显示。为了更准确地表示这一信息，可以将期初、期末资产负债表和积累账户结合起来，用账户形式来综合表示，如表 1－5 所示。

表 1－5　资产负债核算综合表式

资产、负债分类和净值	期初资产负债表	资本账户	金融账户	资产物量其他变化账户	重估价账户		期末资产负债表
					中性持有损益	实际持有损益	
非金融资产							
生产资产							
非生产资产							
金融资产／负债							
货币黄金和特别提款权							
通货和存款							
股票以外的证券							
贷款							
股票和其他权益							
保险专门准备金							
其他应收／应付账款							
净值							

(二)积累账户

整个国民经济核算体系包括对当期经济过程流量的核算和经济存量的核算。经济存量核算由资产负债表体现。从一段时期考察,资产负债存量由期初到期末必然会发生总量和结构的变化,这种变化正是积累账户核算的内容。

造成经济存量变化的原因有以下几个方面:①经济交易的发生,如购买或出售固定资产,提取或存入一笔存款等。②资产的发现和毁损,如地下资产的发现、战争或自然灾害对资产的毁坏等。③资产价格在核算期内的变动。上述前两方面都会引起资产物量的变化和负债、净值的对应变化,第三个方面会使原有资产产生持有资产损益,引起资产、负债及净值价值量的变化。

经济交易引起的资产负债变化称为资本形成和金融交易核算,由资本账户和金融账户体现;资产负债物量的其他变化由资产物量其他变化账户核算;资产价格变化结果由重估价账户表现。通过上述各部分的核算,可以详细地解释一国或一部门各种经济存量是怎样由期初水平达到期末水平的整个过程。

通过上面的介绍,我们知道了连接交易账户与资产负债表的是资产负债变化表,而资产负债变化表可以从两个途径得到:一是通过期初与期末资产负债表得到;二是通过积累账户得到。无论通过哪种途径,所得到的结果应该是一致的。

积累账户本身又由资本账户、金融账户、重估价账户和资产物量其他变化账户构成。这四个账户所记录的项目,在资产负债变化表中都能找到对应的位置。

积累账户本身又由资本账户、金融账户、重估价账户和资产物量其他变化账户构成。这四个账户所记录的项目,在资产负债变化表中都能找到对应的位置。

1. 资本账户

进行资本形成核算所依赖的工具是资本账户,它如同一个操作平台,提供对非金融投资交易方面的核算帮助。在资本账户中,囊括了非金融资产的所有交易情况。资本账户又称资本形成账户。

资本账户是收入使用账户的继续。收入使用账户的平衡项目——储蓄正是资本账户最初和最基本的资本筹集项目。机构部门的资本账户表式如表1—6所示。

表1—6 资本账户

资产变化						交易和平衡项	负债及净值变化					
合计	国外	经济总体	…	金融公司	非金融公司		非金融公司	金融公司	…	经济总体	国外	合计
						储蓄总额						
						固定资本消耗(一)						
						储蓄净额						
						对外经常余额						
						固定资本形成总额						
						固定资本消耗(一)						
						存货变化						
						珍贵物品的获取减处置						
						非生产非金融资产的获取减处置						
						土地和其他有形非生产资产						
						无形非生产资产						
						应收资本转移						
						应付资本转移						
						净贷款(十)/净借款(一)						
						由储蓄和资本转移带来的净值变化						

账户的负债和净值变化方记录有关资金筹集的项目,包括储蓄和资本转移。储蓄是可支配收入扣除用于最终消费支出后可用于非金融资产投资和净金融投资的部分,是投资资金的主要来源。总储蓄减去固定资本消耗为净储蓄。资本转移是一个机构单位向另一个机构单位提供货物、服务或资产而不从后者接受任何相应的以货物、服务或资产的形式作为回报的交易。资本转移可以是现金的也可以是实物的转移。资本转移具体包括资本税缴纳、投资补助和其他资本转移。各机构部门资本转移的应收额与应付额相减的净额,形成该机构部门资本转移净值的变化。由于国内各机构部门之间的资本转移在汇总时将被抵销,所以,以国民经济为整体,资本转移净额反映的就是来自国外或付给国外的资本净转移。

账户的资产变化方记录经济交易中各种非金融资产的当期变动,包括资本形成、土地及其他非生产资产净购买。资本形成总额以固定资本形成总额、存货变化和珍贵物品净获得的总价值来度量。土地净购买是指由经济交易发生的土地获取与处置相减的净价值。土地包括土地本身和位于其上的河流,但不包括土地上属于固定资产的房屋和其他建筑物、果园、地下资产、非培育生物资源以及地下水资源。由于固定资本形成中已包括土地交易时发生的所有权转让费用,所以,土地交易中获得方与出让方所记录的价值应是完全一致的。按惯例,位于经济领土之内的土地的所有者或购买者都是常住机构单位,因此,从机构部门来看,土地净购买可以是正数也可是负数,但若以国民经济为一整体,由于各机构部门土地净购买会正负抵销,一国的土地净购买则为零。而国外部门资本账户不含土地购买净额。其他非生产资产净购买包括其他有形非生产资产的获得减处置和无形非生产资产的获得减处置。其他有形非生产资产的获得减处置指地下资产的获得减处置,是指地下资产的所有权由一个机构单位转让给另一个机构单位的交易。获得和处置不包括所有权转移的费用。无形非生产资产获得的价值包括购买发生的所有权转移费用,而处置则以减掉出售者发生的所有权转移费用以后的价值估价。

由储蓄和资本转移而筹集的资金不一定等于非金融投资量,因而形成国民经济或机构部门的资金余缺,账户左方的净贷款/净借款是平衡项目,正值净贷款表明该机构部门资金有余,拥有可直接向其他部门提供的资金净额。

2. 金融账户

金融账户又称金融交易账户。机构单位之间和机构单位与国外之间的所有金融交易都记入金融账户。该交易涉及金融资产所有权的变化,包括与金融债权产生和清偿有关的所有交易。这些金融资产的产生或金融资产所有权的其他变化都在国民经济核算体系的其他账户中有对应项,或者是,金融账户中的交易也可涉及金融资产或新发生的负债与其他非金融资产的交换。

因此,金融账户的核算范围涵盖了严格的金融交易和其他货币性交易。对前一种交易,所有的流量都被分别记录在交易双方的金融账户上,因而无论如何变化,只能表现为一种资产(或负债)转换为另一种资产(或负债),或者资产与负债同时产生或同时减少,账户登录结果可能影响金融资产或负债的形式组合,也可能改变金融资产和负债的物量,但不会影响金融资产和负债之间的平衡关系。

在后一种交易情况下,金融账户是非金融账户的对应账户或称决算账户,由交易引起的实际资源流量,如货物和非金融资产所有权转手或要素收入支付等将分别记入生产账户、收入及使用账户和资本账户,对应的货币流量引起的金融资产与负债变动才记入金融账户。就是说,在非金融账户上作为来源记录的价值，必然在金融账户上有同等价值的资产增加或负债减少作对应记录；同样，前者作为使用记录的价值，必然对应后者关于资产减少或负债增加的记录。因此，这种交易的存在，改变了各部门金融账户上资产与负债的平衡关系，而且，使各部门金融账户的平衡与非金融账户的平衡联系在一起。

表 1－7 表示的是金融账户。

表 1－7 金 融 账 户

资产变化						交易和平衡项	负债及净值变化					
合计	国外	经济总体	…	金融公司	非金融公司		非金融公司	金融公司	…	经济总体	国外	合计
						净贷款（＋）/净借款（－）						
						获取的金融资产净额/产生的负债净额						
						货币黄金和特别提款权						
						通货和存款						
						通货						
						可转让存款						
						其他存款						
						股票以外的证券						
						短期						
						长期						
						贷款						
						短期						
						长期						
						股票和其他权益						
						保险专门准备金						
						住户在人寿保险准备金和养恤基金中的净权益						
						对债权余额预付的保险费和准备金						
						金融衍生产品						
						其他应收/应付账款						
						商业信贷和预付款						
						其他应收/应付账款						

3. 资产物量其他变化账户

资产物量其他变化账户记录期初和期末资产负债表之间资产、负债和净值因为外生因素而引起的资产物量变化，诸如地下资源的发现或耗减、战争或其他政治事件的破坏及自然灾害的破坏等意外的不可预料因素。

资产物量其他变化账户的登录具体表现为以下九类资产/负债的变化：

(1)非生产资产的经济出现。这主要包括可开采地下资源的总增加、其他自然资产向经济活动的转移、经济用途变化引起的非生产资产的质量变化(一般地说,在国民经济核算中,将质量差别作为物量差别处理)、无形非生产资产的出现等。

(2)生产资产的经济出现。这主要指还未记录在资产负债表中的,像宝石、古董或其他艺术品等珍贵物品和包括住宅及资产分类中的其他建筑物与构筑物在内的历史纪念物,在被首次认可时,作为一种经济出现记录在资产物量其他变化账户中。

(3)非培育生物资源的自然生长。像鱼类、自然森林等非培育生物资源是经济资产,但是这种生长不在任一机构单位的直接控制、负责和管理之下,因此不是生产。因而这类资产的递增必须被视为一种经济出现,记录在资产物量其他变化账户中。

(4)非生产资产的经济消失为资本账户和金融账户中提供了三种资产退出国民经济核算体系的方法,即通过固定资本的消耗、存货的提取和经常性损失、根据创立的金融债权的契约协议条款取消金融债权。这三种方式没有一种适用于非生产资产。资产物量其他变化账户中用经济消失来记录这些资产的消失。经济消失的一种方式是自然经济资产的耗减,经济消失也可通过其他方式,如可开发地下资源量的减少,由于经济用途变化引起的非生产资产的质量变化,经济活动引起的非生产资产的退化,购买的商誉、可转让的合同等的注销和撤销及专利保护的结束,等等。

(5)灾害损失。灾害损失记录的物量变化是可能毁灭所有类型资产的大规模的、个别的和可公认的事件所造成的损失。具体说来,这里所指的是由自然灾害、政治事件以及诸如大量有毒物质溢漏等技术事故造成的重大损失,如洪灾或风灾造成的土地质量的恶化,旱灾或流行性疾病造成的培育资产的破坏,森林大火或地震中建筑物、设备或珍贵物品的毁坏,以及自然大灾害或政治事件造成的货币或无记名证券的意外毁坏。

(6)无偿没收。政府或其他机构单位可以纳税、罚款或类似的除征税以外的理由占有包括非常住单位在内的其他机构单位的资产而不予以全部补偿。如果补偿大大低于资产负债表上所列资产的市场价值或有关价值,差额应当记录在无偿没收的资产登录中,作为没收机构单位的资产增加和被没收机构单位的资产减少。

(7)未另分类的非金融资产的其他物量变化。这主要是指由于意外的淘汰、破碎等原因造成的固定资产的提前报废和由于火灾、偷盗、虫害等造成的存货异常损失。在这里记录的项目,大多数例子都是资产的减少,但也有资产增加的例子,如通过固定资本消耗注销掉了的资产仍在使用,作为资产增加重新回到核算当中。

(8)未另分类的金融资产和负债的其他物量变化。这主要是指由于国际货币基金组织分配和取消特别提款权、债权人由于债务人破产或其他原因而注销坏账等。

(9)由于分类和结构的变化而引起的资产的变化。这类物量变化主要包括以下两类:

一是部门分类和结构的变化,将一个机构单位从一个部门重新归类到另一个部门,就转移了它的全部资产负债,或者是一个部门的结构变动(如公司的重新构建,包括公司兼并、公司分立等)引起的某些金融资产负债的消失或出现。

二是资产和负债分类的变化,产生于一笔资产的使用目的的变化,如黄金的货币化与非货币化、土地用途的改变等,在这里记录的分类变化一般在分类变化前后资产价值不变。如果一笔非生产非金融资产用途改变意味着价值变化,则将这种改变作为质量改变处理,记录为非生产资产的经济出现或消失。

表1-8列示了资产物量其他变化账户。

表 1-8 资产物量其他变化账户

合计	国外	经济总体	…	金融公司	非金融公司	其他流量和平衡项	非金融公司	金融公司	…	经济总体	国外	合计
						一、非金融资产						
						生产资产						
						生产资产的经济出现						
						灾害损失						
						无偿没收						
						未另分类的非金融资产的其他物量变化						
						由于分类和结构的变化引起的资产变化						
						固定资产						
						存货						
						珍贵物品						
						非生产资产						
						非生产资产的经济出现						
						非培育生物资源的自然生长						
						非生产资产的经济消失						
						灾害损失						
						无偿没收						
						未另分类的非金融资产的其他物量变化						
						由于分类和结构的变化而引起的资产的变化						
						有形非生产资产						
						无形非生产资产						
						二、金融资产/负债						
						灾害损失						
						无偿没收						
						未另分类的金融资产和负债的其他物量变化						
						由于分类和结构的变化而引起的资产的变化						
						货币黄金和特别提款权						
						通货和存款						
						股票以外的证券						
						贷款						
						股票和其他权益						
						保险专门准备金						
						金融衍生产品						
						其他应收/应付账款						
						三、由于资产物量其他变化引起的资产净值的变化						

4. 重估价账户

价格水平是不断变化的，这将时刻影响着资产负债的实际价值。在资产负债核算中，重估价账户记录了金融和非金融资产与负债的所有者在核算期内发生的正值或负值的持有收益。持有收益不仅包括固定资产、土地和金融资产等“资本收益”，还包括生产者持有的各类货物（如在制品）的收益，即“存货升值”。

重估价账户记录了产生于资产和负债的名义持有收益，名义持有收益可分解为中性持有收益和实际持有收益，用两个子账户反映。在重估价账户中，资产的持有收益不管是正是负，都记录在账户的左方，负债的持有收益记录在右方，如表 1－9 所示。

表 1－9　重估价账户

账户	合计	经济总体	…	金融公司	非金融公司	其他流量和平衡项	非金融公司	金融公司	…	经济总体	国外	合计
重估价账户（名义持有收益账户）						名义持有损益						
						非金融资产						
						生产资产						
						固定资产						
						存货						
						珍贵物品						
						非生产资产						
						有形非生产资产						
						无形非生产资产						
						金融资产/负债						
						货币黄金和特别提款权						
						通货和存款						
						股票以外的证券						
						贷款						
						股票和其他权益						
						保险专门准备金						
						其他应收/应付账款						
						名义持有损益引起的净值变化						
中性持有损益账户						中性持有损益						
						非金融资产						
						生产资产						
						固定资产						
						存货						
						珍贵物品						
						非生产资产						
						有形非生产资产						
						无形非生产资产						

续表

账户	合计	经济总体	…	金融公司	非金融公司	其他流量和平衡项	非金融公司	金融公司	…	经济总体	国外	合计
中性持有损益账户						金融资产/负债						
						货币黄金和特别提款权						
						通货和存款						
						股票以外的证券						
						贷款						
						股票和其他权益						
						保险专门准备金						
						其他应收/应付账款						
						中性持有损益引起的净值变化						
实际持有损益账户						实际持有损益						
						非金融资产						
						生产资产						
						固定资产						
						存货						
						珍贵物品						
						非生产资产						
						有形非生产资产						
						无形非生产资产						
						金融资产/负债						
						货币黄金和特别提款权						
						通货和存款						
						股票以外的证券						
						贷款						
						股票和其他权益						
						保险专门准备金						
						其他应收/应付账款						
						实际持有损益引起的净值变化						

重估价账户的平衡项是由于名义持有损益造成的净值变化，是一个机构单位全部资产和负债的正负名义持有收益的代数和。当重估价账户被分解为中性和实际持有收益两个独立账户时，这一平衡项也相应地可分解为两个新的平衡项，即由中性持有损益引起的净值变化和由实际持有损益引起的净值变化。这一分解对于实际分析非常有用，可以从中看出一个机构单位实际净值的变化量有多少是由实际持有收益造成的。

第三节　资金流量核算

资金流量核算也称为资金流量统计，它是国民经济核算的重要组成部分，它从资金运动这一侧面,系统地反映社会资金的来源、运用、结构、余缺情况,是研究货币政策、管理宏观经济的重要分析工具。资金流量核算所依据的工具是资金流量表。

一、进行资金流量核算的原因

资金流量核算是金融交易核算的细化核算,资金流量表是金融账户的延伸和扩展。相对于资金流量核算,金融交易核算有一定的局限,而这正是进行资金流量核算的根本原因。

(一)对金融交易核算的评析

金融账户按金融资产类型记录了所有机构部门资产的净获得和负债的净发生。对每一个部门来说,金融账户显示该部门为筹集金融资源而发生的金融负债和该部门获得的金融资产。因此,金融账户显示了金融交易的两个方面——交易中涉及的金融资产或负债和交易是否涉及资产或负债。这一信息对弄清净借入部门为其资金短缺融资的所有金融资产和净借出部门为安排其富余资金所配置的所有金融资产是非常有价值的。

要全面认识金融流量及其在经济过程中的作用,须了解更详尽的部门之间的金融关系,尤其是围绕金融中介机构所形成的金融关系,而金融账户对此只提供了一个基本的描述,为此,金融账户需要扩展为资金流量表。一般来说,在资金流量表的左侧纵列标题是详尽的资产所有者(债权人)机构部门分组,右侧纵列标题是详尽的负债承担者(债务人) 机构部门分组,表的中间横行标题是各金融资产类型项目,每一项目之下都作了进一步分组,尤其是加入了机构部门分组。这样,整个表具有三维特征,即债权人、金融类型、债务人,据此可使人们获悉各部门获得的每一类金融资产所对应的负债发生部门,和各部门当期发生的各类负债所对应的资产获得部门,整个金融流量包括流动的方向、方式及力度,由此可以得到更详尽的描述。

(二)资金流量核算对金融交易核算两方面的深化

由以上分析可知,金融账户不能直接回答金融流量流动的方向、方式及力度,即不能回答谁为谁提供资金的问题。因此,资金流量核算对金融交易核算在两方面进行了深化:

(1)资金流量表对"资金从哪来"的详细描述。资金从哪来,描述了金融资产的来源,反映了该部门金融资产的负债分布情况。

(2)资金流量表对"资金到哪去"的详细描述。资金到哪去,描述了金融资产的去向,反映了该部门所拥有的金融资产的债权分布情况。

为了全面认识金融流量及其在经济中的作用,了解更详尽的部门之间的金融联系和这种金融联系据以发生的金融资产常常是重要的。比如,政府往往不仅要知道它用什么类型的负债来弥补赤字,而且还要知道哪些部门(或国外)提供了资金。对金融公司(及其监督者)来说,重要的是不仅要知道它们获得的金融资产(贷款和证券)的构成,而且还要知道它们对哪些部门拥有债权。此外,常常有必要分析一个部门的各子部门之间的资金流量(中央政府与地方政府的金融交易或中央银行与存款机构的金融交易)和跨部门的资金流量(存款机构对公共非金融公司债权的变化)。这些详细的信息是了解融资如何进行和如何随时间而变化所必需的。

(三)资金流量分析应用的领域

利用资金流量表所提供的数据资料,我们可以进行一系列的分析:

1. 分析金融市场的变化情况

通过资金流量表提供的数据,可以分析金融市场的变化情况,例如:可以分析不同部门在金融市场上的资金流入、流出关系;分析金融市场得到的新的资金需求净额和取得这些资金的来源；通过对金融资产增减变化的分析，可以反映利息率的高低情况；分析金融市场资金流动情况对一国金融体制的影响程度，等等。

2. 分析社会总供给与总需求的关系

通过对资金流量核算表的分析，可以研究投资与储蓄的关系，研究国际收支状况，进而分析社会总供给与总需求的关系。

3. 分析积累和消费的关系

资金流量表所反映的储蓄与消费的比例关系，以及储蓄、消费结构关系，有助于我们对消费、储蓄关系的研究，为制定合理的消费政策、储蓄政策提供依据。

4. 分析货币供应量

资金流量表提供了测算货币供应量的指标，通过对各层次货币量增长的分析，可以看出货币政策的执行效果，从而采取相应措施，控制货币供给的适度增长，实现稳定通货，保持国际收支平衡，为制定货币政策提供依据。

5. 分析收入分配去向

通过资金流量表，可以考察国内生产总值初次分配在部门和劳动者之间的分配关系，及通过财政缴拨在机构部门、劳动者之间的再分配关系，以及部门间可支配收入构成比例。通过这种分析，可以为制定宏观经济分配政策、调整利益格局提供依据。

此外，还可以分析国际收支对国内经济的影响，等等。

二、资金流量核算的基本知识

(一)资金流量核算的历史发展

20 世纪 30 年代后期，资本主义世界爆发了历史上空前的经济危机，整个资本主义世界经济秩序严重紊乱，经济严重衰退，失业率急剧上升，资本主义社会基本矛盾进一步尖锐化。自由放任的经济政策，即经济运行不要政府干预而完全由市场自行进行调节，已无法解决现实的经济问题。随着财政政策在实际运用中产生的问题和金融市场作用的日益加强，人们意识到单纯通过财政政策也不能完全解决现实经济中产生的问题，于是开始转向对货币政策的研究，从而推动了对资金流量核算方法的研究。

20 世纪 40 年代，资金流量核算的研究在美国首先取得了突破性进展。1944 年，美国康乃尔大学柯普兰(Morris A. Copeland)教授应美国经济研究局之邀，对美国经济中的货币情况进行统计描述，开始了资金流量核算研究的先驱工作。另一位美国经济学家米切尔(W. C. Mitchell)，于 1947 年发表了《支付流量、概念和数据的初步调查》一文，首次提出了资金流量的概念和从整体上考察资金动态的观点。同年 1 月，柯普兰教授也在美国经济学会年会上宣读了《通过美国经济跟踪货币流通》的论文，使资金流量核算引起了经济学家的关注。紧接着，柯普兰教授接受米切尔先生从总体上考察资金动态的观点，在美国经济研究局的支持下，专心钻研美国的货币问题，在 1952 年取得了丰硕成果，出版了专著《美国货币流量的研究》。他在该书中对美国 1936～1942 年的资金流量进行了估算，并将国民经济分为不同的交易者集团和不同的交易类别，用会计复式记账的方法记录了各种交易者集团之间的货币流量，分析和描述了美国的经济现象，提出了比较完整的资金流量模型。同时，阐述了资金流量核算在国民经济核算中的重要地位和作用。柯普兰教授这一专著的问世，使资金流量核算的研究成为一门独立的课题，从而也奠定了他在资金流量核算领域的创始者位置，为后来人们继续研究、探索和实践资金流量核算作出了较大的贡献。

出于宏观调节经济、合理制定货币政策的需要，1948 年，美国联邦储备委员会也开始研究资金流量核算及编制资金流量表的方法。1955 年，美国联邦储备委员出版了《1939～1953 年美国的资金流量表》，以后随着实际应用的需要，又进行了反复修改和扩充，于 1959 年 8 月在《联邦储备公报》上发表了《资金流量、储蓄和投资季表的编制》，该研究报告提出了按季度编制资金流量表的方法，并按季度(滞后 4 个月)公布资金流量表，大大提高了资金流量核算资料的实用性和有效性。另外，该报告也将储蓄统计与资金流量核算结合起来进行研究，使储蓄与投资关系的描述作为资金流量表的一个重要组成部分，既反映了经常收支的资金运动，又描写了资本收支的资金融通过程，并把二者紧密联系在一起，完善了资金流量核算的方法，丰富了资金流量核算的内容，扩展了资金流量表应用的功能。

1954 年，日本银行调查统计局以柯普兰的《美国货币流量的研究》为依据，开始进行资金流量核算工作，它们以各部门相互间的货币流量为对象来编制资金流量表。1974 年，日本银行《调查月报》发表了有关年度的资金流量动向分析，《经济统计月报》开始逐年逐季发表有关资金流量资料。1978 年，日本全面推行 SNA，把资金流量核算纳入国民经济核算体系之中，并将其作为主要负责国民经济核算工作的日本经济企划厅国民所得部的主要工作之一。因此，日本的资金流量核算既有日本银行编制的资金流量表的金融账户，也有日本经济企划厅国民所得部编制的资本筹集账户，并在此基础上，编制一个综合账户。两部门编表的时点和侧重点虽有不同，但均能反映日本资金的流向和流量，在宏观调控中作为重要资料都发挥了较大的作用。

英国的资金流量核算始于 20 世纪 50 年代后期，当时只是在英格兰银行内有限的金融统计资料范围内进行资金流量核算的研究工作。1959 年，拉德克列夫委员会强调收集更多的关于各经济部门资金流量资料，编制完整的资金流量表，此后，资金流量核算成为英国政府统计的一项重要内容，并且英国政府开始正式编制资金流量表。

1955 年，加拿大银行开始进行建立资金流量核算的研究，1959 年发表了第一张资金流量表。

20 世纪 60 年代中期，南斯拉夫国家银行也建立了资金流量核算制度。

由于资金流量核算作为一种对资金运动的描述手段得到绝大多数国家的认可，所以 1968 年联合国在对 SNA 进行修订时把资金流量核算纳入 SNA 中，用资本筹集账户来综合反映资金流量。联合国于 1969 年出版的《国民生产和收入核算体系)中规定了资金流量核算的指标。此后，联合国每年出版的《国民生产和收入核算统计》中也包含了资金流量的统计资料。经济合作与发展组织每年出版的《金融统计》则以资金流量核算作为主要内容。1993 年重新修订的 SNA，对资金流量核算进行了充实和完善，把资金流量核算放到核算体系更重要的位置上。

中国资金流量的研究始于 20 世纪 80 年代初。改革开放以前，一方面，由于经济落后，经济生活相对比较简单，另一方面，中国经济管理中采用的是高度集中的计划经济管理体制，社会资金中用于扩大再生产的投资资金绝大多数由国家计划统一筹集、统一使用，资金融通方式十分简单，因此全社会资金流量核算显得不是很重要。随着经济发展，尤其是随着分配格局变化和经济体制改革的深人，中国资金融通方式和数量出现了很大变化，宏观经济管理对资金流量核算提出了迫切的要求。1989 年，中国政府统计部门开始研究编制资金流量表。

(二)资金流量核算的特点

资金流量核算的特点主要有：

(1)它不仅反映金融活动领域的交易活动，如货币、存款、贷款及债券等项的变动，而且还反映非金融部门的交易活动，如收入、分配、消费、投资等实物资金流量的变动。

(2)它不是对金融领域中各种交易项目的简单统计，而是以经济部门为主体，以资金交易为对象，在两者的统一联系中描述部门间的资金流动。

(3)因为资金流量核算描述的是资金在部门间的流动，所以它超越了各部门专业统计的特点，是对宏观经济进行的全面性的核算。

(4)它采用复式记账法说明经济活动中部门间彼此收付的交易活动。

三、资金流量表的基本表式

较常用的资金流量表的表式一般有标准式和投入产出式(矩阵式)两种。

(一)标准式资金流量表

标准式资金流量表实际上是各部门资金流量账户表的综合。该表式的主栏一般是经济交易项目，分为实物交易和金融交易两大类，宾栏则按各个机构部门划分。每个部门又分为资金来源(S)和资金运用(U)两栏。表式如表1—10所示。

表1—10 标准式资金流量表(简表)

项目			住户		非金融公司		金融公司		一般政府		为住户服务的非营利性机构		国外		所有部门合计		国内部分合计	
			S	U	S	U	S	U	S	U	S	U	S	U	S	U	S	U
实物交易	经常帐户	收入Y																
		净转移收入T																
		消费C																
	资本帐户	储蓄S																
		实物投资I																
		储蓄投资差S－I																
金融交易	金融账户	金融资金使用FU																
		金融资金来源FS																
		存款																
		贷款和证券																
		货币																
		国外资本往来																
		储备资产																

通过表1—10，我们可以对资金流量表有一个较深入的了解。

1. 经济交易项目

资金流量核算通常把商品生产过程与金融交易过程联系在一起进行分析，因而资金流量表的经济交易项目分成实物交易和金融交易两部分，其中，金融交易是资金流量表的重心和主体所在。在实际核算中,金融资金来源和使用还可分为各个子项目,而实物交易项目,则通常概略地列出若干大项,意在以此为起点,反映实物交易与金融交易相互作用对资金流动的影响。

实物交易可以分成经常账户和资本账户。经常账户中:①"收入"表示从生产中得到的国内生产总值。②"净转移收入"是各部门通过再分配取得和付出货币的净额。二者之和就构成了所谓"可支配收入",即可用于消费和积累的资金。③"消费"是指居民消费和社会消费。④"储蓄"是可支配收入减去消费后的余额。需要注意的是,这里的储蓄与我们日常生活中的居民储蓄概念是不同的,它是指可用于积累的资金数量。⑤"实物投资"包括新增固定资产和流动资产增加额。⑥"储蓄投资差"是每个部门可用于投资资金与实际用于投资资金的差额,反映出部门的资金状况是资金盈余、资金不足还是资金平衡。金融交易项目,也可划分成不同的账户和项目:①"金融资金使用"是一个总计项目,它表示一个部门通过各种融资渠道所获得金融债权的合计数。②"金融资金来源"是金融资金使用的对应项目,它表示一个部门通过各种融资渠道获得的资金合计数。金融交易的具体项目,可以分成国内金融交易和国外金融交易两大部分。国内金融交易主要形式有存款、贷款和证券、货币三大类。国外金融交易项目实际上是国际收支平衡表的金融部分。

2. 部门内平衡关系的分析

这是从资金流量表纵向上显示出来的列平衡关系,也就是部门资金流量表的平衡关系,因此一般称为部门内平衡关系。

部门内平衡关系可用公式表示如下:

经常账户平衡关系:$Y+T=C+S$

资本账户平衡关系:$S=I+(S-I)$

金融账户平衡关系:$(S-I)+Fs=Fu$

部门内总体平衡关系:$Y+T+Fs=C+I+Fu$

从资金流量表纵向平衡关系,可以得出以下几点认识:

(1)经常账户的来源和使用之差是"储蓄"$[S=(Y+T)-C]$,它转入资本账户作为资金来源;资本账户的来源与使用之差是"储蓄投资差"$(S-I)$,又称金融盈余,它转入金融账户作为资金来源。资金流量表中三大账户,从经常收支到实物投资再到金融交易是逐步展开、逐层深入的。

(2)资金流量表在纵向上把各部门的可支配收入、消费和投资与其金融资产(负债)的增减变化结合起来,使各部门的"储蓄投资差"与其金融资产负债增量差相等。即:

$$Y+T+Fs=C+I+Fu$$
$$(Y+T-C)-I=Fu-Fs$$
$$S-I=Fu-Fs$$

(3)如果一个部门有资金余额,必然要借给其他部门以增加本部门的金融资产,使金融资产增量与负债增量的差额,等于该部门的资金余额;反之,如果一个部门有资金差额,就必须从其他部门筹措,这将增加本部门的金融负债,使负债增量超过金融资产增量的数额,等于该部门的资金差额。

(4)在资金流量表中,任何一个部门的资金来源总额($\sum_{i=1}^{n}S$)必然等于资金使用总额($\sum_{i=1}^{n}U$),即部门内总体上是平衡的。这种平衡关系还可以扩展到全社会,即全社会所有部门资金来源总和($\sum_{j=1}^{m}\sum_{i=1}^{n}S$)与其资金使用总和($\sum_{j=1}^{m}\sum_{i=1}^{n}U$)必然相等(其中 i 为交易项目数,j 为机构部门数)。即:

部门内总体平衡式:$Y+T+F_S=C+I+F_U$

全社会总体平衡式:$\sum_{i=1}^{m}Y+\sum_{i=1}^{m}F_S=\sum_{i=1}^{m}C+\sum_{i=1}^{m}I+\sum_{i=1}^{m}F_U$

(其中,$\sum_{i=1}^{m}T=0$,全社会净转移收入为 0。)

3. 部门间平衡关系的分析

这是从资金流量表横向显示出来的平衡关系。

资金流量表金融交易部分的每一种交易项目,都代表一种金融活动。每一种金融活动都会引起一些部门金融负债的变动,而且这两类变动在数量上必然相等。所谓有借必有贷,有资产必有负债,有资金占用必有资金来源,就是这个意思。

同样,资金流量的部门间平衡关系可以扩展到全社会,即全社会金融资产的总和等于全社会金融负债的总和。由于每一种金融交易在部门间是平衡的,所以全社会各种金融交易之和在部门间也必然是平衡的,这种平衡体现整个金融市场的平衡。即:

$$\sum_{i=1}^{m}F_U=\sum_{i=1}^{m}F_S$$

4. 储蓄投资总体平衡关系

资金流量表中"储蓄投资差"项在各机构部门间也是平衡的。储蓄投资差是资金流量分析的重要指标。根据储蓄投资差的数值,可将部门分为三类,$S-I>0$,为盈余部门;$S-I<0$,为赤字部门;$S-I=0$,为平衡部门。盈余部门的资金流向金融市场,赤字部门则从金融市场获得资金。各部门的储蓄投资差之和最后应为 0,即 $S-I=0$。

尽管储蓄投资在各部门往往存在差额,从全社会看,二者在总体上是平衡的。这种平衡是实物市场与金融市场的总体平衡,也是部门平衡关系与部门间平衡关系的综合。把内部平衡式 $\sum_{i=1}^{m}Y+\sum_{i=1}^{m}F_S=\sum_{i=1}^{m}C+\sum_{i=1}^{m}I+\sum_{i=1}^{m}F_U$ 与外部平衡式 $\sum_{i=1}^{m}F_U=\sum_{i=1}^{m}F_S$ 左右端分别相加再约去同类项,就得到 $\sum S=\sum I$,即 $\sum(S-I)=0$。

(二)资金流量矩阵

资金流量表除了标准式外,还有投入产出式。类似于投入产出分析,根据投入产出式的资金流量表,可以建立资金流量矩阵。

表 1-11 是资金流量矩阵的一个表式。依据该表,可以分析资金在各部门的流量规律,研究储蓄、投资、金融资产和负债的联系。

表 1－11 资金流量模型矩阵表

		机构部门				金融负债				储蓄	总负债
		1	2	…	n	1	2	…	m		
机构部门	1					u_{11}	u_{12}	…	u_{1m}	y_1	g_1
	2					u_{21}	u_{22}	…	u_{2m}	y_2	g_2
	⋮					…	…	…	…	⋮	⋮
	n					u_{n1}	u_{n2}	…	u_{nm}	y_n	g_n
金融投资	1	s_{11}	s_{12}	…	s_{1n}						f_1
	2	s_{21}	s_{22}	…	s_{2n}						f_2
	⋮	…	…	…	…						⋮
	m	s_{m1}	s_{m2}	…	s_{mn}						f_m
实物投资		z_1	z_2	…	z_n						
总投资		g_1	g_2	…	g_n	f_1	f_2	…	f_n		

表 1－11 中，行表示资金来源，列表示资金使用。该表中共有 n 个机构部门，m 种金融工具，两个矩阵，六个向量。

其中：$u=\begin{pmatrix} u_{11} & u_{12} & \cdots & u_{1m} \\ u_{21} & u_{22} & \cdots & u_{2m} \\ \vdots & \vdots & \vdots & \vdots \\ u_{n1} & u_{n2} & \cdots & u_{nm} \end{pmatrix}$

u 为金融负债流量矩阵，行表示机构部门，列表示金融工具，u_{ij} 表示第 i 个部门在第 j 种金融工具上形成的金融负债。

$$s=\begin{pmatrix} s_{11} & s_{12} & \cdots & s_{1n} \\ s_{21} & s_{22} & \cdots & s_{2n} \\ \vdots & \vdots & \vdots & \vdots \\ s_{m1} & s_{m2} & \cdots & s_{mn} \end{pmatrix}$$

s 为金融投资流量矩阵，行表示金融工具，列表示机构部门，s_{ij} 表示第 i 个部门在第 j 种金融工具上的投资。

六个向量是：

储蓄向量：$Y'=(y_1,y_2,\cdots,y_n)$

总负债向量：$G'=(g_1,g_2,\cdots,g_n)$

实物投资向量：$Z=(z_1,z_2,\cdots,z_n)$

总投资向量：$G=(g_1,g_2,\cdots,g_n)$

金融投资向量：$F'=(f_1,f_2,\cdots,f_n)$

金融负债向量：$F=(f_1,f_2,\cdots,f_n)$

另外，表中还有六个恒等式：

各部门的金融负债加储蓄等于总负债，即：

$$\sum_{j=1}^{m} u_{ij} + y_i = g_i \quad (i=1,2,\cdots,n)$$

各部门的金融投资加实物投资等于总投资，即：

$$\sum_{i=1}^{m} s_{ij} + z_j = g_j \quad (j = 1,2,\cdots,n)$$

任一部门的总投资等于总负债，即：

$$g_i = g_j \quad (i=j) \text{或} G=G'$$

某一金融工具引起的投资等于各部门在该金融工具上的投资之和，即：

$$f_i = \sum_{j=1}^{n} s_{ij}$$

某一金融工具引起的负债等于各部门在该金融工具上的负债之和，即：

$$f_j = \sum_{i=1}^{n} u_{ij} \quad (j = 1,2,\cdots,m)$$

某一金融工具的负债总和等于投资总和，即：

$$f_i = f_j (i=j) \quad \text{或} \quad F=F'$$

利用资金流量模型矩阵，我们可以进行许多高级分析。金融结构系数和金融分布系数、资金流量模型是经常采用的分析方法。

1. 金融结构系数和金融分布系数

金融结构系数表明了某种金融工具形成的投资或负债在一个部门的投资或负债中所占的比重。金融结构系数分为金融投资结构系数和金融负债结构系数。

金融投资结构系数用 b_{ij} 表示，说明第 i 种金融投资在第 j 个部门总投资中的比重。计算公式为 $b_{ij} = \frac{s_{ij}}{g_j}(i=1,2,\cdots,m;j=1,2,\cdots,n)$

金融负债结构系数用 a_{ij} 表示，说明第 j 种金融负债在第 i 个部门总负债中的比重。计算公式为 $a_{ij} = \frac{u_{ij}}{g_i}(i=1,2,\cdots,n;j=1,2,\cdots,m)$

金融分布系数表明了一个部门对某种金融工具的投资或负债占到整个市场中该种投资或负债总额的比重。金融分布系数也分为金融投资分布系数和金融负债分布系数。

金融投资分布系数用 b_{ij}^* 表示，说明第 j 个部门第 i 种投资在整个国民经济第 i 种投资中所占的比重。计算公式为 $b_{ij}^* = \frac{s_{ij}}{f_i}(i=1,2,\cdots,m;j=1,2,\cdots,n)$

金融负债分布系数用 a_{ij}^* 表示，说明第 i 个部门第 j 种负债在整个国民经济第 i 种负债中所占的比重。计算公式为 $a_{ij}^* = \frac{u_{ij}}{f_i}(i=1,2,\cdots,n;j=1,2,\cdots,m)$

2. 资金流量模型

(1)行模型。根据资金流量模型矩阵表行平衡关系，可以得到方程组：

$$g_i = \sum_{j=1}^{m} u_{ij} + y_i (i = 1,2,\cdots,n)$$

由于 $u_{ij}=a_{ij}^{*}f_{i}$，所以 $G=A\cdot F+Y$，又由于 $f_{i}=\sum_{j=1}^{n}s_{ij}=\sum_{j=1}^{n}b_{ij}g_{j}$，

所以 $G=A\cdot BG+Y$，整理后，得 $G=(I-A\cdot B)^{-1}Y$

这是部门负债模型。在这个模型中，建立了储蓄与部门总负债的联系，可利用它来测算各部门储蓄的变动对总负债及流量的影响。

(2)列模型。根据资金流量模型矩阵表中各部门列平衡关系，利用前面类似的方法，可以推导出下面的公式：

$$G=(I-B'\cdot A')^{-1}Z$$

这是部门投资模型。这个模型建立了部门实物投资与总投资的联系，可据以测算实物投资变动对总投资及各种流量的影响。

四、《货币与金融统计手册》(2000)资金流量表的结构

《货币与金融统计手册》(2000)的金融统计基本上是从 SNA(1993)账户体系上发展起来的，其主要涉及两个部分：一是积累部分，基本与 SNA(1993)相同；二是资金流量表，《货币与金融统计手册》(2000)在资金流量表的结构、原则和灵活性方面都与 SNA(1993) 有所不同。

资金流量表是部门账户，虽然因为金融公司在金融活动中的重要作用，这些账户强调金融公司，但它们也相应考虑了其他机构部门的金融活动。资金流量表最初是一个单独的统计体系，现在因其纳入国民经济核算体系框架，特别是通过将金融数据与有关储蓄和资本形成的数据联系起来而通常与非金融经济相互关联。资金流量表是交易账户，但是它们通常与资产负债表相互联系并与每一机构部门的金融资产和负债的存量一起编制。

资金流量表因分析需要、核算表式、数据要求的复杂性和详细程度的不同而有不同的形式。最简单的资金流量表在总量层次上指出各部门间的主要金融交易。最复杂的资金流量表由三维矩阵构成，这种矩阵将债权人部门、债务人部门和交易中使用的金融资产联系起来。有较为完整的国际收支统计、政府财政统计和货币统计体系的国家，都有能力编制基本的资金流量表。因为一国编制资金流量表的方法取决于其目前统计发展的状况和分析需要，所以《货币与金融统计手册》(2000)没有进行专门的推荐，只是介绍了一套资金流量表，以备各国结合自身情况进行参考。

从结构上看，《货币与金融统计手册》(2000)所介绍的资金流量表有两类：一类是将 SNA(1993)资本账户和金融账户结合起来的资金流量表；另一类是可以单独表示也可以与资本账户一起表示的金融资金流量表，包括基本的资金流量表、SNA(1993)合并的金融账户和详细的资金流量矩阵三种。

(一)合并资本账户和金融账户的资金流量表

这种资金流量表就是将 SNA(1993)的资本账户与金融账户进行一定的合并，形成一个单独的反映资金运动的账户。它可以用于反映非金融和金融积累的所有资源以及这些资源在资本形成方面的使用，也可以通过这种账户形式直接对资本和金融交易进行衡量。而且合并的资本和金融账户形式的资金流量表，可以对储蓄进行单独的估计，便于与经常账户中作出的估计进行比较。

合并资本账户和金融账户的资金流量表是以矩阵形式表示的，它说明了每一个机构部门、

整个国民经济总体和国外部门资产的变化和负债的变化。金融投资净额在概念上等于净贷款/净借款,它反映登录的储蓄及资本转移之和与登录的净贷款总额之间的差额。由于口径不同或账户项目的错误衡量,金融投资净额可能出现差异,差异可能是由经常账户、资本账户或金融账户的错误衡量造成的。

表 1—12 是《货币与金融统计手册》(2000)所介绍的这种资金流量表的表式。

表 1—12 合并资本账户和金融账户的资金流量表

资产变化(使用)						交易和平衡项	负债及净值变化(资源)					
合计	国外	经济总体	…	金融公司	非金融公司		非金融公司	金融公司	…	经济总体	国外	合计
						储蓄和资本转移 储蓄净额 资本转移净额 净投资总额 (资本积累加金融投资净额) 资本积累 固定资本形成净额 存货变化 珍贵物品的获取减处置 非生产非金融资产的获取减处置 净贷款(+)/净借款(—) =金融投资净额 =金融资产的获取减产生的负债 获取的金融资产净额/产生的负债净额 货币黄金和特别提款权 通货和存款 股票以外的证券 贷款 股票和其他权益 保险专门准备金 金融衍生产品 其他应收/应付账款 误差(储蓄和资本转移减净投资总额) 备忘项目:资源总额/使用总额 资源=储蓄和资本转移+产生的负债净额 使用=资本积累+获取的金融资产净额+统计误差						

表 1—12 是以矩阵形式表示的,说明了每一机构部门、经济总体和国外的资产和负债变化情况。表中第一行表示可用于投资的资源总额,它等于储蓄净额加上资本转移净额。第二行是净投资总额,它是资本积累和金融投资净额之和。

表 1—12 也可以看作是单独的资本账户和金融账户。在资本账户中,储蓄净额是作为右

方的资源处理的，资本转移也作同样处理。资本积累是使用，净贷款/净借款是平衡项目。净贷款/净借款作为资源结转到金融账户。在这一框架内，产生的金融负债净额作为资金的来源处理，净贷款/净借款与产生的负债净额之和可以作为资金使用用于获取金融资产净额。表 1—12最后的备忘项目对资源总额和使用总额作了总结。为了强调金融交易可以直接衡量这一事实，用“金融投资净额”一词来表示金融账户的平衡项，它是根据获取的金融资产的净额减产生的负债净额计算而来的。金融投资净额在概念上等同于净贷款/净借款。

由于口径的不同或对账户序列中任何项目的错误衡量，实践中可能出现误差。《货币与金融统计手册》(2000)明确公布这种误差，从而使得人们对这一问题予以重视。

合并资本账户和金融账户的资金流量表可以对储蓄作出单独的估计，这可以与从经常账户中得到的估计相比较。

(二)金融资金流量表

资金流量表可以采用合并资本和金融账户的形式，也可以只涵盖金融交易。有许多形式的金融账户的表述均可以称为资金流量表，而且所有这些形式的金融账户又均可以与资本账户合并或者单独编制。《货币与金融统计手册》(2000)介绍了三种主要的账户形式：基本的资金流量账户、SNA(1993)合并的金融账户、详细的资金流量矩阵。

1. 基本的资金流量账户

基本的资金流量账户是资金流量矩阵的变形。它包含的金融部门和金融资产的种类较少，形式比较简单。这种账户对于宏观金融分析较为重要，不仅可以对资金运行的大体过程有所反映，而且可以清晰地看出不同部门的金融数据。该表资源方包括储蓄和资本转移以及产生的金融负债净额，使用方是资本积累和获取的金融资产的净额。

基本的资金流量账户是资金流量账户的重要形式。它有助于建立宏观经济模型并为金融规划提供框架。同时，基本的资金流量账户也说明了各部门之间流量、存款公司对于特定部门的信贷、中央政府赤字的融资等问题。

表 1—13 是《货币与金融统计手册》(2000)所介绍的基本的资金流量账户表式。

表 1—13　基本的资金流量账户

项　目	中央银行		其他存款性公司		中央政府		其他国内机构部门		国外		合计	
账户	U	R	U	R	U	R	U	R	U	R	U	R
储蓄和资本转移												
资本积累												
净贷款/净借款												
货币黄金和特别提款权												
通货和存款												
股票以外的证券												
贷款												
其他(股票和其他权益、保险专门准备金、金融衍生工具、其他应收/应付账款)												
资源和使用总额												

表 1—13 中，R 代表资源，等于每个部门的储蓄和资本转移加产生的金融负债净额；U 代表使用，等于资本积累和获取的金融资产净额。

在合并的框架内建立基本的资金流量矩阵对部门和交易数据提出了限制，每一部门以及每一金融资产类别的资源和使用总额必须平衡。因此，这些限制对原始数据的全面性和一致性提供了评估依据。表 1—13 中单独列出的各部门都应该具有反映部门间交易的详细信息的数据：编制货币统计所需的数据，提供了中央银行和其他存款性公司按部门分类的资产和负债的存量数据，以及中央银行和其他存款性公司与国外的业务数据，即国外的资产和负债；中央政府融资的数据至少在区分国内银行融资和国外融资的层次上提供了融资数据的来源；国际收支金融账户提供了关于金融资产类别的信息。

表 1—13 中，其他国内机构部门是一个剩余类别，包括非存款性公司、非金融性公司、除中央政府以外的各级政府、住户和为住户服务的非营利机构。其他国内机构部门资本账户的资源和使用数据，可以通过从对整个经济的估计中减去列出部门的资源和使用计算得到。对金融账户的资源和使用来说，其他国内机构部门的项目只是反映了与列出部门和国外的交易，而无法得到其他国内机构部门内部金融交易的数据。因此，随着更多的部门在账户中列出，其他国内机构部门可以逐渐变小，资金流量表也可以进一步扩大部门和工具范围。

2. SNA(1993)合并的金融账户

SNA(1993)合并的金融账户是表 1—7 和表 1—12 的金融部分，在此就不单列了。由于部门和金融工具的扩展，SNA(1993)合并的金融账户所反映的资金流量情况，比基本的资金流量表所反映的部门和金融资产更为详细。SNA(1993)合并的金融账户是二维矩阵，涵盖了所有的部门和金融资产的类别，反映了每一个部门和整个经济产生的负债的净额和获得的金融资产的净额，提供了更加丰富的材料。完整的金融账户纳入了非金融性公司和住户的交易，从而可以提供更为重要的一些信息，而基本的资金流量账户将这些部门都纳入了其他国内机构部门。

另外，SNA(1993)合并的金融账户可以与资本交易账户、SNA(1993)的部门和国家资产负债表完全对接起来。

但是，编制金融账户的成本较高，因为收集非金融性公司和住户的金融数据一般必须经过调查，这往往导致数据口径的一致性较差。

3. 详细的资金流量矩阵

虽然基本的资金流量表和 SNA(1993)合并的金融账户提供了大量的有关部门的详细情况，但是它们都是二维的，即它们反映各部门产生的负债净额和获取的资产净额，而对于哪些部门通过什么样的金融资产向哪些部门进行融资的问题则反映不足。详细的资金流量矩阵就是针对这一问题而建立的。

详细的资金流量矩阵是在 SNA(1993)金融账户基础上扩展的，它是三维矩阵，反映来源部门和使用部门之间的金融交易，以及在交易中使用的金融资产。因此，它反映谁为谁提供融资以及通过哪些金融资产进行融资。由于金融资产和负债的对称性，只要一个机构单位的资产是另一个机构单位的负债，就可以建立一个单一的矩阵。但通常情况下，这种矩阵会非常庞大。因此，《货币与金融统计手册》(2000)建议为金融资产和金融负债分别建立矩阵。

表 1—14 是《货币与金融统计手册》(2000)在 SNA(1993)详细的资金流量表基础上经过个别调整而得到的(只给出表的框架，具体的数字省略)。

表 1—14 详细的资金流量表

债权和债务人的项目	金融资产										负债										债权和债务人的项目
	金融公司																	金融公司			
	中央银行	其他存款性公司	其他金融性公司	中央政府	州和地方政府	公共非金融性公司	其他非金融性公司	其他常住机构部门	非常住者	合计	合计	非常住者	其他常住机构部门	其他非金融性公司	公共非金融性公司	州和地方政府	中央政府	其他金融性公司	其他存款性公司	中央银行	
	(1)	(2)	(3)	(4)	(5)	(6)	(7)	(8)	(9)	(10)	(10)	(9)	(8)	(7)	(6)	(5)	(4)	(3)	(2)	(1)	
1. 货币黄金和特别提款权																					1. 货币黄金和特别提款权
2. 通货和存款																					2. 通货和存款
a. 通货																					a. 通货
一、本币																					一、本币
二、外币																					二、外币
b. 可转让存款																					b. 可转让存款
一、以本币计值																					一、以本币计值
中央银行																					中央银行
其他存款性公司																					其他存款性公司
其他金融性公司																					其他金融性公司
中央政府																					中央政府
州和地方政府																					州和地方政府
公共非金融性公司																					公共非金融性公司
其他非金融性公司																					其他非金融性公司
其他常住机构部门																					其他常住机构部门
非常住者																					非常住者
二、以外币计值																					二、以外币计值
中央银行																					中央银行
其他存款性公司																					其他存款性公司
其他金融性公司																					其他金融性公司
中央政府																					中央政府
州和地方政府																					州和地方政府

续表

债权和债务人的项目	金融资产										负债										债权和债务人的项目
	金融公司			中央政府	州和地方政府	公共非金融性公司	其他非金融性公司	其他常住机构部门	非常住者	合计	合计	非常住者	其他常住机构部门	其他非金融性公司	公共非金融性公司	州和地方政府	中央政府	金融公司			
	中央银行	其他存款性公司	其他金融性公司															其他金融性公司	其他存款性公司	中央银行	
	(1)	(2)	(3)	(4)	(5)	(6)	(7)	(8)	(9)	(10)	(10)	(9)	(8)	(7)	(6)	(5)	(4)	(3)	(2)	(1)	
公共非金融性公司																					公共非金融性公司
其他非金融性公司																					其他非金融性公司
其他常住机构部门																					其他常住机构部门
非常住者																					非常住者
c. 其他存款																					c. 其他存款
一、以本币计值																					一、以本币计值
中央银行																					中央银行
其他存款性公司																					其他存款性公司
其他金融性公司																					其他金融性公司
中央政府																					中央政府
州和地方政府																					州和地方政府
公共非金融性公司																					公共非金融性公司
其他非金融性公司																					其他非金融性公司
其他常住机构部门																					其他常住机构部门
非常住者																					非常住者
二、以外币计值																					二、以外币计值
中央银行																					中央银行
其他存款性公司																					其他存款性公司
其他金融性公司																					其他金融性公司
中央政府																					中央政府
州和地方政府																					州和地方政府
公共非金融性公司																					公共非金融性公司

续表

债权和债务人的项目	金融资产										负债										债权和债务人的项目
	金融公司																	金融公司			
	中央银行	其他存款性公司	其他金融性公司	中央政府	州和地方政府	公共非金融性公司	其他非金融性公司	其他常住机构部门	非常住者	合计	合计	非常住者	其他常住机构部门	其他非金融性公司	公共非金融性公司	州和地方政府	中央政府	其他金融性公司	其他存款性公司	中央银行	
	(1)	(2)	(3)	(4)	(5)	(6)	(7)	(8)	(9)	(10)	(10)	(9)	(8)	(7)	(6)	(5)	(4)	(3)	(2)	(1)	
其他非金融性公司																					其他非金融性公司
其他常住机构部门																					其他常住机构部门
非常住者																					非常住者
3. 股票以外的证券																					3. 股票以外的证券
中央银行																					中央银行
其他存款性公司																					其他存款性公司
其他金融性公司																					其他金融性公司
中央政府																					中央政府
州和地方政府																					州和地方政府
公共非金融性公司																					公共非金融性公司
其他非金融性公司																					其他非金融性公司
其他常住机构部门																					其他常住机构部门
非常住者																					非常住者
4. 贷款																					4. 贷款
中央银行																					中央银行
其他存款性公司																					其他存款性公司
其他金融性公司																					其他金融性公司
中央政府																					中央政府
州和地方政府																					州和地方政府
公共非金融性公司																					公共非金融性公司
其他非金融性公司																					其他非金融性公司
其他常住机构部门																					其他常住机构部门
非常住者																					非常住者

续表

债权和债务人的项目	金融资产										负债										债权和债务人的项目
	金融公司																	金融公司			
	中央银行	其他存款性公司	其他金融性公司	中央政府	州和地方政府	公共非金融性公司	其他非金融性公司	其他常住机构部门	非常住者	合计	合计	非常住者	其他常住机构部门	其他非金融性公司	公共非金融性公司	州和地方政府	中央政府	其他金融性公司	其他存款性公司	中央银行	
	(1)	(2)	(3)	(4)	(5)	(6)	(7)	(8)	(9)	(10)	(10)	(9)	(8)	(7)	(6)	(5)	(4)	(3)	(2)	(1)	
5. 股票和其他权益																					5. 股票和其他权益
中央银行																					中央银行
其他存款性公司																					其他存款性公司
其他金融性公司																					其他金融性公司
中央政府																					中央政府
州和地方政府																					州和地方政府
公共非金融性公司																					公共非金融性公司
其他非金融性公司																					其他非金融性公司
其他常住机构部门																					其他常住机构部门
非常住者																					非常住者
6. 保险专门准备金																					6. 保险专门准备金
a. 住户在人寿保险准备金和养恤基金中的净权益																					a. 住户在人寿保险准备金和养恤基金中的净权益
b. 对债权余额预付的保险费用和准备金																					b. 对债权余额预付的保险费用和准备金
中央银行																					中央银行
其他存款性公司																					其他存款性公司
其他金融性公司																					其他金融性公司
中央政府																					中央政府
州和地方政府																					州和地方政府
公共非金融性公司																					公共非金融性公司

续表

债权和债务人的项目	金融资产										负债										债权和债务人的项目
	金融公司			中央政府	州和地方政府	公共非金融性公司	其他非金融性公司	其他常住机构部门	非常住者	合计	合计	非常住者	其他常住机构部门	其他非金融性公司	公共非金融性公司	州和地方政府	中央政府	金融公司			
	中央银行	其他存款性公司	其他金融性公司															其他金融性公司	其他存款性公司	中央银行	
	(1)	(2)	(3)	(4)	(5)	(6)	(7)	(8)	(9)	(10)	(10)	(9)	(8)	(7)	(6)	(5)	(4)	(3)	(2)	(1)	
其他非金融性公司																					其他非金融性公司
其他常住机构部门																					其他常住机构部门
非常住者																					非常住者
7. 金融衍生工具																					7. 金融衍生工具
中央银行																					中央银行
其他存款性公司																					其他存款性公司
其他金融性公司																					其他金融性公司
中央政府																					中央政府
州和地方政府																					州和地方政府
公共非金融性公司																					公共非金融性公司
其他非金融性公司																					其他非金融性公司
其他常住机构部门																					其他常住机构部门
非常住者																					非常住者
8. 其他应收/应付账款																					8. 其他应收/应付账款
a. 商业信贷和预付款																					a. 商业信贷和预付款
中央银行																					中央银行
其他存款性公司																					其他存款性公司
其他金融性公司																					其他金融性公司
中央政府																					中央政府
州和地方政府																					州和地方政府
公共非金融性公司																					公共非金融性公司
其他非金融性公司																					其他非金融性公司
其他常住机构部门																					其他常住机构部门
非常住者																					非常住者
b. 其他																					b. 其他
常住机构部门																					常住机构部门
非常住者																					非常住者

金融资产矩阵的竖列列出每一类金融资产的债权部门，横行是债务部门。金融负债矩阵的竖列列出每一类金融资产的负债部门，横行是债权部门。

矩阵内竖列和横行的连接限制为数据编制的一致性提供了重要的核对方法，从而可以使资金流量表更具有实际分析价值。根据金融资产类别将债权人和债务人联系起来，这反映了哪些部门在为其他部门提供融资，将哪类资产用于融资。例如，中央政府的一个部门新发行了债券，该债券被存款性公司获得，在资金流量表中会有如下项目：①在存款性公司竖列和中央政府的股票以外的证券横行交叉处记为存款性公司的资产增加和中央政府产生的负债；②在中央政府竖列和常住机构部门的可转让存款横行交叉处记为中央政府存款增加和常住存款性公司的可转让存款负债增加。

思考与练习

1. 什么是金融统计学？它与社会经济统计学原理、经济统计学及其他部门统计学有何区别？
2. 金融统计的性质有哪些？
3. 金融统计的研究范围是什么？
4. 做好金融统计设计工作，要注意哪些问题？
5. 金融统计汇总有哪几种组织形式？
6. 在选择金融统计分组标志时应遵循哪些原则？
7. 金融统计分析主要有哪些方法？
8. 金融统计在经济发展中的作用表现在哪些方面？
9. 金融统计的任务是什么？
10. 我国金融统计的发展状况如何？

附录　金融统计国际规范化的几个问题[①]

改革开放以来，中国的金融统计已作了重大改革，从中国的实际出发，已初步建立了适应市场经济体制的金融统计体系。随着经济和金融体制改革的深化，世界经济全球化、金融市场一体化趋势日益明显，现在中国的金融统计体系又面临国际规范化小改革。

一、金融统计国际规范化的客观要求

所谓金融统计国际规范化，是指各国的金融统计不仅服务于本国的经济和金融管理，还要充分考虑国际社会的需要，以符合国际统计规范要求为目标的改革进程。经济统计国际规范化，是开放型市场经济体制发展到一定程度的必然趋势。当前国内外有很多因素向中国金融

① 庞皓．金融统计国际规范化的几个问题．财经科学．2002(5)

统计提出了国际规范化的客观要求。

（一）经济全球化趋势的要求

经济全球化（Globalization）是指商品、服务、生产要素与信息跨国界流动的规模不断增加的进程，指通过国际分工在世界范围内提高资源配置的效率，从而使各国经济相互依赖程度日益加深的一种趋势。近年来，在科技进步的推动下，世界经济发展迅速，经济全球化的进程明显加快。20多年来中国实行对外开放政策，经济已从封闭走向开放，逐步扩大了开放的广度和深度，现在中国已逐步融入国际分工体系，成为经济国际化、全球化的主动参与者。中国的国际贸易规模在过去的22年中扩大了20多倍，由世界排名第32位上升到第9位，已是仅次于美国的世界第二大外商投资的东道国。中国年平均利用外商直接投资已上升到400亿美元左右。中国积极参与国际分工与合作，吸收外国投资和资金，扩大国际贸易，在促进本国产业升级，推动国内经济改革，提高国民经济运行效率，加速经济发展等方面，发挥了重要作用。

在世界经济全球化的背景下，中国金融业的国际交流与合作不断扩大。中国作为一个大国，对世界经济和金融的稳定与发展负有重要责任，需要把中国的金融活动放到世界市场去考察。在制定和分析国内的货币与金融政策及其效应时，将不得不考虑国外资金的因素，客观上要求从全球角度去分析中国经济对金融的需要，同时也需要分析国际金融形势对中国金融业的影响。而且，现在各商业银行几乎都经营外币业务，加之外资银行的进入，中国国内的外币存贷款额不断增加，外币业务已成为中国金融统计必须密切关注的金融活动。此外，经济全球化还增加了各国金融市场与世界经济的一体化程度。金融市场的全球化将新的技术和竞争带到国内金融市场，开辟了新的融资和投资渠道。在这种情况下，中国经济需要对外部条件作出更为灵敏的反映，世界经济也需要更多关注中国的金融状况，从而增加了国内外对公开金融统计数据的需求，迫切要求中国加强金融信息的国际交流和国际对比。

（二）加入WTO的要求

中国加入WTO以后，金融业作为服务贸易的重要组成部分，必须按WTO的服务贸易规则对外开放。首先是外资金融机构将按协议进入中国金融市场，中国将取消对外资金融机构外汇业务服务对象的限制，允许外资金融机构经营人民币业务，外资非银行金融机构可以按照管理规定，申请设立独资或合资的金融服务公司、金融租赁公司等机构。随着中国承诺的取消经营地域限制的实施，并允许更多外资银行经营人民币业务，将吸引外资银行在更多城市开设营业机构，并引进更多的金融业务品种，这将对中国的金融业产生重大影响。同时，加入WTO以后中国的金融机构也将更多地进入世界金融市场，积极参与国际金融事务。作为东道国，中国的金融统计需要包括外资金融机构在本国的业务，同时又要区分本国金融机构的国内业务和国外业务，对此原来的金融统计方式已不适应，需要按国际通行的规则改革。

此外，透明度是贯穿于WTO所有协定和协议的基本原则。按照对WTO的承诺，基本的统计制度和统计数据作为公共产品要求公开、透明，中国的金融统计要对国内社会公开，也要对国际组织和外商公开，这也要求金融统计信息必须符合国际惯例，要更多地采纳国际通用标准。

（三）加入GDDS和SDDS的要求

20世纪90年代以来，世界一些地区金融危机频繁爆发。1994年末，墨西哥严重的金融危机和1997年东南亚金融危机，使IMF认识到，经济缺乏透明度是新兴市场经济国家发生金融危机的重要原因，只有在信息充分、制度健全、执法严格的情况下，市场经济才能更好地运作。

在总结经验教训的基础上，IMF强调在新的国际经济、金融形势下，必须制定统一的数据发布标准，使各成员国按照统一程序提供全面、准确的经济和金融信息。

IMF于1995年10月批准建立了两个层次的数据发布标准：第一层是为那些已经参与或正在谋求参与国际金融市场的国家（包括多数工业化国家和一些新兴市场国家）制定的标准，称为“数据公布特殊标准”(Special Data Dissemination Standard, SDDS)。第二层为所有尚未达到SDDS要求的成员国制定的另外一套标准，称之为“数据公布通用系统”(General Data Dissemination System, GDDS)。目前，已有47个成员国加入SDDS，38个成员国加入GDDS。

GDDS涉及实际部门、财政部门、金融部门、对外部门和社会人口部门五大宏观经济部门的数据，它对数据的范围、频率和及时性，数据的质量，数据公布的完整性，数据的公众可获取性等提出了具体的要求。IMF建立GDDS的宗旨是鼓励成员国改善统计数据的质量，提供一个评估数据和改善数据质量的综合框架，在经济全球化和金融一体化趋势的背景下，指导成员国向公众提供全面、及时、易于获得和可靠的经济、金融和社会人口统计数据。不久前，中国人民银行行长戴相龙以国际货币基金组织中国理事身份，致函国际货币基金组织总裁科勒，通报了中国决定参加国际货币基金组织GDDS的决定。这是我国政府增加宏观经济透明度的一个重大举措，也标志着我国金融统计必须朝国际规范再迈进一大步。

（四）宏观金融监管国际标准的借鉴

金融活动总是与一定风险联系在一起的，加强对金融机构和金融活动的监管是各国政府十分重视的。对金融活动的监管可以分为宏观层面和微观层面的监管。在金融一体化的情况下，从宏观上看，一个国家出现的金融问题可能会迅速波及其他国家，甚至对整个国际金融体系产生影响，前几年发生的东南亚金融危机就是例证。所以从宏观层面对金融机构和金融活动进行必要的监管，是政府和中央银行的重要责任。宏观层面的金融监管的主要依据是宏观金融统计信息。要对金融机构的活动从宏观层面进行监管，除了建立有效的监管制度以外，最首要的就是要建立能够满足金融监管要求的信息系统，包括与之相适应的金融统计。

为了加强金融监管的国际合作，工业国家十国集团的中央银行行长于1974年建立了“银行法规与监管事务委员会”，在银行监管方面制定了一系列文件和协议，这就是所谓的巴塞尔协议。巴塞尔委员会是银行监管领域最重要的国际组织，其成员虽然只是十国集团，但委员会所颁布的各项监管原则和标准是世界主要，发达国家多年行之有效的监管经验，其适用对象实际已扩大到所有国家的银行机构，世界许多国家都在学习和借鉴。2001年1月巴塞尔银行监管委员会又公布了新巴塞尔协议第二次征求意见稿，并计划于2003年以前推出正式文件。

改革开放以后中国的银行体制和金融体制已向多元化发展，从宏观和微观层面的金融监管越来越受到重视。近20年来，在满足金融监管要求方面，我们的金融统计已经作了一些改革，但还不能说已经为金融监管提供了有效的信息支持，对外资金融企业的监管更是没有经验。加入WTO以后，外资金融机构将与国内机构合作陆续推出新的金融工具，如最近推出的存托凭证业务、预托证券(CDR)，就是借鉴国际成熟市场经验，使中国资本市场走向国际化、市场化、规范化过程的举措。与此同时，中国对外资金融机构活动也需要加强监管，需要进一步提高中央银行的独立性和专业管理能力。在人民币没有开放资本账户可自由兑换的情况下，需要加强对资本账户、汇率等的研究和管理。在金融统计为金融监管服务方面，中国也很需要学习国际成熟的经验，更多地借鉴国际规范包括巴塞尔协议中对金融监管数据计量的要求。

二、金融统计国际规范化的影响

改革开放以来，我们在金融统计国际规范化方面作了很大努力，现在是要争取全面“国际达标”，也可以说是“金融统计入世”。金融统计是宏观经济信息系统的组成部分，金融统计国际规范化对统计事业以及政府工作会产生深刻的影响。

（一）进一步提高金融统计的水平

金融统计的国际规范化同中国加入 WTO 一样，对中国的金融统计事业既是压力也是动力，它将促使我们认真研究有关的国际标准，用规范的国际化标准去改革金融统计，从而进一步提高中国金融统计的水平。我们不仅要按 GDDS 的要求改革中国的金融统计，而且还要创造条件，力争达到 SDDS 的更高标准。对于正处于改革之中的发展中国家来说，这些国际规范的要求是比较高的。按照国际规范，金融统计的有关概念要基本符合国际惯例，统计方法要相对稳定，不能随意改变，要改进统计数据编制和公布的方法，不能公布的数据要向公众作出解释，把统计数据置于公众的监督之下。这将迫使我们改变传统的统计观念和习惯做法。

我们只有认真研究国际统计标准的理论、概念、分类原则和计量方法，并结合中国的实际提出改革方案，以更高的标准去改革中国金融统计的制度方法，进一步提高统计数据的质量，才能达到国际标准的要求。在金融统计国际规范化的过程中，将推动中国金融统计的水平上一个新台阶。

（二）推动中国经济更加对外开放

国际规范化将使金融统计更为透明，为社会公众和世界更加信任，这是中国对外开放的基本条件。不透明的信息将招致国内外公众的质疑，直接影响国家的形象。统计部门应更新观念，统计数据不能只为统计部门所了解，除了涉及国家安全的数据以外，绝大部分宏观经济统计数据是一种公共产品，要为社会公众服务。国际规范化将改变信息不对称，使公众更容易、更公平地获取信息，让国内外更加清楚地了解中国的宏观经济情况，让市场参与者能有效监督政府工作。这有利于让世界了解中国，让中国走向世界，促进对外开放，提高中国的国家地位。

中国经济要参与全球化，必须接受透明度的挑战。中国经济的发展需要大力引进外资，而吸引外资必须向世界提供一个透明的中国，没有透明度将吓跑外国投资者。印度信息产业成功的主要经验，就是在吸引外资方面具有透明度，政府尽量减少行政干预。国际规范化将提高金融统计的透明度，将促进国际社会对中国金融业和金融统计的了解，真正使中国的金融统计数据成为国际语言，推动中国同世界其他国家和地区的交流与合作。

（三）提高政府工作效率和决策水平

国际规范化要按预定的时间表改革统计工作，要提高透明度，要接受国际社会的监督，这必将促使政府特别是统计部门改进工作作风，提高政府工作的效率。国际规范化的过程中，在金融统计、数据的运用以及为金融监管服务等方面，我们可以深入学习国外的先进经验。例如，可以按国际通行的做法，对资本计量、资本构成、风险权重等作统计分析，借鉴国外金融资产风险分类与评价的方法，探索适合于中国的金融风险识别、金融风险计量、金融风险监测和金融风险控制的统计方式。这将有利于政府特别是中央银行借鉴国际经验，有利于制定宏观经济政策和金融政策，有利于提高政府决策水平，有效地从宏观上防范和化解金融风险。

三、金融统计国际规范化的途径

（一）与 SNA 体系协调一致

为了规范世界各国的宏观经济统计，联合国等国际组织制定了国民经济核算体系（SNA）。在宏观经济统计体系中，SNA 是对国民经济最全面的整体核算，金融统计是 SNA 在金融核算方面的拓展和细化。为了使金融统计的信息与整个国民经济的统计信息直接衔接，应特别强调金融统计与 SNA 在基本概念与定义、基本分类、核算口径等方面的协调性和一致性。例如关于居民与非居民的划分、金融资产和负债的定义与分类、金融交易及其他流量记录的时间、资产的定价方式、数据的归并与合计等方面，都要与 SNA(1993)的国际标准协调。经过 20 年的研究与改革，中国的国民经济核算体系现在已经基本上是按照 SNA(1993)的模式建立的。所以与 SNA 的一致性，是金融统计既与国内宏观经济核算体系协调，又与国际准则接轨的基础。

（二）采用 IMF《货币金融统计手册》的基本框架

IMF 编写《货币与金融统计手册》（简称《手册》）的目的，是为组织、编纂和报送宏观经济统计中的货币、信贷和其他金融总量提供指导。《手册》提供了标准的货币与金融统计数据的概念、定义、分类和惯例，促进各国在国际范围内保持这类数据的国际可比性。《手册》也提供了可在一般金融统计框架内编纂金融统计的方法论，实现了与《1993 年国民经济核算体系》、第五版《国际收支手册》、《政府财政统计手册》更高程度的协调一致，从而为公众提供高质量的统计数据。《手册》还为各成员国向基金组织报送货币与金融统计数据建立了统一的国际可比的框架。

中国是国际货币基金组织的成员国，要定期向基金组织报送货币金融统计数据，也要从基金组织获取国际上的金融统计数据。而且基金组织的《手册》是世界各国，特别是先进市场经济国家长期从事金融统计的经验总结，很值得我们认真研究与借鉴。在建立中国的金融统计体系时，应当以基金组织的《手册》为重要参照，一些基本的概念、定义和基本的分类要与《手册》一致，并尽可能地吸收《手册》中提出的方法技术。事实上，近几年中国的金融统计改革已经在这方面作了有成效的努力，并取得了明显的效果。

（三）按 GDDS 的标准加快金融统计的改革

GDDS 要求公布的基本数据包括货币与金融统计，中国目前的货币与金融统计与 GDDS 的要求相比还有一定差距，需要按 GDDS 的要求进一步改革。

一是在统计数据的特征（范围、频率和及时性）方面，GDDS 对每一部门都选定了一些能够反映经济运行效率和政策效率的数据类别及指标，统一规定了这些指标的公布频率和及时性。GDDS 中金融部门统计数据的范围包括 4 个类别、6 个核心指标：广义货币和信贷总量（净对外头寸、国内信贷、广义或狭义货币），中央银行总量（储备货币），利率（短期和长期政府债券利率、政策可变利率）；股票市场（股票价格指数）。目前，我国金融统计在数据的频率和及时性方面，已经基本达到了 GDDS 的指导规范，核心指标也有相应的统计。其差距主要是广义货币概览表涵盖的机构范围还有欠缺。GDDS 要求广义货币概览表包括所有的存款货币银行。中国的广义货币概览表中还没有包括外资银行在中国的分支机构，加入 WTO 后将进入更多的外资银行，统计数据范围上的这种缺陷会更为明显。所以要加强对外资金融机构统计数据的收集，完善广义货币概览表。

二是在评估所公布数据的质量方面，GDDS选定了两条规则作为标准：一是提供数据编制方法和数据来源方面的资料；二是提供统计类别核心指标的细项内容、与其相关的统计数据的核对方法，以及支持数据交叉复核的统计框架。这类统计框架包括各种核算等式和统计关系。此外还要求制定和公布与改进数据质量有关的计划，最近实施的改进措施或国家对不需要再改进的措施的认定。我国金融统计的分析框架、概念、定义和分类，基本上已按IMF的要求作了改革，数据的概念范围、核算惯例、数据来源、编制方法等也基本以文件形式作了规定，但这类文件内容缺乏稳定性，且多数没有对公众公开。要使金融统计数据的编制方法和数据来源"透明化"，经得起公众和国际的检验，特别是能够与其他统计框架交叉核对，必须把金融统计放到整个宏观经济统计体系中统筹研究，保证金融统计制度的科学性，并要用法规形式使之确定化。

三是在公布数据的完整性方面，GDDS认为公布统计数据的目的是向公众提供信息，作为信息提供者的官方统计必须得到数据用户的信赖。统计数据使用者对官方统计的信任，关键来自对官方统计客观性、透明度和专业性的认同。GDDS把保证用户对官方统计信任的规则称为完整性。为了监督统计数据的完整性，GDDS规定了四条检查规则：①必须公布编制统计数据的条件和规定，特别是为信息提供人保密的规定。要求公布统计单位与上级部门之间的关系、收集数据的法律权限、向公众发布所收集数据的要求。为信息提供人保密是使用者对官方统计客观性信任的关键，GDDS、SDDS建议在国家的统计立法和统计主管官员的权限中，明文规定官方必须为个人调查内容保密。②关于数据公布前政府机构从内部获取数据的说明。③政府部门在数据公布时的评述，使公众了解这些评述的出处。④必须提供数据修正方面的信息，并提前通知统计方法的重大修改。为了增加统计数据编制机构做法的透明度，要求提供关于过去所作的修正以及今后可能修正的主要原因的信息，包括进行修正所遵循的原则和以往修正数据的幅度，还应指出将要作何种修改以及从哪里可以获得更详细的信息。我国在保证统计数据完整性方面已经做了大量工作，我国的《统计法》对统计单位与上级部门之间的关系、收集数据的法律权限、数据保密等已有规定。金融统计的条件、规定及数据的保密等问题也在《中国人民银行法》、《商业银行法》等相关法律中有所体现。在数据公布前，对可获得数据信息的政府部门和人员也有具体规定，但未对公众公开。我国公布金融统计数据时，一般也附有中国人民银行对数据的说明。但是我们在这些方面还不够完善，如有关规定不十分清晰，为信息提供人保密的法律责任还不具体，统计方法的重大修改还没有作到提前通知，或者只公布重大修改的概念化说明，没有公布修改的具体项目和细节，这都是需要加快改进的。

四是在公众对数据的获取方面，GDDS认为政府的货币与金融统计数据是一项公共产品，公众应当能及时和机会均等地获得。GDDS对此提出了两项规则：①要预先公布各项统计数据发布的日程；②统计数据是有价值的产品，必须向有关各方同时发送，使公众可以公平地获得，以体现公平原则。我国的金融统计数据虽然已经在一些年报、季报和有关部门出版物上公布，但没有预先公布明确的发布日程，也没有注意向公众同时发送。要达到"公众获取"的要求，还需要规范统计工作的程序，大力提高统计工作的效率。

(四)完善金融统计的相关法律

国际规范化很重要的方面是法制化，通过法律手段尽可能减少随意性。按照国际惯例，一个国家的统计内容、统计机构、统计单位与政府相关部门的关系、收集数据的法律权限、统计主管官员的权限、统计数据的公布和使用等都要通过立法，以法律的形式确定，并且要向社会公布。特别是为统计信息提供人保密及其具体的法律责任，要有专门的法律法规范。这是保证统计数据真实性所必需的，也是数据使用者对官方统计客观性信任的关键。有的国家为了避免随意性，甚至将统计指标及其计算方法也由法律规定。目前中国金融统计方面的法制还很不健全，在国际规范化过程中必然会提出新的立法要求，我们必须加快金融统计的法制建设。

第二章　各类银行统计

本章学习目标

通过本章的学习，掌握中央银行货币政策中间指标体系的构成；掌握货币供应量的层次、结构的变动分析，理解货币供应量与有关经济变量的关系；初步掌握货币概览与银行概览的编制方法；了解利率的统计分组，掌握平均利率和利率指数的计算，理解各种利率统计分析方法，了解利率风险的产生及其预测防范，会用缺口分析和期间分析法对利率风险进行评估；学会计算几种主要的货币购买力分析指标。

通过本章的学习，了解商业银行的基本情况，商业银行统计分析的概念、意义及主要内容，重点掌握商业银行的主要业务、经营状况、经济收益等方面的统计分析指标体系；了解商业银行竞争力比较的基本情况以及统计分析在其中的应用。

通过本章的学习，应对政策性银行兼政策性与金融性于一体的独特性有一个正确的把握。掌握有关政策性银行的资产负债统计、经营成果统计、现金流量统计和信贷收支统计，并能够结合有关统计指标展开分析。

第一节　中央银行统计

一、中央银行货币政策中间指标体系

中央银行货币政策的最终目标是：币值稳定、充分就业、经济增长和国际收支平衡。该目标也是一个国家的宏观经济目标。中央银行仅仅是通过货币政策工具的操作，调节货币供应量的变化，从而间接影响宏观经济目标，它无法直接控制和实现宏观经济目标，因此，中央银行必须通过在货币政策工具和最终货币政策目标之间建立用金融指标表示的操作指标和中间指标，形成政策工具→操作指标→中间指标→最终目标的目标体系，便于在政策实施后密切观察这些目标的实现情况，以便随时修正政策的力度和方向，保证政策的作用机制不偏离政策轨道，获得宏观经济目标的最佳效果。

(一)货币政策中间指标选择的一般原则

1. 可测性

中央银行所选择的中间指标必须具有明确而合理的内涵和外延，便于观察、分析和检测，同时有稳定的取得资料的渠道，便于中央银行迅速而准确地测定相关指标，进行定量分析。

2. 可控性

中央银行能通过各种货币政策工具的运用，对货币政策中间指标进行有效的控制和调节，较准确地控制该中间指标的变动状况及其变动趋势，进行日常金融管理控制。

3. 相关性

中央银行所选择的中间指标必须与货币政策最终目标有着密切的关系，只要通过对中间目标的控制和调节，就能够促使货币政策最终目标的实现。

4. 抗干扰性

由于货币政策在实施过程中常会受到许多外来因素或非政策因素的干扰，所以中央银行选择的中间指标必须不受这些因素的影响，使得货币政策能顺利实施，最大限度地达到预期效果。

(二)货币政策中间指标体系

中央银行货币政策发生作用的过程相当复杂。在这个过程中，如果要求某一金融变量同时具备中间指标的四个条件是很困难的，因此，货币政策中间指标往往不只一个，而是由几个金融变量组成中间指标体系。在该体系中，根据各个指标对货币政策工具作出反应的先后及距离最终目标的远近，通常将它们分为两类，一类是近期指标，另一类是远期指标。近期指标是货币政策工具直接作用的对象，中央银行对它们的控制力较强，但这些指标离货币政策的最终目标较远；远期指标是中央银行货币政策工具间接作用的对象，中央银行对它们的控制力较弱，但这些指标离货币政策最终目标较近。所以近期指标和远期指标各有优缺点，应将两者相互配合，取长补短，合理搭配。只有这样，才能充分发挥货币政策的效力，以实现其最终目标。

1. 近期指标

①存款准备金

存款准备金由商业银行的库存现金及其在中央银行的准备金存款两部分组成，包括法定准备金和超额准备金。

就可测性而言，存款准备金尤其是法定存款准备金是满足这一要求的。因为法定存款准备金是商业银行缴存中央银行的，所以中央银行对其可以了如指掌。

就可控性而言，存款准备金也是容易满足要求的。首先，因为存款准备金是中央银行负债的组成部分，所以只要中央银行控制住创造负债的总规模，也就能控制住存款准备金。其次，从商业银行的存款准备金来源看，无非是吸收的存款、自有资金，向中央银行借入的款项、金融市场上筹措的资金。中央银行可以通过控制自身负债规模、要求商业银行进行申报注册、控制向商业银行的贷款规模等手段来对存款准备金加以控制。

就存款准备金与货币政策目标的相关性而言，也是可以满足要求的。银行体系存款准备金增加，则意味着信贷规模的萎缩、货币供应量的减少，有利于减少社会总需求，稳定物价，促进经济稳定发展。而银行体系的存款准备金减少，也可以在一定程度上抑制经济衰退，促使经济复苏。

但是，存款准备金作为货币政策近期中间指标仍具有一定的局限性。随着金融市场的不断发展、金融创新的深化以及金融管制的逐步放松，存款准备金作为货币政策近期中间指标，在可控性方面日益暴露出局限性。存款准备金不仅仅取决于中央银行的行为，更多地取决于商业银行的经营偏好，以及公众的持现比率。

②基础货币

基础货币是流通中的现金和商业银行存款准备金的总和，也就是中央银行货币性负债的总额。在现代信用货币流通的条件下，中央银行增加货币发行和向商业银行放款，是增加基础货币的最主要途径。而货币供应量等于基础货币乘以货币乘数，在货币乘数一定或变化可测的情况下，通过调节基础货币就可以控制货币供应量。因此，将基础货币作为货币政策的中间指标，具有重要的意义。

就可测性而言，基础货币作为中央银行的负债，由流通中的现金和商业银行的准备金组成。中央银行每年向流通中注入多少现金货币，是完全可以测算出来的。而关于商业银行法定准备金的数据资料也可以随时掌握，因此，基础货币作为货币政策中间指标能够满足可测性的要求。

就可控性而言，基础货币是中央银行可直接控制的金融变量。每年向社会注入多少现金，在一般情况下，是中央银行按照经济发展的要求，结合社会经济、金融形势自主决定的。至于商业银行准备金，中央银行可以通过调整法定存款准备率加以控制，即使对超额准备金部分也可加以影响。所以，基础货币作为货币政策中间指标能够满足可控性要求。

就基础货币与货币政策目标的相关性而言，由于基础货币能由中央银行直接控制，而它又是商业银行创造信用的基础，因此，中央银行可以通过调节基础货币，使商业银行及公众调整其资产构成，并通过货币乘数的作用改变全社会的货币供应量，从而调节价格、利率以及整个社会的经济活动，进而影响到货币政策最终目标的实现。因此，基础货币与货币政策目标具有较强的相关性。

③短期利率

短期利率通常是指能够反映市场资金供求状况、变动灵活的市场利率。它是影响货币供应量和银行信贷规模的重要指标，同时，也是中央银行用于控制货币供应量、调节货币市场供求关系、实现货币政策目标的一个重要指标。

就可测性而言，中央银行可以随时观察和掌握市场利率水平及其结构方面的资料。中央银行制订的再贴现率除了表现为商业银行向中央银行的贷款成本外，还具有一定的告示作用，利率将会随再贴现率的变动而作相应的调整。

就可控性而言，尽管中央银行不能直接控制市场利率，但是中央银行可以根据货币市场资金供求状况和一定时期货币政策目标的要求，通过再贴现率调控市场利率。此外，中央银行可以通过更具主动性和灵活性的公开市场业务来调节市场利率。

就短期利率与货币政策目标的相关性而言，当经济活动过热从而可能引发通货膨胀时，贷款者由于考虑到贷放资金的价值损失，会要求提高利率；借款者因投资有利可图，愿意支付较高的利率，因而利率有上升的趋势。而利率的上升可以在一定程度上抑制过热的经济，有利于中央银行治理通货膨胀。

④货币市场行情

货币市场是指期限在一年以内的短期金融工具的交易市场。其交易者主要是资金的临时闲置者和资金的暂时需求者，其交易对象主要是国库券、商业票据、银行承兑票据等。货币市场的主要功能是调剂暂时性的资金余缺。

货币市场行情能迅速反映整个社会的货币需求及其变动状况。西方经济学家称货币市场行情为“由几种变量组成的模糊混合物”。这些变量可用来测量货币市场的资金供求状况，主要包括：联邦基金利率、国库券利率、会员银行借款的未偿还金额、自由准备金，以及联储对货币市场变化的主观估计等。但是，货币市场行情作为货币政策的中间指标存在着两方面的缺陷:第一,由于货币市场行情具有一定的主观性,可测性不强;第二,货币市场行情是由一系列的指标综合反映的,当这些指标发生逆向变化时,就无法获得一个综合的、统一的结论。

2. 远期指标

①货币供应量

货币供应量作为货币政策中间指标,是现代货币数量学说针对凯恩斯学派以利率作为货币政策中间指标而提出的主张。一般来说,大多数国家根据货币的流动性,把货币供应量划分为M_0、M_1、M_2、M_3等几个层次。

就可测性而言,这四个指标都必须从中央银行、商业银行以及其他非银行金融机构的资产负债表上获得,并可进行量化分析,因而能够满足可测性的要求。

就可控性而言,M_0由中央银行直接创造并注入流通,其可控性最强;而商业银行的货币性负债主要是靠中央银行的货币性负债支撑的,因此,只要中央银行控制住了M_0,就等于间接控制住了M_1、M_2、M_3。因此,M_0、M_1、M_2、M_3这四个货币供应量指标是可以满足可控性要求的。

就相关性而言,M_0、M_1、M_2、M_3基本代表了一定时期的社会总需求量以及整个社会的购买力。因此,一定时期的货币供应不足,会导致社会总需求小于总供给,而社会有效需求不足,就会造成资源闲置,从而阻碍经济的发展;相反,一定时期的货币供应过多,社会总需求就会大于总供给,而社会需求过旺,会导致物价上涨,引发通货膨胀,同样也会阻碍经济的发展。因此,中央银行可以根据经济形势的变化对货币供应量作出相应的调节,从而促进货币政策目标的顺利实现。

②银行信贷规模

银行信贷规模通常是指银行体系对社会公众及各经济单位的存贷款总额。存贷款总额一般呈同增同减的变动趋势,贷款总额减去存款总额就是流通中的现金。由于信贷规模直接影响到货币供应量,因此,银行信贷规模是否适度对货币供应量以及国民经济的正常运转有着重要的影响。

就可测性而言,中央银行通过统计银行和非银行金融机构的资产负债表上的各个相关部门项目及构成,就能随时观测和分析银行信用总量及其构成,测算出银行信贷规模。

就可控性而言,中央银行通过改变法定准备金率、再贴现率或是在公开市场上的证券买卖活动,就能间接控制社会上的可贷资金,并且中央银行通过调整利率,改变存、贷款人的利息收入,也能间接地控制社会贷款的总量,从而控制银行信用量。所以,银行信贷规模作为货币政策中间目标可以满足可控性要求。

就相关性而言,由于银行信贷规模决定着社会货币供应量,从而决定着社会总需求,当银行信贷规模过大,社会存贷款总量过多时,就会引起货币供应量过多,造成社会总需求增加过快,从而出现通货膨胀的势头,进而影响和阻碍中央银行货币政策目标的实现;反之,银行信贷规模过小,社会总需求不足,也会影响货币政策目标的实现。

从上面的分析可以看出,银行信贷规模符合货币政策远期中间目标的条件。随着商品经济的不断发展,信用在社会经济生活中的地位和作用日益增强,因此,对银行信贷规模的监测和调控将更加具有现实意义。

除货币供应量和银行信贷规模外,长期利率(主要指中、长期债券利率)也曾作为英国中央银行的货币政策中间指标。

二、货币供应量统计

(一)货币供应量

货币供应量是指一国在某一时点承担流通手段和支付手段职能的货币总额,它是一个存量概念,一般表现为现金和除政府之外的全部居民和机构在金融机构的存款,反映了该时点上全社会的支付和购买能力。

货币供应量作为一种统计指标,是为观察宏观经济变化而设计的。货币供应量统计的是货币,但不是所有的货币都纳入货币供应量。只有社会公众用于商品和劳务以及证券交易的货币存量才纳入统计。这些货币可能是用于即期交易的现金、活期存款,也可能是潜在的交易手段,如定期存款、储蓄存款等。银行之间的债权、债务虽然也是货币,但其不计入货币供应量,因为它没有面对商品、劳务和证券的流通。中央财政在银行的存款不计入货币供应量,其拨付给社会公众后才纳入货币供应量。

至今为止人们对"货币"的定义还没有定论,因此,对于货币供应量,只能从统计的角度,依据金融资产的流动性大小和实践中的需要,从不同层次对其进行描述。

(二)货币层次划分

1. 货币层次的划分

目前,大多数经济学家都认为应根据金融资产的流动性来定义货币,确定货币供应量的范围。所谓金融资产的流动性,是指一种金融资产能迅速转换成现金而使持有人不发生损失的能力,也就是变为现实的流通手段和支付手段的能力,也称变现力。根据资产的流动性来划分货币供应量层次,已为大多数国家政府所接受。

IMF 于 1996 年制定了《货币与金融统计手册》,并于 1997 年、2000 年进行了两次修订。在 1997 年的修订手册中指出:中央银行在编制货币供应量统计时,必须依据机构组织和市场特点,满足政策制定和经济分析的需要,以实证分析为依据。货币供应量统计口径为:

M_0:流通中现金 (2.1.1)

M_1:M_0+可转让本币存款和在国内可直接支付的外币存款 (2.1.2)

M_2:M_1+单位定期存款和储蓄存款+外汇存款+可转让大额存单 (2.1.3)

M_3:广义货币,M_2+外汇定期存款+商业票据+互助金存款+旅游支票 (2.1.4)

2000 年出版的《货币与金融统计手册》取消了对货币定义及货币层次的划分,转而从金融资产、货币持有部门、货币发行部门三个方面描述广义货币量。

2. 我国货币层次的划分

我国于 1994 年 10 月份正式向社会公布了货币供应量统计。货币供应量分为以下三个层次:M_0=流通中现金;狭义货币 $M_1 = M_0$+单位活期存款;广义货币 $M_2 = M_1$+储蓄存款和企业定期存款。2001 年 6 月份第一次修订货币供应量,将证券公司客户保证金计入 M_2。2002 年初,第二次修订货币供应量,将在中国的外资、合资金融机构的人民币存款业务,分别计入到不同层次的货币供应量。修订后的货币供应量层次划分如下:

M_0=流通中的现金 (2.1.5)

$M_1 = M_0$+企业单位活期存款+农村存款+机关团体部队存款 (2.1.6)

$M_2 = M_1$+企业单位定期存款+自筹基本建设存款+个人储蓄存款+其他存款 (2.1.7)

尽管货币供应量统计已修订了两次,但它仍未全面反映金融市场的变化:一是货币在境内外的流动加大。货币在境内外的流动表现为人民币的流出和外币的流入。二是出现一些新的金融资产且交易量增长迅速，与货币供应量统计相关的有：短期金融债券、商业票据、债券回购等。三是金融机构发生变化。随着金融市场的发展，出现了证券公司、投资基金公司、担保公司、养老基金公司、期货公司等非银行金融机构，它们的一些资产构成了货币供应量，也有部分存款性机构进行清理整顿，它们吸收的存款不应包括在货币供应量之内。保险公司业务的发展使保险存款增长较快，对货币供应量影响较大。此外，相继出现的担保公司、养老基金公司、期货公司等金融机构，它们在存款性公司的存款也应纳入货币供应量的统计范围。四是部分金融资产的流动性发生变动。近几年随着金融的发展，原未计入货币供应量的一部分金融资产的流动性发生变动，主要有银行卡项下的活期储蓄存款、结算中的款项和预算外财政存款等。因此，为充分反映金融市场的发展，更好地调控宏观经济运行，中国人民银行目前正准备对我国货币供应量统计口径作第三次修订。

(三)基础货币

基础货币，又称高能货币、强力货币，是广义货币量最基础的部分，通常是指起创造存款货币作用的商业银行在中央银行的存款准备金与流通于银行体系之外的通货这两者的总和。前者包括商业银行持有的库存现金、在中央银行的法定存款准备金和超额存款准备金。

我国基础货币由金融机构库存现金、流通中货币、金融机构特种存款、金融机构缴存准备金和邮政储蓄转存款构成。我国基础货币统计表如表2—1所示。

表2—1　中国基础货币统计表　　单位：亿元

项目名称	本月余额	上年同期	比上月增减	比年初增减	余额比同期(%)
基础货币					
库存现金(金融机构)					
流通中货币(中国人民银行)					
金融机构缴存准备金(中国人民银行)					
金融机构特种存款(中国人民银行)					
邮政储蓄转存款(中国人民银行)					

(四)货币乘数

货币乘数，也称为信用扩张倍数或基础货币扩张倍数，基本上反映了基础货币与货币供给总量之间的数量关系，其计算公式如下：

$$K=\frac{M_S}{B} \tag{2.1.8}$$

式中：K表示货币乘数；M_S表示货币供应量；B表示基础货币。

从上式我们也可得出，$M_S=BK$，即货币供应量等于基础货币乘以货币乘数。

如果货币乘数为常数，基础货币又是完全外生决定的，那么，中央银行通过调节基础货币就可以完全准确地控制货币供应量。但是，货币乘数不一定是常数，一般来说，货币供给量等于流通中现金与存款总额之和，基础货币是现金和存款准备金之和，即$M_S=C+D$，$B=C+R$，其中，C表示现金，D表示存款，R表示商业银行准备金(包括法定准备金和超额准备金)。因此，货币乘数的计算公式可进一步表示为：

$$K=\frac{M_S}{B}=\frac{C+D}{C+R}=\frac{1+\frac{C}{D}}{\frac{C}{D}+\frac{R}{D}}=\frac{1+C'}{C'+r} \tag{2.1.9}$$

式中：C'——现金漏损率，亦称现金存款比率；

r——准备金比率，包括法定准备金率(r_d)和超额准备金率(r_e)。

在决定货币乘数的系数中，中央银行可以控制的只有法定准备金比率 r_d，而现金存款比率 C'和超额准备金率 r_e 分别由社会公众和存款机构决定，它们不是固定的，而且很容易受经济活动的影响。所以，中央银行一般通过调整法定准备金率、贴现率或存贷款利率来改变货币乘数。

（五）货币供应量统计分析

1. 货币供应量统计分析

货币供应量在一定程度上反映了全社会有支付能力的购买需求。因此，货币供应量的变化可以反映社会需求的变化。通过货币供应量的层次与结构的变动分析，我们可从总体上把握社会总供求的相对变动情况。

(1)各层次货币变动分析

各国中央银行都会通过对不同层次货币的增减变动进行分析，来判断经济金融形势的变化。下面以 1996～2002 年我国各层次货币供应量统计资料为例进行说明。

由表 2－2 可以看出，从 1997～1998 年货币供应量的同期比增长率有较为明显的下降。其中一个重要原因是受到亚洲金融危机的影响，这段时间我国经济增长速度减缓，社会有效需求减少。从表 2－2 我们还可以看出，各层次货币的增长并不完全同步。2001 年 M_0 的同期增长率为 7.07％，为这一时期的最低点，2002 年有所回升，但仍低于 M_1、M_2 的增幅。一般情况下，货币供应量的增速在一定程度上可以反映中央银行的货币政策。最近这几年我国实行的是稳健的货币政策，这从近几年各层次货币供应量增速基本稳定、没有明显的大起大落也可以看出。

表 2－2 1996～2002 年我国各层次货币供应量

年份	货币与准货币		货币		流通中货币	
	M_2(亿元)	同期比增长率(％)	M_1(亿元)	同期比增长率(％)	M_0(亿元)	同期比增长率(％)
1996	76094.9	—	28514.8	—	8802.0	—
1997	90995.3	19.6	34826.3	22.1	10177.6	15.6
1998	104498.5	14.8	38953.7	11.9	11204.2	10.1
1999	119897.9	14.7	45837.3	17.7	13455.5	20.1
2000	134610.4	12.3	53147.2	16.0	14652.7	8.9
2001	158301.9	17.6	59871.6	12.65	15688.8	7.07
2002	185007.0	16.78	70881.8	16.82	17278.0	10.13

说明：同期比增长率是按可比口径计算的。2001 年 6 月起，已将证券公司客户保证金计入货币供应量(M_2)，含在其他存款项内。1997 年初，中国人民银行对金融统计制度进行了调整，因此自 1997 年起的数据与历史数据不完全可比。

资料来源：2003 中国金融年鉴．中国金融年鉴编辑部．2003 年版：439。

(2)货币供应量结构变动分析

货币供应量按其流动性大小，分为 M_0、M_1、M_2 三个层次（暂时不考虑 M_3），各层次所占比重的大小,反映出货币流动性的强弱。货币政策、金融创新以及居民对金融形势预期的变化等,会对货币供应量的结构产生不同程度的影响。例如,我们根据表2－2中的各层次货币供应量数据,可以计算各层次货币供应量的结构比例,从而进一步分析各层次结构比例的变动状况,分析结果如表2－3所示。

从表2－3我们可以看出:M_0在M_1、M_2中的比重基本呈逐年下降的趋势。

表2－3 1996～2002年我国各层次货币供应量结构

年份	M_2(亿元)	M_1(亿元)	M_0(亿元)	M_0/M_1(%)	M_0/M_2(%)	M_1/M_2(%)
1996	76094.9	28514.8	8802.0	30.87	11.57	37.47
1997	90995.3	34826.3	10177.6	29.22	11.18	38.27
1998	104498.5	38953.7	11204.2	28.76	10.72	37.28
1999	119897.9	45837.3	13455.5	29.35	11.22	38.23
2000	134610.4	53147.2	14652.7	27.57	10.89	39.48
2001	158301.9	59871.6	15688.8	26.20	9.91	37.82
2002	185007.0	70881.8	17278.0	24.38	9.34	38.31

资料来源:2003中国金融年鉴.中国金融年鉴编辑部.2003年版:439。

M_0在M_1中的比重从1996年的30.87%下降至2002年的24.38%;M_0在M_2中的比重从1996年的11.57%下降至2002年的9.34%。M_0在M_1、M_2中比重的下降,反映了在这个时期,我国的金融交易工具有了很大的发展,流通中的现金减少,存款储蓄有所增加。

2. 货币供应量与有关因素的关系分析

(1)货币供应量与国民经济发展关系的分析

货币供应量与国民经济发展不相适应,可能会导致社会总供求出现矛盾,不利于国民经济的发展;反之,则有利于社会经济总供求趋于平衡,促进国民经济的健康发展。

社会各经济部门的所得首先用于消费,包括个人、企业、政府的消费,剩余为净储蓄,加上可用的折旧,即为总储蓄,这些都必须是投资的资金来源。在此基础上,金融机构可以对部门之间的储蓄和投资进行余缺调剂;而通过国际资本的流动,则可以平衡国内的储蓄和投资盈余与赤字。这些关系表示如下:

$$Y=C+I+NX \tag{2.1.10}$$

$$NX=X-M \tag{2.1.11}$$

式中:Y——国民收入;C——消费;I——投资;NX——进出口净值;X——出口;M——进口。

上式反映了收入、消费、投资以及国际贸易之间的基本关系,进一步有:

$$Y-C=I+NX \tag{2.1.12}$$

$$S=I+X \tag{2.1.13}$$

式中:S——总储蓄。

总储蓄等于总投资,这是观察社会总需求与总供给的一个重要指标。当国内储蓄大于投资时,就会产生资本净流出;反之,则会产生资本净流入。

根据货币流量说的观点,一定时期内社会中所需的货币等于所有商品和劳务的价值总和。同时,由于货币在一次交易完成后并不随商品退出流通领域,因而在现实经济交易中,并不需要与商品和劳务交易总量相对应的货币量，货币流速加快，所需货币量越少。其经济关系可以下式表示：

$$M \cdot V = P \cdot T \tag{2.1.14}$$

或

$$M = P \cdot \frac{T}{V} \tag{2.1.15}$$

式中：M——货币量；V——货币流通速度；P——商品、劳务的价格；T——商品和劳务数量。

而商品和劳务的交易总量即为当年新创造的收入，即：

$$Y = P \cdot T \tag{2.1.16}$$

因此：

$$M = \frac{Y}{V} \tag{2.1.17}$$

综上所述，从公式(2.1.10)到公式(2.1.17)，我们可以大体上了解一国国民收入、消费、投资、储蓄之间的关系，国内经济与国际经济之间的关系，货币与国民收入之间的关系。

在实际分析中，通常把货币供应量与经济增长速度和物价进行比较，即：

货币供应量增长率＝GDP增长率十物价上涨率

当货币供应量增长率大于GDP增长率和物价上涨率，则说明货币供应充足；反之，则说明货币供应不足。

中央银行在确定货币供给时，必须考虑各种基本的经济变量，在研究货币供应量与国民经济发展关系时，必须将其与国内生产总值、国民收入等宏观经济指标结合起来，分析其变动适应关系。

(2)货币供应量与信用可供量关系的分析

信用可供量是指全社会各种信用可供量的总和，主要包括银行信用和非银行信用，具体有商业信用、银行信用、国家信用、消费信用、租赁信用、国际信用等。就货币供应量对银行信用可供量的影响而言，当货币供应量增加，银行信用可供量也会随之而增加；反之，银行信用可供量则会减少。就货币供应量对非银行信用可供量的影响而言，则视非银行信用与银行信用的关系而定：当非银行信用变动与银行信用变动无关时，货币供应量增加通过银行信用总量增加将直接增加社会信用总量；若非银行信用与银行信用相互促进，则货币供应量增加，银行信用可供量增加，整个社会的信用可供量也随之增加，反之则减少；若非银行信用与银行信用间存在着相互替代，则货币供应量的变动并不一定会引起全社会信用总量相应的变动。

(3)货币供应量与资产结构关系的分析

资产结构通常是指具有不同收益率、不同风险与到期日的各种资产在整个社会资产中的分配状况。货币供应量对社会资产结构的调整，是通过中央银行一定时期货币政策的实施，并经过自身资产结构的调整引起商业银行的资产结构的调整，最终使社会的资产结构得到调整。以中央银行通过增加基础货币量投放实施扩张性的货币政策为例：中央银行增加基础货币供应→商业银行的超额准备金增加→商业银行债券购买增加→货币市场失衡→资本市场失衡→商品市场失衡→社会收入增加→货币需求增加→整个社会的资产结构不断地调整，最终恢复到均衡。

(4)货币供应量与物价关系的分析

虽然西方的货币数量说存在一些缺陷，但我们还是可以从中大体了解货币供应量与物价之间的关系。从上面的交易方程式 $MV=PT$，可推出 $P=MV/T$，由于 V 和 T 长期都不受 M 变动的影响，因此，货币供应量增加所产生的影响，就是引起一般物价水平同比例的上升，因此费雪得出结论说“货币数量决定着物价水平”。根据这一理论，只要控制住了货币供应量就能控制住价格的绝对水平，也就是说只要稳定货币供应量，就必然稳定了物价总水平。但由于物价对货币供应量的反应存在滞后效应，所以，货币供应量变动往往直接通过对人们心理预期的影响来影响社会消费需求，从而影响物价水平。

三、货币概览与银行概览

中央银行为了履行制定和实施货币政策的职能，首先需要获得货币供应量数据。根据国际货币基金组织编制的《国际金融统计》，货币供应量的统计应采取三级汇总的形式：第一级是将金融机构分成货币当局、存款货币银行和非货币金融机构三类，形成各自的资产负债表；第二级是将货币当局和存款货币银行的资产负债表合并成“货币概览”；第三级是将非货币金融机构资产负债表与货币概览合并成“金融概览”。金融概览是记录一个国家金融活动的整体状况，是全面衡量经济部门的所有清偿手段，描绘整个金融体系与其他经济部门之间经济联系的信息资料。我国目前还没有进行第三级汇总，仅编制将货币概览与特定存款机构资产负债表合并的“银行概览”，其中特定存款机构指金融信托投资公司、金融租赁公司、国家开发银行和中国进出口银行。

(一)货币概览

货币概览是货币当局资产负债表与存款货币银行资产负债表的合并，主要统计 M_0 和 M_1。货币概览是为中央银行执行管理货币的职能而建立的货币运行监测报表，描绘了货币供应总量及其构成、货币与信贷以及宏观经济的内在联系。编制货币概览的目的是分析受货币当局影响最大、对其他国民经济总量最有影响的金融总量状况。它是一国宏观经济管理的重要工具。货币概览如表 2—4 所示。

表 2—4 货币概览

1	国外净资产	7	货币和准货币
2	国内信贷	8	货币
3	对政府债权(净)	9	流通中现金
4	对非金融部门债权	10	活期存款
5	对特定存款机构债权	11	准货币
6	对其他金融部门债权	12	定期存款
		13	储蓄存款
		14	其他存款
		15	外汇存款
		16	债务
		17	中央银行债权
		18	实收资本
		19	其他(净)

货币概览的编制过程为:第一,将货币当局和存款货币银行的国外资产与国外负债分别轧差后相加,求得国外净资产;第二,将货币当局的对政府债权与政府存款轧差后与存款货币银行的对政府债权相加,求得对政府净债权;第三,将货币当局和存款货币银行之间的资产、负债冲销,冲销之后的余数即为货币概览的其他(净);第四,将货币当局的货币发行与存款货币银行的库存现金轧差,求得货币概览的流通中现金;第五,将货币当局和存款货币银行对他们以外机构的资产、负债项目进行加总,得到货币概览对应值;第六,将不在货币概览中单独列示的货币当局和存款货币银行的项目计入其他(净)。

编制货币概览应注意以下几个问题:第一,将货币概览是货币当局与存款货币银行资产负债表的合并表,因此必须消除两个部门之间的交易;第二,货币概览的资产主要是按部门或部门的各组成部分分类的,负债主要是按流动性的标准分类的。

(二)银行概览

银行概览是货币概览与特定存款机构资产负债表的合并。银行概览如表2—5所示。

表2—5 银行概览

1	国外净资产	6	货币和准货币
2	国内信贷	7	货币
3	对政府债权(净)	8	流通中现金
4	对非金融部门债权	9	活期存款
5	对其他金融部门债权	10	准货币
		11	定期存款
		12	储蓄存款
		13	其他存款
		14	外汇存款
		15	债务
		16	中央银行债券
		17	实收资本
		18	其他(净)

银行概览与货币概览的项目设置的不同点在于,银行概览没有对特定存款机构的债权这一项,而这恰恰是将货币概览与特定存款机构资产负债表合并的结果。

银行概览的编制过程为:第一,将特定存款机构资产负债表的国外资产与国外负债轧差后与货币概览的国外净资产相加,求得银行概览的国外净资产;第二,将货币概览的对政府净债权与特定存款机构资产负债表的对政府债权相加,求得对政府净债权;第三,将货币概览与特定存款机构之间的资产、负债冲销,冲销之后的余数记入银行概览的其他(净);第四,将货币概览的流通中现金与特定存款机构的库存现金轧差,得到银行概览的流通中现金;第五,将货币概览和特定存款机构对它们以外机构的资产、负债项目进行加总,得到相应银行概览的值;第六,将不在银行概览中单独列示的货币概览和特定存款机构的项目计入其他(净)。

(三)我国的货币概览与银行概览

1. 货币概览

我国的货币概览是由货币当局资产负债表和存款货币银行资产负债表合并形成的。我国的货币当局就是行使中央银行职能的中国人民银行；存款货币银行包括国有商业银行、其他商业银行、财务公司、城市和农村信用合作社以及中国农业发展银行。2002 年，中国人民银行按照国际货币基金组织《货币与金融统计手册》对货币金融统计制度进行了修订。主要内容为：第一，调整报表机构，将在华外资银行纳入统计机构范围中，将政策性银行从国有银行范围剔除，将城市信用社与城市商业银行资产负债表分开等。第二，扩大统计范围，将境内金融机构的外汇业务数据纳入报表，所以，2002 年数据与以往年度历史数据不完全可比。表 2－6 是 2004 年货币当局资产负债表，表 2－7 是 2004 年存款货币银行资产负债表，在此基础上，两表合并而形成的货币概览如表 2－8 所示。

表 2－6 货币当局资产负债表

（2004 年季末余额） 单位：亿元

项　目	第一季度	第二季度	第三季度	第四季度
国外资产				
外汇				
货币黄金				
其他国外资产				
对政府债权				
其中：中央政府				
对存款货币银行债权				
对特定存款机构债权				
对非金融机构债权				
其他资产				
总资产				
储备货币				
货币发行				
金融机构存款				
存款货币银行				
特定存款机构				
其他金融机构				
非金融机构存款				
活期存款				
储蓄存款				
发行债券				
国外负债				
政府存款				
其中：中央政府				
自有资金				
其他负债				
总负债				

资料来源：2005 中国金融年鉴．中国金融年鉴编辑部．2005 年版

表 2—7 存款货币银行资产负债表

(2004 年季末余额) 单位:亿元

项目	第一季度	第二季度	第三季度	第四季度
国外资产				
储备资产				
准备金存款				
库存现金				
央行债券				
对政府债权				
其中:中央政府				
对非金融机构债权				
对特定存款机构债权				
对其他金融机构债权				
其他资产				
总资产				
对非金融机构负债				
活期存款				
定期存款				
储蓄存款				
其他存款				
外币存款				
对中央银行负债				
对特定存款机构负债				
对其他金融机构负债				
其中:记入广义货币的存款				
国外负债				
债券				
实收资本				
其他负债				
总负债				

资料来源:2005 中国金融年鉴．中国金融年鉴编辑部,2005 年版:382。

表 2—8 货币概览

(2004 年季末余额) 单位:亿元

项目	第一季度	第二季度	第三季度	第四季度
国外净资产				
国内信贷				
对政府债权(净)				
对非金融部门债权				
对特定存款机构债权				
对其他金融部门债权				
货币和准货币				
货币				
流通中现金				
活期存款				
准货币				

续表

项　　目	第一季度	第二季度	第三季度	第四季度
定期存款				
储蓄存款				
其他存款				
外币存款				
债券				
央行债券				
实收资本				
其他(净)				

资料来源:2005 中国金融年鉴．中国金融年鉴编辑部．2005 年版

2. 银行概览

我国的银行概览是由货币概览与特定存款机构的资产负债表合并而成的,表 2－9 是特定存款机构 2004 年的资产负债表,其与前面的表 2－8 货币概览合并而成表 2－10 的银行概览。

表 2－9　特定存款机构资产负债表

(2004 年季末余额)　　单位:亿元

项　　目	第一季度	第二季度	第三季度	第四季度
国外资产				
储备资产				
准备金存款				
库存现金				
央行债券				
对政府债权				
其中:中央政府				
国内信贷				
委托贷款				
信托贷款				
其他贷款				
对存款货币银行债权				
对其他金融机构债权				
其他资产				
总资产				
对非金融机构负债				
信托存款				
委托存款				
其他存款				
外币存款				
债券				
国外负债				
对中央银行负债				
对存款货币银行负债				
对其他金融机构负债				
其中:计入广义货币的存款				
实收资本				
其他负债				
总负债				

资料来源:2005 中国金融年鉴．中国金融年鉴编辑部．2005 年版

表 2－10 银行概览

（2004 年季末余额） 单位：亿元

项 目	第一季度	第二季度	第三季度	第四季度
国外净资产				
国内信贷				
对政府债权(净)				
对非金融部门债权				
对其他金融部门债权				
货币和准货币				
货币				
流通中现金				
活期存款				
准货币				
定期存款				
储蓄存款				
其他存款				
外币存款				
债券				
央行债券				
实收资本				
其他(净)				

资料来源：2005 中国金融年鉴．中国金融年鉴编辑部．2005 年版

四、利率统计

(一)利率水平及其变动统计

1. 利率的统计分组

利率是指一定时期内利息额与贷出资本额(本金)的比率。它是衡量利息高低的指标。按照不同的划分标准，可对利率进行不同的统计分组。常用的利率统计分组是按照银行及其他非银行金融机构的信贷资金性质，即是属于资金来源还是资金运用进行的分组。

按照信贷资金的性质，利率可分成三大类：

(1)存款利率

按存款的来源不同，可将存款利率进一步划分为储蓄存款利率、企业存款利率及其他存款利率。其他存款利率主要是指商业银行及其他非银行金融机构在人民银行的准备金存款利率和备付金存款利率。

(2)贷款利率

它是银行等金融机构信贷资金运用所对应的利率。根据贷款的计划性、流动性、期限长短、贷款对象等可对其作进一步的划分，如表 2－11 所示。

表 2－11　常见的利率统计分组表

<table>
<tr><th>类　别</th><th colspan="2">分组内容</th><th>说　明</th></tr>
<tr><td rowspan="6">存款利率</td><td rowspan="2">储蓄存款利率</td><td>活期储蓄存款利率</td><td rowspan="2">资金来源于城乡居民</td></tr>
<tr><td>定期储蓄存款利率</td></tr>
<tr><td rowspan="2">企业存款利率</td><td>企业活期存款利率</td><td rowspan="2">资金来源于企业</td></tr>
<tr><td>企业定期存款利率</td></tr>
<tr><td rowspan="2">其他存款利率</td><td>准备金存款利率</td><td rowspan="2">金融机构上交中央银行存款</td></tr>
<tr><td>备付金存款利率</td></tr>
<tr><td rowspan="4">贷款利率</td><td colspan="2">计划利率及浮动利率</td><td>依贷款的计划性</td></tr>
<tr><td colspan="2">流动资金贷款利率
固定资产投资贷款利率</td><td>依贷款的流动性</td></tr>
<tr><td colspan="2">短期贷款利率、中期贷款利率和长期贷款利率</td><td>依贷款的期限长短</td></tr>
<tr><td colspan="2">工业贷款利率、农业贷款利率等</td><td>依贷款对象所属的经济部门划分</td></tr>
<tr><td rowspan="3">借入(或贷出)
资金利率</td><td colspan="2">上借资金利率</td><td>自上级行借入资金</td></tr>
<tr><td colspan="2">同业拆借利率</td><td>金融机构之间</td></tr>
<tr><td colspan="2">贷出资金利率</td><td>借给上级行资金</td></tr>
</table>

(3)借入(或贷出)资金利率

它主要是指银行及非银行金融机构之间借入(或贷出)资金的利率。

2. 平均利率

平均利率是反映利率平均水平的一般指标，是利率统计的主要指标之一。由于各种借贷资金的用途、期限等不同，所要求的风险补偿也就不同，所以其利息率自然就存在着不同的档次。我们可以通过计算平均利息率来了解、分析一定时期内利率的一般水平。一般地，计算报告期存(贷)款平均利息率的计算公式如下：

$$\text{报告期存(贷)款平均利息率} = \frac{\sum(\text{报告期某档次利率的存(贷)款平均余额} \times \text{该档次利率})}{\sum \text{报告期某档次利率的存(贷)款平均余额}} \times 100\%$$

从上式我们可以看出，平均利率是以存(贷)款平均余额为权重进行计算的，其原因在于利率水平受不同档次信贷资金运动量的影响。贷款平均利率的权重即贷款平均余额，应为报告期内实际发放的贷款，无论是否收入，都应进行计算。报告期实际发放贷款的平均利率，应依据报告期借款合同或贷款发放登记簿的有关数据进行计算。

3. 利率指数

利率指数是反映两个不同时期利率变动程度的相对指标，可用于观察不同时期利率水平的变动程度，并进一步分析利率变动的原因、利率变动对经济运行的影响以及利率变动与物价、资金利润率的关系等，并以此作为制定调节利率政策的依据。

利率指数通常分为存款利率指数与贷款利率指数。常见的贷款利率指数有：

(1)单项贷款利率指数

这是报告期该项贷款平均利率与基期该项贷款平均利率之比，反映某单项贷款利率的变动情况。公式如下：

$$\text{单项贷款利率指数}=\frac{\text{报告期该项贷款平均利率}}{\text{基期该项贷款平均利率}}\times 100\%$$

(2)综合贷款平均利率指数

这是报告期综合贷款平均利率与基期综合贷款平均利率之比，反映不同时期实施贷款的平均利率的变动情况。公式如下：

$$\text{综合贷款平均利率指数}=\frac{\text{报告期综合贷款平均利率}}{\text{基期综合贷款平均利率}}\times 100\%$$

(3)综合贷款利率指数

这是报告期综合贷款利率与基期综合贷款利率之比，反映不同时期综合贷款的利率变动情况。一般以派氏指数计算方法来计算，亦即以报告期贷款数量为同度量因素(即权重)进行计算：

$$\begin{matrix}\text{综合贷款}\\\text{利率指数}\end{matrix}=\frac{\sum(\text{报告期贷款量}\times\text{报告期贷款利率})}{\sum(\text{报告期贷款量}\times\text{基期贷款利率})}\times 100\%$$

为了便于计算，贷款量可用年平均余额来表示：

$$\text{年贷款平均余额}=\frac{\text{贷款量}\times\text{贷款日期}}{360}$$

贷款利率可用年利率表示，年利率＝月利率×12。

由于经济发展及管理上的需要，贷款种类也在不断变化，有的可能被取消，有的可能被新设，所以在计算综合贷款利率指数时，就可能出现缺少基期贷款利率的情况，此时可通过选择与报告期的贷款对象和用途相类似的基期贷款利率来计算。

此外，存款利率指数的计算方法与贷款利率指数的计算方法基本相同，在此从略。

(二)利率与相关因素之间关系的统计分析

1. 利率与物价弹性之间的关系分析

在经济学中，我们经常用弹性来表示因变量对自变量的反应的敏感程度。如需求弹性用来表示一定时期内一种商品的需求量变动对于该商品价格的相对变动的反应程度；价格存款弹性表示存款的变动对价格变动的反应程度等。弹性的一般公式为：

$$\text{弹性系数}=\frac{\text{因变量的变动比例}}{\text{自变量的变动比例}}$$

若两个经济变量之间的函数关系为 $y=f(x)$，以 Δx、ΔY 分别表示变量 x、Y 的变动量，以 e 代表弹性系数，则 $e=\frac{\Delta Y}{\Delta x}\cdot\frac{x}{Y}$，通常将上式称之为弧弹性公式。

若经济变量的变化量趋于无穷小，则弹性就是因变量无穷小的变动率与自变量无穷小的变动率之比，即：$e=\lim\limits_{\substack{\Delta x\to 0\\ \Delta Y\to 0}}\frac{\Delta Y}{\Delta x}\cdot\frac{x}{Y}=\frac{dY/Y}{dx/x}=\frac{dY}{dx}\cdot\frac{x}{Y}$，该式被称为点弹性公式。

根据上述弹性的基本概念，可以推导出价格存款弹性系数、利率存款弹性系数的计算公式。

设 D 代表存款，i 代表利率，P 代表价格：

(1)价格存款弹性系数

设 $D=f(P)$，即存款是价格的函数，则价格存款点弹性系数的计算公式为：

$$e_{D\to P}=\frac{dD/D}{dP/P}=\frac{dD\cdot P}{dP\cdot D}=f'(P)\cdot\frac{P}{D}$$

若假定价格与存款呈线性关系，即 $D=a+bP$，则有：$\frac{dD}{dP}=b$

代入上式，有：$e_{D\to P}=\frac{bP}{D}=\frac{bP}{a+bP}$

在实际统计工作中，对该弹性系数的求得，往往通过计量经济学方法进行，而所得到的模型是否符合研究分析的要求，则需进行经济意义检验、统计检验和计量经济学检验等。

(2)利率存款弹性系数

设 $D=f(i)$，即存款是利率的函数，则利率存款的弧弹性为：$e=\frac{\Delta D/D}{\Delta i/i}=\frac{\Delta D}{\Delta i}\cdot\frac{i}{D}$

利率存款点弹性为：$e_{D\to i}=\frac{dD/D}{di/i}=\frac{dD}{di}\cdot\frac{i}{D}=f'(i)\cdot\frac{i}{D}$

2. 利率与物价的相关统计分析

北欧学派创始人魏克塞尔和美国经济学家费雪都认为，可以用货币标准或实际货币实物标准来计算利率，前者对应的是“名义利率”，后者对应的是“实际利率”(我们日常讲的利率指的是名义利率)。但在现代市场经济条件下，通货膨胀是一种常见的现象。所以，考虑到物价变动因素，我们有如下关系式：

实际利率＝名义利率－通货膨胀率

该式为我们提供了在通货膨胀条件下分析利率变动的工具。

在实际经济生活中，判断利率水平的高低，不能只看名义利率，而应看实际利率。当通货膨胀率高于名义利率时，实际利率就会小于零，出现所谓的负利率。负利率有许多弊端，所以当负利率存在时，必须通过制定相应的利率政策，使负利率尽快过渡到正利率。

3. 利率变动趋势的分析预测

对利率变动趋势进行的分析预测，应从影响利率及其变动的因素着手。影响利率及其变动的因素主要有四个：经济运行趋势变动、货币当局的行为、物价水平及政府财政预算。

(1)经济运行趋势变动与利率变动趋势

经济运行趋势的变动会引起社会资金供给和需求的变动，从而影响利率的变动。当经济运行处于经济的扩张期，各项经济活动频繁，对资金的需求增加，而作为资金价格的利率就会上升；在经济运行处于衰退期时，经济活动趋于萧条，对资金的需求下降，利率则会下降。

(2)货币当局的行为与利率变动趋势

利率水平及其变动在很大程度上受到货币当局的货币政策制订和执行的影响。中央银行一般通过调整存款准备金率、贴现率、公开市场业务三大货币政策工具来控制货币供应量，并通过对金融机构信贷能力的控制，调控利率水平。中央银行制定的利率政策及其调节可直接影响利率水平及其变动。将经济活动指标与货币政策结合起来,可分析预测利率的变动趋势。

(3)通货膨胀与利率变动趋势

通货膨胀预期会影响资金供求双方的贷款协议能否达成,因此通货膨胀也是中央银行确定利率水平的重要参考因素之一,从而对利率有显著的影响。一般来讲,预期通货膨胀率上升,则名义利率随之上升,反之则下降。

(4)财政预算与利率变动趋势

财政赤字与高利率往往相伴,但是也有相反的情况。

(三)利率风险统计分析

1. 利率风险及产生原因

利率风险就是指由于预期的市场利率水平与到期的实际市场利率水平产生差异而导致形成损失的可能性。

产生利率风险的原因,主要有以下三个方面:

(1)借贷关系的产生及其变化

利率作为资金的价格,往往在借贷活动中才能得以体现,利率与借贷活动总是相伴相随。只要借贷关系产生及发生变化,利率就有可能发生变化,从而利率风险就有可能形成。

(2)利率的波动

由于利率的变动受到借贷资金的供求关系、物价水平、财税政策及国际金融形势等诸多因素的影响,而这些因素又都在一个动态变化之中,因此只要这些因素发生变动,就有可能引起利率的波动,从而产生形成利率风险的可能。

(3)利率预期与到期实际市场利率的差异

由于人们的有限理性,现实经济生活中不可能做到预期利率与到期实际市场利率完全一致,二者总会有所差异,所以就有可能产生利率风险。

2. 利率风险的评估及预测方法

(1)利率风险的评估

常见的利率风险评估方法有以下两种:

①缺口分析。缺口分析就是通过对资产负债表的缺口进行分析来评估利率风险。缺口就是资产与负债在某一分类栏的差额,若资产小于负债,则缺口就为负数,反之则为正数。总缺口是由多个缺口相加而得的,它表明有多少负债或资产需要更新。如果利率下降,总缺口为正缺口的银行就面临利率损失风险,总缺口为负缺口的银行就能获得额外的收益。如果利率上升,则情况刚好相反。通过缺口分析,可以寻求减少利率风险的策略及方法。

②期间分析法。期间分析主要集中于分析金融机构净值的市场价值和公司目前净值的市值代表以及所有未来年份净利息收入的现值。如果净值减少,那么年净利息收入也会随之减少。上述的缺口分析仅考虑利差及其对净收益的影响,而期间是以时间为单位衡量的,它是平均到期日的尺度。运用期间分析评估利率风险时,先分别计算资产和负债的期间,如果资产期间超过负债期间,当利率上升时,负债市值就会下降,这意味着这家金融机构会面临利率损失风险;当资产期间和负债期间相等时,利率风险就可得以消除。

在实际评估利率风险时,往往将缺口分析与期间分析结合起来加以运用。

(2)利率风险的预测方法

利率风险预测是指人们对利率变动可能带来的风险进行预测,包括预测影响利率变动的原因、风险的大小等，并预期未来某一时期可能出现的实际结果。通过利率风险预测，可以对利率变动可能造成的风险进行事先的防范或保值，最大限度地防范和减少利率风险。

常用的利率风险预测方法有以下三种：

①经济计量预测方法。这种方法将经济学、金融理论、统计学、数学方法有机结合，以计算机为辅助手段，把影响利率变动的各种主要变量，采用建立经济计量模型的方法进行定量研究，分析其变动可能造成的风险。

经济计量方法一般把重点放在分析货币当局的行为，通过观察货币政策制定、实施的变化情况，分析其未来发展趋势，同时，可以将通货膨胀、经济周期等变量因素加入进行考虑。因此，这种方法主要用于长期利率风险的预测。

②判断预测法。其做法是，预测人调查各方人士的意见和看法，得出预测结果。它是一种主观推断利率走势的预测方法。一般采取抽样调查方法，在充分考虑银行、企业、居民等对利率变动的意见，具体分析产生这些意见的原因，最后综合各种意见，找出具有代表性的结论，并以此作为预测利率的依据。这种方法的优点是能够充分考虑各种非定量因素的作用，使得预测结果更趋现实。该种方法主要用于短期利率风险的预测。

③技术预测方法(也叫图表法)。这种方法主要通过统计图表，把利率的历史数据记录下来，通过对各种数据进行统计分析，对利率的变化趋势、变化周期进行研究判断，从而对利率未来的变化趋势进行预测。

五、信贷收支统计

信贷收支统计是分析和反映金融机构以信用方式集中和调剂的资金数量的专门统计。它全面综合地反映了宏观经济运行中的金融机构信贷资金的来源、性质、分布和投向，是我国中央银行和商业性金融机构了解金融信息的主要渠道，对分析货币政策、反映货币流通状况、进行金融宏观调控和监测具有重要价值。该统计以信贷资金收支余额表的表式编制，由资金来源和运用两部分构成。目前，这是我国金融机构的主要业务统计工作，有全部金融机构信贷收支表、中央银行信贷收支表、国家银行信贷收支表、其他银行信贷收支表、农村信用社信贷收支表、金融信托投资机构信贷收支表、城市信用社信贷收支表和财务公司信贷收支表等。本节仅介绍全部金融机构信贷收支、中央银行信贷收支的分析统计，商业银行的信贷收支统计放在第五章，其他机构的信贷收支因限于篇幅不再介绍。

(一)中央银行信贷收支统计项目

1. 信贷资金运用统计项目

(1)金融机构贷款

这是中央银行运用基础货币向商业银行和其他金融机构的资金融通，分为再贷款和再贴现两种形式。再贷款是中央银行向国有独资商业银行、政策性银行、其他商业银行和城乡信用社等金融机构发放的信用贷款。再贴现指商业银行和其他金融机构持有已贴现的未到期商业票据，向中央银行进行票据再转让的行为。

(2)专项贷款

这是指计划经济时期中央银行发放支持老少边穷地区发展经济的贷款。目前，该项业务已经停止。

(3)金银占款

这是指中央银行收购或调入的配售金银的价款。

(4)外汇占款

这是指中央银行收购和储备外汇所占用的款项。

(5)财政借款

这是指中央银行向财政部发放的贷款。

(6)有价证券及投资

这是指中央银行持有的国库券、政策性金融债券、其他有价证券借贷方轧差后的借力余额。

(7)买入返售证券

这是指中央银行在公开市场上的证券回购业务中所做的逆回购业务，即购入证券付出资金，待回购协议到期再销售出去。

(8)库存现金

这是指中央银行库存的现金余额。

(9)其他资产

其他资产包括应收暂付款、利息支出、各项费用支出等。由于其他资产与其他负债由轧差反映，故有时不在表中单独反映。

2. 信贷资金来源统计项目

(1)财政存款

这是指中央财政收入存款、地方财政存款和财政预算外存款。

(2)机关团体部队存款

这是指机关团体在银行的财政性存款及特种存款等。

(3)金融机构缴存准备金存款

这是指银行和其他金融机构吸收的存款按规定比例缴付中央银行的准备金。

(4)邮政储蓄转存款

这是邮政储蓄机构将其吸收的储蓄转存中央银行的存款。

(5)商业银行划来财政性存款

这是指商业银行按规定划拨给中央银行的财政存款。

(6)卖出证券回购

这是指中央银行在回购市场上做回购业务，卖出证券回购，从而形成资金来源。

(7)货币流通量

这是指中央银行发行的扣除存款性金融机构之外的社会部门，如企业、事业单位、机关团体、城乡居民持有的货币流通量。

(8)中央信贷基金

这是指财政部拨付给中央银行总行或总行补充中央信贷基金。

(9)当年结益

这是指财务收支的差额。

(10)其他

这是指信贷资金来源运用的平衡项目。

中国人民银行信贷收支表如表 2－12 所示。但值得注意的是，自 2007 年开始，中国人民银行将公布的数据增加了金融机构本外币信贷收支表、金融机构人民币信贷收支表、金融机构外汇信贷收支表，而同时减少国家银行信贷收支表这一项。

表 2－12　中国人民银行信贷收支表　　单位：亿元

资金来源项目	本月余额	比今年增减	比去年增减	资金运用项目	本月余额	比今年增减	比去年增减
一、财政存款				一、金融机构贷款			
1. 中央财政存款				1. 国有独资商业银行贷款			
2. 地方财政存款				2. 其他商业银行贷款			
二、机关团体部队存款				3. 政策性银行贷款			
三、金融机构交存存款准备金				4. 其他金融机构贷款			
1. 国有独资商业银行				5. 再贴现其中：国有独资商业银行			
2. 其他银行				二、专项贷款			
3. 信用合作社				1. 老少边穷地区发展经济贷款			
4. 其他金融机构				2. 地方经济开发贷款			
四、金融机构在人民银行的存款				3. 外汇抵押贷款			
1. 国有独资商业银行				4. 金银专项贷款			
2. 其他商业银行				5. 投资企业专项贷款			
3. 信用合作社				6. 其他专项贷款			
4. 政策性银行				三、金银占款			
5. 其他金融机构				四、外汇占款			
五、金融机构特种存款				五、财政贷款			
六、邮政储蓄转存款				六、有价证券及投资			
七、金融机构交存财政性存款				七、证券买卖			
八、中央银行债券				八、库存现金			
九、货币流通量				九、待核销贷款损失			
十、中央信贷基金							
十一、当年结益							
十二、其他							
资金来源总计				资金运用总计			

（三）全金融机构信贷收支表的编制

全金融机构信贷收支表是下列信贷收支表的合并：中国人民银行信贷收支表（表 2－12）、邮政储蓄存款统计表、国有独资商业银行信贷收支表（见下节）、政策性银行信贷收支表、其他商业银行（股份制商业银行）信贷收支表、城市商业银行信贷收支表、农村商业银行信贷收支表、城市信用社信贷收支表、农村信用社信贷收支表、财务公司信贷收支表、信托投资公司信贷收支表、租赁公司信贷收支表、外资金融机构信贷收支表、全金融机构信贷收支表，如表 2－13 所示（2006 年）。

1. 信贷资金来源项目的编制

（1）汇总的项目有：各项存款、应收及暂付款、流通中货币、各项准备、所有者权益。

表 2—13 全金融机构信贷收支表

单位:亿元

项目来源名称	本月	比年初		运用项目名称	本月	比上月	
		今年	去年			今年	去年
一．各项存款	919106.71	107532.71	107955.00	一．各项贷款	615002.94	16368.00	—9839.61
1. 企业存款	130658.57	10126.35	—1864.78	1. 短期贷款	386663.72	399.40	—8006.90
(1)活期存款	101358.17	8497.48	—9877.31	(1)工业贷款	12739.00	1056.00	—4809.20
(2)定期存款	29300.40	1628.87	8012.53	(2)商业贷款	21428.00	30.00	3964.00
2. 财政存款	1271.00	383.89	259.11	其中:农副产品贷款	20317.00	—149.00	404.00
3. 机关团体存款	13155.60	—1019.07	3766.67	(3)建筑业贷款	1449.00		980.00
4. 储蓄存款	712994.71	106034.66	84030.05	(4)农业贷款	197374.00	—7629.00	—7709.00
(1)活期储蓄	365243.34	80584.15	37162.19	(5)乡镇企业贷款	30142.00	—3384.00	—258.00
(2)定期储蓄	347751.37	25450.51	46867.86	(6)三资企业贷款			
5. 农业存款	52496.00	—10250.00	22504.00	(7)私营企业及个体贷款	4726.00	—308.00	13.00
6. 信托存款				(8)其他短期贷款	118805.72	10634.40	—187.70
7. 委托存款			—175.00	其中:个人短期消费贷款	3872.80	240.40	—246.70
8. 其他存款	8530.83	2256.88	—565.05	2. 中期流动资金贷款	12893.00	—31.00	216.00
二．金融债券				3. 中长期贷款	213811.22	15947.60	—1789.71
三．应付及暂收款	19350.76	—207.22	2233.98	(1)基本建设贷款	104549.00	8090.00	—1156.00
其中:应付及预收利息	13541.00	1417.00	791.00	(2)技术改造贷款	107.00	—4.00	—4.00
四．流通中货币				(3)其他中长期贷款	109155.22	7861.60	—629.71
五．各项准备	16913.00	8790.00	3750.00	其中:个人中长期消费贷款	46957.66	1456.94	1770.29
其中:贷款呆帐准备金				4. 信托贷款			
六．所有者权益	34584.37	997.28	8229.09	5. 融资租赁			
其中:实收资本	10227.00		194.00	6. 委托贷款			
当年结益	15007.37	14597.37	12454.09	7. 票据融资	1635.00	52.00	—259.00
七．其他	—282549.75	—24211.20	—84223.55	其中:贴现	1635.00	52.00	—259.00
				8. 各项垫款			
				二．有价证券及投资	75540.00	878.00	—1172.00
				三．应收及预付款	3348.64	—143.17	—8569.92
				其中:应收利息	299.54	—48.15	—163.61
				四．委托投资			
				五．金银占款			
				六．外汇占款		—121.00	—3346.00
				七．库存现金	13513.51	—3273.21	—15344.58
				八．财政借款			
资金来源总计	707405.09	92901.57	37944.52	资金运用总计	707405.09	13708.62	—38272.11

资料来源:http://lyrd.gov.cn/UploadFiles/200895111038752.xls

(2)合并的项目有:代理财政性存款。

(3)冲销的项目有:金融债券、卖出回购证券、向中央银行借款、同业往来、委托存款及委托投资基金、代理金融机构委托贷款基金。

(4)轧差项目:其他。

2. 信贷资金运用项目的编制

(1)汇总的项目有:各项贷款、应收及预付款、金银占款、外汇占款、库存现金、财政借款。

(2)合并的项目有:有价证券及投资、买入返售证券、存放中央银行准备金、存放中央银行特种存款、缴存中央银行财政存款、同业往来、代理金融机构贷款。

六、货币购买力统计

(一)货币购买力的概念

货币购买力是指单位货币所能买到的商品和劳务的数量。它的大小直接受商品和劳务价格的影响。商品和劳务价格上涨,单位货币购买力就下降,居民以货币购买的商品和劳务的数量就减少,生活水平就会下降;反之,商品和劳务价格下降,货币购买力就提高。

货币购买力统计就是通过计算各种指标来反映货币购买力的变化及其对居民生活水平的影响。

(二)货币购买力分析指标

1. 货币购买力指数

在实际测算中,往往是采用货币购买力指数来反映不同时期货币购买力的变动,以说明单位货币在不同时期所能获得的商品和劳务数量的变动情况。其计算公式是:

$$\text{货币购买力指数}=\frac{\text{报告期单位货币购买某种商品(或劳务)的数量}}{\text{基期单位货币购买某种商品(或劳务)的数量}}$$

货币购买力指数也可以利用货币购买力同物价变化成反比的关系来表示,公式为:

$$\text{货币购买力指数}=\frac{1}{\text{价格指数}}$$

由于货币在居民的生活消费中被用来购买多种商品和劳务,所以不能根据一种商品或一项劳务价格变化确定货币购买力的变动,而要根据居民日常生活必需的大多数主要消费品和劳务价格变动进行计算。

生活费价格指数是综合反映居民消费品和劳务性支出这两部分价格变动程度的相对数。其计算公式为:

$$\text{生活费价格指数}=\frac{\text{报告期居民消费品实际零售额}+\text{报告期居民劳务性支出实际金额}}{\text{按基期价格计算的报告期居民消费品实际零售额}+\text{按基期价格的报告期劳务支出金额}}$$

$$\text{生活费价格指数}\ \overline{K_P}=\frac{\sum p_1 q_1}{\sum p_0 q_1}$$

式中:p_0、p_1 分别为基期和报告期消费品价格;q_0、q_1 分别为基期和报告期消费品数量。

由于价格的变化同货币购买力的变化成反比，所以，货币购买力指数是生活费价格指数的倒数。公式为：

$$货币购买力指数=\frac{1}{生活费价格指数}$$

$$货币购买力指数=\frac{1}{K_P}=\frac{1}{\sum p_1q_1/\sum p_0q_1}$$

2. 实际工资指数

实际工资指数是将货币工资指数与货币购买力指数联系起来，反映职工在不同时期用同样数量的货币工资所能购买的商品和劳务数量变动情况的经济指数。职工工资可分为名义工资和实际工资。名义工资是以货币数量表示的工资，即货币工资。实际工资是职工的货币工资实际上能买到的商品和劳务的数量。一定的货币工资在市场上能够买到的商品和劳务的数量，要受所买商品和劳务价格变动的影响。价格上涨，则能够买到的商品和劳务的数量就会减少，其实际生活水平则会下降，也就是实际工资下降。实际工资水平随着货币工资的增加而提高，随着职工生活费价格的上涨而降低。因此，实际工资指数的计算公式为：

$$实际工资指数=\frac{货币工资指数}{生活费价格指数}=货币工资指数\times货币购买力指数$$

当实际工资指数大于1时，说明货币工资指数大于生活费价格指数，实际工资水平提高；当实际工资指数小于1时，则说明实际工资水平降低。而实际工资水平降低在其他条件不变的情况下，则说明通货膨胀率在上升。

因此，我们可以根据实际工资指数，货币工资指数和生活费价格指数三者的关系，比较职工在不同时期实际工资的变动情况，并分析这种变动在多大程度上受货币工资增减的影响，在多大程度上受职工生活费价格升降的影响。这一指标能较好地反映职工实际生活水平的变化趋势，并可进一步分析通货膨胀的程度。

(三)货币购买力分析

我们可以从以下几个方面对货币购买力进行统计分析：

1. 不同商品的购买力。由于我国价格管理体制的约束，不同的商品有不同的价格形成机制，如统一的国家牌价、有限度的浮动价和完全灵活的市场价等。

2. 同一商品的购买力。商品价格形成机制不同会导致货币购买力的决定因素有所区别。由统一的国家牌价决定的商品价格，其货币购买力由计划确定；由有限度的浮动决定的商品价格，其货币购买力由买卖双方的意愿确定；由完全灵活的市场价格决定的商品价格由供求关系确定。在这几类商品的价格确定中，哪一类价格所占比重大，货币购买力便主要受制于哪一种因素。随着价格体制改革的推进，货币购买力主要由市场供求关系决定。

3. 不同区域的购买力。由于种种原因，各个地区的经济发展水平不尽相同，发展快的地区物价水平相对要高。如果仅就地区物价的差别来说，高物价地区的单位货币购买力较低，而低物价地区单位货币购买力则较高。但如果把货币收入这一因素纳入，则收入高的地区社会货币购买力一般高于收入低的地区的社会货币购买力。社会货币购买力是指全社会货币量所能购买的商品和劳务的总量。由于收入高的地区拥有的货币量多，因而能购买的商品和劳务的数量也比收入低的地区多。

4. 购买力投向。也称为商品需求构成或商品消费构成。其一般分为生活资料和生产资料两大投向。生活资料购买力主要包括城乡居民购买力和社会团体购买力，生产资料购买力主要是指农业劳动者和城镇个体劳动者购买生产资料的货币支付能力。通过购买力投向分析，可以掌握社会购买力在各类商品之间的分配比例及其变化趋势，这对保持社会购买力和商品可供应量的平衡，进而保持社会总需求和社会总供给的平衡，将起到积极的作用。

第二节 商业银行统计

一、商业银行统计概述

(一)商业银行的职能和主要业务

商业银行一般是指吸收存款、发放贷款和其他中间业务的金融机构。它是国民经济的综合部门和社会资金运动枢纽，是市场经济条件下银行体系的主体，与其他金融机构相比，商业银行的业务更具综合性，功能更齐全，服务更广泛。

商业银行在社会经济中发挥着许多重要的职能。它具有信用中介的职能，它以各种方式，通过各种渠道吸收社会闲散资金，然后以信贷方式将其投向国民经济的各部门，满足经济发展对资金的需要。它具有支付中介的职能，为客户办理货币收付业务与结算业务，扮演货币保管者、出纳和支付代理人的角色，为商品交易的货币结算提供一种付款机制。它具有金融服务职能，不断开发新的金融产品，为社会经济中的各部门开展更为方便有效的金融服务，促进社会经济的发展。

商业银行的主要业务包括负债业务、资产业务、中间业务和表外业务。负债业务主要指吸收资金的业务，它是商业银行主要资金来源的业务，是商业银行经营活动中的基础性业务，决定着银行资金来源的规模与构成，是商业银行开办资产业务的前提和基础。资产业务是指商业银行把负债业务所获得的资金加以运用，从而取得收益的业务，主要包括现金资产业务、放款业务、投资业务、贴现业务和固定资产业务，其中以放款业务、投资业务和贴现业务为主。中间业务是指商业银行无需动用自己的资金，只代理客户承办首付和委托等事项，从中收取手续费的主要业务，包括结算业务、信托业务、租赁业务、代理业务和其他服务型业务。表外业务是指商业银行资产负债表以外的各项业务，其中一部分将转变为银行的实有资产和负债，主要包括贷款承诺、担保、调期和套头交易、代理客户买卖、分销证券等。

(二)商业银行统计分析的主要内容

商业银行统计分析是利用各种统计分析方法和工具，对商业银行经营管理的数据进行分析研究，寻找内在规律，为决策者和管理者提供决策与管理的依据。商业银行统计主要围绕其主要业务和经济效益情况展开，包括：第一，资产负债统计，其中包括资产业务统计、负债业务统计、信贷资金营运分析等；第二，经济效益分析，其中包括社会经济效益分析，银行自身经济效益分析等。通过这些分析，我们能清楚地了解银行的经营运行情况，分析银行之间的差异，比较银行竞争力。

对商业银行进行统计分析需要大量的数据资料，这些资料来源于商业银行自身业务运营中积累的大量业务数据，也来源于宏观经济环境的一些指标数据。具体说来，主要包括以下几类：

1. 业务经营数据。它是资产负债表、损益表、其他经营报表、综合统计报表以及商业银行累计的历史经营数据。

2. 信贷数据。它是商业银行在为客户提供信贷服务过程中积累的丰富的客户数据资料。

3. 金融市场和同业数据。它是货币供应量、利率环境、汇率环境、同业竞争数据等。

4. 宏观经济数据。它是GDP、工业产出、物价水平、投资水平、消费、就业等宏观经济指标。

5. 为某一目的进行的调查得到的数据资料。

(三)商业银行统计分析意义

商业银行的经营范围渗透到了社会经济的各个角落。为了加强对经营业务的管理，强化商业银行在社会经济中所起到的各种有效作用，商业银行的各级机构都必须随时了解其经营业务的情况。商业银行统计分析恰好为其提供了与此相关的信息。这些信息可以为商业银行的业务管理、市场营销、金融资产开发等经营业务活动提供可靠资料，为银行制定发展目标、发展规划、政策决策等提供依据。可以说，商业银行统计分析对商业银行的运作起着举足轻重的意义。具体说来，商业银行统计分析有以下几方面的意义：

1. 通过分析主要业务以及经济效益的各项统计指标，银行的领导层、决策者能够把握银行的经营情况，分析不足，预测未来的走势，制定有效的经营方针，提高银行的业务水平。

2. 通过统计分析商业银行的经营状况，中央银行可以更好地了解商业银行的经营情况，从而更行之有效、有的放矢的对商业银行进行管理。

3. 通过商业银行公布的有关自身经营状况的分析统计，社会经济中的其他成分能够了解到与自身发展相关的信息，特别是关于社会资金流量的信息，从而能更好地为自身的良好发展做出规划。

4. 通过商业银行的统计分析数据，国家经济发展规划部门也能更为清楚地认识现阶段社会各经济部门的发展状况、社会资金的流向，从而更好地调整、规划社会经济的发展。

二、商业银行信贷收支统计

信贷收支是商业银行以信用方式集中和分配资金的主要方式。商业银行的信贷收支统计可以全面反映银行信贷资金的来源和运用情况，反映资金的结构、投向和分配，反映金融活动的运行情况。它是研究货币政策、分析信贷计划执行情况、合理使用资金、提高资金使用效益、加强金融运行监测与宏观调控的重要基础和依据。

(一)商业银行信贷收支统计

商业银行信贷收支统计包括信贷资金来源统计和信贷资金运用统计，表式结构如表2—14所示。

表 2—14　中国工商银行信贷收支表

来源项目	本月余额	运用项目	本月余额
一、各项存款		一、各项贷款	
1. 企业存款		1. 短期贷款	
(1)活期存款		(1)工业贷款	
(2)定期存款		(2)商业贷款	
2. 机关团体存款		其中:收购贷款	
3. 储蓄存款		(3)建筑业贷款	
(1)活期存款		(4)农业贷款	
(2)定期存款		(5)乡镇企业贷款	
4. 农业存款		(6)“三资”企业贷款	
5. 其他存款		(7)私营企业及个体贷款	
二、代理财政性存款		(8)其他短期贷款	
三、金融债券		其中:个人短期贷款	
其中:政策性金融债券		2. 中期流动资金贷款	
四、应付及暂收款		3. 中长期贷款	
其中:应付及预提利息		(1)基本建设贷款	
五、卖出回购证券		(2)技术改造贷款	
六、向中央银行借款		(3)其他中长期贷款	
七、同业往来		其中:个人中长期贷款	
(1)同业存放		4. 票据融资	
(2)同业拆借		其中:贴现	
其中:贷款呆账准备金		5. 各项垫款	
八、委托存款及委托投资基金(净)		二、有价证券及投资	
1. 委托存款及委托投资基金		三、应收及预付款	
2. 减:委托贷款及委托投资		其中:应收利息	
九、代理金融机构委托贷款基金		四、买入返售证券	
其中:中央银行委托贷款基金		五、存放中央银行准备金存款	
十、各项准备		六、存放中央银行特种存款	
其中:贷款呆账准备金		七、缴存中央银行财政性存款	
十一、所有者权益		八、同业往来	
其中:实收资本		1. 存放同业	
当年结益		2. 拆放同业	
十二、其他		九、代理金融机构贷款	
		其中:代理入行专项贷款	
		十、库存现金	
		十一、外汇占款	
资金来源总计		资金运用总计	

1. 信贷资金来源统计项目

(1)各项存款

①企业存款，是指企业存入商业银行的暂时闲置的资金，包括活期存款和定期存款。企业活期存款可进一步划分为：工业、商业、建筑业企业、集体企业、乡镇企业、三资企业、私营企业和个体工商业者存款和其他企业存款。在定期存款中，包括企事业单位的定期存款、单位信用卡保证金存款、单位信用卡备用金存款。

②居民储蓄存款，是商业银行吸收城乡居民货币收入中的待用款和节余款，包括活期储蓄存款和定期储蓄存款。

③农村存款，是指农村集体单位、乡镇企业、各种专业户和承包户的生产周转金、积累基金、分配基金和农村信用社的转存款等。

④信托类存款，是根据存款单位或个人的存款申请，委托代营或运营的资金。

⑤其他存款，是指部队存款、应解汇款和临时存款。

(2)代理财政性存款

这是指商业银行代理中央银行吸收的企业单位的、机关、团体和事业单位的财政性存款，必须全额划缴中央银行，而不能作为存款性金融机构的信贷资金。代理性存款包括财政存款、机关团体存款和其他财政性存款。

(3)发行金融债券

这是商业银行通过发行债券所收集的款项，债券分为短期债券、中长期债券、国家投资债券等几类。

(4)卖出回购证券

这是商业银行与其他机构、企业或中央银行以合同或协议的形式，按一定价格卖给其他企业的证券，到合同规定日期再按合同规定价格买回该批证券，以取得买卖差价。

(5)向中央银行借款

这是商业银行向中央银行借入的信用贷款以及中央银行对商业银行的再贴现。

(6)同业往来

这是指商业银行之间往来过程中，其他银行或金融机构在本行的存放款，或从其他银行与非银行金融机构拆入的资金，包括同业存放和同业拆借。

(7)委托存款及委托投资基金

这是指部门和单位存入商业银行用于发放委托贷款或投资的基金存款，包括委托存款和委托投资基金。如中央政府委托存款与贷款、地方政府委托存款与贷款、企业委托存款与贷款以及委托投资、委托投资基金等。

(8)代理金融机构委托贷款基金

这是指商业银行代理中央银行、政策性银行和其他金融机构的委托贷款基金。

(9)所有者权益

这是投资者交付商业银行支配和经常运用的资金，也是商业界银行信贷资金来源中最稳定的部分，包括实收资本和历年中的各种积累。其中，所有者权益能用于信贷投放的资金部分，为自有信贷资金，即所有者权益减固定资产净值、无形资产及递延资产的余额。当年结益是指本年度实现的利润，在未进行利润分配之前可以作为信贷资金使用。

(10)各项准备

这是指商业银行按规定提取的坏账准备金、贷款呆账准备金和投资风险准备金。

(11)其他

这是信贷资金来源与运用的平衡项目。

2. 信贷资金运用统计项目

(1)各项贷款

①短期贷款,是指商业银行对企业发放一年以下的用于流动资金的贷款,包括工业贷款、商业贷款、建筑业贷款、农业贷款、乡镇企业贷款、三资企业贷款、私营及个体贷款、贴息及短期贷款。

②中长期贷款,是指商业银行发放一年以上的流动资金贷款和用于基本建设、技术改造等的贷款,包括基本建设贷款、住房开发贷款、商业用房开发贷款、其他地产开发贷款、技术改造贷款和其他中长期贷款。

③票据融资,是指商业票据的贴现和转贴现形成的资金运用。

④各项垫款,包括承兑、贴现、信用证等项垫款

(2)有价证券及投资

这是指存款性金融机构购入的以持有生息为目的的各类有价证券。如自营证券、短期投资、信托投资和长期投资等。

(3)买入返售证券

这是指做证券的逆回购业务而形成的资金占用。

(4)在中国人民银行存款

这是指商业银行在中国人民银行的备付准备金存款,包括向中国人民银行缴存的法定准备金、存放中央银行存款、存放中央银行清算汇票款等。

(5)存放中央银行特种存款

这是指商业银行按照中央银行的要求在法定准备金之外的存款。特种存款是中央银行调整信贷资金结构和信贷规模的重要措施。中央银行按照商业银行和其他金融机构的信贷资金营运情况,根据银根松紧和资金调度的需要,以特定方式向金融机构集中一定数量的资金。

(6)存放中央银行的财政性存款

这是指商业银行吸收的财政性存款按规定划缴中央银行。

(7)同业往来

这是指商业银行之间往来过程中发生的同业资金运用,包括存放同业和同业拆出。

(8)系统内往来

这是指商业银行上下级行之间往来资金的运用,包括存放联行款项、向上级行或下级行拆出资金等。

(9)代理金融机构贷款

这是指商业银行代理中央银行、政策性银行和其他金融机构委托贷款,代理人民银行专项贷款。

(10)库存现金

(11)外汇占款

这是指商业银行购买外汇而占用的人民币资金,包括结售汇人民币资金、兑换和外币占款。

(二)各商业银行信贷收支表的编制

各类商业银行如国有独资商业银行、股份制商业银行、城市商业银行和农村商业银行信贷收支表的编制,都是以同类性质单个商业银行的信贷收支表的合并。现以国有独资商业银行为例,说明各类商业银行信贷收支表的编制。

1. 信贷资金来源项目的编制

(1)汇总的项目有:各项存款、代理财政性存款、应付及暂收款、向中央银行借款、各项准备金、所有者权益。

(2)合并的项目有:金融债券、卖出回购证券、委托存款及委托投资基金、代理金融机构贷款基金、同业往来。

(3)轧差的项目有:其他。

2. 信贷资金运用项目的编制

(1)汇总的项目有:各项贷款、有价证券和投资、应收及暂付款、存放中央银行的准备金存款、存放中央银行特种存款、缴存中央银行财政存款、库存现金、外汇占款。

(2)合并的项目有:买入返售证券、同业往来、代理金融机构贷款。

(三)商业银行信贷收支统计分析

按统计分析的内容,可将商业银行信贷收支统计分析分为信贷资金来源分析、信贷资金运用分析、信贷收支平衡分析、资金头寸分析、往来资金分析和资金清偿能力分析。

1. 信贷资金来源分析

信贷资金来源分析一般包括信贷资金来源增减变动分析、信贷资金来源结构分析、信贷资金自给能力分析、信贷资金来源集中度和利用程度的分析以及各项存款的分析。

(1)信贷资金来源增减变动分析

用于分析的主要统计指标是信贷资金增减率,计算公式如下:

$$信贷资金增减率=\frac{本期信贷资金来源-上期信贷资金来源}{上期信贷资金来源}\times 100\%$$

(2)信贷资金来源结构分析

信贷资金来源结构可用某项信贷资金来源占全部信贷资金来源的比重来表示,并与上期的比重比较分析其变化。主要计算公式有:

$$某项信贷资金来源所占比重=\frac{某项信贷资金来源}{全部信贷资金来源}\times 100\%$$

(3)信贷资金自给能力分析

信贷资金自给能力的分析主要采用以下三个指标,各自计算公式如下:

①自有资金对总资产的比率

它是指金融机构自有资金与其资产总额的比率,即:

$$自有资金对总资产的比率=\frac{自有资金额}{资产总额}\times 100\%$$

②自有资金对负债的比率

它是指金融机构自有资金与其全部对外负债的比率,即:

$$自有资金对负债的比率=\frac{自有资金额}{负债总额}\times 100\%$$

③信贷资金自给率

它是金融机构自有资金和各项存款之和占全部信贷资金来源的比率，即：

$$信贷资金自给率=\frac{自有资金额+各项存款}{信贷资金来源总额}\times 100\%$$

(4)信贷资金来源集中度和利用程度的分析

信贷资金来源集中度一般用10户或15户较大存款额之和与全部存款之比来反映；信贷资金利用程度一般用盈利性资产与信贷资金来源总额之比来反映。

(5)各项存款的分析

存款是银行最主要的负债业务。存款是贷款的主要资金来源，存款业务的稳定增长是贷款稳定增长的重要保证。因此，对存款的各项指标进行分析具有重要的意义。各项存款的分析包括存款总量的分析、存款结构的分析和存款周转的分析。

ⅰ. 存款总量分析

①报告期内存款累计发生额

它是指银行期内存款的业务总量，包括存款累计收入额和存款累计支出额。在会计报表中，前者是期内存款的贷方发生额累计，后者是期内存款的借方发生额累计。

②报告期末存款余额

它是指银行报告期末拥有的存款量。其计算公式为：

报告期末存款余额＝期初存款余额＋期内存款累计收入额－期内存款累计支出额

③报告期存款净增减量

报告期存款净增减量＝报告期存款累计收入额－报告期存款累计支出额＝期末存款余额－期初存款余额

④存款积数

该指标是反映存款规模的综合性指标，也是计算存款利息的依据。其计算公式为：

$$C=\sum a_i t_i$$

式中：C——存款积数；

a_i——每天存款余额；

t_i——存款天数。

⑤存款平均余额

该指标反映了银行报告期内每天存款余额的一般水平。其计算公式为：

$$存款平均余额=\frac{报告期存款积数}{报告期日历天数}\times 100\%$$

ⅱ. 存款构成比例分析

①企业存款构成比率分析

该类指标主要分析企业定期、活期存款构成比率，企业定期、活期存款增量构成比率。其主要分析指标如下：

$$企业存款构成比率=\frac{企业(活期或定期)存款}{银行一般性存款}\times 100\%$$

②储蓄存款构成比率分析

该指标主要分析储蓄存款定期、活期构成比率和储蓄存款定期、活期增量构成比率。其主要分析指标如下：

$$储蓄存款构成比率=\frac{储蓄存款}{银行一般性存款}\times 100\%$$

ⅲ. 存款变动分析

①存款周转分析

主要的周转分析指标有：

$$报告期内存款可能周转次数=\frac{期内存款累计支出额}{期内存款平均余额}$$

$$报告期内存款实际周转次数=\frac{期初存款余额+期内存款累计收入额}{期内存款平均余额}$$

$$报告期内存款可能周转天数=\frac{期内日历天数\times 期内存款平均余额}{期内存款累计支出额}$$

$$报告期内存款实际周转天数=\frac{期内日历天数\times 期内存款平均余额}{期初存款余额+期内存款累计收入额}$$

②存款增长变动分析

主要指标有：一般性存款增长率、储蓄存款增长率、企业存款增长率等等。

ⅳ. 储蓄存款分析

银行的存款包括活期存款、定期存款和储蓄存款等，其中，储蓄存款是商业银行最重要的资金来源。因此，对储蓄存款进行统计分析对于银行的经营有着十分重要的意义。

①储蓄存款的构成分析

储蓄存款的构成分析主要是指对储蓄存款总量(储蓄存款余额)一定的标志进行分类分析。储蓄存款按储户与银行的契约关系，可分为活期储蓄与定期储蓄；按来源地点，可分为城镇储蓄存款、农村储蓄存款和华侨储蓄存款等；按储户，可分为个人储蓄存款和集体储蓄存款。通过分析储蓄存款构成情况，银行可以了解其储蓄存款的来源，以便更好地开展经营活动。

②储蓄存款的稳定性分析

$$储蓄存款巩固率=\frac{储蓄存款累计收入额-储蓄存款累计支出额}{储蓄存款累计收入额}\times 100\%$$

该指标反映了期内储蓄存款发生变化后，仍有多大比例留在行内。

$$储蓄存款稳定率=\frac{期内储蓄存款最低余额}{期内储蓄存款平均余额}\times 100\%$$

该指标从一个侧面反映了银行的资金稳定性。该指标数值越大，说明始终留在银行作为负债部分的资金大,可利用资金的程度高,稳定性好。

$$\text{储蓄存款平均储存天数}=\text{报告期日历天数}\times\frac{\text{期内储蓄存款平均余额}}{\text{期内储蓄存款累计支出额}}\times 100\%$$

该指标反映了储蓄存款在银行储蓄的时间长短,了解它便于银行合理安排信贷资金。

③储蓄存款变动分析

$$\text{储蓄流量发展率}=\frac{\text{报告期储蓄流量}(S_1)}{\text{基期储蓄流量}(S_0)}$$

该指标反映了一定时期储蓄存款发展速度。根据储蓄流量发展率可以计算流量增长率,即:

$$\text{流量增长率}=\frac{S_1-S_0}{S_0}$$

$$\begin{aligned}\text{储蓄率}&=\frac{\text{储蓄流量}(S)}{\text{居民货币收入}(y)}\\&=\frac{y-\text{居民消费}(C)-\text{居民手持现金}(B)}{y}\\&=1-\frac{C+B}{y}\end{aligned}$$

该指标反映了一定时期居民的储蓄水平。

$$\text{边际储蓄率}=\frac{\Delta S}{\Delta y}=\frac{S_1-S_0}{y_1-y_0}$$

或

$$\text{边际储蓄率}=\frac{\Delta S}{\Delta y}=\frac{\Delta y-\Delta C-\Delta B}{\Delta y}=1-\frac{\Delta C+\Delta B}{\Delta y}$$

其中:$\Delta S=\Delta y-\Delta C-\Delta B$

$\quad\quad=(y_1-y_0)-(C_1-C_0)-(B_1-B_0)$

该指标反映了一定时期内居民增加的货币收入中,用于增加储蓄所占的比例,以此判断储蓄发展速度的快慢及其对于消费的合理程度。

$$\text{储蓄存款利率变动弹性系数}=\frac{\text{期内储蓄存款变化率}}{\text{期内储蓄存款利率变化率}}$$

该指标反映储蓄规模与利率升降的关系程度,为以利率杠杆调节储蓄提供可靠性依据。如果弹性系数接近1,表示利率升降使储蓄规模发生相应的变动;如果弹性系数比1大很多,表示弹性充足,储蓄对利率的反应灵敏;如果弹性系数比1小很多,表示储蓄对利率变动反映迟钝。

ⅴ.存款结构分析

①存款来源结构分析

可以按存款区域分类,分析存款来源的区域分布;可以按存款来源的产业部门分类,分析存款的产业部门分布;可以按存款的经济部门分类,分析存款的经济部门分布;可以按存款的企业分类，分析存款的企业分布等。

②存款定期与活期结构分析

分析定期存款与活期存款的结构比重。定期存款和活期存款对金融机构存款的稳定性和存款成本都有直接影响。定期存款比重越大，存款的稳定性越大；而定期存款的利率高于活期存款，定期存款的比重越大，存款的成本越高；相反，活期存款的成本低，存款的稳定性也较低。

③存款项目结构分析

主要分析金融机构存款中企业存款与储蓄存款的结构比例关系。企业存款是金融机构派生存款的重要组成部分。企业存款一定程度上反映企业所拥有的货币资金总量。反映企业的资金的松紧变化。企业存款增加，表明企业支付能力增强；反之，企业存款减少，表明企业货币资金减少，企业支付能力下降。

④存款期限结构分析

主要分析金融机构各种期限的定期存款的结构比重，并可进一步分析各种不同期限存款的来源结构及其对金融机构存款稳定性和存款成本变动的影响。

2. 信贷资金运用分析

信贷资金运用的分析包括信贷资金运用的增减变动分析、信贷资金运用的结构分析、信贷资金运用的集中度分析及贷款分析。

(1)信贷资金运用的增减变动分析

用于分析的主要统计指标是信贷资金增减率，计算公式如下

$$信贷资金增减率=\frac{本期信贷资金运用-上期信贷资金运用}{上期信贷资金运用}\times100\%$$

(2)信贷资金运用的结构分析

信贷资金运用的结构可用某项信贷资金运用占全部信贷资金运用的比重来表示，并与上期的比重比较分析其变化。主要计算公式有：

$$某项信贷资金运用所占比重=\frac{某项信贷资金运用}{全部信贷资金运用}\times100\%$$

(3)信贷资金运用的集中度分析

信贷资金运用集中度一般用 10 户或 15 户较大贷款额之和与全部贷款之比来反映。

(4)贷款分析

贷款是银行最主要的资产业务。银行贷款是企业流动资金的主要来源，银行贷款的扩张与收缩对经济增长和社会购买力的变动都有重大的影响。加强对贷款的监测与分析具有重要的意义。

ⅰ. 贷款总量分析

①贷款累计发放额

该指标是指报告期内发放贷款的累计数，无论是否收回均应计算在内。

②贷款累计收回额

该指标是指报告期内收回的累计额，无论是本期发放的还是往期发放的均应计算在内。

③报告期贷款净发放(净回收)额

它是指报告期内净发放(净回收)的贷款额，其计算公式为：

报告期贷款净发放(净回收)额＝报告期贷款累计发放额－报告期贷款累计收回额

＝报告期末贷款余额－报告期初贷款余额

该指标反映了期内再生产过程中贷款的增减变化情况。在扩大再生产条件下，一般银行表现为净发放，只有在少数贷款项目和个别事件会出现贷款净回收。

如果只反映报告期内贷款发放与收回的情况，则可按下列公式计算：

报告期内贷款净发放额＝报告期内贷款发放额－报告期内收回期内发放的贷款额

④报告期末贷款余额

它是指在某一计算时点上(月末、年末)银行所发放出去的贷款累计变化的结果，其计算公式为：

报告期末贷款余额＝报告期初贷款余额＋报告期贷款累计发生额－报告期累计回收额

＝报告期初贷款余额±报告期贷款净发放(净回收)额

该指标反映了银行贷款的总规模，是银行资产管理中一个极为重要的指标。

⑤贷款积数

它是指贷款余数与贷款占用日历时间(天)的乘积。其计算公式为：

$$S=\sum b_i t_i$$

式中，S——贷款积数；

b_i——每天贷款余额；

t_i——贷款天数。

该指标可以反映贷方单位可利用贷款的最大容积。贷款的余额越大、时间越长，可利用贷款的总量越大。因此，该指标是银行计算贷款利息的依据。

⑥贷款平均余额

指贷款余额时点数列的序时平均数，反映报告期每天贷款的平均数。其计算公式为：

$$\text{贷款平均余额}=\frac{\text{报告期贷款积数}}{\text{报告期日历天数}}$$

⑦报告期内贷款最高余额

该指标时期内贷款的峰值，反映期内贷款曾经发生过的最大瞬间规模，为商业银行的融资活动提供了应留有多大回旋余地的信息。

⑧报告期内贷款净发放最大额

该指标为控制期内贷款最大流量提供信息。其计算公式为：

报告期内贷款净发放最大额＝报告期内贷款最高余额－报告期初贷款余额

⑨到期贷款收回率

该种比率反映了贷款的收回程度，主要包括两个指标：

$$\text{到期贷款收回率}=\frac{\text{到期贷款累计收回额}}{\text{到期贷款累计额}}\times 100\%$$

$$\text{贷款累计收回率}=\frac{\text{报告期内贷款累计收回额}}{\text{报告期内贷款发放额}}\times 100\%$$

ⅱ. 贷款构成比例分析

贷款构成比例分析反映了贷款分配使用的构成状况。根据不同的研究目的,我们可以对其进行不同的分类分析。

①按贷款期限分

可分为短期贷款构成比率和中长期贷款构成比率,它们分别指短期贷款、中长期贷款与各项贷款的比率,以反映不同期限贷款的结构关系。其计算公式为:

$$\text{短期(中长期)贷款构成比率}=\frac{\text{短期(中长期)贷款}}{\text{各项贷款}}\times 100\%$$

②按贷款投向分

可分为工业、农业、商业贷款构成比率以及基建(技改)贷款构成比率,它们分别指工业贷款、农业贷款、商业贷款与短期贷款的比率,基建贷款、技改贷款与中长期贷款的比率,以反映各类贷款的结构关系。

就整个金融系统而言,还可以分为国有商业银行、其他商业银行、城市信用社、农村信用社等,计算各项贷款余额(或增量)行际构成比率,如:

$$\text{各项贷款余额(或增量)行际构成比率}=\frac{\text{某行各项贷款余额(或增量)}}{\text{金融机构各项贷款(或增量)}}\times 100\%$$

ⅲ. 贷款变动分析

①贷款周转分析

主要的周转分析指标有:

$$\text{贷款周转次数}=\frac{\text{贷款累计收回额}}{\text{贷款平均余额}}$$

$$\text{贷款周转天数}=\frac{\text{报告期日历天数}}{\text{贷款周转次数}}$$

贷款周转分析主要是分析贷款的周转使用效率。贷款周转次数越多,或者贷款周转使用的天数越少,资金就周转得越快,使用效率就越高。

②贷款增长率变动分析

主要分析指标有:

$$\text{贷款增长额}=\text{本期贷款余额}-\text{上期贷款余额}$$

$$\text{贷款增长率}=\frac{\text{本期贷款余额}}{\text{上期贷款余额}}-1$$

可以就全部贷款或各类用途(工业、农业、商业、纪检、技改贷款等)不同的贷款的增长变动程度及变动差额进行分析。

ⅳ. 贷款投向分析

贷款的分配投向是否合理,可以通过贷款投入各地区、各产业、各经济部门的分布以及各期限贷款的结构关系,观察分析贷款投放的重点区域、重点产业、重点经济部门,是否与区域发展战略、产业政策、经济结构调整相一致。分析方法一般采用编制贷款分布结构表，如贷款区域分布表、贷款产业分布表、贷款经济部门分布表等。同时，还可按贷款的期限(短期、中期、长期)分类，观察各类期限的分配是否合理；按贷款投放的时间分类，观察各类贷款的投放时间是否均衡、及时。

3. 信贷收支平衡分析

信贷资金平衡分析主要是指通过信贷资金来源和信贷资金的运用的各种平衡关系，分析商业银行的信贷资金运营情况。信贷资金的主要来源包括自由信贷资金、各项存款、金融债券和当年结益，信贷资金的主要用途包括各项贷款、各项缴存款与拆放款和各级行处内部占用的资金信贷收平衡分析包括信贷收支平衡分析、资金头寸分析和资金清偿能力分析等。

(1)信贷资金平衡差额分析

信贷资金平衡差额分析主要是通过计算资金存储(贷)差额，弄清银行资金的来源与去向，为合理利用信贷资金提供依据。其主要分析的指标有：信贷存(借)差、存贷差、自有信贷资金。

①信贷存(借)差

信贷存(借)差是指信贷资金来源和运用之间的平衡差额，是资金平衡分析的重点。其计算公式为：

$$\text{信贷存(借)差}=\text{存(贷)差}+\text{自有信贷资金}+\text{发行金融债权}+\text{当年结益}-\text{缴存央行准备金}-\text{库存现金}$$

当信贷存(借)差大于0时，称之为信贷资金存差；当信贷存(借)差小于0时，称之为借差。

②存贷差

它是指一般性存款与各项贷款的差额。其计算公式为：

$$\text{存贷差}=\text{各项存款}-\text{各项贷款}$$

当存贷差大于0时，称之为存差；当存贷差小于0时，称之为贷差。

③自有信贷资金

自有信贷资金是指银行所有者权益中能参与信贷资金运营的部分，是银行信贷资金中最稳定的来源。其计算公式为：

$$\text{自有信贷资金}=\text{所有者权益}-\text{固定资产净值}-\text{无形及递延资产}-\text{当年结益}$$

(2)信贷收支平衡能力分析

信贷收支平衡能力分析的主要指标有：信贷资金自给率、存款余额比率和存贷增量比率等。

①信贷资金自给率

它是指银行自有信贷资金和各项存款及金融债权与各项贷款的比率关系，反映银行信贷资金的自给能力。其计算公式为：

$$\text{信贷资金自给率}=\frac{\text{自有信贷资金}+\text{各项存款}+\text{金融债权}+\text{当年结益}}{\text{各项存款}}$$

②存款余额比率

该指标反映期末各项贷款与各项存款的比率关系。其计算公式为：

$$存贷款余额比率=\frac{各项贷款余额}{各项存款}$$

③存贷款增量比率

它是指各项存贷款期末比年初增加额的比率关系，反映了存贷款增长量的协调平衡关系。其计算公式为：

$$存款增量比率=\frac{各项存(贷)款期初增加额}{各项存(贷)款期末增加额}$$

4. 资金头寸分析

资金头寸是银行一定时点或时期可使用的营运资金量。资金头寸包括在中央银行存款、库存现金、到期同业资金、调整准备金和财政存款差额、到期应收应付汇差资金、到期应归还中央银行借款等。资金头寸分期末资金头寸和本期资金头寸。

期末资金头寸指某个时点结余的资金头寸，是资金运用的结果。其计算公式为：

期末资金头寸＝期末在央行存款－期末库存资金

本期资金头寸指预测某个时期可利用的资金。其计算公式为：

本期资金头寸＝在央行存款＋到期拆出资金＋本期调减准备金和财政性存款＋本期应收汇差资金－到期拆入资金－本期调增准备金和财政性存款－本期应付汇差资金－归还央行存款－本期系统内调出资金

5. 往来资金分析

往来资金分析主要是指商业银行与央行、同业以及其他系统内资金往来占用营运状况的分析。包括缴存存款准备金分析、联行往来资金分析、系统内拆出资金分析和同业往来资金分析等。

(1)缴存存款准备金分析

商业银行吸收的一般性存款必须按一定比率缴纳给央行，作为存款准备金。缴存存款准备金分析主要是分析实际缴存存款准备金与应交额的差额及其比率关系。如果发现实际缴存差额和比例过大时，应及时查明原因。

(2)联行往来资金分析

联行往来资金分析主要是分析应收汇差和应付汇差。联行资金按其运行状况有来账、往账，在没有资金清算的情况下，形成应收联行汇差资金；反之，则形成应付联行汇差资金。其计算公式为：

垫付(占用)联行往来资金＝存放联行款项－联行存放款项

分析应收汇差资金时，主要观察上级行是否及时足额调入资金及其对发放贷款和支付贷款的影响；分析应付汇差资金时，主要观察是否过量占用汇差资金扩大贷款，是否过量拆出资金。

(3)系统内拆出资金分析

系统内拆出资金分析主要是指商业银行上下级之间的资金拆入和拆出。对于商业银行总行而言，系统内拆入的资金与拆出的资金是平衡的；但对于一个地区而言，系统内拆入减去拆出为资金的净拆出或净拆入。其计算公式为：

系统内净拆出(入)＝系统内拆出－系统内拆入

同时，还可计算应收或应付系统内往来资金：

净应收(付)系统内往来资金＝系统内净拆出(入)＋垫付(或占用)联行往来资金

(4)同业往来资金分析

同业往来资金包括同业存放和同业拆借两方面资金。同业存放款是指商业银行之间跨系统的联行汇拨款或同城票据交换发生的往来款项。分析同业往来资金的占用或被占用的情况，可以计算净应收(付)同业往来资金等指标。其计算公式为：

净应收(付)同业往来资金＝净存放同业(同业存款)＋同业净拆出(入)资金

式中：净存放同业(同业存放)＝存放同业－同业存放

同业净拆出(入)资金＝拆放同业－同业拆放

6. 资金清偿能力分析

资金清偿能力是指商业银行资金流动性或资产的变现能力。商业银行的业务经营活动大都要引起信贷收支的变化，无论是吸收存款还是发放贷款等，都直接或间接地表现为信贷资金的流入或流出。商业银行是资金运动的枢纽，一旦不能及时清偿债务，划转资金，就会使整个社会资金运动受阻，以致影响到整个国民经济的正常运行。因此，无论对商业银行还是社会来说，商业银行资金清偿能力的分析都是一个十分重要的问题。分析商业银行资金清偿能力的指标主要有：

(1)现金资产与总资产的比率

这里的现金资产主要由库存现金、在上级行或其他行的存款、在中国人民银行的存款等构成。该指标用以衡量商业银行所持有的现金资产比率。比率越高，可随时动用的头寸越多，资金清偿能力越强，经营风险相对越小；相反，其比率越低，可随时动用的头寸越少，资金清偿能力越低，经营风险相对越大。计算公式是：

$$现金资产对总资产的比率=\frac{现金资产总额}{总资产额}\times 100\%$$

(2)现金资产对短期负债的比率

这里的短期负债主要包括一年期以内的储蓄存款、企业存款、机关团体等事业单位存款、农村存款、向中国人民银行的临时借款、从上级行或其他行借入的期限在一年内的资金等。短期负债是影响商业银行清偿能力的主要因素，该比率的大小可直接反映商业银行资金清偿能力的状况。比率越大，持有的现金资产越多，偿还债务的可能性越大，清偿债务的能力越强；相反比率越小，持有的现金资产越少，偿还债务的可能性越小，清偿债务的能力越弱。其计算公式为：

$$现金资产对短期负债的比率=\frac{现金资产总额}{短期负债总额}\times 100\%$$

(3)流动资产对负债的比率

商业银行的流动资产包括现金资产、短期有价证券、短期放款、短期拆出资金，以及结算过程中的应收未收款项等。这些流动性资产包括商业银行的一级准备资产和二级准备资产的主要内容，是商业银行短期内可支配的头寸。该指标也是衡量商业银行清偿能力的重要指标，比率越高，商业银行资金清偿能力越强；相反，比率越低，商业银行资金清偿能力越弱。计算公式如下：

$$流动资产对负债的比率=\frac{流动资产总额}{负债总额}\times 100\%$$

(4)流动性资产与资产总额的比率

该指标用以衡量商业银行资产的流动性，资产的流动性决定了银行应付提现能力的大小。比率越大，短期内的可用头寸越多，资产的流动性越强，应付提现的能力越大，其安全性就越高；反之，比率越小，商业银行短期内可用的头寸越少，资产的流动性越差，应付提现的能力越小，其安全性越低。其计算公式如下：

$$流动资产比率=\frac{流动资产总额}{资产总额}\times 100\%$$

三、商业银行资产负债统计

(一)商业银行的资产负债表

商业银行资产负债统计分析是对商业银行资产负债表中的数据进行统计分析，从而客观地反映出商业银行的资产负债状况、主要业务状况，以及一段时期内资产负债和主要业务的发展变化情况。通过资产负债分析，我们可以及时了解包括资产业务、负债业务、中间业务以及其他主要业务的运营状况，及时发现经营过程中暴露出来的问题。

商业银行的资产负债表是综合反映其资产负债科目及数量的会计报表，是进行资产负债统计分析的基本资料。表 2－15 是商业银行的资产负债表一般样式，现根据该表介绍商业银行资产、负债及所有者权益统计分析的指标体系。

表 2－15　商业银行资产负债表　　　　单位：千万元

行次	科目名	年初数	年末数
1	流动资产		
2	现金及银行存款		
3	贵金属		
4	存放中央银行款项		
5	存放同业款项		
6	存放联行款项		
7	拆放同业		
8	拆放金融公司		
9	短期贷款		
10	应收进出口押汇		
11	应收款项		
12	减：坏账准备		
13	其他应收款		

续表

行次	科目名	年初数	年末数
14	贴现		
15	短期投资		
16	委托贷款及委托投资		
17	自营证券		
18	代理证券		
19	买入返售证券		
20	待处理流动资产净损失		
21	一年内到期的长期投资		
22	流动资产合计		
23	长期资产		
24	中长期贷款		
25	逾期贷款		
26	减:贷款呆账准备		
27	应收租赁款		
28	减:未收租赁收益		
29	应收转租贷款		
30	租赁资产		
31	减:累计折旧		
32	经营租赁资产		
33	减:经营租赁资产折旧		
34	长期投资		
35	减:投资风险准备		
36	固定资产原值		
37	减:累计折旧		
38	固定资产净值		
39	固定资产清理		
40	在建工程		
41	待处理固定资产净损失		
42	长期资产合计		
43	代理政府投资		
44	代理贷款		
45	无形、递延及其他资产		
46	无形资产		
47	递延资产		
48	其他资产		
49	其他资产合计		
50	资产总计		
51	流动负债		
52	短期存款		
53	短期储蓄存款		

续表

行次	科目名	年初数	年末数
54	财政性存款		
55	向中央银行借款		
56	同业存放款项		
57	联行存放款项		
58	同业拆入		
59	金融性公司拆入		
60	应解汇款		
61	汇出汇款		
62	委托存款		
63	应付代理证券款项		
64	卖出回购证券款		
65	应付账款		
66	其他应付款		
67	应付工资		
68	应付福利费		
69	应缴税金		
70	应付利润		
71	预提费用		
72	发行短期债券		
73	一年内到期的长期负债		
74	流动负债合计		
75	长期负债		
76	长期存款		
77	长期储蓄存款		
78	保证金		
79	应付转租赁租金		
80	发行长期债券		
81	长期借款		
82	长期应付款		
83	长期负债合计		
84	代理政府投资基金		
85	代理贷款基金		
86	其他负债		
87	负债合计		
88	所有者权益		
89	实收资本		
90	资本公积		
91	盈余公积		
92	未分配利润		
93	所有者权益合计		
94	负债及所有者权益合计		

(二)商业银行资产统计指标体系

资产是商业银行拥有或控制的,以货币计量的各种财产、债费和其他权利,包括流动资产、长期资产、无形资产、递延资产及其他资产。

1. 流动资产

(1)现金及银行存款。这主要指商业银行库存的现金,但不包括银行内部各部门周转用的现金。

(2)贵金属。这主要指银行在国家允许的范围内买入的黄金、白银等贵重金属,按照中央银行的规定,商业银行收购的金银原物并按收购价全部交售中国人民银行。

(3)存放中央银行款项。这主要指商业银行在中央银行开户并存入的用于支付清算、调拨款项、提取或解交现金、往来资金结算以及按规定缴存的财政性存款和一般性存款等款项。

(4)存放同业款项。这是指同业之间由于资金往来业务的联系而存放于同业的资金。按规定,金融企业间小额资金的清算,通过同业往来科目核算,即通过相互转汇的办法办理。对于大额汇款和资金划拨,一律通过中国人民银行办理转汇,并清算资金,即通过存放中央银行款项核算。各商业银行之间的资金横向融通,相互拆借,也应通过中央银行存款账户进行核算,不能互相直接拆借资金。

(5)存放联行款项。这是指银行在办理结算业务过程中,与联行发生资金往来关系而存放在联行的款项。包括联行往账、联行来账、上年联行往来、省辖往来、县辖往来、存放二级准备金、联行清算准备金、联行汇差资金、汇差资金划拨,信贷资金调拨等,适用于不同层次的资金账户往来处理。

(6)拆放同业。这是指商业银行将短期闲置资金拆借给其他金融企业的资金。

(7)短期贷款。这是指商业银行对外贷出的期限在一年以内(含一年)的各种贷款。如工业贷款、商业贷款、建筑业贷款、农业贷款、乡镇企业贷款、"三资"企业贷款、私营企业及个体贷款,等等。

(8)应收进出口押汇。这是指商业银行因开展进出口押汇业务而发生的应收押汇款项,包括进口押汇和出口押汇。

(9)应收账款。这是指商业银行因经营业务发生的各种应收款项,包括各种贷款的应收利息、应收手续费、应收证券买卖款项、应收租赁收益等等。

(10)坏账准备。为了便于银行及时处理应收账款的坏账损失,商业银行按年末应收账款余额的3‰提取坏账准备金,在营业费用中列支,用于回收无法收回的应收利息。

(11)其他应收款。这是指商业银行对其他单位和个人的应收及暂付的款项。

(12)贴现。这是指银行对票据收款人提出的未到期票据,按贴现率给予贴现。它是银行的信用业务,是一种放款形式。

(13)短期投资。这是指商业银行购入的各种准备随时变现的,持有时间不超过一年的有价证券及其他投资,包括股票债券等。

(14)委托贷款及委托投资。这是指由政府部门、企事业单位及个人等作为委托人提供资金,由贷款人(委托人)根据委托人确定的贷款对象、用途、金额、期限、利率等代为发放,监督使用,并协助收回的贷款。贷款人(受托人)只收取手续费,不承担贷款风险。如中央政府委托贷款、地方政府委托贷款、中央银行委托贷款、政策性银行委托贷款等;代理金融机构投资,代理企业投资,代理政府投资等。

(15)代理证券。这是指银行接受客户委托,代理客户进行发行、兑付、代收、代购等证券业务。包括自营证券,代发行证券(如国家债券),代兑付证券,代收、代购证券等。

(16)买入返售证券。这是指商业银行与客户签约买入的有价证券。约期到后,以协议规定的卖出价卖给原客户,以获取买入价与卖出价的差价收入。

(17)待处理流动资产损失。这是指在清算财产和经营中查明尚待处理的各种物资和证券等流动资产的盈亏和损毁减去盘盈后的净损失额。

(18)一年内到期的长期投资。这是指银行长期投资中将于一年内到期的债券和投资。

2. 长期资产

(1)中长期贷款。这是指银行对外发放的一年期以上(不含一年)的贷款,主要用于固定资产建设。它包括:基本建设贷款、技术改造贷款、住房开发贷款、商业用房开发贷款、其他地产开发贷款,及其他中长期贷款等。

(2)逾期贷款。这是指银行发放的已经到期尚未归还的贷款。它包括:逾期贷款,即借款合同约定到期(含展期后到期)未归还的贷款;呆账贷款,即按财政部有关规定列为呆账的贷款;呆滞贷款,即按财政部有关规定,逾期(含展期后到期)超过规定年限以上仍未归还的贷款;或虽未逾期或逾期不满规定年限但生产经营已终止,项目已停建的贷款;还有逾期租赁款、催收租赁款。

(3)贷款呆账准备金。1993 年起,我国的呆账准备金按企业年初贷款余额的 6%全部提取,直至历年结转的呆账准备金额达到年初余额的 1%,而后改为按年初放款余额的 1%实行差额提取,并在企业营业费中列支。企业按规定对呆账贷款核销时,冲减呆账准备金。

(4)应收租赁款。这是指商业银行以融资租赁业务租出资产应收的款项。

(5)未收租赁收益。这是指商业银行应收而未收的全部租赁收益。

(6)应收转租赁款。这是指商业银行开展转租业务应收的款项。

(7)转租资产。这是指商业银行进行融资租赁业务的租赁资产。

(8)代转租赁资产。这是指商业银行融资租赁业务以租出资产的所有权。

(9)经营租赁资产和经营租赁资产折旧。这是指商业银行进行租赁的固定资产以及累计折旧,包括已经出租的和尚未出租的资产。

(10)长期投资。这是指商业银行不准备在一年内变现的投资。它包括国家债券投资、中央银行债券投资、金融债券投资、其他债券投资、股本投资,等等。

(11)投资风险准备。这是指商业银行根据国家有关规定按长期投资的期末余额的一定比例提取的风险准备。

(12)固定资产原值。这是指商业银行在建造和购置固定资产时所支付的货币总额,注意要加上后来改建、扩建时所追加的费用。

(13)折旧。这是指固定资产在使用过程中,随着磨损而逐渐转移到成本或费用中的那部分价值。

(14)固定资产净值。这是指固定资产原价值扣除折旧后的余额,即折余价值。

(15)在建工程。这是指期末各项未完工程的实际支出,及尚未使用的工程实际成本。

(16)待处理固定资产净损失。

3. 无形资产、递延资产及其他资产

(1)无形资产。这是指不具备实物形态,能在较长时间内为商业银行带来收益的一种特殊权利,如商誉、租赁权、土地使用权等。无形资产在收益期平均摊销,一方面直接冲减无形资产,另一方面列入成本支出。

(2)递延资产。这是指商业银行已经对与其经营有关的交易支付了费用,但其效益不仅体现在本期,还能使以后各期继续受益的资产。如尚未开销的开办费,租入固定资产的改良及大修理支出,以及摊销期限在一年以上的其他摊销费用。

(3)其他中长期资产。这是指不列作无形资产和递延资产的各种未摊费用、非常损失和杂项杂产。

(三)商业银行负债及所有者权益统计指标体系

负债是商业银行所承担的,能以货币计量,需要以资产或劳务偿付的债务。包括短期债务、长期债务。所有者权益是指投资者对商业银行净资产的所有权。净资产是商业银行资产类减去负债类的余额。

1. 流动负债

(1)活期存款。这是指商业银行接受企事业单位一年以下的各种存款。包括工业存款、商业存款、建筑企业存款、农业存款、城镇集体企业存款、活期储蓄、财政存款、机关团体存款等等。

(2)短期储蓄存款。这是指银行接受居民个人一年期以下的各种存款。

(3)财政性存款。这是指中国人民银行委托商业银行办理的存款,必须全额划拨中国人民银行。

(4)向中央银行借款。这是指商业银行从中国人民银行借入的款项。

(5)同业存放款。这是指银行与同业资金往来中发生的同业存放于本行的款项。

(6)联行存放款。这是指银行与联行往来过程中发生的联行存放于本行的资金。

(7)拆入资金。这是指银行从其他金融企业借入的短期资金,包括同业拆入和其他金融机构拆入。

(8)应解汇款。这是指银行在办理汇款业务中,作为收款企业的开户行收到的待解付的款项以及外地采购单位或个人临时性存款。

(9)汇出汇款。这是指银行接收企事业单位或个人委托汇往外地的款项。

(10)委托存款。这是指银行接收企事业单位或个人委托进行放款或投资业务,企事业单位存入本行的款项。

(11)应付代理证券款项。这是指银行代理客户发行、兑付、买卖有价证券业务,应付给客户的款项,包括代理发行证券款项、代理对付证券款项、代售证券款项、代购证券款项。

(12)卖出回购证券款。这是指银行根据与客户的协议或合同规定,先向该客户卖出证券,在协议到期后,再以协议的买入价从客户手中买回,从中获取卖出价与买入价的价差。

(13)应付及暂收款。包括应付工资、应付福利费、应缴税金、应付利润、预提费用等。

(14)发行短期债券。这是指银行发行的尚未偿还的各种一年以内的债券本息。

(15)一年内到期的长期负债。这是指银行在一年内将到期的各种长期负债。

2. 长期负债

(1)长期存款。这是指银行接收企事业单位的一年期以上的存款。

(2)长期储蓄存款。这是指银行接收居民个人的一年期以上的储蓄存款。

(3)存入长期保证金。这是指银行向客户收取的各种保证金。

(4)应付转租赁金。这是指金融企业进行转租业务应付给出租企业的租金。

(5)发行长期债券。这是指银行发行的尚未偿还的各种一年期以上的长期债券。

(6)长期借款。这是指银行向其他金融机构借入尚未归还的一年期以上的款项。

(7)长期应付款。这是指银行除长期借款和发行债券以外的长期应付款。

3. 各项准备

(1)坏账准备。

(2)投资风险准备。

(3)呆账准备。

(4)其他准备。

4. 所有者权益

(1)实收资本。这是指银行实际收到的投资者投入的资本总额。

(2)资本公积。这是指由投资者投入的具有资本性质的资金。包括资本溢价、股本溢价、法定财产重估增值、资本汇率折算差额等。

(3)盈余公积。这是指商业银行按照有关规定从税后利润中提取的公积金。盈余公积可用于弥补亏损,可转增资本金。

(4)未分配利润。这是指商业银行盈利尚未分配的部分,它等于可供分配的利润扣除提取的法定公积金和法定公益金以及任意公积金之后的余额。

(四)商业银行负债统计分析

1. 资产业务统计分析

资产业务统计分析主要是对资产的构成比率及其变动情况所进行的分析研究。

(1)资产构成比率分析,通过银行各种资产与资产总额的对比,分析银行各类资产的构成比率及资产运用的合理程度,主要分析指标的计算公式如下:

$$\begin{array}{c}\text{现金及银行存款(或资产贷出、拆出}\\\text{资金、固定资产、盈利资产)构成比例}\end{array}=\frac{\begin{array}{c}\text{现金及银行存款余额(或贷款资产余额、拆出}\\\text{资金余额、固定资产余额、盈利资产余额)}\end{array}}{\text{资产总额}}$$

为了进一步分析各类资产的构成比率,还可就各类资产的结构作进一步的分析研究。例如,贷款资产的构成比率中可分析短期贷款与中长期贷款构成比率,工业、农业、基建、技改等贷款构成比率。

(2)资产业务变动分析,主要分析总资产及各类资产的增长变动程度。主要指标的计算公式如下:

$$\text{总资产增长率}=\frac{\text{当期总资产余额}}{\text{上年同期总资产总额}}-1$$

各类资产的增长率变动程度,如短期、中长期贷款资产增长率,工业、农业、基建、技改等贷款资产增长率,其计算方法如前所述。

2. 负债业务统计分析

负债业务统计分析主要对银行负债的构成比率及其变动状况所进行的分析研究。

(1)负债构成比率分析,主要通过银行各类负债与银行总负债的对比,分析银行各类负债构成比率的合理程度。主要指标的计算公式如下:

$$流动负债（长期负债、拆入资金、计息负债）构成比例=\frac{流动负债（长期负债、拆入资金、计息负债）余额}{负债总额}$$

为了观察各类负债的构成比率，还可就各类负债的结构作进一步的分析，如就企业存款、储蓄存款分析一般性存款的构成比率；就企业存款和储蓄存款中的定期存款和活期存款的构成比率作进一步的分析等。

(2)负债业务变动分析，主要是分析负债总量及各类负债的增长变动程度。

$$负债总量增长率=\frac{负债总额}{上年同期负债总额}-1$$

为了进一步分析各类负债的增长变动程度，可计算各类负债如企业存款、储蓄存款增长率，定期存款与活期存款增长率等。

四、商业银行经济效益分析

同一般企业管理的目标一样，商业银行管理的目标也是要使其所有者的财富增值达到最大化。经济效益分析是反映财富增减的一项重要工作。因此，商业银行经济效益分析具有重要的意义。

(一)商业银行社会经济效益指标

商业银行经营的社会经济效益，是指商业银行投入社会再生产的信贷资金与相应的社会再生产活动的有效成果之间的比例关系。现将银行经营的社会经济效益再分为宏观社会经济效益与微观社会经济效益进行分析。

1. 宏观社会经济效益指标分析

宏观社会经济效益指标用以反映商业银行投入社会的全部贷款与社会有关经济总量指标之间的比例关系，反映社会再生产过程中贷款的经济效益，是一类综合性的指标。由于分析目标的不同，宏观社会经济效益指标包括多个层次、多个种类。

(1)贷款国内生产总值率

该指标是指计算年度与银行贷款相适应的国内生产总值同银行贷款总额的比率。其计算公式为：

$$贷款国内生产总值率=年度国内生产总值\times\frac{全部资金贷款率}{全部贷款平均占用额}$$

式中的全部资金贷款率是指各银行机构对国内各种经济形式、经营形式的贷款单位的贷款平均余额，与贷款对象全部资金平均余额的比率。

该指标反映了每投放一元贷款在计算期内能提供多少国内生产总值。该指标数值越大，说明经济效益越好；反之，则差。

(2)贷款国民收入率

该指标是指计算年度内与银行贷款相应的国民收入同银行贷款总额的比率。其计算公式为：

$$贷款国民收入率=年度国民收入\times\frac{资金贷款率}{全部贷款平均占用额}$$

其中的资金贷款率是指银行计算年度投放于各物质生产部门的贷款的平均余额，同各物质生产部门相应的资金的平均余额的比值。

该指标反映了计算年度内每投放一元贷款能带来的国民收入。该指标越大，则说明经济效益越好。

(3)贷款总利税率

该指标是指计算年度银行贷款总额同物质生产部门上交国家利税与企业留利总和之比。计算公式为：

$$贷款总利税率=年度总利税额\times\frac{资金贷款率}{全部贷款平均占用额}$$

式中的资金贷款率与全部贷款平均占用指标同贷款国民收入率指标中的相应指标是一致的。

该指标反映了计算年度内每投放一元贷款能带来的国家利税与企业留利之和。该指标越大，则说明经济效益越好。

2. 微观社会经济效益指标分析

微观社会经济效益指标反映了商业银行投入企业再生产过程中的贷款与企业生产成果之间的比例关系。按银行贷款内容的不同，微观社会经济效益指标可分为两类：流动资金贷款经济效益指标和固定资金贷款经济效益指标。

(1)流动资金贷款经济效益指标

流动资金贷款经济效益指标主要指银行流动资金贷款给企业带来的生产成果与流动资金贷款的比例。其主要分析指标有流动资金贷款产值率、流动资金贷款销售率、流动资金贷款利税率。

①流动资金贷款产值率

该指标是指计算年度内企业的总产值与商业银行提供其的流动资金贷款之间的比例。其计算公式为：

$$流动资金贷款产值率=总产值\times\frac{流动资金贷款率}{流动资金贷款平均余额}$$

该指标反映的是计算期内每投放一元贷款所创造的产值，反映的是企业贷款的利用情况。贷款产值率越大，表明利用贷款实现的产值越多，经济效果越好。

②流动资金贷款销售率

该指标是指计算年度内企业的总销售额与商业银行提供其的流动资金贷款之间的的比例。其计算公式为：

$$流动资金贷款销售率=企业销售收入总额\times\frac{资金贷款率}{贷款平均占用额}$$

式中的资金贷款率是指企业从银行获得的流动资金贷款与企业全部流动资金的比率。用这一比率乘以企业销售收入总额，说明银行贷款的相应劳动成果。

该指标反映了一元贷款能实现多少销售额。如果每一元贷款所实现的销售额越多，说明资金周转速度越快，企业可用较少的资金从事更大的生产经营活动，从而反映出贷款的经济效益越好;反之,则经济效益差。

贷款销售率指标也可用于反映贷款的周转速度,由于贷款与企业其他流动资金混合周转运用,贷款的周转速度与企业的流动资金周转速度一致,故可用下列公式计算:

$$贷款周转天数=\frac{企业销售收入总额}{企业流动资金平均占用额}$$

$$贷款周转天数=流动资金平均占用额\times\frac{计算期天数}{企业销售收入总额}$$

③流动资金贷款税利率

该指标是指企业贷款额与相应的税利额对比的比率。其计算公式为:

$$流动资金贷款税利率=税利总额\times\frac{流动资金贷款率}{流动资金贷款平均余额}$$

它反映了计算期内每一元贷款实现的税利,比例越大,则说明其实现的税利越多,贷款效益越好。

以上三个指标均以各物质生产部门所属企业为对象进行考核统计。不同行业的企业在产值、销售额、税利上都具有不同的特点。银行在分别对这些指标进行综合分析时,有必要先按部门分别进行综合分析,再综合为全行的贷款效益指标。具体办法是采用加权算术平均的方法进行综合计算分析。其公式为:

$$\begin{matrix}全行流动资金\\存款综合产值率\end{matrix}=\frac{\sum(流动资金贷款平均余额\times流动资金贷款产值/销售/税利率)}{\sum流动资金贷款平均余额}$$

(2)固定资金贷款经济效益指标

固定资金贷款经济效益指标主要表现为:企业取得银行贷款进行基本建设形成新的固定资产交付使用后,新创造出来的生产成果与该项固定资金的比例关系。其主要分析指标有:固定资金贷款新增销售收入率、固定资金贷款新增盈利率、固定资金贷款周转率等。

①固定资金贷款新增销售收入率

该指标是指计算期内固定资产贷款项目交付使用后新增的销售额与固定资金贷款累计发放额的比例。其计算公式为:

$$固定资金贷款新增销售收入率=\frac{新增产品销售收入}{固定资金贷款累计发放额}\times100\%$$

该指标反映了由于固定资金贷款而带来的企业新增固定资产增加的销售能力。该指标的数值越大,则表明经济效益越好。

②固定资金贷款新增盈利率

该指标是指固定资金发挥作用后(新增固定资产投人使用后)新增的盈利额(新增的利润和税金),与取得这一盈利额的固定资金贷款之比。其计算公式为:

$$固定资金贷款新增盈利率=\frac{新增利润和税金}{固定资金贷款累计发放额}\times100\%$$

该指标反映的是企业固定资金形成生产能力后新增的盈利能力。该指标数值越大,则说明贷款的经济效益越好。

③固定资金贷款周转率

该指标是指以偿还固定资金贷款的资金来源与新增利润和新增固定资产折旧的和，与相应的固定资金贷款累计发放额的比值。其公式为：

$$固定资金贷款周转率=\frac{新增利润+新增固定资产折旧}{固定资金贷款累计发放额}\times 100\%$$

该指标反映的是固定资金贷款从发放到回收的周转速度。该指标数值越大，则说明贷款的经济效益越好。

为反映各基层行固定资金贷款的总和经济效益，常以各项目效益指标的分母数值为权数，以每一贷款项目的效益指标为变量，采用加权平均法计算。

（二）银行自身经济效益统计分析指标分析

银行自身经济效益指标是指各行在经营其业务中的劳动成果与劳动消耗活劳动占用之间的比例。银行自身经济效益的分析主要是对银行经营效益、成本费用、利润的分析。表 2－16 是中国农业银行 2007 年度的利润表。

表 2－16　2007 年中国农业银行利润表　　单位：亿元人民币

项　　目	2007 年	2006 年
利息收入		
利息支出		
净利息收入		
手续费收入		
手续费支出		
其他营业收入		
营业收入合计		
营业费用		
其他营业支出		
营业税金及附加		
营业利润		
投资收益		
营业外收入		
营业外支出		
税前利润总额		
所得税		
税后净利润		

1. 经营收益分析

经营收益分析，主要是通过对商业银行经营活动过程中的经营收入增长变动及其原因的分析，正确评价银行的经营收益状况，为充分挖掘增收潜力提供决策依据。其主要分析指标有：

(1)营业收入增长率

该指标是指银行本期营业收入相比于上期营业收入的增长程度。计算公式如下：

$$营业收入增长率=\frac{本期营业收入}{上年同期营业收入}-1$$

(2)资产收益率

该指标是指银行营业收入与盈利资产的对比关系，反映银行盈利资产的获利能力。计算公式如下：

$$盈利资产收益率=\frac{营业收入\times 12}{盈利资产月平均余额\times 报告期月份数}\times 100\%$$

(3)营业收入对资产的增长弹性系数

该指标是指银行营业收入增长与银行资产增长的对比关系。其计算方法为：

$$营业收入对资产的增长弹性系数=\frac{营业收入增长率}{资产增长率}$$

如果营业收入对资产的增长弹性系数大于1，则表明营业收入的增长快于资产的增长，资产的平均收益率在上升，资产的盈利性结构有所改善，盈利能力增强；反之，营业收入对资产增长的弹性系数小于1，则表明营业收入的增长慢于资产的增长，银行存在着外延扩张倾向，资产效益潜力未充分发挥。

(4)营业收入影响因素分析

影响银行营业收入的因素是多方面的。资产是决定银行营业收入的基础，从资产的角度分析银行营业收入的增减变动，可以根据下面经济关系进行研究：

营业收入＝资产平均余额×盈利资产构成比率×盈利资产收益率

其中：

资产变动对营业收入的影响＝(本期资产平均余额－上期资产平均余额)×上期盈利资产构成比率×上期盈利资产收益率

盈利资产收益率变动对营业收入的影响＝本期资产平均余额×(本期盈利资产构成比率－上期盈利资产构成比率)×上期盈利资产收益率

盈利资产收益率变动对营业收入的影响＝本期资产平均余额×本期盈利资产构成比率×(本期盈利资产收益率－上期盈利资产收益率)

2. 成本费用分析

在银行营业收入一定的情况下，成本费用越低，则营业利润越高。降低营业成本费用，是提高银行经营效益的主要途径。银行成本费用分析，包括银行成本费用构成变动分析、营业支出弹性分析和成本费用率分析。

(1)成本费用构成变动分析

银行成本费用是指银行在经营过程中的各项费用支出，包括营业支出、利息支出、同业往来支出、手续费支出、营业费用支出、汇兑损失和其他营业支出等等。各项成本费用支出变动都将直接影响银行成本费用的增长变动。因此,进行成本费用分析,首先要对构成银行成本费用的各个项目和变动程度进行分析,主要分析指标有:

①营业支出增长率$=\frac{\text{本期营业支出}}{\text{上年同期营业支出}}-1$

②利息支出增长率$=\frac{\text{本期利息支出}}{\text{上年同期利息支出}}-1$

③同业往来支出增长率$=\frac{\text{本期同业往来支出}}{\text{上年同期同业往来支出}}-1$

④手续费支出增长率$=\frac{\text{本期手续费支出}}{\text{上年同期手续费支出}}-1$

⑤营业费用增长率$=\frac{\text{本期营业费用}}{\text{上年同期营业费用}}-1$

⑥)汇兑损失增长率$=\frac{\text{本期汇兑损失}}{\text{上年同期汇兑损失}}-1$

⑦其他营业支出增长率$=\frac{\text{本期其他营业支出}}{\text{上年同期其他营业支出}}-1$

(2)营业支出弹性分析

成本费用构成变动分析主要是分析银行成本费用各构成项目支出的增长变动情况;营业支出弹性分析主要是分析营业支出与相关指标经济关系的增长变动的适应程度与协调发展程度,其主要分析指标是:

①营业支出对营业收入弹性系数

该指标是指营业支出增长率与营业收入增长率的对比关系。

$$\text{营业支出对营业收入弹性系数}=\frac{\text{营业支出增长率}}{\text{营业收入增长率}}$$

营业支出对营业收入弹性系数大于1,表明营业支出的增长快于营业收入的增长,营业效益相对较低;反之,如果营业支出对营业收入的弹性系数小于1,则表明营业成本费用的比例降低,经营效益水平提高。

②营业支出对负债增长的弹性系数

该指标是指营业支出增长率与负债增长率的对比关系。

$$\text{营业支出对负债增长弹性系数}=\frac{\text{营业支出增长率}}{\text{负债增长率}}$$

营业支出对负债弹性系数大于1,表明营业支出增长快于负债增长,即平均单位负债营业支出上升,效益相对降低;反之,营业支出对负债弹性系数小于1,则表明单位负债成本费用降低,效益相对提高。

(3)成本费用率分析

该指标是指成本费用与有关金融统计指标对比,分析银行成本的升降情况。其主要分析指标有:

①银行费用率$=\frac{\text{营业费用}}{\text{营业收入}-\text{银行往来收入}}$

$$②\text{银行成本率}=\frac{\text{总成本}}{\text{营业收入}}$$

式中：总成本＝利息支出＋银行往来支出＋手续费支出＋营业费用＋其他营业费用支出

$$③\text{存款平均利息率}=\frac{\text{存款利息支出总额}}{\text{各项存款平均余额}}$$

$$④\text{资金成本率}=\frac{\text{总成本}}{\text{全部资金平均余额}}$$

此外，还可计算各项成本费用率指标，如：

$$①\text{收入成本费用率}=\frac{\text{营业支出}}{\text{营业收入}}$$

$$②\text{负债成本费用率}=\frac{\text{营业支出}\times 12}{\text{负债平均余额}\times\text{报告期月份数}}$$

$$③\text{职工人均费用}=\frac{\text{营业费用}\times 12}{\text{职工平均人数}\times\text{报告期月份数}}$$

(4)营业支出的影响因素分析

影响银行营业支出的主要因素是负债总额与负债成本费用率，可以根据其经济关系，分析各因素的影响数额。

$$\text{营业支出}=\text{负债平均余额}\times\text{负债成本费用率}$$

其中：

负债总额变动对营业支出的影响＝(本期负债平均余额－上期负债平均余额)×上期负债成本×费用率

负债成本费用率对营业支出的影响＝本期负债平均余额×(本期负债成本费用率－上期负债成本费用率)

3. 利润分析

银行经营利润分析，应在资产负债盈利分析的基础上，对银行的盈亏平衡关系、变动关系及其影响因素进行分析研究，其主要分析有：

(1)盈利平衡分析

盈利平衡分析又称量—本—利分析，常用于分析某项经营业务的“保本业务量”，即盈亏平衡。量是指银行的某项业务量，本是指银行的经营成本，利是指银行在经营活动中所获得的利润。其关系式为：

$$\text{利润}=\text{资产收益总额}-\text{成本总额}$$

式中：资产收益总额＝资产总额×单位资产收益额

成本总额＝资产总额×单位资产变动成本额＋固定成本

变动成本额是指随资产业务总量的变动而变化的成本，如利息支出等；固定成本是指相对稳定不变的成本，如固定资产折旧费等。

当银行利润为零时，即盈亏平衡，此时的资产规模即称为“保本业务量”。由上式可知：

$$\text{保本业务量}=\frac{\text{固定成本}}{\text{单位资产收益}-\text{单位资产变动成本}}$$

银行经营业务必须大于保本业务量，才有可能盈利。

(2)利润增长的弹性分析

利润增长的弹性分析主要分析利润增长与资产增长、与营业收入增长的对比关系。其主要分析指标有：

①利润对资产增长的弹性系数$=\frac{\text{利润增长率}}{\text{资产负债率}}$

②利润对营业收入增长的弹性系数$=\frac{\text{利润增长率}}{\text{营业收入增长率}}$

(3)利润影响因素分析

利润影响因素分析即对影响利润增长变动的各种因素进行分析研究。其主要分析指标为：

资产变动对营业利润的影响＝(本期总资产平均余额－上年同期总资产平均余额)×上年同期收益率×(1－上年同期收益成本率－上年同期税收水平)

其中：

资产收益率变动对营业利润的影响＝本期资产平均余额×(本期资产收益率－上年同期资产收益率)×(1－上年同期收益成本率－上年同期税收比率)

收益成本率变动对营业利润的影响＝本期总资产平均余额×本期资产收益率×(本期收益成本率－上年同期收益成本率)

利润比率变动对营业利润的影响＝本期总资产平均余额×本期资产收益率×(本期税收比率－上年同期税收比率)

式中：

$$\text{资产收益率}=\frac{\text{营业收入}}{\text{资产}}\times100\%$$

$$\text{收益成本率}=\frac{\text{营业支出}}{\text{营业收入}}\times100\%$$

$$\text{税收比率}=\frac{\text{营业税金及附加}}{\text{营业收入}}\times100\%$$

五、商业银行竞争力统计指标体系

经过 30 余年的改革开放，我国的商业银行由以前计划经济时代的“大一统”经营状态逐步向适应市场经济的经营状态发展，各方面都有很大提高。但我国的商业银行经营基础较薄弱，发展还不够快，跟国际同行相比还存在着很大的差距。面对我国加入 WTO 之后大举进军国内金融市场的外资银行，面对要求统一标准、统一市场竞争的经济全球化潮流，我国商业银行所承受的压力是可想而知的。我国商业银行必须提高经营水平，增强竞争力。要提高商业银行的竞争力，首先要有一套科学的研究银行竞争力的理论体系。令人十分欣喜的是，我国商业银行竞争力研究已逐步受到大家的关注。在此,本书将简单介绍一下商业银行竞争力比较的体系,然后将重点介绍统计分析在商业银行竞争力比较中的应用。

(一)商业银行竞争力比较的基本框架

商业银行竞争力比较主要是通过研究商业银行经营与影响商业银行经营的因素,揭示银行业竞争的实际结果,发现决定或影响银行竞争力的因素,预测银行未来发展趋势,从而不断改革和完善银行的经营,达到银行的可持续发展。

综合目前我国学者对银行竞争力研究的结果,我国的银行业竞争力比较的基本框架主要包括以下几个方面:

1. 对我国银行业的现实竞争力的分析。现实竞争力主要指我国银行在报告时点上的竞争力。主要包括四个内容:流动性指标、盈利性指标、资产质量指标和资本充足率指标。这些指标都是反映银行及其经营和竞争的主要指标,并且它们也构成对我国银行业现实竞争力研究的现实性指标体系。

2. 对我国银行潜在竞争力的分析。潜在竞争力代表了一个时点银行内部影响未来竞争力隐形指标集。主要分析法人治理结构、业务体系及创新、金融监管有效性等。其中,法人治理结构是一家银行竞争的基础,业务体系及创新是银行经营的根本,外部监管则是银行正常和稳健经营的前提。

3. 对我国银行业竞争力的环境分析。银行业竞争力的环境指的是报告期时点上外部影响未来竞争力的隐形指标集。分析主要包括:宏观经济环境、金融运行态势和效应以及相关产业发展形势等。

4. 对我国银行业竞争态势的分析。竞争态势的分析代表了上述显性、隐性指标集的相关指标随时间变化的趋势。通过观察我国银行业的现实竞争力的显性指标和反映我国银行业国际竞争潜力以及环境的指标的变化趋势,可以发现我国银行业竞争力的主要因素,从而提出增强我国银行业竞争力的政策建议与作用。

(二)商业银行竞争力比较的统计分析

在商业银行竞争力比较的分析中,有很多分析运用的是定性分析方法,统计分析主要集中在对银行现实竞争力的比较中。在此,我们将着重介绍现实竞争力比较所涉及到的统计分析。

作为经营货币的特殊企业,商业银行的现实竞争力主要体现在"三性"方面,即流动性、盈利性与安全性。在参考了国际上较为通用的商业银行评级方法以及国内学者的研究成果,同时考虑到我国商业银行的一些特殊情况后,我们将从流动性能力、盈利能力、资产质量和资本充足率(发展能力)这四个方面来介绍商业银行的现实竞争力比较体系。

1. 流动性能力分析

商业银行的流动性能力主要是指银行需要持有较高比例的流动性资产以保持日常的提取、结算以及法定准备金要求,保持商业银行的流动性能力。保持一定的流动性,可以避免银行出现支付风险,是银行稳健经营的前提,也是银行流动性、盈利性、安全性这"三性"中的首项。衡量银行流动性能力的指标主要有备付金比率、流动性比率、贷存款比率、中长期贷款比率、拆借资金比率等。

其中备付金比率的适度区间为5%~7%,流动性比率的适度范围是20%~40%,贷存款比率的适度范围是60%~75%,中长期贷款比率的适度区间是100%~120%,拆借资金比率中拆入资金比率不得超过4%,拆出资金比率不得超过8%。

2. 盈利性能力分析

商业银行的盈利性能力主要是指银行取得收入的能力。与一般企业一样,银行经营的目的也是为了取得收入或取得盈利的最大化。因此,盈利能力的比较也是银行竞争力比较的一个重要方面。盈利性能力的比较主要涉及以下几个指标:利息收付率、人均利润率、应付利息充足率、利润增长率、资产利润率、资本利润率、利息回收率。

(1)利息收付率

该指标是指利息支出占利息收入之比。其计算公式为:

$$利息收付率=\frac{利息支出}{利息收入}\times 100\%$$

该指标反映了银行利息的收支情况。使用这个指标主要是因为目前在我国银行经营中,利息收入占总收入的绝大部分,基本上可以说明银行的基本收入来源和支出。

(2)应付利息充足率

该指标是指已提应付利息与到期应付利息总额。其计算公式为:

$$应付利息充足率=\frac{已提应付利息}{到期应付利息总额}\times 100\%$$

该指标的适度值为 100%。

(3)人均利润额

该指标是指税前利润与银行职工人数之比。其计算公式为:

$$人均利润额=\frac{税前利润}{银行职工人数}\times 100\%$$

该指标反映了银行人均创利能力,其适度值是 20000 元以上。

(4)利润增长率

利润增长率是指本期利润与上期利润相比增长的百分比。其计算公式为:

$$利润增长率=\frac{利润增长额}{税前利润}\times 100\%$$

该指标的适度区间为 10%～20%。

除此以外,还有资产利润率、资本利润率和利息回收率,由于在后面的金融系统监管统计中有对这三个指标的详细介绍,此处就不再赘述。提醒读者注意的是,资产利润率的适度范围是 1%～2%,资本利润率的适度范围是 15%～25%,利息回收率的适度区间是 80%～100%。

3. 资产质量指标分析

资产质量指标分析主要关系到银行经营的安全性问题。其涉及的主要指标有:逾期贷款率、呆滞贷款率、呆账贷款率、风险权重资产比率、固定资本比率、不良贷款比率、损失贷款抵补率、加权不良贷款与核心资本加准备金比率、风险资产抵补率等。

其中,逾期贷款率、呆滞贷款率、呆账贷款率、风险权重资产比率在后面的金融系统监管统计中有对这两个指标的详细介绍,此处就不再赘述。提醒读者注意的是,逾期贷款率的适度区间是$<5\%$,呆滞贷款率的适度区间是$<8\%$,呆账贷款率的适度区间是$<1\%$,风险权重资产比率的适度区间是$<70\%$。

(1)固定资本比率

该指标是指固定资产净值与资本金的比率。其计算公式为：

$$固定资本比率=\frac{固定资产净值}{资本金}\times 100\%$$

该指标的适度区间是≤30%。

(2)不良贷款比率

该指标是指不良贷款余额与全部贷款余额的百分比。其计算公式为：

$$不良贷款比率=\frac{不良贷款余额}{全部贷款余额}\times 100\%$$

该指标反映了银行贷款质量存在问题的严重程度，是判断银行贷款质量总体状况的主要指标之一。

(3)损失贷款抵补率

该指标是指贷款呆账准备金与损失贷款余额的百分比。其计算公式为：

$$损失贷款抵补率=\frac{贷款呆账准备金}{损失贷款余额}\times 100\%$$

该比率反映银行贷款呆账准备金抵补损失贷款的程度。该比率越高，银行消化这些损失的能力就越弱。

(4)加权不良贷款与核心资本加准备金比率

该指标是指加权不良贷款与核心资本加贷款呆账准备金的百分比。其计算公式为：

$$加权不良贷款与核心资本加准备金比率=\frac{加权不良贷款}{核心资本+准备金}\times 100\%$$

该比率反映银行可能遭受侵蚀的程度。该比率越高，银行资本遭受侵蚀的程度就越高；该比率越低，银行消化这些损失的能力就越高。

(5)风险资产抵补率

该指标的计算公式为：

$$风险资产抵补率=\frac{贷款呆账准备金}{逾期贷款\times 20\%+呆滞贷款\times 50\%+呆账贷款\times 30\%}\times 100\%$$

该指标的适度区间为75%～100%。

4. 资本金充足率和发展能力竞争指标

该项分析涉及的指标主要有资本金充足率、存款增长率、贷款增长率等。

(1)资本金充足率

资本金充足率是指资本净额(资本总额减去扣减项)与表内、外风险加权资产期末总额之比。该指标可以按资本净额计算，亦可按核心资本和资本总额计算，考核标准要求按资本净额计算的该比例不小于8%，按核心资本计算的该比例不小于4%，附属资本不能超过核心资本的100%。关于资本金充足率的具体计算公式如下：

$$资本金充足率=\frac{资本净额(或核心资本、资本总额)}{表内、外风险加权资产期末总额}\times 100\%$$

其中:资本净额=资本总额-扣减项。

(2)存款增长率

存款增长率是指本期存款比上期存款增长的百分比,其计算公式为:

$$存款增长率=\frac{本期平均存款余额}{上期存款增长余额}\times 100\%$$

该指标主要反映了银行的资金来源和运用的主要渠道,这也是我国及发展中国家和银行其他金融资产较少的情况下,反映银行资金实力的有效指标。该指标的适度区间是>5%。

(3)贷款增长率

贷款增长率是指本期贷款比上期贷款增长的百分比,其计算公式为:

$$贷款增长率=\frac{本期平均贷款余额}{上期贷款增长余额}\times 100\%$$

该指标的适度区间是>5%。

第三节　政策性银行统计

一、政策性银行统计概述

设立政策性银行,是我国金融体制改革将政策性金融与商业性金融相分离的需要,也是世界上大多数国家的通行做法。各国的政策性金融机构名称各不相同,机构设置也各有特色。同时,他们都具有共同的性质与职能以及相同的理论依据。

(一)政策性银行的概念

所谓政策性银行,在西方一般被认为"政府专业金融机构"或"开发性金融机构",是指那些由政府以创立、参股、保证等形式予以控制,不以营利为目的,专门根据政府意图在特定的业务领域内直接或间接地从事政策性投融资活动的专业性金融机构。简而言之,政策性银行是指不以营利为目的,而是贯彻国家政策、为政策性业务融资的政府金融机构。

政策性银行具有政策性和金融性双重属性,是特殊的金融企业,它与一般商业银行的最大不同之处在于其特有的政策性。其政策性决定了政策性银行的资金运用必须以国家政策为导向,根据政府的意向安排投融资活动和资产负债结构;贷款的投向、投量、利率、期限必须在政府确定的范围内具体来定;不追求盈利,贷款实行优惠利率。其金融性则要求政策性银行应该遵循一般的信用原则,以金融的机制、方式、手段来贯彻执行国家的经济政策,实现社会经济目标的属性。信用原则最基本的内涵就是有借有还,还本付息。如果政策性银行是借出多少,收回多少,就违背了信用原则,则不能称之为银行,故盈利也是金融性追求的主要目标之一。

现实中,世界各国的政策性银行大多是为了直接贯彻国家的产业政策,引导社会资金投向,促进资源优化配置,由政府倡导设立,甚至出资创设,直接经营的金融机构。这一特性决定了政策性银行首先应该是政府贯彻实施其政策的工具,即政策性银行的经营宗旨不是为了盈利,而主要是为了执行政府的政策。但这些并不妨碍政策性银行遵循市场经济的准则,运用现代化金融工具,在为政策目标服务的基础上,适当地追求盈利性,因为这也是政策性银行的金融性所要求的。

政策性银行与商业性银行是构成一个国家金融体系的两部分，它与商业性银行平行运行，平行发展。在整个金融体系中，商业性银行居于主体地位，政策性银行居于补充地位。政策性银行是传统金融制度的合理成分与市场金融制度的有机结合。它弥补了市场经济条件下市场金融配置资源的缺陷，可以在总体上健全优化一国的金融体系。

（二）政策性银行的性质

由于政策性银行具有政策性和商业性的双重性质，因此，要对政策性银行的性质有一个准确的认识。对此，可以从以下几个方面加以把握。

1. 政策性银行是政府机构

政策性银行通常由政府机构创设或由政府直接经管。政府为政策性银行提供运作条件，为其拨付资本金，为其筹资提供担保。政策性银行的筹资成本和贷款利差由政府补贴，呆账损失最终也要由政府给与补贴。因此，政策性银行必须依据政府宏观决策和法规行事，为政府出台的产业政策、经济政策服务，实施政府意图。政策性银行作为金融机构，要精简人员，减少分支机构的设立，一般不设立零售网点，最大限度地节约经费开支，降低经营成本，减少国家财政支出，使财政性补贴主要用于政策性业务亏损。同时，政策性银行作为政府机构，要以融资手段贯彻国家产业政策和区域发展战略，其原则应是：不刻意追逐利润，也不避免必要的损失。

2. 政策性银行是政策机构

政策性银行是政策机构，这主要体现在其职能和任务是贯彻国家产业政策和区域发展政策。政策性金融机构通常以优惠的利率水平、贷款投资期限和融资条件体现国家产业政策和区域发展政策。政策性银行不以营利为目的，在国民经济发展的整体利益和长远利益上发挥作用，从这一点来看，它是贯彻政府政策的一种工具。此外，政策性银行一般要以政府经济职能和政策为依据，按照政府的意向来安排其融资活动和资产负债结构。政策性银行不介入商业性金融机构能够从事的项目，主要经营和承担私人部门和商业性金融机构不愿涉足的项目；政策性银行主要提供中长期的低息贷款，不避免必要的损失，由此产生的亏损由政府予以补贴，从而避开利润的诱惑和干扰。

3. 攻策性银行是金融机构

政策性银行是政府机构、政策机构，同时还是金融机构。它在为政策性业务进行融资时，并不放弃对利润的获取。这是由于政策性银行仍然具有一般银行的基本属性，仍须遵循一般的信用原则，它在发放贷款时，仍有收回本息的责任和义务。政策性银行与商业性金融机构一样具有信用中介职能，同时它又非完全的金融企业，与政府有着特殊密切的关系。因此，政策性银行是一类特殊的金融企业。

（三）政策性银行的职能

作为政策性金融机构，政策性银行的职能主要体现在贯彻国家产业政策和支持区域发展战略两方面。

1. 贯彻国家产业政策是政策性银行的基本职能

产业政策是指一国政府对本国一定时期内产业结构的变化趋势提出设想，同时规定各个产业部门在社会经济发展中的地位和作用，并提出实现这些设想的政策措施。一个国家只有制定出正确的产业政策并且很好地贯彻执行，经济才能够健康发展，实现良性循环。相对于制定正确的产业政策而言，将正确的产业政策贯彻落实下去，其难度便凸显出来。一般而言，金融、财政、计划是国家进行宏观调控的主要手段。其中,金融是通过市场机制在追逐利润最大化的基础上来实现资源的相对合理配置。然而,市场机制虽然可以较为充分地调动微观主体的积极性,但不能自动达到宏观上的协调运作。比如,市场机制往往选择投资风险相对较小、投资周期短并且有较高微观经济效益的项目,而很少选择甚至于不选择那些投资风险大、投资周期长、投资金额巨大但社会效益好的项目,因而容易形成一国各地区之间、行业之间及部门之间的不协调发展。因此,不能完全依赖市场机制,可以通过政策性银行政策性与金融性相结合的特点来更好地贯彻国家的产业政策,从而使得金融与计划相结合,以利于一国宏观经济的整体协调发展。政策性银行可以通过实行优惠的贷款利率、较大额度的贷款金额以及贷款期限上的优惠(如根据实际情况适当延长贷款期限等)等方式给符合国家产业政策的企业提供融资支持。

2. 支持区域发展战略是政策性银行的重要职能

一国经济的持续、健康发展,要求正确处理好一国内各地区的经济均衡、协调发展,只有正确处理好各地区之间的关系,才能在全国范围内形成合理的生产力布局,将全社会可利用的资源进行优化配置。而这取决于一国政府的区域发展战略。从现实情况来看,在市场机制的作用下,社会资金受利益的驱使,往往流向投资环境较好的地区,因此,越是经济较为发达的地区,吸引投资的硬环境和软环境条件越好,聚集的资金也就越多;反之,越是落后的地区,吸引的资金也就越少。随着经济的不断发展,区域之间的经济差距越拉越大。久而久之,影响到社会安定,从经济问题上升到政治问题。这就需要政府进行宏观调控,利用政策性金融市场配置资源。政策性银行根据生产力的梯度布局,将区域信贷政策与产业政策结合起来,进行有倾向性的政策性融资,配合政府进行梯度整合,从而有效地调动社会的经济资源,实现区域经济的健康发展。政策性银行可以通过实行贷款的区域倾斜政策、贷款的利率优惠政策以及贷款的期限优惠政策对符合有关条件的区域、企业提供融资支持。

(四)我国的政策性银行

1993 年 11 月 14 日中共十四届三中全会通过了《中共中央关于建立社会主义市场经济体制若干问题的决定》,提出了建立符合社会主义市场经济发展需要的政策性银行体系,决定中明确规定:“建立政策性银行,实行政策性业务与商业性业务分离。组建国家开发银行和进出口信贷银行,改组中国农业银行,承担严格界定的政策性业务。”同年 12 月 25 日,国务院下发了《国务院关于金融体制改革的决定》,进一步明确了金融体制改革的目标:“建立在国务院领导下,独立执行货币政策的中央银行宏观调控体系;建立政策性与商业性相分离,以国有商业银行为主体,各种金融机构并存的金融组织体系;建立统一开放、有序竞争、安全管理的金融市场体系。”决定中明确指出:我国要成立政策性银行,以实现政策性金融与商业性金融的分离,解决国有专业银行身兼两任的问题。政策性银行要加强经营管理,坚持自担风险、保本经营、不与商业性金融机构竞争的原则,其业务受中国人民银行监督。

目前我国的政策性银行共有三家:国家开发银行、中国进出口银行和中国农业发展银行。国家开发银行办理国家重点建设贷款的贴息业务。中国进出口银行的主要任务是为大型机电成套设备进出口提供买方信贷和卖方信贷,为商业银行的成套机电产品出口信贷办理贴息及出口信用担保。中国农业发展银行摊子也很大,它承担国家粮棉油储备和农副产品合同收购、农业开发等业务中的政策性贷款,代理财政支农资金的拨付及监督使用。三家政策性银行的任务不同,分工明确。在这三家政策性银行中,国家开发银行可谓是一枝独秀。截至 2008 年底,国家开发银行按五级分类的不良贷款率降至 1. 77%,不良资产率降至 2. 53%;贷款当期本息、本金、利息三个回收率都超过 100%，累计本息回收率为 98. 01% ；全行资产总额达到 10358 亿元。至此，国家开发银行主要经营指标已达到国际先进水平，即按总资产排序的国际前 10 家银行的平均水平。国家开发银行已毫不逊色地跻身国有银行“五大”之列。目前，我国已初步形成了由中国人民银行控制“总量平衡”，商业银行追求“经济效益”，政策性银行进行“结构调整”这样一种新型的金融体系构架。

下面将从我国政策性银行的资产负债、经营成果、现金流量及信贷收支等角度出发，对各政策性银行的经营状况进行统计、分析，为银行今后的健康持续发展提供一些参考。

二、政策性银行的资产负债统计

(一)政策性银行资产负债表的概念及作用

资产负债表是反映银行在会计期末全部资产、负债和所有者权益状况的报表，是根据“资产＝负债＋所有者权益”的会计平衡公式，根据一定的分类标准和次序，将某一特定日期的资产、负债和所有者权益的项目，进行适当排列后编制而成的表格。

资产负债表提供银行在某一特定日期的财务状况，主要包括以下内容：第一，银行在某一特定日期所掌握的全部资产；第二，银行所负担的全部债务；第三，所有者在银行所拥有的各项权益；第四，银行偿还债务的能力。

资产负债表的作用在于向有关部门提供编报行在某一会计期间内所拥有或控制的经济资源及其构成、所承担的债务及其构成、投资者所有的权益及其构成。我们可以通过资产负债表来对政策性银行的资产负债加以统计。

(二)政策性银行的资产负债统计指标

1. 资产负债表的格式

资产负债表的格式，目前国际上通常采用账户式和报告式两种。报告式资产负债表又称垂直式资产负债表，它将资产负债表的项目自上而下排列，首先列示资产，然后列示负债，最后列示所有者权益的情况。其特点是采用“资产－负债＝所有者权益”的会计平衡公式。账户式资产负债表又称平衡式资产负债表，它将资产项目列在报表的左方，负债和所有者权益项目列在报表的右方，从而使资产负债表左右两方平衡。其特点是采用“资产＝负债＋所有者权益”的会计平衡公式。我国三家政策性银行采用的是账户式资产负债表。

2000 年底，中国人民银行下发了《关于 2001 年金融统计制度有关事项的通知》，对金融统计“全科目上报”指标和报表体系进行了部分修改和补充。现以我国国家开发银行资产负债表为例来说明我国政策性银行资产负债表的表式及相关的统计指标(见表 2－17)

2. 我国政策性银行资产负债统计指标解释

(1)现金及银行存款，是指政策性银行库存现金。

(2)存放中央银行款项，是指政策性银行按规定存入中央银行的往来款项及各项准备金存款。

(3)存放同业款项，是指政策性银行与同业之间发生资金往来业务而存放于同业的资金。

(4)拆放同业，是指政策性银行因资金周转需要而在金融机构之间借出的资金头寸。

(5)应收利息，是指政策性银行发放贷款及购买债券等，按照适用利率和计息期限计算应收取的利息以及其他应收取的利息。

表 2－17　资产负债表

编制单位：　　　　　　　　　　　　年　月　日　　　　　　　　　　　　单位：元

资产	行次	年初数	期末数	负债及所有者权益	行次	年初数	期末数
现金及银行存款	1			向中央银行借款	17		
存放中央银行款项	2			拆入资金	18		
存放同业款项	3			客户存款	19		
拆放同业	4			应付利息	20		
应收利息	5			应交税金	21		
减：坏账准备	6			代发行证券款	22		
贷款	7			长期保证金存款	23		
减：呆账准备金	8			其他应付款	24		
其他应收款	9			发行长期债券	25		
代发行证券	10			长期借款	26		
买入返售证券	11			负债合计	27		
长期投资	12			实收资本	28		
固定资产净值	13			资本公积	29		
在建工程	14			盈余公积	30		
其他资产	15			未分配利润	31		
				外币折算差额	32		
				所有者权益合计	33		
资产总计	16			负债及所有者权益总计	34		
补充资料：代保管证券（面值）　　万元；抵押品　　万元							

会计主管：　　　　　　　　　　　　复核：　　　　　　　　　　　　制表：

（6）坏账准备，是指政策性银行预先估计的无法收回的应收账款金额。

（7）贷款，是指政策性银行对外贷出的各种款项。

（8）呆账准备金，是指政策性银行根据贷款期初余额的一定比例提取的呆账准备。

（9）其他应收款，是指政策性银行对其他单位和个人的应收及暂付的款项。

（10）代发行证券，是指政策性银行接受委托代理发行的股票、债券等。

（11）买入返售证券，是指政策性银行按规定进行证券回购业务而融出的资金。

（12）长期投资，是指政策性银行除短期投资以外的投资，包括持有时间准备超过一年（不含一年）的各种股权性质的投资、不能变现或不准备随时变现的债券投资、其他债权投资和其他长期投资。

（13）固定资产净值，是指政策性银行所有自用的各种固定资产，包括使用的、未使用的固定资产的净值。

（14）在建工程，是指政策性银行期末各项未完工程的实际支出和尚未使用的工程物资的实际成本。

（15）其他资产，是指政策性银行除以上资产以外的其他资产。

（16）向中央银行借款，是指政策性银行向中央银行借入的临时周转借款、季节性借款、年度性借款以及因特殊需要经批准向中央银行借入的特种借款等。

（17）拆入资金，是指政策性银行从其他金融企业借入的短期资金。

(18) 客户存款,是指政策性银行接收客户的各种存款。

(19) 应付利息,是指政策性银行根据存款或债券金额及其存续期限和规定的利率,按期计提应支付给单位和个人的利息。

(20) 应交税金,是指政策性银行的应交未交的各种税金。

(21) 代发行证券款,是指政策性银行接受委托,采用余额承购包销方式或代销方式代发行证券所形成的应付证券发行人的承销资金。

(22) 长期保证金存款。

(23) 其他应付款,是指政策性银行各种应付的账款、其他应付及暂收的款项。

(24)发行长期债券,是指政策性银行发行的尚未偿还的各种一年期(含一年)以上的债券本金。

(25)长期借款,是指政策性银行向银行及金融机构借入的尚未归还的一年期以上的款项。

(26) 实收资本,是指政策性银行实际收到的资本总额。

(27) 资本公积,是指由投资者或其他人(或单位)投入,所有权归属于投资者,但不构成实收资本的那部分资本或者资产。

(28) 盈余公积,是指政策性银行具有特定用途的留存利润,一般用于经营发展和职工集体福利。

(29) 未分配利润,是指政策性银行盈利尚未分配的部分。

(30) 外币折算差额,是指政策性银行接受外币投资因所采用的汇率不同而产生的资本折算差额。

以下(表 2-18 至表 2-20)是我国三大政策性银行一些年份的资产负债表。

表 2-18 国家开发银行资产负债表 单位:万元

资产	2007 年	2006 年	负债及所有者权益	2007 年	2006 年
现金及银行存款			向中央银行借款		
存放中央银行款项			拆入资金		
存放同业款项			客户存款		
拆放同业			应付利息		
应收利息			应交税金		
减:坏账准备			代发行证券款		
贷款			长期保证金存款		
减:呆账准备金			其他应付款		
其他应收款			发行长期债券		
代发行证券			长期借款		
买入返售证券			负债合计		
长期投资			实收资本		
固定资产净值			资本公积		
在建工程			盈余公积		
其他资产			未分配利润		
			外币折算差额		
			所有者权益合计		
资产总计			负债及所有者权益总计		

表 2-19 中国进出口银行资产负债表 单位:万元

资产	2007 年	2006 年	负债及所有者权益	2007 年	2006 年
存放中央银行款项			同业拆借		
存放同业款项			其他流动负债		
拆放同业			保证款项		
各项贷款			应付款项		
减:贷款呆账准备			发行债券		
应收款项			长期责任准备金		
减:坏账准备			财政拨款		
固定资产原值			负债合计		
减:累计折旧			实收资本		
在建工程			资本公积		
长期投资			盈余公积		
其他资产			未分配利润		
			所有者权益合计		
资产总计			负债及所有者权益总计		

表 2-20 中国农业发展银行资产负债表 单位:万元

资产	2007 年	2006 年	负债及所有者权益	2007 年	2006 年
现金			短期存款		
存放中央银行款项			向中央银行借款		
存放同业款项			同业存放款项		
短期贷款			其他流动负债		
其他流动资产			流动负债合计		
流动资产合计			发行长期债券		
中长期贷款			其他长期负债		
减:贷款呆账准备			长期负债合计		
固定资产净值			所有者权益		
其他长期资产			其中:实收资本		
长期资产合计					
无形、递延及其他资产					
资产总计			负债及所有者权益总计		

资料来源:中国金融年鉴(2008)

(三)政策性银行资产负债统计指标分析

通过资产负债表,我们可以对政策性银行的资产负债情况有一个大体的了解。然而,要进一步地对政策性银行资产负债的管理情况和业务经营进行考察,在此基础上进行评估从而对其今后的发展提供参考,则需要对一些统计指标加以分析。这些指标一般包括安全性指标、流动性指标和盈利性指标。

1. 安全性指标

同商业性银行一样,政策性银行在其经营过程中也面临着信贷风险、利率风险、资本风险和投资风险等。以下一些统计指标则可以衡量政策性银行在经营过程中面临的风险程度,从而为衡量政策性银行的安全性提供依据。

(1) 资本风险比率

资本风险比率是用来衡量银行资本和资产负债风险预期程度相比是否充足的指标。常见的资本风险比率有：

①资本与资产比率

该指标将银行资本与全部资产相比，用来反映银行自有资本占总资产的比重和银行承担风险的能力。其计算公式如下：

$$资本与资产比率=\frac{资本总额}{资产总额}\times 100\%$$

通常，该比率越高，其抵御风险的能力越高，但比率过高也不足取。

②资本与贷款比率

该指标将银行资本与贷款相比，反映银行承担风险的能力。其计算公式如下：

$$资本与贷款比率=\frac{资本总额}{贷款总额}\times 100\%$$

对银行而言，任何贷款都意味着风险，只不过风险大小程度不同而已。但对于政策性银行而言，对某些融资业务，不回避必要的损失，这也是其政策性的体现。

③资本与存款比率

该指标将银行资本与存款相比，反映银行对存款的支付能力。其计算公式如下：

$$资本与存款比率=\frac{资本总额}{存款总额}\times 100\%$$

该比率若过低，往往会认为银行信用过度膨胀，有可能出现经营风险。因此，要保持适当的资本与存款比率，以防止银行负债过重，保持其较高的支付能力。

④资本充足率

该比率是巴塞尔协议所倡导的对资本的要求比率，目前为国际上大多数国家所承认。其计算公式如下：

$$资本充足率=\frac{资本}{加权风险资产}$$

其中：加权风险资产＝表内风险资产＋表外风险资产

表内风险资产＝表内资产×风险系数

表外风险资产＝表外资产×信用转换系数×表内相同性质资产的风险系数

巴塞尔协议规定，从事国际业务的商业银行的资本充足率应当达到8%。对于政策性银行而言，维持一定比例的资本充足率同样是十分必要的。截至2002年12月31日，国家开发银行的资本充足率已达到11.58%(该数据来源于国际开发银行2002年年度报告)。

(2)利率风险比率

利率风险是指市场利率的变动对银行的资产收益和负债成本带来不利影响的可能性。衡量利率风险常用的比率是利率风险比率，其计算公式为：

$$利率风险比率=\frac{利率敏感性资产}{利率敏感性负债}\times 100\%$$

其中：利率敏感性资产是指市场利率变化时利息收入也相应变化的资产；利率敏感性负债

是指市场利率变化时利息支出也相应变化的负债。

该比率等于1,表明利率敏感性资产等于利率敏感性负债,利率风险为零。该比率大于1,表明前者大于后者,敏感性缺口为正缺口。若预期利率上升,利息收入将大于利息支出,银行收益增加;反之,预期利率下降,则利差减少,银行利率风险增加。同理,可推知该比率小于1时,银行收益的变动情况。

(3)贷款风险比率

该比率主要通过不良贷款率来加以反映。其计算公式如下:

$$不良贷款率=\frac{不良贷款总额}{贷款总额}\times 100\%$$

显然,该比率越低越好。如何降低不良贷款比率,减少银行经营风险,目前仍是我国银行业的一大难题。对于政策性银行而言,为了积极配合国家的产业政策和区域发展战略,使国家的整体经济协调、健康、快速发展,三大行仍不回避必要的损失。

2. 流动性指标

政策性银行通过对资产负债表的有关项目对比,来分析银行的流动性状况,而为银行的流动性管理提供依据。用于考核银行流动性的统计指标主要有以下几个:

(1)存贷款比率

该比率是将银行的贷款总额与存款总额进行对比,其计算公式如下:

$$存贷款比率=\frac{各项贷款总额}{各项存款总额}\times 100\%$$

该比率越高,表明负债对应的贷款资产越多,银行的流动性越低;反之,则越高。

(2) 中长期存贷款比率

该比率是指银行一年期以上(含一年期)中长期贷款与一年期以上(含一年期)存款的比例。其计算公式如下:

$$中长期存贷款比率=\frac{中长期贷款总额}{一年期以上的存款总额}\times 100\%$$

同理,该比率越高,银行的流动性越低;反之,则越高。

(3)流动性资产与全部存款的比率

该比率反映了银行流动性资金需求和流动性资金供给之间的均衡程度。其计算公式如下:

$$流动性资产对全部存款的比率=\frac{流动资产}{全部负债}\times 100\%$$

该比率越高,表明银行的流动性越高;反之,则越低。

(4)备付金比率

该比率是政策性银行在中央银行的各项备付金存款和库存现金与各项存款之比,其计算公式如下:

$$人民币备付金比率=\frac{在中央银行备付金存款+库存现金}{各项存款}\times 100\%$$

$$外汇备付金比率=\frac{外汇存放同业款项+库存现汇}{各项外汇存款期末余额}\times 100\%$$

3. 盈利性指标

政策性银行的盈利性指标与商业性银行的盈利性指标相似，如利润率、利息差等。

三、政策性银行经营成果统计

（一）损益表的概念及作用

损益表是用来反映银行在某一会计期间的经营成果的动态报表。其主要作用是：可以反映银行在一定时期内的经营成果；是评价考核银行经营管理水平和经济效益的依据；是依法纳税的重要依据；可以对银行未来的经营情况及获利能力进行科学的预测等。

（二）政策性银行的经营成果统计指标

1. 损益表的格式

损益表的格式通常有两种：单步式损益表和多步式损益表。前者是将本期所有的收入项目加在一起，然后将所有的费用支出项目加在一起，最后用全部收入减去全部支出，通过一次计算求出银行的利润或亏损的总额。而多步式损益表是将利润总额的计算分解为多个步骤，各个步骤相配比，这样的安排便于分析银行的经营情况，便于银行之间的比较，更重要的是利用多步式损益表可以预测今后的盈利能力。

根据《金融企业会计制度》的规定，我国政策性银行采用多步式损益表。现以国家开发银行的损益表为例来说明我国政策性银行损益表的表式及相关的统计指标（见表2—21）。

表2—21 损益表

编制单位： 年 月 单位：元

项　目	行次	本期数	本年累计数
一、营业收入			
利息收入			
金融企业往来收入			
手续费收入			
其他营业收入			
二、营业支出			
利息支出			
金融企业往来支出			
手续费支出			
营业费用			
其他营业支出			
三、营业税金及附加			
四、营业利润			
加：投资收益			
营业外收入			
以前年度损益调整			
减：营业外支出			
五、利润总额			
减：所得税			
六、净利润			

2. 我国政策性银行经营成果统计指标解释

(1)营业收入,是指政策性银行经营业务各种收入的总额。

(2)利息收入,是指政策性银行贷出款项的利息收入或银行存款的利息收入。

(3)金融企业往来收入,是指政策性银行同其他金融企业之间业务往来的利息收入。

(4)手续费收入,是指政策性银行各项业务应收取的手续费收入。

(5)汇兑损益,是指政策性银行进行外汇买卖或外币兑换等业务而发生的汇兑收益。

(6)营业支出,是指政策性银行各项营业支出的总额。

(7)利息支出,是指政策性银行各项借款的利息支出。

(8)金融企业往来支出,是指政策性银行同其他金融企业之间业务往来发生的支出。

(9)手续费支出,是指政策性银行委托其他企业代办而支付的手续费。

(10)营业费用,是指政策性银行为经营业务而发生的各种业务费用、管理费用以及其他有关的营业费用。

(11)汇兑损失,是指政策性银行进行外汇买卖或外币兑换等业务而发生的汇兑损失。

(12)营业税金及附加,是指政策性银行按规定缴纳的应由经营收入负担的各种税金及附加费。

(13)营业利润,是指政策性银行当期的经营利润。

(14)投资收益,是指政策性银行对外投资,按合同或协议规定分回的投资利润、股票的股利收入、债券投资的债息收入等。

(15)营业外支出,是指政策性银行业务经营以外的支出。

(16)利润总额,是指政策性银行当期实现的全部利润或亏损总额。其计算公式如下:

利润总额=营业收入－营业支出－营业税金及附加＋投资收益＋营业外收入－营业外支出＋以前年度损益调整

(17)净利润,是指政策性银行利润总额减去所得税后的余额。

以下(表 2－22 至表 2－24)是我国三大政策性银行一些年份的损益表。

表 2－22 国家开发银行损益表

项　目	2007 年	2006 年
一、营业收入		
利息收入		
金融企业往来收入		
手续费收入		
其他营业收入		
二、营业支出		
利息支出		
金融企业往来支出		
手续费支出		

续表

项　目	2007 年	2006 年
营业费用		
其他营业支出		
三、营业税金及附加		
四、营业利润		
加:投资收益		
营业外收入		
以前年度损益调整		
减:营业外支出		
五、利润总额		
减:所得税		
六、净利润		

资料来源:中国金融学会编．中国金融年鉴(2002)．中国金融年鉴编辑部

表 2—23　中国进出口银行资产负债表　单位:亿元

项　目	2007 年	2006 年
利息收入		
保费收入		
手续费及其他收入		
保险准备金提转差		
收入合计		
利息支出		
手续费及其他支出		
管理费用		
保险准备金提转差		
营业税金及附加		
支出合计		
税前利润		
减:所得税		
税后利润		

表 2—24　中国农业发展银行损益表　　单位:亿元

项　目	2007 年	2006 年
一、营业收入		
利息收入		
金融企业往来收入		
手续费收入		
其他营业收入		
二、营业支出		
利息支出		
金融企业往来支出		
手续费支出		
营业费用		
其他营业支出		
三、营业税金及附加		
四、营业利润		
加:投资收益		
营业外收入		
以前年度损益调整		
减:营业外支出		
五、利润总额		
减:所得税		
六、净利润		

(三)政策性银行微观经济效益统计指标分析

通过损益表,可以获取政策性银行在一定时期内的营业收入、营业成本和利润等信息,评价银行的经营业绩,考核其管理效能,可以对政策性银行的经营状况做一个总体上的了解。通过对损益表统计指标的分析,可以从不同的角度对政策性银行的盈利水平进行考察。

1. 利润率

该指标是银行的利润总额同全部营业收入的比率,反映政策性银行全部业务的盈利能力。其计算公式如下:

$$利润率=\frac{利润总额}{营业收入}\times 100\%$$

显然,利润率越高,政策性银行的经营成果就越好。需要注意的是,出于政策性的需要,政策性银行不能为追求利润而与商业银行进行竞争,而是通过加强管理、讲究投资回报,坚持保本微利的原则。

2. 资本金利润率

该指标是银行的利润总额同全部资本金的比率,反映政策性银行资本的盈利能力。其计算公式如下：

$$资本金利润率=\frac{净利润}{资本金}\times 100\%$$

在资本金不变的情况下，净利润增加，则资本金比率增加，说明政策性银行的盈利水平提高。

3. 资产利润率

该指标是银行净利润同平均资产总额的比率，其计算公式如下：

$$资产利润率=\frac{净利润}{平均资产总额}\times 100\%$$

该比率将一定时期内的净利润与所运用的资产进行比较，表明了政策性银行资产利用的综合效率。该比率越高，表明在增收节支方面的效果越好。

4. 人均利润率

该比率是指银行员工的平均创利水平，其计算公式如下：

$$人均利润率=\frac{利润总额}{员工平均人数}$$

该比率的高低，可以在一定程度上反映一家政策性银行的管理水平、经营绩效、员工素质等方面的优劣。

5. 费用率

该比率是指银行营业费用占其营业收入的比率，由于金融机构往来系统内部调拨具有一定的调节性，所以用来考核费用的营业收入，应剔除这一因素的影响。其计算公式如下：

$$费用率=\frac{营业费用}{营业收入-金融机构往来利息收入}\times 100\%$$

该比率越低，说明银行对营业费用的控制较好，经营成果也较好。

6. 成本率

该比率是政策性银行总成本同营业收入的比率，表明政策性银行取得营业收入与耗费成本之间的关系。其计算公式如下：

$$成本率=\frac{总成本}{营业收入}\times 100\%$$

该比率越低，说明银行每单位营业收入中耗费的成本越少，相对而言盈利也就越多，经营成果也就越好；反之，经营成果就越差。

7. 利差率

该比率是银行净利息收入和盈利资产相比所得到的比率，从而可以反映银行盈利资产的获利能力。其计算公式如下：

$$利差率=\frac{净利息收入}{盈利资产}\times 100\%$$

其中：盈利资产是指能够获得外部利息收入的资产，现金、固定资产、递延资产一般不带来利息收入，因而不是盈利资产。

在盈利资产一定的情况下，该比率越高，说明银行的净利息收入越多，经营成果就越好；反之，经营成果就越差。

8. 贷款周转次数

该比率是贷款累计收回额和贷款平均余额相比所得到的比率，用以反映银行信贷资金的周转速度。其计算公式如下：

$$贷款周转次数=\frac{贷款累计收回额}{贷款平均余额}\times 100\%$$

该比率越高，说明银行信贷资金的周转速度越快，使用效率越高，银行的效益相对越好。

(四)政策性银行社会经济效益统计指标分析

我国政策性银行是政府出资创办的金融组织，政府意图贯穿其融资活动的始终。其经营的宗旨是按照党和国家的宏观经济政策从事经营活动，即贯彻国家产业政策和实施区域发展战略。其运营的目的是扶持落后产业和落后地区的发展，缩小地区、部门间差距，实现经济均衡发展；通过对相关地区、产业和行业项目的扶持和投入，调节经济结构，完善社会功能；增进社会公共利益，稳定社会，为经济发展服务。因此，对政策性银行经营成果的统计除对微观经济效益进行统计外，还应对政策性银行的社会经济效益加以考察。

1. 政策性银行宏观社会经济效益分析指标

政策性银行宏观社会经济效益分析指标主要有贷款国民生产总值率、贷款国内生产总值率、贷款国民收入率以及贷款总利税率等。这些指标表现为宏观经济活动成果与银行贷款总量之比。其中，贷款国内生产总值率的计算公式如下：

$$贷款国内生产总值率=\frac{年度国内生产总值\times 全年资金贷款率}{年度全部贷款平均余额}\times 100\%$$

式中，全部资金贷款率是指政策性银行各项贷款平均余额与贷款对象全部资金平均余额的比率。贷款国内生产总值率越高，说明贷款的社会经济效益就越大。

其他几个指标同贷款国内生产总值率相似，同样，比率越高，说明贷款的社会经济效益就越大。计算公式分别为：

$$贷款国民收入率=\frac{年度国民收入\times 全部资金贷款率}{年度全部贷款平均余额}\times 100\%$$

$$贷款总利税率=\frac{年度总利税额\times 全部资金贷款率}{年度全部贷款平均余额}\times 100\%$$

2. 政策性银行微观社会经济效益分析指标

政策性银行微观社会经济效益主要表现为其对企业提供贷款支持，从而对企业的生产成果产生积极的影响。企业因获得贷款支持，产品质量提高，产量增加，产品销售收入增加，利润增加，则政策性银行的微观社会经济效益也就越明显。政策性银行微观社会经济效益分析指标主要有：固定资金贷款新增销售率、固定资金贷款新增盈利率、固定资金贷款周转率、流动资金贷款产值率、流动资金贷款销售率等。

(1)固定资金贷款新增销售率

该比率反映企业通过贷款所新增固定资产交付使用后对产品销售的促进效果，比率越高，贷款越有利于促进销售，政策性银行的微观社会经济效益也就越好。其计算公式为：

$$固定资金贷款新增销售率=\frac{新增产品(商品)销售收入}{固定资金贷款累计发放额}\times 100\%$$

(2)固定资金贷款新增盈利率

该比率反映企业通过贷款所新增固定资产交付使用后对企业盈利水平的促进效果，比率越高，贷款越有利于促进盈利，政策性银行的微观社会经济效益也就越好。其计算公式为：

$$\text{固定资金贷款新增盈利率}=\frac{\text{新增利润和税金}}{\text{固定资金贷款累计发放额}}\times 100\%$$

(3)固定资金贷款周转率

该比率反映贷款发放到收回的周转速度，比率越高，说明企业的经营状况越好，贷款越有利于提高企业的经济效益，政策性银行的微观社会经济效益也就越好。其计算公式为：

$$\text{固定资金贷款周转率}=\frac{\text{新增利润}+\text{新增固定资产折旧}}{\text{固定资金贷款累计发放额}}\times 100\%$$

(4)流动资金贷款产值率

该比率反映企业通过贷款所新增流动资金对企业产值增加的促进效果，比率越高，企业产值增加越多，政策性银行的微观社会经济效益也就越好。其计算公式为：

$$\text{流动资金贷款产值率}=\frac{\text{总产值}\times\text{流动资产贷款率}}{\text{流动资金贷款平均余额}}\times 100\%$$

其中，流动资金贷款率是企业流动资金贷款平均余额与企业全部流动资金平均余额的比值。

(5)流动资金贷款销售率

该比率反映企业通过贷款所新增流动资金对企业产品销售的促进效果，比率越高，贷款越有利于促进产品的销售，政策性银行的微观社会经济效益也就越好。其计算公式为：

$$\text{流动资金贷款销售率}=\frac{\text{新增产品(商品)销售收入}}{\text{流动资金贷款累计发放额}}\times 100\%$$

四、政策性银行的现金流量统计

(一)现金流量表的概念及作用

现金流量表又称为现金流动表，是反映银行在一定时期内(月、季、年)现金流入流出及其平衡状态的报表。它可以反映银行获得现金及现金等价物的能力，从而预测其未来的现金流量。通常，现金流量表中的现金是指广义的现金概念，包括现金及现金等价物。其中，现金是指库存现金和可以随时用于支付的存款，现金等价物是指银行拥有的期限短、流动性强、易于变现、价值变动风险小的投资。

政策性银行通过编制现金流量表，能够说明在一定期间内的现金流入和流出的原因，能够表明其偿债能力，能够分析其未来获取现金的能力，能够分析其投资和理财活动对经营成果和财务状况的影响，能够提供不涉及现金的投资和筹资活动的信息等。

(二)政策性银行的现金流量统计指标

所有现金流量要素的变化都可能引起现金流量的变化，凡除现金以外的资产项目的增加，都代表着现金流出，反之，则代表现金流入；凡负债与所有者权益项目的增加，就代表着现金流入，反之，则代表现金流出。现金流量表就是根据这些项目的变动数据以及损益表的有关资料编制而成的。

根据对经营活动现金流量的反映方式不同,可以将现金流量的编制方法分为直接法和间接法两种。间接法下编制现金流量表时,对于经营活动产生的现金流量的确认,是以本期净利润为起点,经过对有关项目的调整而间接得出;直接法下编制现金流量表时,对经营活动中现金流量的确认,是以本期营业收入为起点,直接用营业现金收入减去支付现金的经营支出而得出。

表 2—25 是现金流量表的参考格式。表 2—26 是国家开发银行 2001 年、2002 年的现金流量表。

表 2—25 现金流量表

编制单位　　　　　　　　年度　　　　　　　　单位:元

项目	行次	金额
一、经营活动产生的现金流量		
收回贷款本金		
吸收存款		
同业存款		
向其他金融机构拆借的资金		
利息收入		
收回的已于前期核销的贷款		
卖出证券所收到的现金		
融资租赁所收到的现金		
其他经营活动现金流入		
现金流入小计		
经营活动产生的现金流量净额		
二、投资活动产生的现金流量		
收回投资所收到的现金		
分得股利或利润所收到的现金		
取得债券利息收入所收到的现金		
处置固定资产、无形资产和其他长期资产而收到的现金		
其他		
现金流量小计		
购建固定资产、无形资产和其他长期资产支付的现金		
权益性投资支付的现金		
债权性投资支付的现金		
其他		
现金流出小计		
投资活动产生的现金流量净额		
三、筹资活动产生的现金流量		
吸收权益性投资收到的现金		
发行债券收到的现金		
借款所得现金		
其他		
现金流入小计		
偿还债务所支付的现金		
发生筹资费用的现金		
分配股利或利润支付的现金		
偿还利息支付的现金		
融资租赁支付的现金		

续表

项目	行次	金额
减少注册资金支付的现金		
其他		
现金流出小计		
筹资活动产生的现金流量净额		
四、汇率变动对现金的影响		
五、现金及现金等价物净增加额		

表 2—26 国家开发银行现金流量表　　单位:百万元

项 目	2002 年	2001 年
经营活动产生的现金流量		
税前利润	16693	14736
调整项目		
转回贷款呆账准备金	(1230)	(4078)
提取坏账准备		17
投资减值	2391	1918
折旧和摊销	105	87
固定资产处置损失	292	1071
债券发行折价摊销	615	354
收到的现金股利	(1831)	(1493)
下属账目变化净额		
限制性存放同业款项余额		722
买入返售证券	(4838)	(4390)
拆放同业	2447	(8938)
贷款	(148253)	(89746)
其他资产	(1430)	(960)
客户存款	7927	2176
同业存放款项	1171	370
其他负债	80	(642)
支付的所得税款	(5476)	(639)
经营活动产生的现金流量净额	(131337)	(89435)
投资活动产生的现金流量		
购入投资支付的现金	(389)	(223)
收回投资收到的现金	890	126
收到的现金股利	1831	2936
购置固定资产及其他资产支付的现金	(519)	(326)
投资活动产生的现金流量净额	1813	2513
筹资活动产生的现金流量		
发行债券及借款收到的现金	243936	220001
偿还债券及借款收到的现金	(114297)	(134895)
资本投入	1601	1891
筹资活动产生的现金流量净额	131240	86997
现金及现金等价物净增加额	1716	75
年初现金及现金等价物余额	6370	6295
年末现金及现金等价物余额	8086	6370
现金流量表补充资料		
收到的利息	51075	44987
支付的利息	(33012)	(29463)

资料来源:国家开发银行．国家开发银行 2002 年年度报告．bttpt://www. cdb. com cn/cdb_c/re— port/2002zip. htm

(三)政策性银行现金流量统计指标分析

通过现金流量表,我们可以了解政策性银行现金流入流出情况,分析其获得现金的渠道和数额,分析是否筹集足够的长期性资金用于长期性投资,分析现金流量是否过多或过少,分析长期性投资的变动情况,分析银行今后的财务和投资策略的合理性等等。在此基础上,通过对一些统计指标的分析,我们可以定量地分析现金流量表,从而对银行的现金流量情况有进一步的认识。这些指标可以分为两类:现金流量充分性比率和现金流量效益性比率。

1. 现金流量充分性比率

(1)现金流量充分性比率

该比率是用于衡量银行获得足够的现金以偿还债务、购买资产和支付利息的能力。其计算公式如下:

$$\begin{array}{c}\text{现金流量充}\\\text{分性比率}\end{array}=\frac{\begin{array}{c}\text{一定期间由经营活动}\\\text{所产生的现金净流量}\end{array}}{\begin{array}{c}\text{该期间长期}\\\text{债务偿还额}\end{array}+\begin{array}{c}\text{该期间投}\\\text{资支出额}\end{array}+\begin{array}{c}\text{该期间股}\\\text{利支出额}\end{array}}\times 100\%$$

(2)债务偿还比率

该比率是用于衡量按当前经营活动所获得现金偿还全部债务所需要的时间。其计算公式如下:

$$\text{债务偿还比率}=\frac{\text{债务总额}}{\text{经营活动中产生的现金净流量}}$$

该比率越小,债务偿还的期限就越短,表明银行在经营活动中的现金流量情况越好。

2. 现金流量效益性比率

通过对现金流量效益性比率的分析,可以了解银行获取现金的能力。获取现金的能力是指经营业务现金净流量与投入资源的比值,其中,投入的资源可以是经营业务收入、总资产、净资产等。

(1)现金流量利润率

该比率是指每一元的经营收入中获得的现金的百分比,其计算公式如下:

$$\text{现金流量利润比率}=\frac{\text{经营活动中产生的现金净流量}}{\text{经营收入}}\times 100\%$$

显然,该比率越高,说明每一元经营收入中获得的净现金流量越多,银行的现金流量情况就越好。

(2)经营指数

该指标是指经营活动中产生的现金和从持续经营中获得的利润的比率,其计算公式如下:

$$\text{经营指数}=\frac{\text{经营活动中产生的现金净流量}}{\text{从持续经营中获得的利润}}\times 100\%$$

该比率越高,说明银行持续经营产生现金的效率越高,营业利润产生现金的比例越高。

(3)资产现金比率

该比率说明了银行资产产生现金的能力。比率越高,产生现金的能力越强。其计算公式如下:

$$\text{资产现金比率}=\frac{\text{经营活动中产生的净现金流量}}{\text{总资产}}\times 100\%$$

五、政策性银行的信贷收支统计

(一)政策性银行信贷收支统计指标

1. 信贷收支表的格式

信贷收支表的格式,通常采用报告式。报告式信贷收支表根据"资金来源＝资金运用"这一平衡公式,将信贷收支表的项目自上而下排列,首先列示资金来源的情况,然后列示资金运用的情况。

根据中国人民银行下发的《关于2001年金融统计制度有关事项的通知》,对金融统计"全科目上报"指标和报表体系进行了修改和补充,现将国家银行的信贷收支表的表式及相关的统计指标列示如表2－27所示。其中,国家银行包括中国人民银行、四大国有商业银行以及三大政策性银行。

表2－27 信贷收支表

单位:亿元

资金来源项目	时点A	时点B	资金运用项目	时点A	时点B
一、各项存款			一、各项贷款		
1. 企业存款			1. 短期贷款		
(1)活期存款			(1)工业贷款		
(2)定期存款			(2)商业贷款		
2. 财政存款			其中:收购贷款		
3. 机关团体存款			(3)建筑业贷款		
4. 储蓄存款			(4)农业贷款		
(1)活期存款			(5)乡镇企业贷款		
(2)定期存款			(6)"三资"企业贷款		
5. 农业存款			(7)私营企业及个体贷款		
6. 其他存款			(8)其他短期贷款		
二、委托存款及委托投资基金(净)			其中:个人短期消费贷款		
三、金融债券			2. 中期流动资金贷款		
四、应付及暂收款			3. 中长期贷款		
其中:应付及预提利息			(1)基本建设贷款		
五、同业往来			(2)技术改造贷款		
1. 同业存放			(3)其他中长期贷款		
2. 同业拆借			其中:个人中长期贷款		
六、流通中货币			4. 票据融资		
七、各项准备			其中:贴现		
其中:贷款呆账准备金			5. 各项垫款		
八、所有者权益			二、有价证券及投资		
其中:实收资本			三、应收及预付款		
当年结益			其中:应收利息		
九、其他			四、同业往来		
			1. 存放同业		
			2. 拆放同业		
			五、金银占款		
			六、外汇占款		
			七、库存现金		
			八、财政借款		
资金来源总计			资金运用总计		

2. 政策性银行信贷收支统计指标解释

(1)企业存款,是指政策性银行吸收的各种所有制形式、各行业企业单位活期存款、定期存款之和。

(2)财政存款,是指政策性银行代理的各项财政预算内存款。

(3)机关团体存款,是指政策性银行办理的各项机关团体存款。

(4)存款,是指政策性银行吸收的城乡居民个人储蓄存款。

(5)农业存款,是指政策性银行吸收的农业企业存款。

(6)其他存款,是指政策性银行吸收的各项存款项下列示的各种存款以外的存款。

(7)委托存款及委托投资基金,是指政策性银行受客户委托,代理客户向指定单位进行贷款和投资而收到委托人存入的款项。

(8)金融债券,是指政策性银行以外机构持有的,政策性银行发行的各类金融债券。

(9)应付及暂收款。

(10)同业往来,是指政策性银行与政策性银行以外机构之间的存放、拆放资金。

(11)流通中货币,是指有中国人民银行发行的,扣除政策性银行库存现金之外的全部流通中纸币、硬币之和。

(12)各项准备,是指政策性银行按规定提取的贷款呆账准备、坏账准备、投资风险准备等各项准备。

(13)所有者权益,是指所有者在政策性银行资产中享有的经济利益,其金额为资产减去负债后的余额。主要包括实收资本、资本公积、盈余公积和未分配利润等。

(14)短期贷款,是指期限在一年以内(含一年)的各类流动资金贷款。

(15)中期流动资金贷款,是指期限在1～3年(含3年)的流动资金贷款。

(16)中长期贷款,是指政策性银行发放的期限在一年以上的基本建设贷款、技术改造贷款、专项贷款等中长期贷款。

(17)票据融资。

(18)贴现,是指政策性银行为各户办理未到期票据贴现扣除金融机构再贴现与转贴现之后的余额。

(19)各项垫款。

(20)金银占款。

(21)库存现金,是指政策性银行库存及运送中现金。

以下(表2－28至表2－30)是我国三大政策性银行一些年份的信贷收支表。

表2－28 国家开发银行信贷收支表 单位:亿元

资金来源项目	1999年12月	资金运用项目	1999年12月
各项存款	199.15	各项贷款	5358.51
企业存款	199.15	短期贷款	65.24
活期存款	197.81	工业贷款	
定期存款	1.34	商业贷款	
城乡储蓄存款		建筑业贷款	
活期储蓄		农业贷款	

续表

资金来源项目	1999年12月	资金运用项目	1999年12月
定期储蓄		乡镇企业贷款	
农业存款		"三资"企业贷款	
信托存款		私营企业及个人贷款	
其他存款		贴现	
发行金融债券	5382.03	其他短期贷款	65.24
向中央银行借款	170.00	中期流动资金贷款	
同业往来	3.47	中长期贷款	5166.45
委托存款及委托投资基金		基本建设贷款	5052.53
其他	−236.66	技术改造贷款	113.92
		其他中长期贷款	
		信托贷款	
		其他类贷款	126.82
		有价证券及投资	0.36
		缴存准备金存款	83.70
		在人行存款	
		同业往来	75.41
		库存现金	0.01
资金来源总计	5517.99	资金运用总计	5517.99

资料来源：中国人民银行统计司编．中国金融统计(1997－1999)．中国金融出版社．2000

表2－29　中国进出口银行信贷收支表　　单位：亿元

资金来源项目	1999年12月	资金运用项目	1999年12月
各项存款		各项贷款	461.51
企业存款		短期贷款	14.30
活期存款		工业贷款	
定期存款		商业贷款	
城乡储蓄存款		建筑业贷款	
活期储蓄		农业贷款	
定期储蓄		乡镇企业贷款	
农业存款		"三资"企业贷款	
信托存款		私营企业及个人贷款	
其他存款	0.02	贴现	
发行金融债券	455.00	其他短期贷款	14.30
向中央银行借款	26.60	中期流动资金贷款	
同业往来		中长期贷款	421.70
委托存款及委托投资基金		基本建设贷款	

续表

资金来源项目	1999 年 12 月	资金运用项目	1999 年 12 月
其他	26.69	技术改造贷款	
		其他中长期贷款	421.70
		信托贷款	
		其他类贷款	25.51
		有价证券及投资	0.01
		缴存准备金存款	26.03
		在人行存款	
		同业往来	20.76
		库存现金	
资金来源总计	508.31	资金运用总计	508.31

资料来源：中国人民银行统计司编．中国金融统计(1997－1999)．中国金融出版社．2000

表 2－30　中国农业发展银行信贷收支表　　单位：亿元

资金来源项目	1999 年 12 月	资金运用项目	1999 年 12 月
各项存款	177.19	各项贷款	7274.80
企业存款	168.91	短期贷款	7216.44
活期存款	168.54	工业贷款	
定期存款		商业贷款	7188.09
城乡储蓄存款		建筑业贷款	
活期储蓄		农业贷款	
定期储蓄		乡镇企业贷款	
农业存款		“三资”企业贷款	
信托存款		私营企业及个人贷款	
其他存款	8.28	贴现	
发行金融债券	474.71	其他短期贷款	28.35
向中央银行借款	6597.63	中期流动资金贷款	
同业往来	11.81	中长期贷款	58.36
委托存款及委托投资基金		基本建设贷款	
其他	247.27	技术改造贷款	
		其他中长期贷款	58.36
		信托贷款	
		其他类贷款	
		有价证券及投资	
		缴存准备金存款	207.67
		在人行存款	
		同业往来	23.53
		库存现金	2.61
资金来源总计	7508.61	资金运用总计	7508.61

资料来源：中国人民银行统计司编．中国金融统计(1997－1999)．中国金融出版社．2000 年版

（二）政策性银行信贷收支统计指标分析

通过信贷收支表，我们可以较为全面地了解政策性银行资金来源与资金运用的情况。此外，通过一些统计指标，可以对信贷收支表作深入的了解和分析。这些指标主要有反映存款的统计指标和反映贷款的统计指标。

1. 反映存款的统计指标

（1）报告期存款累计发生额

该指标反映银行期内的存款规模，是期内存款的业务总量。

（2）报告期存款净增减量

其计算公式如下：

报告期存款净增减量＝报告期存款累计收入额－报告期存款累计支出额＝期末存款余额－期初存款余额

（3）存款积数

该指标是反映存款规模的综合指标，也是计算存款利息的依据。其计算公式如下：

$$C=\sum a_i t_i$$

式中：C——存款积数；

a_i——每天存款余额；

t_i——存款天数。

（4）存款平均余额

该指标反映报告期内每天存款余额的一般水平，其计算公式如下：

$$\text{存款平均余额}=\text{报告期存款积数}/\text{报告期日历天数}$$

（5）存款周转速度

从两种不同的角度出发，有两个反映存款周转速度的统计指标。

①存款周转天数

$$\text{存款周转天数}=\frac{\text{期内日历天数}\times\text{期内存款平均余额}}{\text{期内存款余额}+\text{期内存款累计收入额}}$$

②存款周转次数

$$\text{存款周转次数}=\frac{\text{期初存款余额}+\text{期内存款累计收入额}}{\text{期内存款平均余额}}$$

（6）储蓄存款巩固率

该指标反映期内存款发生变化后，还留有多大比例。其计算公式如下：

$$\text{储蓄存款巩固率}=\frac{\text{储蓄存款累计收入额}-\text{储蓄存款累计支出额}}{\text{储蓄存款累计收入额}}\times100\%$$

（7）储蓄存款稳定率

该指标用于反映银行资金的稳定性，其比率越高，银行资金的稳定性越好。其计算公式如下：

$$\text{储蓄存款稳定率}=\frac{\text{期内储蓄存款最低余额}}{\text{期内储蓄存款平均余额}}\times 100\%$$

(8)储蓄存款利率变动弹性系数

该指标反映储蓄规模受利率变动的影响程度，在一定程度上可以以此作为用利率调节储蓄量的依据。若该系数小于1，则表明弹性不足，即储蓄对利率变动反应迟钝，利率的较大变动不会对储蓄规模造成较大的影响；若该系数等于1，则利率变动使储蓄发生相应的变动；若该系数大于1，则利率的细微变动就会引起储蓄的大规模变动。其计算公式如下：

$$\text{储蓄存款利率变动弹性系数}=\frac{\text{期内储蓄存款量变化率}}{\text{期内储蓄存款利率变化率}}$$

2. 反映贷款的统计指标

(1)报告期贷款累计发放额

该指标用于反映报告期内发放的累计数，无论当期是否收回，均应计算在内。

(2)报告期贷款累计收回额

该指标用于反映报告期收回贷款的累计数，无论是否当期发放，均应计算在内。

(3)报告期贷款净发放(净收回)额

该指标用于反映银行再生产过程中贷款的增减变化情况。其计算公式如下：

报告期贷款净发放(净收回)额＝报告期贷款累计发放额－报告期贷款累计收回额＝报告期末贷款余额－报告期初贷款余额

若计算结果为正，是净发放；反之，则是净收回。

(4)贷款积数

该指标是用于反映贷款余额和贷款延续时间的综合指标，反映贷款单位可利用贷款的最大容量。贷款的余额越大，时间越长，可利用贷款的总量就越大，因而该指标是计算贷款利息的依据。其计算公式如下：

$$S=\sum b_i t_i$$

式中：S——贷款积数；

b_i——每天贷款余额；

t_i——贷款天数。

(5)贷款平均余额

该指标用于反映报告期内每天贷款余额的平均水平，其计算公式如下：

贷款平均余额＝报告期贷款积数/报告期日历天数

(6)到期贷款收回率

该指标用于反映银行贷款的回收情况。贷款到期不能正常收回，是造成我国银行业不良资产率较高的原因之一。该比率越高，则银行的贷款回收情况就越好，不良贷款率就越低。其计算公式如下：

$$到期贷款收回率=\frac{到期贷款累计收回额}{到期贷款累计额}\times 100\%$$

(7)贷款累计回收率

该指标同样反映银行的贷款回收情况，比率越高，贷款回收情况就越好。其计算公式如下：

$$贷款累计回收率=\frac{报告期贷款累计收回额}{报告期贷款累计发放额}\times 100\%$$

思考与练习

1. 什么是货币供应量的层次划分？
2. 我国货币层次的划分与货币供应量监测指标如何选择？
3. 什么是货币供给量分析的基本方法？
4. 常见的利率统计分组是什么？
5. 利率统计分析可从哪几个方面进行？
6. 什么是利率风险？常见的利率风险评估与预测方法有哪些？
7. 货币政策中间指标的选择一般有哪些原则？
8. 货币政策中间指标的近期指标和远期指标各有哪些？
9. 货币购买力统计分析可从哪几个方面进行？
10. 简述商业银行的功能及主要业务。
11. 简述商业银行统计分析的主要内容、统计资料来源及统计分析的意义。
12. 商业银行资产统计分析的主要指标有哪些？
13. 商业银行资产统计分析指标体系的主要内容是什么？
14. 商业银行负债及所有者权益分析统汁的指标有哪些？
15. 商业银行社会经济效益分析的主要内容是什么？
16. 商业银行自身经济效益分析的主要内容是什么？
17. 商业银行竞争力比较的基本框架是什么？
18. 简述统计分析在银行现实竞争力比较中的作用。
19. 为什么说政策性银行具有政策性和商业性的双重性质？
20. 应从哪些方面对政策性银行的经营成果进行统计？
21. 试对有关政策性银行现金流量表的统计指标加以说明。
22. 在政策性银行信贷收支统计中，反映存款的统计指标有哪些？对这些指标的意义加以说明。

第三章　涉外金融统计

本章学习目标

通过本章的学习，掌握对外金融统计的概念，了解对外金融统计的重要意义，明确对外金融统计的任务。在此基础上，深入把握国际收支统计的概念、内容、意义及国际收支统计的分析方法，熟悉国际收支平衡表的结构及内容，了解我国国际收支统计申报体系以及我国的国际收支状况；掌握外汇收支统计、外汇信贷统计及利用外资和对外投资统计的概念、内容、分析方法及有关指标，熟悉外汇收支统计、外汇信贷统计及利用外资和对外投资统计在我国的开展状况及有关的规章制度和指标体系。同时，应在熟悉外汇市场的概念、类型、特征以及功能等相关知识的基础上，把握外汇市场统计的概念、作用以及内容。其中，重点掌握外汇市场交易业务统计和外汇市场交易价格统计即外汇汇率统计。最后，结合实际，了解我国的外汇市场管理发展历程和人民币汇率改革历程，把握我国现行人民币汇率制度的特点，对于我国近年来外汇管理体制的新的发展及动态等也应给予关注。

第一节　对外金融统计分析

一、对外金融统计概述

(一)对外金融统计的概念

对外金融统计是国家对外金融关系中收支活动的全面记录，包括外汇收支数字的搜集、整理和分析，是研究我国国际收支状况，进行外汇管理必不可少的工具。对外金融关系是对外关系的重要组成部分。

对外金融统计主要包括两个方面的内容：第一，对各国或地区之间的各种货币收支关系的往来作全面地描述和分析；第二，以本国为核心，对与本国有关的各种外汇收支关系的数据进行搜集、整理和分析研究。具体包括：国际收支统计、外汇收支统计、外汇信贷统计及利用外资统计和对外投资统计等。

我国的对外金融活动包括我国与世界其他国家和地区间各项有形商品交易的外汇收支活动，各项劳务性的非贸易外汇收支活动，以及资金转移收支活动等等。这些活动涉及政府、机关、团体、外交机构、工商企业等的外汇收支，也涉及到国内外的侨胞、侨眷、外侨的个人外汇收支。对外金融统计就是对有关这些活动的资料进行搜集、整理和分析，以了解我国的对外金融活动，尤其是国际收支状况和外汇收支状况，进而编制国际收支平衡表，为政府有关政策的制

定提供依据

(二)对外金融统计的意义

运用现代统计的理论和方法,做好对外金融统计,对于发展对外金融关系、加快我国经济融入世界经济的步伐、促进经济发展以及增强我国同其他国家之间的友好往来都十分重要。

首先,对外金融统计是研究我国国际收支状况,进行外汇管理的有效手段。对外金融统计工作者将有关资料进行搜集、整理,编制国际收支平衡表,可以较为清楚地反映我国的外汇收支状况及外汇储备状况。

其次,对外金融统计指标可以为促进我国对外金融工作提供重要依据。对外金融统计工作中设置的对外金融统计指标,可以反映我国对外贸易往来、非贸易往来、国际投资的收入和支出,反映外国政府、国际经济组织及个人的债权债务的变化。通过分析可以及时发现问题,对于改善对外金融工作十分重要。

再次,对外金融统计的分析研究,有利于促进我国发展对外金融关系,发展对外经济贸易,发挥各自的比较优势,实现优势互补,促进我国与世界各国的经济往来,增进国际间的友好合作。

最后,对外金融统计有利于及时掌握国际金融市场的变化动态,抓住有利时机,积极扩大出口,大量利用外资,引进先进技术。

(三)对外金融统计的任务

对外金融统计的基本任务是:准确、及时、全面、系统地反映我国的国际收支、对外贸易、利用外资和对外投资等情况,总结经验,分析研究存在的问题,并提出改进措施,为国家宏观经济管理和加快对外贸易政策的制定提供所需要的数据资料。

二、国际收支统计

(一)国际收支的概念

国际收支(balance of payments, BOP)是指一定时期内某一经济体(通常指一国或者地区)与世界其他经济体之间的各项经济交易。其中的经济交易是在居民与非居民之间进行的,包括经常项目交易、资本与金融项目交易和国际储备资产变动等。

国际收支的内涵十分丰富,要正确埋解这一概念,还应从以下几个方面加以理解:

首先,国际收支是一个流量概念。在使用"国际收支"这一概念时,需要指出它是属于哪一个时期的,即需要指出它是属于哪一个报告期。报告期可以是一年、一个季度或一个月,这要根据分析的需要和资料来源加以确定。各国通常以一年作为一个报告期。

其次,国际收支所记录的内容是经济交易。国际收支是以交易为基础的。国际收支涉及的一些交易可能并不涉及货币支付,有些交易根本无需支付。在国际收支中,除了记录有货币支付的交易外,未涉及货币支付的交易也需折算成货币加以记录。一国国际收支中所记载的经济交易主要由交换、单方面转移支付以及因移居(使两个经济体的对外资产、负债关系发生变化)等交易行为。

再次,国际收支记载的是居民与非居民之间的经济交易。判断一项交易是否应记录在一国的国际收支中,要看交易的双方是否发生在一国的居民和非居民之间。在国际收支统计中,居民是指在一个国家的经济领土内具有经济利益中心的经济单位。一个国家的经济领土一般包括该国政府所管辖的地理领土、该国的天空、水域和国际水域下的大陆架、该国在世界其他地方的领地(如大使馆、领事馆等)。通常,只要一个经济单位在一个国家的经济领土内,在一年或一年以上的时间内,已经大规模地从事经济活动与交易或计划如此行事,则认为该经济单位在该国具有一个经济利益中心。

因此,划分居民与非居民的标准是交易者的经济利益中心所在地,以及从事生产、消费等经济活动和交易的所在地。据此,国际货币基金组织(IMF)规定:政府、非营利团体和企业等法人,属所在国居民;至于自然人,不论其国籍如何,只要他在所在国从事一年以上的经济活动与交易,就是所在国的居民,否则,即为非居民。官方外交使节、驻外军事人员一律算是所在国的非居民。联合国、国际货币基金组织等国际机构及其代表,是任何国家的非居民。

以上给出的是国际收支的广义概念。狭义的国际收支概念一般指包括国际间商品、服务和资本的往来等外汇收支。国际货币基金组织给出的定义则是一种广义的概念“国际收支是一种定期的统计报表”,它反映了:第一,一个经济体与世界上其他经济体之间的商品、劳务和收益交易,包括商品进出口、运输、保险、旅游等劳务,以及投资收益等国际经济交易;第二,该经济体的货币、黄金、特别提款权以及对其他国家的债权、债务的变化;第三,无偿的单方转移,以及会计处理上为平衡能互相抵消和变动而设置的对应科目,即侨民汇款、国际馈赠或援助以及账面平衡项目。目前世界各国大多采用这一定义来编制和设计国际收支平衡表。

(二)国际收支统计

1. 国际收支统计的概念

国际收支统计是指对一个国家在一定时期内所发生的各种国际经济交易的流动量,即发生额的统计,它是全面观察一个国家在一定时期国际收支平衡状况的重要依据。

国际收支统计能全面、条理地反映一个国家对外经济交往的状况。首先,它综合记录了一个国家对外经济活动的方方面面,既包括商品劳务交易,又包括资本往来;既包括涉及外汇收支的各种交易,也包括不涉及外汇收支的各种交易。这体现了国际收支的全面性。其次,国际收支统计采用复式记账原理,按照有收必有支、收支必相等的原理,把构成一项经济交易的两个方面,也就是物的流动与资金的流动同时作相应的记录。这体现国际收支的条理性。

2. 国际收支统计的意义

(1)更好地反映一个国家的经济状况

随着我国对外经济活动的范围和规模的不断扩大,与其他国家之间发生的收支关系也日益增多,如贸易、投资、借贷、馈赠、提供劳务等,都要进行国际间的货币收支。世界范围内各国之间愈加频繁的贸易往来,必然导致一国对他国的货币收支差额。不论国际间的货币债权债务关系由哪些部门、企业形成,外汇收支在哪里,从宏观上讲,都是国家来实现的。所有外汇收入都是国家外汇资金的增加,所有外汇支出都是国家外汇资金的减少。因此,需要从宏观上掌握并分析国家的国际收支状况,而搞好国际收支统计则是必要的基础。

(2)全面地反映一国外部经济的均衡状况

利用国际收支统计中的相关数据,可以形成全面反映一国涉及经济状况的综合指标,如贸易条件指数、实际汇率偏离度、资本流动性风险、储备充足率等指标。

(3)为一国制定货币金融政策提供重要依据

通过对国际收支状况的分析,可以了解一国在一定时期内的贸易状况、资本流动状况和外汇储备状况等。一国政府应结合本国的经济发展状况及国际储备资产的状况,密切关注其国际收支的变化,从而制定相应的货币金融政策,确保本国经济的稳定发展。

3. 国际收支统计的内容

(1)经常账户(current account,CA)统计

经常账户是指对实际资源在国际间的流动行为记录的账户,包括进出口的货物、输入输出的服务、对外应收及应付的收益,以及在无同等回报的情况下,与其他国家或地区之间发生的经常转移。它是一国国际收支平衡表中最重要的项目,包括货物、服务、收益和经常转移四个子项目。

①货物(goods)。货物包括一般商品、用于加工的货物、货物的修理、各种运输工具在港口采购的货物、非货币性黄金。一般来说,货物的进出口均按离岸价(FOB)计价。

②服务(service)。服务是经常账户的第二个大项目,包括运输、旅游、通讯、建筑、金融、保险、电子计算机和信息服务、专用权的使用和特许权以及其他商业服务。其中,通讯、金融、计算机和信息等服务在国际贸易中的地位越来越重要。

③收益(income)。《国际收支手册》第五版将服务交易同收入交易明确区分开来。收益包括居民和非居民之间的两大类交易:第一类,职工报酬,即付给非居民工人(如季节性的短期工人)的工资报酬;第二类,投资收入,包括直接投资、证券投资和其他投资的收入和支出,以及储备资产的收入。最常见的投资收入是股本收入(红利)和债务收入(利息)。

④经常转移(current transfers)。该账户记录一经济体的居民向另一非居民无偿提供的商品服务或金融资产,因此也被称为无偿转移或单方面转移。该项下主要包括:①各级政府的无偿转移,如战争赔款、经济和军事援助、捐赠、国际组织的会费等;②私人的无偿转移,如侨汇、继承、赡养费、资助性汇款、退休金等。

(2)资本与金融账户(capital and financial account,FA)统计

资本与金融账户是指资本项目下的资本转移、非生产、非金融资产交易及其他所有引起经济体对外资产和负债发生变化的金融项目。

①资本账户(capital account)。该账户包括资本转移和非生产、非金融资产的收买或放弃。其中,资本转移是指涉及固定资产所有权的变更及债权债务的减免等导致交易一方或双方资产存量发生变化的转移项目,主要包括固定资产转移、债务减免和投资捐赠等。非生产、非金融资产的收买或放弃是指非生产性有形资产(土地和地下资产)和无形资产(专利、版权、商标和经销权等)的收买与放弃。需要注意的是,经常账户的服务项下记录的是无形资产运用所引起的收支,资本账户下的资本转移记录的是无形资产所有权的买卖所引起的收支。

②金融账户(financial account)。该账户包括一经济体对外资产和负债所有权变更的所有权交易。金融账户按投资功能和类型分为:

ⅰ. 直接投资(direct investment)。其主要特征是投资者对另一经济体企业的经营管理施加着相当大的影响。它可以采取在国外直接建立分支企业的形式,也可以采取购买国外企业一定比例以上股票(如10%)的形式,此外,利润再投资也是直接投资的一种形式。

ⅱ. 证券投资(portfolio investment)。证券投资的主要对象是股本证券和债务证券。股本证券包括股票、参股和其他类似文件。债务证券包括中长期债券、货币市场工具(如国库券、商业票据、银行承兑汇票、可转让的大额存单等)和其他派生金融工具(如金融期货和期权交易)。

ⅲ. 其他资产。其他资产是指所有直接投资和证券投资未包括的金融交易,如贷款、预付

款、金融租赁项下的货物、货币和存款。

(3)储备资产(reserve assets)

储备资产是指货币当局掌握的可以随时动用以平衡国际收支和干预汇率的金融资产,包括货币性黄金、特别提款权、在基金组织的储备头寸、外汇资产(包括货币、存款和有价证券)和其他债权。需要指出的是,反映在国际收支平衡表上的储备资产是一定时期的变化额,而不是官方持有的余额,该差额为顺差,国际储备就增加,反之,则减少。国际收支平衡表的储备资产是人为设置的平衡项目,它表示经常项目和资本、金融项目的差额。

(4)错误与遗漏账户(error and omissions account)

国际收支平衡表采用的是复式记账法,因此,所有账户的借方总额和贷方总额应相等。事实上,由于不同账户的统计资料来源不一,记录时间不同,以及一些人为因素(如虚报出口)等原因,会造成结账时出现净的借方余额或贷方余额。错误与遗漏正是为此而人为设立的一个抵消账户,其数额与上述余额相等而方向相反。

4. 国际收支平衡表

(1)国际收支平衡表及其结构

国际收支统计是通过编制国际收支平衡表来进行的。国际收支平衡表是关于国际收支的系统记录,是按照复式簿记原理,以某一特定货币为计量单位,运用简明的表格形式总括地反映一个经济体在特定时期内与世界其他经济体间发生的全部经济交易。它反映一个国家对外收支的现状及其构成情况,是国家决定财政经济政策,搞好财政、信贷、外汇、物资等综合平衡,参与国际金融组织的各项活动的重要依据。

国际收支平衡表采用复式记账形式,把全部经济活动划分为借方、贷方和差额三部分,分别反映一定时期内各项经济活动的货币发生额和差额。在国际收支平衡表中,具体项目的借贷双方的差额表现为局部差额,各局部差额之和就是总差额。当外汇收入大于支出,出现盈余,就称之为国际收支顺差;反之,当外汇收入小于支出,出现赤字,就称之为国际收支逆差。

(2)国际收支平衡表的记账原则

国际收支平衡表是按照"有借必有贷、借贷必相等"的复式簿记原理编制的。每笔交易都由两笔价值相等、方向相反的项目表示。不论是实际资源还是金融资产,借方均表示该经济体资产(资源)持有量的增加,贷方均表示资产(资源)持有量的减少。

记入借方的项目包括:反映进口实际资源的经常项目及反映资产增加和负债减少的金融项目。记入贷方的项目包括:反映出口实际资源的经常项目及反映资产减少和负债增加的金融项目。

具体的记账原则是:第一,凡是引起本国从国外获得货币流入的交易记入贷方,凡是引起本国对外国流出货币的交易记入借方,凡是引起外汇供给的经济交易记入贷方,凡是引起外汇需求的经济交易记入借方;第二,在国际收支平衡表中,通常采用市场价格作为计价基础;第三,与国民经济核算原则相一致,在国际收支平衡表中,国际收支核算通常根据所有权变更的时间作为记载时间;第四,在国际收支平衡表中,应将各种外币折算为统一规定的某种外币或者本国货币。

表3－1和表3－2分别反映国际收支平衡表的基本组成部分和我国的国际收支平衡表概况。

表 3－1　国际收支平衡表基本组成部分　　单位：千美元

项　　目	2006 年	2007 年	2008 年	2009 年
一、经常账户				
A. 货物与服务				
a. 货物				
一般商品				
用于加工的货物				
货物修理				
各种运输工具在港口购买的货物				
非货币黄金				
b. 服务				
运输、旅游				
通讯、建筑、保险、金融服务、计算机和信息服务				
专用权利使用费和特许费				
其他商业服务、个人、文化和娱乐服务				
别处未提及的政府服务				
B. 收益				
a. 职工报酬				
b. 投资收入				
C. 经常转移				
a. 各级政府				
b. 其他部门				
二、资本与金融账户				
A. 资本账户				
a. 资本转移				
b. 非生产、非金融投资的收买/放弃				
B. 金融账户				
a. 直接投资				
对国外直接投资				
对国内直接投资				
b. 证券投资				
资产				
负债				
c. 其他投资				
资产				
负债				
三、储备资产				
货币黄金				
特别提款权				
在基金组织的储备头寸				
外汇储备及其他债权				
四、错误与遗漏				

资料来源：根据 IMF 出版的《国际金融手册》整理．中国金融出版社

表 3－2 中国国际收支平衡表概览 单位：千美元

项 目	2006 年	2007 年	2008 年	2009 年
一、经常账户				
货物				
出口				
进口				
服务				
收益				
经常转移				
各级政府				
其他部门				
二、资本与金融账户				
资本账户				
金融账户				
直接投资				
我国在外直接投资				
外国在华直接投资				
证券投资				
资产				
负债				
其他投资				
资产				
负债				
三、储备资产变动				
货币黄金				
特别提款权				
在基金组织的储备头寸				
外汇				
其他债权				
四、净误差与遗漏				

资料来源：中国统计摘要(2009)

（三）国际统计收支统计分析

1. 一般意义上的分析

国际收支平衡表是根据复式簿记原理编制的，是一种事后的会计性记录，因此，借贷总额在整体上是平衡的，也就是说余额为零。而我们通常所说的国际收支盈余或赤字是针对不同口径划分的特定账户上出现的余额而言的。就具体项目来说，借方和贷方经常是不相等的，会产生一定的差额。当特定账户的贷方总额大于借方总额时，称国际收支顺差，也叫盈余；当特定账户的贷方总额小于借方总额时，称国际收支逆差，也叫赤字；当特定账户的贷方总额与借方总额相等时，称国际收支平衡。通常，关于贸易收支出超、入超，经常账户盈余、赤字，国际收支顺差、逆差等国际收支状况的报道或资料就是指这种情况而言的。

从宏观经济角度讲，国际收支平衡是指一国在一定时期内的国际收支在数量和实质内容两方面促进经济与社会的正常发展，促进本国货币均衡汇率的实现和稳定，使本国的国际储备达到充足或最佳水平。这里，均衡不仅涉及国际收支的数量，也涉及国际收支的实质内容，即国际收支与国民经济其他方面的相互联系、相互影响，不仅涉及国际收支流量，还涉及国际收支的存量，特别是储备水平。可以说均衡这一概念为判断一国国际收支状况的好坏提出了更多的判断标准，如国内的就业水平、汇率水平及稳定程度、储备水平等。

2. 静态分析法

所谓静态分析法，是指在某一时期内对反映国际收支状况的国际收支平衡表进行账面上的分析。静态分析要计算和分析平衡表中的各个项目及其差额；分析各个差额形成的原因及其对国际收支平衡的影响；同时，结合一国的政治经济变化的有关资料，进行综合判断，以便找出其中具有规律性的东西。一般地，根据分析和所关注的问题的不同，国际收支状况可以用不同的项目差额来表示，这些差额主要有贸易账户差额、资本与金融账户差额和总差额（详细见表 3—3）。

表 3—3 2008 年中国国际收支平衡表 单位：千美元

项目	行次	差额	贷方	借方
一、经常项目	1	426107395	1725893261	1299785866
A. 货物和服务	2	348870456	1581713188	1232842732
a. 货物	3	360682094	1434601241	1073919146
b. 服务	4	—11811638	147111948	158923586
1. 运输	5	—11911179	38417556	50328735
2. 旅游	6	4686000	40843000	36157000
3. 通讯服务	7	59585	1569663	1510079
4. 建筑服务	8	5965493	10328506	4363013
5. 保险服务	9	—11360128	1382716	12742844
6. 金融服务	10	—250884	314731	565615
7. 计算机和信息服务	11	3086931	6252062	3165131
8. 专有权利使用费和特许费	12	—9748930	570536	10319466
9. 咨询	13	4605315	18140866	13535551
10. 广告、宣传	14	261668	2202324	1940656
11. 电影、音像	15	163322	417943	254622
12. 其它商业服务	16	2885059	26005857	23120798
13. 别处未提及的政府服务	17	—253890	666187	920076
B. 收益	18	31437960	91614872	60176912
1. 职工报酬	19	6400156	9136547	2736391
2. 投资收益	20	25037804	82478325	57440521
C. 经常转移	21	45798979	52565201	6766222
1. 各级政府	22	—181611	49205	230816

续表

项　　目	行次	差额	贷方	借方
2. 其它部门	23	45980590	52515996	6535406
二、资本和金融项目	24	18964877	769876094	750911218
A. 资本项目	25	3051448	3319886	268439
B. 金融项目	26	15913429	766556208	750642779
1. 直接投资	27	94320092	163053964	68733872
1.1 我国在外直接投资	28	—53470972	2175785	55646757
1.2 外国在华直接投资	29	147791064	160878179	13087115
2. 证券投资	30	42660063	67708045	25047982
2.1 资产	31	32749936	57672404	24922468
2.1.1 股本证券	32	—1117368	3844800	4962168
2.1.2 债务证券	33	33867304	53827604	19960300
2.1.2.1 (中)长期债券	34	37563103	53827604	16264501
2.1.2.2 货币市场工具	35	—3695799	0	3695799
2.2 负债	36	9910127	10035641	125514
2.2.1 股本证券	37	8721011	8721011	0
2.2.2 债务证券	38	1189116	1314630	125514
2.2.2.1 (中)长期债券	39	1189116	1314630	125514
2.2.2.2 货币市场工具	40	0	0	0
3. 其它投资	41	—121066726	535794199	656860925
3.1 资产	42	—106074263	32563248	138637510
3.1.1 贸易信贷	43	5866953	5866953	0
长期	44	410687	410687	0
短期	45	5456266	5456266	0
3.1.2 贷款	46	18501123	478305	18979428
长期	47	—6569000	0	6569000
短期	48	—11932123	478305	12410428
3.1.3 货币和存款	49	—33528165	17715954	51244120
3.1.4 其它资产	50	—59911928	8502035	68413963
长期	51	0	0	0
短期	52	—59911928	8502035	68413963
3.2 负债	53	—14992463	503230952	518223415
3.2.1 贸易信贷	54	—19049071	0	19049071
长期	55	—1333435	0	1333435
短期	56	—17715636	0	17715636
3.2.2 贷款	57	3620979	442835925	439214946
长期	58	6724078	20129387	13405309
短期	59	—3103099	422706538	425809637

续表

项　　目	行次	差额	贷方	借方
3.2.3 货币和存款	60	2702297	59226206	56523909
3.2.4 其它负债	61	－2266668	1168821	3435489
长期	62	－2236180	34976	2271156
短期	63	－30488	1133845	1164333
三、储备资产	64	－418978429	0	418978429
3.1 货币黄金	65	0	0	0
3.2 特别提款权	66	－7114	0	7114
3.3 在基金组织的储备头寸	67	－1190315	0	1190315
3.4 外汇	68	－417781000	0	417781000
3.5 其它债权	69	0	0	0
四、净误差与遗漏	70	－26093843	0	26093843

资料来源：http://www.caijing.com.cn/upload/balance%20sheet.doc

(1)贸易账户差额

贸易账户差额是指包括货物和服务在内的商品进出口之间的差额，它同消费、投资、政府支出一样，是开放经济条件下一国国民收入的重要组成部分。其公式表示为：

$$贸易账户差额＝商品和服务出口－商品和服务进口 \tag{3.1.1}$$

在许多国家，贸易账户差额在国民收入中所占的比重相当大，对国民收入增长的贡献非常突出。

贸易账户差额在国际收支中非常重要，经常作为整个国际收支的代表，这是因为：第一，贸易收支通常在一国的整个国际收支中所占的比重相当大。第二，它反映了一个国家的自我创汇能力，反映了一个国家的产业结构和产品在国际上的竞争力及在国际分工中的地位，是一国对外经济交往的基础，并且影响和制约着其他账户的变化。第三，贸易收支的数字特别是商品贸易的数字易于通过海关的途径及时收集，能够及时反映出一国的对外经济交往情况。因此，对贸易账户差额进行分析，对于掌握一国国际收支状况有着十分重要的意义。

(2)资本与金融账户差额

其公式表示为：

$$资本与金融账户差额＝资本账户差额＋金融账户差额$$

资本和金融项目有长期资本项目和短期资本项目之分。长期资本项目包括直接投资、证券投资、贷款和国际租赁等。其中，直接投资对于分析研究跨国公司具有重要的意义，证券投资和贷款主要反映对外债权、债务关系的变化。短期资本项目包括银行、地方及部门借还款、延期收付款和其他资本往来项目。20世纪90年代以来，短期资本在国际间流动的速度与规模都是空前的。它影响着国际汇率的变化与币值的升降，对有关国家的国际收支平衡与货币金融市场都有重大意义。

资本与金融账户的规模水平以及长短期资本项目所占比重结构，说明了一定时期资金来源和去向构成，对其逐项进行分析，有利于增强我国在国际市场上的投资效益和提高筹措资金的能力。

(3)总差额

$$总差额=经常账户差额+资本与金融账户差额+净误差与遗漏 \tag{3.1.2}$$

$$储备资产增减额=总差额 \tag{3.1.3}$$

$$储备资产增减额=外汇储备增减额+特别提款权增减额+在基金组织储备头寸的增减额+对基金信贷的使用+黄金储备增减额 \tag{3.1.4}$$

总差额是目前分析国际收支时广泛使用的指标,在未特别说明的情况下,通常所说的国际收支差额就是指总差额。总差额表明了国际收支最后留下的缺口,该缺口要通过储备资产的增减来进行弥补,因此,储备资产增减额=总差额。公式(3.1.4)反映储备资产变动的结构情况。总差额反映了一定时期内一国国际收支状况对其储备的影响,或者说它衡量了一国通过动用或获取国际储备来弥补国际收支失衡的能力。总差额大于零,表明国际收支顺差,则储备资产增加;总差额小于零,表明国际收支逆差,则储备资产减少。由于负的总差额会导致储备资产的消耗,通常认为负的总差额是不可取的,亦即国际收支逆差是不可取的。当然,正的总差额过大而是储备资产巨额增加,对一国经济也不尽有利。这是因为:首先,储备资产增加需中央银行增加投放基础货币,货币供应量的增加会带来通货膨胀的压力;其次,储备资产的收益率低于长期投资的收益率,因而过多的储备意味着收益的减少;另外,汇率的变化有可能导致储备资产贬值。

3. 动态分析法

动态分析法是指对某个国家若干连续时期的国际收支平衡表进行分析的方法。它是一种纵向的分析方法。由于一国在某一时期的国际收支往往同以前的发展过程相联系,因此,国际收支的动态分析是十分必要的。同时,在分析一国的国际收支时,需要将动态分析和静态分析结合起来。由于在较长的计划期内我们追求国际收支的大体平衡,因此,在静态平衡和动态平衡中,应该追求国际收支的长期动态平衡。表3-4列示了1990-1995年韩国国际收支状况。

表3-4 1990-1995年韩国国际收支状况 单位:百万美元

项目	1990年	1991年	1992年	1993年	1994年	1995年
经常项目	-1745	-8291	-3939	1016	-3855	-8251
货物	-2004	-6980	-2146	1860	-3146	-4746
贷方	63123	69581	75169	80950	93676	123203
借方	-65561	-76561	-77315	-79090	-96822	-127949
服务	-60	-1201	-2073	-1169	-715	-1642
贷方合计	11208	12221	12750	15545	19814	26243
借方合计	-11268	-13422	-14823	-16714	-20529	-27885
运输						
贷方	3702	4440	5029	6134	8106	10578
借方	-4499	-5465	-6041	-6777	-7866	-10653
旅游						
贷方	3161	2856	2690	2964	3340	5150
借方	-2768	-3214	-3213	-3533	-4513	-6341

续表

项　　目	1990 年	1991 年	1992 年	1993 年	1994 年	1995 年
其它						
贷方	4345	4925	5031	6447	8368	10515
借方	−4001	−4743	−5569	−6404	−8150	−10891
收入	−877	−953	−995	−1246	−1554	−2276
贷方合计	2079	2068	1782	1564	1671	2380
借方合计	−2956	−3021	−2777	−2810	−3225	−4656
雇员报酬						
贷方						
借方						
投资收入						
贷方	2079	2068	1782	1564	1671	2380
借方	−2956	−3021	−2777	−2810	−3225	−4656
经常性转移支付	1196	843	1275	1571	1560	413
贷方	2439	2794	3358	3644	3937	4315
借方	−1243	−1951	−2083	−2073	−2377	−3902
资本和金融项目	3743	7534	2838	−296	5559	9694
资本项目	−331	−328	−407	−475	−437	−487
贷方合计	7	7	5	2	8	15
借方合计	−338	−335	−412	−477	−445	−502
资本转移						
贷方	7	7	5	2	8	15
借方	−338	−335	−412	−477	−445	−502
非生产、非金融资产						
贷方						
借方						
金融项目	4074	7862	3245	179	5996	10181
直接投资	−268	−320	−481	−773	−1715	−1753
海外直接投资	−1056	−1500	−1208	−1361	−2524	−3529
国内吸收投资	788	1180	727	588	809	1776
有价证券投资	322	2934	5702	10530	6867	10825
资产	240	492	845	232	−230	−311
负债	82	2442	4857	10298	7097	11136
其他投资	2812	4100	1748	−6569	5458	8149
资产	−2330	−6178	−2515	−4224	−7627	−13084
负债	5142	10478	4263	−2345	13085	21233
储备资产	1208	1207	−3622	−2965	−4564	−6902
误差	−1998	757	1101	−720	−1704	−1443

资料来源：国际货币基金组织．国际收支统计年鉴．1996．

三、我国的国际收支统计

(一)我国国际收支统计的历史沿革

我国的国际收支统计始于1980年,当时,我国恢复了在国际货币基金组织的合法席位,根据国际货币基金组织的有关规定,成员国有义务定期提供国际收支状况资料。为此我国开始建立国际收支统计体系。我国的国际收支统计工作大体经历了以下三个阶段:

1. 试编阶段

在新中国成立后的相当长的时期内,我国都未编制过国际收支平衡表,而只编制外汇收支平衡表。1980年,由当时的国家外汇管理总局和中国银行总行具体负责,在外汇收支统计制度的基础上,编制国际收支平衡表。

2. 建立统计制度正式编制

经过试编阶段的摸索,在国家外汇收支统计表的基础上,借鉴和吸收了国际通行的统计方法,我国出台了第一个国际收支统计制度。我国从1982年起正式编制国际收支平衡表。1984年,又在原有的基础上进行了补充修改,制定了新的国际收支统计制度,这一制度一直延续到1995年。但是,从1982年到1995年,我国编制国际收支平衡表所采用的方法都是超级汇总的方法,即由各行政或行业主管部门报送全辖区或全系统的数据,由国家外汇管理总局汇总。在国际收支统计制度开始实施的几年,这种超级汇总的方法是与当时的计划经济体制相适应的,按照这样的统计制度基本可以保证国际收支数据的完整性,但随着社会主义市场经济体制的建立和发展,通过这种渠道收集的数据的覆盖面越来越小,报表的准确度也随之降低。

3. 建立申报制度

基于上述原因,同时为适应社会主义市场经济进一步发展的需要,从1996年开始实行国际收支统计申报制度。第一步从1996年1月1日起先实行通过金融机构的间接申报制,1997年又推出了直接投资、证券投资、金融机构对外资产及损益、汇兑等四项直接申报工作。此外,我国还对实施了7年的《国际收支统计申报办法实施细则》进行了修改和完善,新修订的细则于2003年3月1日起正式实施。现在已经建立起完整、科学的国际收支申报、统计体系,国际收支的统计申报和分析预测工作在中国宏观经济调控体系中日益发挥重要的作用。

(二)我国现行的国际收支统计申报体系

1. 我国国际收支统计申报范围

我国的国际收支统计申报范围为:中国居民与非中国居民之间发生的一切经济交易。其中的中国居民是指:

(1)在中国境内居留1年以上的自然人,外国及中国香港、澳门、台湾地区在境内的留学生、就医人员、外国驻华使领馆工作人员及其家属除外;

(2)中国短期出国人员(在境外居留时间不满1年)、在境外留学人员、就医人员及中国驻外使领馆工作人员及其家属;

(3)在中国境内依法成立的企事业法人(含外商投资企业及外资金融机构)及境外法人的驻华机构(不含国际组织驻华机构、外国驻华使领馆);

(4)中国国家机关(含中国驻外使领馆)、团体、部队。

2. 我国国际收支统计申报体系框架

当前,我国国际收支统计申报实行交易主体申报制。采取以通过银行申报为主,单位和个人直接申报为辅，定期申报和逐年申报相结合的办法。国际收支统计申报体系是一套内在的、完善的、系统的数据收集体系。

我国国际收支统计申报体系具体可以分为三个层次：第一个层次为《国际收支统计申报办法》；第二个层次为《国际收支统计申报办法实施细则》；第三个层次为各种业务操作规程及有关通知，业务操作规程包括：《通过金融机构进行国际收支统计申报的业务操作规程》、《金融机构对外资产负债及损益申报业务操作规程》、《直接投资统计申报业务操作规程》、《证券投资统计申报业务操作规程》、《汇兑业务统计申报操作规程》。其中，通过金融机构进行的国际收支统计申报为间接、逐笔申报，即交易主体必须通过相关金融机构逐笔申报其对外交易情况；其他四项统计申报为报告者定期地、直接向外汇局申报其对外交易状况及对外资产负债和分红派息情况。

（三）我国的国际收支平衡表

如前所述，在新中国成立后的相当长的时期内，我国都未编制国际收支平衡表，而只编制外汇收支平衡表。外汇收支平衡表仅包括已实现的外汇收支的对外经济交易，而不包括已经发生、但未实现外汇收支的国际经济交易。它反映的是狭义的国际收支，难以反映我国对外经济交往的全貌。自改革开放以来，我国对外交往日益增多，国际收支在我国国民经济中的作用越来越大，同时，我国的国际收支对世界各国的影响也越来越大。为了全面反映我国的国际收支情况和我国在国际社会中的地位，为了加强宏观管理，也为了国际金融组织和国外投资者了解我国的国际收支情况，国际统计局和国家外汇管理局从 1980 年起尝试编制国际收支平衡表。之后，又建立了国际收支统计申报制度，从此，我国的国际收支平衡表的统计和编制走上了正轨，并逐年对外公布。

表 3－2 是中国国际收支平衡表概览（2006－2009 年），表 3－3 是我国自行编制的“2008 年中国国际收支平衡表”。我国的国际收支平衡表所反映的对外经济交易，既包括我国与外国之间，也包括我国大陆与香港特区、澳门特区、台湾地区之间的交易。

可以根据国际收支平衡表进一步分析一个国家的顺差、逆差等相关内容。总的来说，2006 年国际收支状况良好，是我国国民经济快速健康发展、对外经济表现良好、本外币正向利差和国内外对人民币的信心增强等一系列因素综合作用的结果。首先，国民经济持续快速健康发展，是国际收支顺差扩大的重要基础；其次，对外经济表现良好，直接推动了国际收支顺差的扩大。这主要表现在以下几个方面：我国出口和进口均实现较快增长，顺差增加；外国游客入境人数增加，国际旅游收入较快增加；外商投资环境不断改善，我国吸收外国直接投资首次居世界首位；最后，本外币正向利差和国内外对人民币汇率稳定的信心增强，也为国际收支顺差扩大创造了有利条件。

四、外汇收支统计

（一）外汇概述

1. 外汇概念

外汇包括动态意义上的外汇和静态意义上的外汇。

动态意义上的外汇是国际汇兑的简称，是指把一个国家的货币兑换为另一个国家的货币以清算国际间的债权债务的金融活动。

静态意义上的外汇是指国际间为清偿债权债务关系进行的汇兑活动所凭借的手段和工

具，或者说是用于国际汇兑活动的支付手段和工具。事实上，静态的外汇概念是从动态的汇兑行为中衍生出来的。通常所说的外汇就是静态意义上的外汇，它可以从广义和狭义两个方面来进行理解：

(1)广义的外汇

国际货币基金组织对此的解释是："外汇是货币行政当局（中央银行、货币管理机构、外汇平准基金组织及财政部）以银行存款、国库券、长短期政府债券等形式所持有的国际收支逆差时可以使用的债权。其中包括中央银行之间及政府间协议而发行的在市场上不流通的债券，而不论它是以债务国货币还是以债权国货币表示。"

(2)狭义的外汇

狭义的外汇就是通常所说的外汇，它是指以外币表示的用于国际结算的支付手段。外汇必须具备以下三个条件：首先，自由兑换性，即该外币资产能自由兑换成本币资产；其次，普遍接受性，即该外币资产在国际经济往来中被各国普遍地接受和使用；再次，可偿性，即该外币资产可以保证得到偿付。

我国于 1996 年 1 月 29 日颁布并于 4 月 1 日开始实施的《中华人民共和国外汇管理条例》第三条规定：外汇，是指以外币表示的可以用作国际清偿的支付手段和资产，包括：第一，外国货币，包括纸币、铸币；第二，外币支付凭证，包括票据、银行存款凭证、邮政储蓄凭证等；第三，外汇有价证券，包括政府债券、公司债券、股票等；第四，特别提款权；第五，其他外汇资产。

2. 外汇分类

从不同的角度出发，外汇可以分成以下几种：

(1)自由外汇和记账外汇

这是按照外汇的结算方式来加以划分的。自由外汇是指那些无需经国家外汇管理机构批准，就可以在国际金融市场上自由兑换其他国家货币或可以对任何国家自由支付的外汇。美元、英镑、日元等都属于自由外汇。记账外汇是指根据两国政府缔结的贸易方面的有关协定，从双方银行开立的账户中用于清算的外汇。它不能自由兑换，也不能转给第三国使用，故又称清算外汇或双边外汇。

(2)贸易外汇和非贸易外汇

这是按照外汇来源和用途来加以划分的。贸易外汇是指由国际商品交换引起收支的外汇。出口贸易赚取外汇，进口贸易支付外汇，伴随着进出口贸易的外汇收支就是贸易外汇收支。非贸易外汇是由商品输入输出以外的其他贸易往来引起收付的外汇。非贸易外汇实际上是非商品贸易外汇，主要有劳务外汇、旅游外汇和侨汇等。

(3)外汇额度和留成外汇

外汇额度是一种占有和使用自由外汇的权利，即外汇指标。外汇留成是指实行外汇管理的国家，为达到一定的经济目的，对部门、企业单位收入的外汇，按照规定的范围和比例，在国家、地方和收汇单位之间进行分配，给部门、企业和单位留有一部分外汇或外汇使用权。分配给地方单位的这部分外汇就是外汇留成。

(二)外汇收支统计

1. 外汇收支统计的概念

外汇收支是指一个国家在一定时期内（通常是一年）用对方可接受的货币必须同其他国家立即结清的各种到期支付的款项。它是以支付为基础的国际收支，是狭义的国家收支。外汇收支统计就是在一定时期内对一国的外汇收支发生额的统计。

外汇收支统计与国际收支统计有着十分密切的关系，同时二者又有着重大的差别，主要表现在统计范围、统计时间和统计方法上。首先，就统计范围而言，外汇收支统计只包括各种收支中必须立即结清和支付的那一部分款项。对于国际贸易和国际信贷中尚未到期和并不需要用货币计算的部分，则不列入。也就是说，它仅以有外汇收支的国际贸易为对象，并不包括没有外汇收支的交易。此外，国际收支记录的是以过一定时期内发生的居民和非居民之间的全部经济交易，外汇收支以外汇收支行为为记录主体，并不区分这种行为是居民与非居民之间的还是居民与居民之间的。其次，就统计时间而言，国际收支统计是以所有权转移为记录的时间，外汇收支统计则是在这种行为发生后才进行统计。最后，就统计方法而言，国际收支采用复式簿记法，即借贷双方需保持平衡，而外汇收支则是种实际记录法，收入、支出分别记录，收支项目的差距以收支差额体现。

2. 我国外汇收支统计制度的历史沿革

外汇收支统计是一国为全面了解其在一定时期内的外汇收支平衡状况而设立的一种统计制度。自新中国建立以来，外汇一直作为社会主义经济建设中宝贵的资源，建立在严格的外汇收支计划基础上的外汇收支统计一直作为国家经济决策的主要依据。在推进外汇体制改革不断深入的过程中，外汇收支统计工作一直作为一项基础性工作而受到国家的重视。随着我国国内外经济环境的变化，外汇收支统计在我国经历了以下几个阶段。

(1)第一阶段:1950－1978 年

在这一阶段，我国对外汇资金的收付买卖、调拨转移、进出口过境实行严格管制。外汇管理的重点对象是国家单位和集体组织。对这些单位的外汇实行计划管理，外汇资金由国家集中保管，统一支配，各单位的外汇收支均需通过银行账户，接受外汇管理机构的监督。

当时，中国人民银行为外汇管理机构，中国银行则被指定为专业银行，办理外汇结算业务。由于中国银行是国家指定的、唯一的外汇专业银行，掌握外汇收支的资料，因此我国的外汇收支统计最早是由中国银行建立并实行的。最初统计报表的名称为“国家外汇收支表”、“国家外汇非贸易收支情况表”。国家外汇收支统计分为现汇外汇和记账外汇两部分内容，统计项目仅设置了“出口收汇”、“进口用汇”、“非贸易收入”、“非贸易支出”几个大项，其中非贸易收入主要以侨汇为主。这一时期我国的对外经贸事业发展非常缓慢，年外汇收支和外汇储备的规模都很小。

(2)第二阶段:1979－1993 年

在这一阶段，随着中共十一届三中全会全党的工作重心的转移，我国逐步实行对内搞活对外开放的政策，积极引进外资引进先进技术设备，举办合资企业，建立经济特区，我国的对外经济、金融合作不断扩大，外汇收支快速增长。与此同时，我国的外汇管理体制紧紧围绕经济发展形势，积极适应经济发展要求，逐步进行了一系列体制改革和政策调整。

1979 年 3 月，国务院正式批准设立了国家外汇管理局，随后又公布实施了《中华人民共和国外汇管理暂行条例》。为了适应新时期外汇管理的需要，国家外汇管理局进一步完善了统计指标的设置。与此同时，以国家外汇收支统计为基础的我国国际收支统计制度开始建立并逐步发展。1980 年，我国相继恢复在国际货币基金组织和世界银行的合法地位，我国作为成员国，有义务定期报送国际收支平衡表。这样，国际收支统计和外汇收支统计分别从不同的角度反映我国的对外经济状况，二者分别发展开来。此后，外汇收支统计与国际收支统计两套体系并存,共同为国家宏观经济决策服务。

(3)第三阶段:1994 年 4 月 1 日至今

在这一阶段,为了促进市场经济体制的建立和进一步对外开放,国家决定进一步推进外汇体制改革。从 1994 年 1 月 1 日起,取消了外汇留成及上缴制度,实行外汇指定银行结售汇制度,实行人民币汇率并轨,并形成了全国统一的银行间外汇市场。外汇指定银行依据有关外汇管理法规为境内单位及个人办理结售汇业务,外汇管理受中国人民银行的委托,对外汇指定银行实行每日结售汇周转头寸限额管理,若头寸超出管理限额,银行须到银行间外汇市场进行平补交易。中国人民银行进行公开市场操作以达到货币、汇率政策预期的目标。同时,为了方便企业进行外汇收支和资金运营、企业可以或经批准将外汇存入其在境内金融机构开立的账户,这部分外汇的所有权虽然属于账户的所有者,但其保留和使用是受国家外汇管理制约的。根据这一制度,境内机构及个人外汇收支的变化就构成了我国现时期外汇市场供求以及国家外汇储备增减变化的直接原因。银行经办的结售汇和外汇账户情况,就成为指定外汇政策、实施外汇监管的依据。根据新的外汇管理政策要求,建立了全国银行结售汇业务统计及所有境内机构及个人在境内金融机构的外汇账户的余额统计,这两套统计的项目设置,划分为经常账户、资本与金融账户等大项,下设子项。

3. 结售汇统计

结售汇统计是我国外汇收支统计中最重要的组成部分,这里,将其重点加以介绍。结售汇统计是适应我国外汇管理中的银行结售汇制度而建立起来的。

(1)结售汇的概念

结汇是指外汇收入所有者将其外汇收入出售给外汇指定银行,外汇指定银行按一定汇率付给等值本币的行为。按照外汇所有者结汇的意愿程度,结汇可分为强制结汇、限额结汇和意愿结汇等多种形式。强制结汇是指所有外汇收入必须卖给外汇指定银行,不允许保留外汇;限额结汇是指外汇收入在国家核定的数额内可以不结汇,超过限额的部分必须卖给外汇指定银行;意愿结汇是指外汇收入可以卖给外汇指定银行,也可以开立外汇账户保留,结汇与否完全由外汇所有者自行决定。售汇是指外汇指定银行将外汇卖给用汇单位和个人,并按一定的汇率收取等值本币的行为。结汇收入与售汇支出轧差后的余额称为结售汇差额。结汇收入大于售汇支出,为顺差;反之,则为逆差。

(2)我国的银行结售汇制度

1994 年初我国外汇管理体制进行了重大改革,取消了外汇留成与上缴,开始实行银行结售汇制度。现行结售汇制度的基本框架就是在这次外汇体制重大改革的基础上确立的,其主要内容是:自 1994 年 1 月 1 日起,取消各类外汇留成、上缴和额度管理制度,对境内机构外汇收支实行银行结售汇制度。所有外商投资企业和符合一定条件的部分中资企业可以开立外汇结算账户,在核定的金额内保留经常项目外汇收入;境内中资机构部分非贸易外汇收入经批准也可以保留外汇,开立外汇专用账户。除此之外的中、外资企业经常项目外汇收入实行强制结汇,卖给外汇指定银行,而所需外汇支出凭有效商业单据从外汇指定银行购汇支付。外汇指定银行在外汇管理部门核定的外汇周转头寸浮动上下限内开展结售汇业务,超出外汇周转头寸的外汇,须在银行间外汇市场上平盘;银行间外汇市场通过为各外汇指定银行相互调剂余缺和提供清算服务,同时生成人民币市场汇价。由此形成外汇指定银行与企业及外汇指定银行之间的二级市场架构,并形成以市场供求为基础的、有管理的浮动汇率制度。

(3)结售汇统计的内容

结售汇统计包括结汇收入和售汇支出两部分。结汇收入又包括贸易收入、非贸易收入、资本收入及其他收入;售汇支出又包括贸易支出、非贸易支出、资本支出及其他支出。

①结汇收入

结汇收入是指境内机构及个人按规定将所取得的外汇卖给外汇指定银行的外汇收入。结汇收入既包括直接结汇部分,也包括从外汇账户中转出后结汇部分。这里的境内机构是指境内所有企事业单位、机关和社会团体,含外商投资企业。其主要项目包括贸易收入、非贸易收入、资本收入和其他收入(见表3—5)。

表3—5 银行结售汇统计月报(收入部分)

项目	本月发生额	本年累计数	比去年同期增减比例(%)
结汇收入合计			
贸易收入			
1.国内企业			
其中:加工装配			
2.外商投资企业			
其中:加工装配			
非贸易收入			
1.运输及港口			
2.劳务及承包工程			
3.国内居民外汇			
4.房地产租赁			
5.利润利息			
其中:银行			
非银行金融机构			
6.政府机构往来			
7.外国驻华商务机构			
8.旅游			
9.税款收入			
10.外商投资企业			
11.其他非贸易收入			
资本收入			
1.境外借款			
其中:外商投资企业			
2.出售有价证券			
其中:外商投资企业			
3.房地产出售			
其中:外商投资企业			
4.外商投资			
5.其他资本收入			
远期结汇			
其中:未到期远期结汇			

ⅰ. 贸易收入，包括：出口或先支后收转口货物及其他贸易行为收入的外汇；境外贷款项下国际招标中标收入的外汇；加工装配收入（包括来料、来件、来样加工装配的工缴费收入和补偿贸易的外汇手续费收入）的外汇；赴境外参展样品的外汇收入；开证保证金利息收入的外汇；海关监管下境内经营免税商品收入的外汇。该项下设“国内企业”和“外商投资企业”两个子项。

ⅱ. 作贸易收入，包括：交通运输及港口、邮电（不包括国际汇兑款）、旅游、广告、咨询、展览、寄售、维修等行业及各类代理业务提供商品或服务收入的外汇；行政、司法机关收入的各项外汇规费、罚没款，土地所有权、著作权、专利权、非专利技术、商誉等无形资产转让收入的外汇；境外投资企业汇回的利润、股息、利息等；境外资产所取得的外汇收入；国外捐赠、资助及援助收入的外汇；劳务承包收入的外汇；出租土地等房地产收入的外汇；外国驻华使馆、国际组织、外国商社、金融、新闻等其他境外法人驻华机构的外汇收入；经营免税商品收入的外汇；保险机构出售外汇保险取得的外汇收入；旅游行业的外汇收入；税务部门及海关的外汇税款收入；以及其他非贸易外汇收入。

该项目下设以下子项：运输及港口；劳务及承包工程；国内居民外汇；房地产租赁；利润、利息；政府机构交往；外国驻华商务机构；旅游；税款收入；外商投资企业；其他非贸易收入。

ⅲ. 资本收入，包括：外汇借款（含各种形式从境内外借入的外汇资金）；发行外币债券、股票的外汇收入；出售房地产收入的外汇；境外法人或自然人作为投资汇入的外汇；外商投资企业作为投资的外汇收入。

该项目下设以下子项：境外借款；出售有价证券；房地产出售；外商投资；其他资本收入。

ⅳ. 其他收入，即不属于上述归类的外汇收入。

②售汇支出

售汇支出是指各外汇指定银行及各类非银行金融机构规定为境内机构及个人兑付外汇的支出。其主要项目有贸易支出、非贸易支出、资本支出和其他支出（见表 3－6）。

ⅰ. 贸易支出，包括：实行进口配额管理或特定产品进出口管理的货物进口，实行自动登记制的货物进口和其他符合国际进口管理规定的货物进口及上述进口项下的预付款、开证保证金、尾款、运保费和从属费；进料加工生产复出口产品的进口支出；转口贸易项下发生的对外支付；从保税区、保税库购买商品以及购买国外入境展品的用汇。该项目下设国内企业和外商投资企业两个子项。

ⅱ. 非贸易支出，包括：民航、海运、铁路、邮电部门的外汇支出；境外承包工程所需的投标保证金、履约金及垫付工程款；在境外举办展览、招商、培训及拍摄影视片等用汇；对外宣传费、对外援助外汇、对外捐赠外汇、国际组织会费、参加国际会议的注册费；国家教委国外考试协调中心支付境外的考试费；个人的非经营性非贸易用汇；外国驻华使领馆、国际组织、外国商社等境外法人或自然人的合法人民币收入要求汇出境外时的兑付；专利权、著作权、商标、计算及软件等无形资产的进口支付；临时来华的外国人、华侨、港澳台同胞出境时未用完人民币兑回外汇的支出；外商投资企业向境外汇出的利润以及其他非贸易外汇支出。

该项目下设以下子项：运输及港口；劳务及承包工程；国内居民外汇；政府机构交往；外国驻华商务机构；因公出国；知识产权；外商投资企业；其他非贸易外汇支出；利息支出。

ⅲ. 资本支出，包括：偿还境内金融机构自营外汇贷款本金的兑付；偿还直接外债和外汇专（贷）款本金的兑付；境外投资资金的汇出；外商投资企业的中方投资者经批准须以外汇投入的注册资本金的外汇支付。

表 3－6 银行结售汇统计月报(支出部分)

项　　目	本月发生额	本年累计数	比去年同期增减比例(%)
售汇支出合计			
贸易支出			
1.国内企业			
2.外商投资企业			
非贸易支出			
1.运输及港口			
2.劳务及承包工程			
3.国内居民外汇			
4.政府机构交往			
5.外国驻华商务机构			
6.因公出国			
7.知识产权			
8.利息支出			
其中:银行			
非银行金融机构			
9.外商投资企业			
10.其他非贸易支出			
资本支出			
1.偿还境外借款			
其中:外商投资企业			
2.偿还国内外汇贷款			
其中:外商投资企业			
3.购买有价证券			
其中:外商投资企业			
4.境外投资			
其中:外商投资企业			
5.外商投资企业资本汇出			
6.其他资本支出			
远期售汇			
其中:未到期远期售汇			

该项下设以下子项:偿还境外借款;偿还国内外汇贷款;购买有价证券;境外投资;外商投资企业资本汇出;其他资本支出。

ⅳ.其他支出,即不属于上述归类的外汇支出。

五、外汇信贷统计

外汇信贷是以外币为计量单位的一种银行贷款行为。它是国际间资金分配的一种形式。在我国,随着改革开放的不断深化,外汇信贷业务也有了长足的发展。目前,我国已形成了以中国银行为主渠道,其他国有独资商业银行和金融机构并存的外汇信贷新体系。

目前,我国银行开展的主要外汇信贷业务种类有以下几种:短期外汇贷款、中长期外汇贷款、进出口押汇、贸易融资授信、境外筹资转贷款(境外发行债券、出口信贷、外国政府借款等转贷)、外汇担保、商人银行业务(财务顾问服务、融资安排服务、代理和委托服务等)。

(一)外汇信贷业务统计项目

外汇信贷业务统计是根据国家外汇信贷计划的要求,综合反映计划期内外汇资产负债的规模与投资。目前,我国中央银行及各国有独资商业银行外汇信贷的统计项目主要包括:

1. 外汇信贷资金来源

(1)自有外汇资本金;

(2)银行组织吸收的各项外汇存款;

(3)海外分支机构存回资金;

(4)从境外拆入短期资金;

(5)银行按国家计划从境外自借中长期商业借款(含境外发债筹措资金);

(6)银行借入的国际金融组织贷款;

(7)国家或地方、部门、企业用自借指标委托银行境外专项筹资;

(8)其他资金来源,如暂收应付、境内同业拆入、外汇买卖等。

2. 外汇信贷资金运用

(1)境内各项流动资金贷款;

(2)境内各项固定资产贷款;

(3)拨付海外分支行资金;

(4)存放境外头寸准备(包括存款资金、拆出、购买政府债券、购买股票等);

(5)银行其他投资;

(6)按委托人预定的用途和项目发放的委托贷款;

(7)其他资金运用,如各种暂付资金、境内同业拆出资金等。

表 3—7 是 2003 年我国金融机构外汇信贷收支表。从表中,我们可以较为清楚地了解各季度我国金融机构的外汇信贷收支状况及变动情况。

表 3—7　2003 年我国金融机构外汇信贷收支表　　单位:亿美元

项　　目	一季度	二季度	三季度	四季度
来源方项目				
一、各项存款	1487.93	1510.60	1480.68	1487.06
1. 企业存款	490.75	501.71	499.90	519.26
2. 储蓄存款	900.82	908.58	879.33	855.14
3. 委托及信托存款	13.73	12.39	12.83	13.80
4. 境外存款	21.26	23.50	24.23	26.14
5. 其他类存款	61.37	64.42	64.39	72.72
二、境外筹资	238.61	225.54	216.44	214.33
三、外汇买卖	138.63	127.39	212.72	178.88
四、境外同业往来	92.86	121.29	95.99	126.29
五、其他	701.71	712.16	672.97	682.63
资金来源总计	2659.75	2696.98	2678.80	2689.19

续表

项　　目	一季度	二季度	三季度	四季度
运用方项目				
一、各项贷款	1078.94	1173.41	1264.01	1301.77
1. 短期贷款	333.31	370.04	425.99	451.44
2. 中长期贷款	384.43	414.74	454.01	465.20
3. 委托及信托贷款	30.66	33.13	26.69	23.16
4. 境外筹资转贷款	207.13	204.52	198.11	195.47
5. 票据融资	6.92	7.05	7.31	7.59
6. 其他类贷款	116.49	143.93	151.90	158.91
二、有价证券及投资	946.02	953.19	939.28	873.68
三、境外同业往来	634.79	570.38	475.51	513.74
资金运用总计	2659.75	2696.98	2678.80	2689.19

说明：本表统计口径包括中国人民银行、政策性银行、国有独资商业银行、其他商业银行、城市商业银行、城市信用社、农村信用社、农村商业银行、信托投资公司、财务公司、租赁公司、邮政储蓄机构、外资金融机构。

资料来源：中国人民银行。

（二）外汇信贷统计的指标

通过设立一定的外汇信贷统计指标，可以衡量外汇贷款的资金使用效果。同时，也便于日常外汇信贷管理。对外汇贷款的经营活动的考核是日常信贷管理的主要内容，主要包括对信贷管理目标执行情况的考核和对外贷款项目经济效益的考核。这样有利于提高信贷管理水平，及时调整资金规模和结构，及时压缩呆滞贷款，减少贷款经营风险；有利于加速资金周转，提高资金使用效益；有利于外汇信贷的正确投放，调整贷款结构。

外汇信贷统计的主要指标有：

1. 固定资产与流动资金贷款构成指标

$$\text{固定资产与流动资金贷款构成}=\frac{\text{固定（流动）资金贷款}}{\text{各项贷款余额}}$$

2. 贷款期限考核指标

$$\text{长（中、短）期贷款比重}=\frac{\text{长（中、短）期贷款}}{\text{各项贷款余额}}$$

3. 出口创汇比重

$$\text{出口创汇比重}=\frac{\text{新增出口创汇贷款}}{\text{新增贷款总额}}$$

4. 外汇周转次数

$$\text{外汇周转次数}=\frac{\text{报告期贷款累计收回额}}{\text{贷款平均余额}}$$

5. 外汇贷款创汇率

$$\text{外汇贷款创汇率}=\frac{\text{新增出口创汇贷款额}}{\text{新增外汇贷款额}}\times 100\%$$

6. 逾期贷款率

$$逾期贷款率=\frac{期末逾期贷款额}{期末各项贷款总额}\times 100\%$$

7. 百美元外汇贷款创汇率

该指标能够综合反映一定数量的外汇投入能为国家增加多少外汇。其计算公式为：

$$百美元外汇贷款创汇率=\frac{考核期平均年外贸收购出口量\times 外销单价}{项目外汇贷款额}\times 100\%$$

六、外汇储备和外债统计

(一)外汇储备统计

外汇储备(foreign reserves)是指政府持有的外币资产，作为投资，以及在有需要时用作进行金融交易，以支持当地货币的外汇。此外，政府亦可运用外汇储备来支付外币款额，而无需在市场上出售当地货币以换取外币。

外汇基金实行会计报表制度。如表 3－8 是中国香港外汇基金资产负债表摘要举例。

表 3－8 中国香港外汇基金资产负债表摘要 单位：百万港元

	注	2000 年 9 月 30 日	2000 年 8 月 31 日
资产			
外币资产	1	805958	797881
港元资产	2	182945	192105
资产总额		988903	989986
负债及累计盈余			
负债证明书	3	96175	93425
流通硬币	3	5836	5767
银行体系结余	3	1069	1128
外汇基金票据及债券	3	106820	106220
其他香港特别行政区政府基金存款		406343	418083
其他机构存款		53809	38127
其他负债	4	26037	29354
负债总额		696089	692104
累计盈余		292814	297882
负债总额及累计盈余		988903	989986

说明：(1)外币资产包括作为货币基础支持的美元资产。于 2000 年 9 月底，这些美元资产达 2338.10 亿港元；2000 年 8 月底的数字则为 2301.61 亿港元。

(2)港元资产包括以外汇基金票据及债券作为抵押品的贴现窗贷款。于 2000 年 9 月底，贷款数字为 6.42 亿港元(2000 年 8 月底的贷款数字为 3.26 亿港元)。

(3)其他负债包括外汇基金票据及债券的应付利息，以及货币发行局运作的应付账项。

资料来源：http://www.info.goo.hk/hkma/gdbook/chi/stroke05/excLfund_bs.htm.

(二)外汇储备的总量及增量统计

各个国家或地区对外汇储备总量和发展趋势都很重视，因此这一方面的统计有重要意义。表 3－9 是中国 2005－2009 年的各月外汇储备数据。可利用这些数据对中国的外汇储备进行时间序列分析等统计分析。

表 3－9 中国 2005－2009 年月度外汇储备总量及增量数据 单位：亿美元

月度	2005 年		2006 年		2007 年		2008 年		2009 年	
	总量	增量	总量	增量	总量	增量	总量	增量	总量	增量
01 月	6236.46	137.14	8451.80	263.08	11046.92	383.48	15898.10	615.61	19134.56	－325.74
02 月	6426.10	189.64	8536.72	84.92	11573.72	526.80	16471.34	573.23	19120.66	－13.90
03 月	6591.44	165.34	8750.70	213.98	12020.31	446.59	16821.77	350.43	19537.41	416.75
04 月	6707.74	116.30	8950.40	199.70	12465.66	445.35	17566.55	744.78	20088.80	551.39
05 月	6910.12	202.38	9250.20	299.80	12926.71	461.05	17969.61	403.06	20894.91	806.11
06 月	7109.73	199.61	9411.15	160.95	13326.25	399.54	18088.28	118.67	21316.06	421.15
07 月	7327.33	217.60	9545.50	134.35	13852.00	525.75	18451.64	363.36	21746.18	430.12
08 月	7532.09	204.76	9720.39	174.89	14086.41	234.41	18841.53	389.89	22108.27	362.09
09 月	7690.04	157.95	9879.28	158.89	14336.11	249.70	19055.85	214.32	22725.95	617.68
10 月	7849.02	158.98	10096.26	216.98	14548.98	212.87	18796.88	－258.97	23282.72	556.77
11 月	7942.23	93.21	10387.51	291.25	14969.06	420.08	18847.17	50.30	3887.88	605.16
12 月	8188.72	246.49	10663.44	275.93	15282.49	313.43	19460.30	613.13	23991.52	103.64
当年增量	12.089.40		2474.72		4619.05		4177.81		4531.22	

资料来源：http://www.heybrain.com/notheal/article/uploads/201001/15_211659_1.png

(三)外债统计

1. 外债的定义

根据 1987 年 8 月 27 日国家外汇管理局公布的《外债统计监测暂行规定》和 2001 年中国外债口径调整有关内容，中国的外债是指中国境内的机关、团体、企业、事业单位、金融机构(包括境内外资、合资金融机构)或者其他机构对中国境外的国际金融组织、外国政府、金融机构、企业或者其他机构承担的以外币表示的全部债务。

2. 债务的类型

按照债务类型对中国的外债进行分类，具体分为如下 11 种类型：

(1)外国政府贷款，是指外国政府向中国官方提供的官方信贷。

(2)国际金融组织贷款，是指国际货币基金组织(IMF)、世界银行(集团)、亚洲开发银行、联合国农业发展基金会和其他国际性、地区性金融组织提供的贷款。

(3)国外银行及其他金融机构贷款，是指境外的金融机构(包括银行、非银行金融机构)及中资金融机构海外分支机构提供的贷款，包括国际银团贷款(境内机构份额除外)。

(4)买方信贷，是指境外发放出口信贷的金融机构向中国进口部门或金融机构提供的、用以购买出口国设备的信贷。

(5)向国外出口商、国外企业或私人借款，是指境外非金融机构提供的贷款，包括外商投资企业与其境外母(子)公司的债务(应付账款除外)，不包括外资银行与其境外联行之间的借款。

(6)对外发行债券，是指在境外金融市场上发行的，以外币表示的，构成债权债务关系的有价证券。可转换债券、商业票据、大额可转让存单等视同外币债券。

(7)延期付款(贸易信贷)，是指在正常的即期结算期后付款的进口项下贸易融资，包括远期信用证、非信用证项下的延期付款和预收货款。延期付款是指 3 个月以上(不含 90 天)的贸易信贷，属于登记外债范畴。贸易信贷则特指 3 个月以内的贸易信贷。

(8)海外私人存款，是指有吸收存款业务的金融机构吸收的境外机构或个人的外汇存款。

(9)国际金融租赁，是指由境外机构提供，境内机构以获得租赁物所有权为目的，并且租金包含租赁物成本的租赁。

(10)补偿贸易中用现汇偿还的债务,是指补偿贸易项下合同规定以外汇偿还或者经批准改为外汇偿还的债务。

(11)贸易信贷。

第二节 外汇市场统计与汇率风险

一、外汇市场概述

(一)外汇市场概述

1. 外汇市场的概念

外汇市场(foreign exchange market)是以外汇银行为中心,由外汇需求者、外汇供给者或买卖中间机构组成的外汇买卖的场所或交易网络,是国际金融市场的组成部分。

国际间的一切经济往来都伴随着货币清偿和支付,而要实现国际清偿和货币支付,就要进行国际间的货币兑换或外汇买卖活动。外汇市场就是为适应外汇买卖和外汇票据兑换的需要而产生的,所以外汇市场就是进行外汇买卖和调节外汇供求的交易场所,也就是个人、企业、金融机构及外汇经纪人和投机者可以在其中从事外汇买卖的组织系统,外汇市场实质上是一种货币商品的交换市场,市场上买卖的是不同国家的货币。

外汇的持有者,包括外币、外币支付凭证和外币有价证券的持有人,可以在外汇市场上进行本币与外汇的交易。

外汇市场的参与者众多,它们共同构成了外汇市场的交易主体,主要有外汇银行、外汇经纪商、中央银行、外汇投机者和外汇的实际供求者。

2. 外汇市场的类型

从不同角度考察,外汇市场可以划分为下面几种类型:

①从外汇交易组织形态划分

从外汇交易组织形态划分,外汇市场可以分为有形市场和无形市场。

所谓有形市场,一般是在证交所建筑物内或交易大厅内设立外汇交易所,买卖各方在每个营业日规定的时间内集合在此地从事外汇交易。目前,欧洲大陆上的外汇市场交易,除了瑞士之外,多数采取这种在外汇交易所内进行交易的形式,故又称“欧洲大陆式外汇市场”。例如,法国的巴黎外汇市场、德国的法兰克福外汇市场、意大利的米兰外汇市场等都属于这一类。

所谓无形市场,就是指无具体的外汇交易场所的市场。在无形市场中,交易双方并不面对面地直接成交,而是通过电话、电报等通讯设施来达成外汇交易。各种通讯工具构成了错综复杂的、庞大的信息网络。外汇买卖从询价到成交都是通过现代化的电讯联系完成的。无形市场大大提高了外汇市场的运作效率,世界上最大的外汇市场都是无形市场。例如,纽约外汇市场、苏黎士外汇市场、东京外汇市场等都属于这种类型。这种类型又称“英美式外汇市场”。

②从交易主体的居民身份划分

从交易主体的居民身份划分,外汇市场可分为国内外汇市场和国际性外汇市场。

国内外汇市场是指只限于国内居民参加交易活动的市场。这类市场主要存在于实施外汇管制的国家,并且其外汇交易仅限于本国货币与少数几种外国货币的交易。

国际性外汇市场是指基本不受政府外汇管制的自由外汇市场,各国居民都可以自由参与外汇市场的交易,交易的货币几乎包括所有的主要世界货币,外汇买卖不仅仅局限于本国货币同外国货币之间,也可以进行外国货币之间的买卖。

③从交易活动的范围划分

从交易活动的范围划分,外汇市场可分为区域性外汇市场和全球性外汇市场。

区域性外汇市场是指在货币集团区域内实现货币买卖的场所。由于区域性外汇市场存在一定的外汇管制,因而交易的币种、品种、数量受到一定的限制。全球性外汇市场是指在国际范围内实现各种货币买卖的场所。

④从外汇交易的范围划分

从外汇交易的范围划分,外汇市场可分为外汇批发市场和外汇零售市场。

外汇批发市场一般是指银行间的外汇交易市场,包括同一市场各银行之间、不同市场各银行之间、中央银行与外汇银行之间,以及各国中央银行之间的外汇买卖。外汇零售市场是指银行与一般顾客之间的外汇买卖,如银行与进出口商、个人之间的外汇买卖。我国目前的外汇市场也是由外汇批发市场即银行间市场和外汇零售市场即银行与企业、个人之间外汇买卖市场构成。

⑤从外汇交易的种类划分

从外汇交易的种类划分,外汇市场可以分为即期外汇市场、远期外汇市场、外汇期货市场和外汇期权市场。

即期外汇市场是进行即期外汇交易的市场。即期外汇交易也称现汇交易,是指外汇买卖成交后,于当日或其后一至两个工作日内办理交割的外汇交易。

远期外汇市场是进行远期外汇交易的市场。远期外汇交易也称期汇交易,是外汇买卖双方签订合约,规定于未来某一时间按约定的金额、汇率交割外汇的交易。

外汇期货市场是在商品期货市场的基础上发展起来的。外汇期货交易是买卖双方在期货交易所内公开喊价成交后,约定在未来某一特定日期,以目前商定的价格交割若干标准数量的某种外币。世界主要外汇期货交易所除了芝加哥国际货币市场以外,还有伦敦国际期货交易所、新加坡国际期货交易所等。

外汇期权市场近年发展较快。由于外汇期权交易避险功能和投机功能较好,期权交易已逐渐在全世界主要金融市场上流行。外汇期权交易实际上是一种外汇交割权利的买卖行为,外汇交割权利赋予其持有者在确定的日期或这个日期之前按照事先确定的汇率水平买入或者售出外汇的自由。

3. 外汇市场的特征

国际金融市场包括国际货币市场、资本市场、外汇市场和黄金市场。这几类市场是相互联系,无法截然分开的。国际金融市场实际上是一个涉及多币种交易活动的市场,无论是外汇收支或是外汇结算,都必须通过外汇市场进行,外汇市场是国际金融市场的核心市场。它具有以下特征:

①外汇市场是无形的市场

众多投资者熟悉的股票市场是一个有形的市场,有集中统一的交易场所,如我国有上海股票交易所和深圳股票交易所。而外汇市场则是一个无形的市场,各国都没有一个固定的外汇交易所,银行、外汇经纪、客户等全世界参与外汇买卖的人员都是通过电话、网络外汇市场等字眼,这并不是说在东京、伦敦或纽约有一个全球知名的外汇交易场所,而是专指以上三个城市在当地工作时间的全球外汇市场状况,是一个时间概念,并不是地域概念。

②外汇市场是24小时不断运行的市场

在外汇市场上,各国交易的对象都基本相同,七大货币占交易量的80%以上,交易对象的相同为全球化的统一市场提供了基础。而各国存在着时差,则为24小时不间断交易提供了时间基础。外汇市场就是这样日复一日的从周一早上运行到周六凌晨4点,所以外汇市场是一个24小时不间断运作的市场,这使得外汇投资相对于其他投资市场具有更大的吸引力,它为投资者提供了以下两方面的便利:

ⅰ.全球交易和投资成为可能。外汇市场没有涨跌停板制度,投资者可以随时随地按自己的意愿入市交易,不存在其他一些市场上的想入市买卖时无法入市的情况。

ⅱ.投资者可以随时随地控制风险。在发生一些突然事件时,投资者可以在第一时间对风险加以控制,或适时斩仓止损,或果断追市获得利润,这是其他市场无法比拟的优势。

③庞大的交易量

国际外汇市场是世界上最大的市场,它以其成熟性、规范性吸引了全世界的银行、大型企业、基金、投资机构和个人投资者的广泛参与,并以每天约2万亿美元的交易量成为全球最大的投机市场。外汇市场的庞大交易量体现了以下几方面的优势:

ⅰ.外汇汇率的客观性。外汇交易源于贸易兑换及套利活动,目前外汇市场庞大的交易量已经远远超过国际贸易额,说明贸易兑换已经不是外汇买卖的主要动因,各种各样的套利活动已经成为汇市上的最主要因素。尽管个别时候市场上过度的套利活动可能会使汇率偏离正常的范围,但继续的套利活动以及各国货币监管当局的活动,会使汇率逐步回复到正常的轨道上。

ⅱ.市场难以存在控制汇率波动的所谓庄家,受个别大户人为操控的机会微乎其微。每天约2万亿美金的交易量,意味着没有一个人或机构可以利用手中的资金操控市场,即使外汇储备最多的日本中央银行,也没有约2万亿美金左右的资金。至于索罗斯及其量子基金在1992年的英镑危机以及1998年的亚洲金融危机中兴风作浪,也是由于这些国家或地区本身存在着一些结构性的问题,再加上他联合了众多的其他资金集中对个别国家发起迅速狙击所致。因此外汇市场上基本不存在所谓的庄家,汇率的波动对每一个投资者而言都是基本公平的,只要掌握技术、拥有信息,就可以比较准确判断汇率走势并从中获利。当然,其中还有运气成分。

ⅲ.庞大的交易量和众多参与银行还意味着,即使当市场发生一些重大事件导致汇率大起大落时,投资者也可以找到交易对手,从而入市买卖。这也是外汇市场有别于其他市场的一个有利的地方。其他如股票市场,实行的是撮合成交形式,当出现一些因素导致股票价格大幅变动时,投资者几乎都朝同一方向买卖,导致市场上找不到对手,从而错过交易的最佳时机。而外汇市场交易则更加便利,无论发生怎样的重大事件,即便是"9·11"那样罕见的恐怖袭击事件发生,银行业会按照当时的市场汇率双边报价。

④外汇市场是公开、透明的市场

外汇市场是信息最为透明、最符合完全竞争市场理性规律的金融市场。在外汇市场上,发布各类经济数据、对货币政策进行宏观调控的主体是各国的政府部门和财经监管部门,这些部门的信用等级非常高。尽管汇市上也会有各种谣言,但是各种信息的公平度、准确度等远高于其他市场，同时西方国家对每个月所公布的经济数据均有固定的、公开的时间，而且基本上是对全球个大重要的信息中介同时公布，因此无论何时何地，只要拥有一定的信息终端，投资者基本上都能同时获得相同的信息、数据和资料，没有时差上的迟滞，也不会被人误导，更不用担心数据的虚假性。

⑤零和游戏

在外汇市场上，汇价的波动所表示的价值量的变化和股票价值量的变化完全不一样，汇率的变化也就是一种货币价值的减少与另一种货币价值的增加。从中的价值量来说，变来变去，不会增加价值，也不会减少价值。因此，许多人形容外汇交易是“零和游戏”，更确切地说是财富的转移。

⑥金融衍生工具不断涌现

自 20 世纪 70 年代布雷顿森林体系崩溃，国际货币体系进入浮动汇率制后，汇率波动频繁，外汇风险加大。各外汇交易主体迫切需要更多的避险方式和避险工具，金融创新应运而生。表现在外汇市场上，就是产生了许多金融衍生工具，如远期交易、货币期货、货币期权等。这些金融衍生工具发展迅速，其增长速度远远超过了股票、债券、即期外汇买卖等传统金融工具。衍生金融产品的交易，特别是场外衍生交易和国际贸易与投资活动发生了密切的联系，并越来越成为国际金融市场的重要组成部分和发展的驱动力。

然而，事实的另一面是，外汇市场由于其高风险和瞬息万变的特殊性，对经济的影响力和破坏力是巨大的。所以，实施浮动汇率制以来，各国政府从未放松对外汇市场的干预和调节，甚至多个国家的中央银行进行联合干预。

4. 外汇市场的功能

外汇市场作为国际经济联系的纽带，集中地反映了国际经济、国际金融动态和各国汇率变化的趋势，为促进国际贸易的发展、国际投资和各种国际经济往来的实现提供了便利条件，对各国与世界经济的发展起着重要的作用。概括地说，外汇市场主要具有如下功能：

①调节外汇的供求

在国际经济往来过程中，各微观经济主体经常会发生各种货币或外汇收支的不一致，因此需要在外汇市场上进行抛补，彼此融通来相互调节外汇的供求。

②形成外汇价格体系

外汇市场的一个重要功能是确定一国货币的汇率水平和各国货币的汇价体系。在外汇市场上，对外汇的买卖通过公开的报价和竞价。最后形成外汇的市场价格，进而确定一国货币的汇率水平和各国货币间的汇价体系。

③便利资金在国际间转移

这是外汇市场存在的最基本的理由。国际间的经济交往，需要以最有效的方式在国际间实现资金的转移和货币兑付。由于各国货币不同，必须将本国货币在外汇市场兑换成外汇来进行清偿，这使得外汇市场得以产生并生存。

④提供外汇资金融通

在国际贸易和国际资金转移中，各个经济主体的外汇头寸与其外汇供求之间存在不一致性，这就需要通过外汇市场来调剂各个经济主体外汇的供求矛盾。

⑤预防汇率风险

由于各国汇率经常变动，经济主体常常面临汇率与国际外汇市场的发展趋势相比，我国银行间外汇市场的交易方式由交易员分别报价，系统按照时间优先、价格优先的原则集中撮合成交，从技术层面看应当说是符合国际外汇市场发展趋势的，而我国银行间外汇市场的交易规模也是连年翻番，表现惊人。因此，从交易技术、交易规模等角度考察，10 年来我国外汇市场的发展确实取得了有目共睹的成绩。但是，如果从市场制度的角度看、从市场结构的角度来考察，我国外汇市场依然处于起步阶段，在新产品的创新等领域基本上没有新的进展，在中国外汇交易中心的定位等方面甚至还出现后退的趋势。

(二)我国外汇市场管理及人民币汇率改革

1. 我国外汇市场管理

(1)我国外汇市场管理发展历程

我国外汇管理体制的发展历程始终是与我国外汇市场的萌芽、发展和完善以及我国开放型市场经济的建立和发展进程密切联系在一起的。

①改革开放之前的外汇统收统支阶段(1949—1979 年)

这一时期，我国实行统收统支的外汇管理体制，一切外汇收入必须出售给国家，一切外汇支出都要由国家计划安排，因而不存在外汇的买者和卖者，也就不存在外汇市场。统收统支的外汇管理体制是与当时高度集中的计划管理体制和外贸的国家垄断体制相适应的产物，同时也反映了我国当时的对外贸易规模较小，外汇收支数额不大。在当时的情况下，只有采用这种方式才能保证外汇收支平衡以及人民币汇率的基本稳定。

②外汇调剂市场阶段(1980—1993 年)

中共十一届三中全会召开以来，我国积极推进对外开放，同时也为外汇市场的萌芽创造条件。这一时期主要有三个阶段：探索与起步阶段(1980—1985 年)，外汇调剂市场的框架基本形成阶段(1986—1987 年)，以及外汇调剂市场的完善阶段(1988—1993 年)。

20 世纪 80 年代，在国家外汇管理局的统一领导和管理下，各省、自治区、直辖市设立了外汇调剂中心，办理本地外汇额度和现汇的调剂业务。北京市设立了全国外汇调剂中心，办理中央部门之间和各省市之间的外汇额度和现汇调剂业务，形成了一个全国统一的市场。1988 年，上海创办了我国第一家公开的外汇调剂市场，即上海外汇调剂中心。此外，还放开了外汇调剂价格，使之根据外汇供求自由浮动，扩大调剂范围允许地方政府的留成外汇、侨汇进入调剂市场。允许国营、集体企事业单位同外资企业之间进行外汇调剂，打破两个市场之间的界限。在这一时期，一些地方还建立了外汇平准基金，并改革了交易方式和交易制度，进一步完善了市场运作机制。

总的来说，在这一阶段，外汇调剂市场已经成为一个比较开放、覆盖面和影响力不断扩大的市场体系。外汇调剂市场基本上反映了外汇市场的供求关系，从而促进了对外贸易，改善了外商投资环境，加速了外汇资金的流通，提高了外汇资源的使用效益。但同时我们应该看到，外汇调剂市场并不是真正的、规范化的市场，而只是一种初级形态的外汇市场。

③银行间外汇市场阶段(1994 年之后)

中共十四届三中全会通过了《中共中央关于建立社会主义市场经济体制若干问题的决定》，明确提出了“改革外汇管理体制，建立以市场供求为基础的有管理的浮动汇率制度和统一规范的外汇市场”。为贯彻落实这一决定，中国人民银行公布了《关于进一步改革外汇管理体制的公告》，决定从 1994 年 1 月 1 日起对外汇管理体制进行新一轮的改革，在原有外汇调剂市场的基础上建立银行间外汇市场，并取消外汇留成，停止发行外汇券，取消外汇收支的指令性计划,实行银行结售汇制,实现汇率并轨,实行以市场供求为基础的、单一的、有管理的浮动汇率制度。

④我国外汇市场的进一步发展

外汇市场的交易种类丰富,有即期外汇交易、远期外汇交易、外汇期货交易、外汇期权以及金融互换等等。然而,我国的外汇市场在发展的初期却只有本外币即期交易。随着我国经济的不断发展以及与世界各国经贸关系的不断发展,企业对于规避汇率风险的交易工具的需求日益强烈,这就要求我们进一步发展外汇市场,丰富外汇市场业务种类。

在现有的条件下,要满足市场的多样化需求,增加外汇业务种类,首先就应发展外汇远期交易。这是由于外汇远期交易是发展外汇期货交易、外汇期权等业务的基础。最初是由中国银行开始进行远期外汇交易的试点,从而迈出了我国外汇市场深化发展的步伐。当前,我国的一些银行已经获得中国人民银行的批准,开办包括远期、掉期、期货和期权在内的外汇金融衍生业务,为更好地满足市场的多样化需求、促进外汇市场向纵深发展、进一步推进经济的整体发展奠定了基础。

(2)近年来我国外汇管理体制的新发展

近年来,我国外汇管理体制有了新的发展。主要表现在以下几个方面:

①人民币自由兑换进程不断加快

早从1996年12月1日起,我国就接受《国际货币基金协定》第八条的全部义务,不再限制不以资本转移为目的的经常性国际交易支付和转移,不再实行歧视性的货币安排和多重货币制度,这标志着我国实现了经常项目可兑换。当前,我国正逐步推进资本项目的对外开放。我国试行资本项目的可兑换需要以下几个条件:合理的汇率水平,充足的国际储备,健全的宏观经济政策,以及良好的微观经营机制。因此,放松资本项目的外汇管制,实现资本项目的可兑换,必定是一个循序渐进的过程。目前,我国已经实现了人民币资本项目部分可兑换。在国际货币基金组织所确定的资本项下的43个交易项目中,我国完全可兑换和基本可兑换(经登记或核准)的有12项,占28%;有限制的有16项,占37%;暂时禁止的有15项,占35%。外汇管理部门正根据中共十六届三中全会的要求,进一步推动资本项目管理创新,支持境内机构对外投融资往来,稳步推进资本项目可兑换。

②适应社会主义市场经济的外汇管理法规体系不断完善

1997年,我们对建国以来的外汇管理法规进行了全面清理和修订,初步形成了由行政法规、部门规章和规范性文件组成的三个层次的法规体系。2001年,为适应我国扩大对外开放以及加入世界贸易组织以后的新形势,再次对外汇管理法规进行清理,并以此为契机,努力建设一个科学、系统、简便、透明且符合世贸组织及其他相关国际组织要求的外汇管理法规体系。2002年,为加强对外汇收支的监管,坚决依法打击各种非法外汇交易活动,国家外汇管理局还拟定了《金融机构大额和可疑外汇资金交易报告管理办法》,细化了相关报告标准与识别标准,为加强反洗钱工作做了重要的制度准备。

③建立健全金融机构外汇业务监管体系

近年来,我国逐步完善银行外汇收支监管体系,稳步推进证券领域外汇业务开放,建立保险机构外汇业务管理框架,加强对金融机构执行各项外汇管理政策法规情况的现场与非现场检查。通过监管金融机构,规范各类市场主体的外汇行为,到2001年底,全国共有4474家银行网点办理结售汇业务,60家证券公司和12家保险公司获准经营外汇业务。2003年4月1

日起，四大银行正式得到中国人民银行批准，全面开展远期结售汇业务，如工商银行远期结售汇业务不仅覆盖经常项目下所有项目的远期汇率风险，还包括偿还银行自身境内外汇贷款、偿还经国家外汇管理局登记的境外贷款等多种资本项下的贷款项目，能够更全面地满足客户的汇率风险规避需求。

④外汇监管的技术手段不断提高和完善

随着外汇管理手段的不断改进，我们正逐步推进外汇管理改革，并对相关的政策进行调整。1999 年 1 月 1 日，正式启用海关、银行、外汇局之间的进口报关单联网核查系统，有效防止了骗汇等违法活动，2001 年 8 月 1 日，"口岸电子执法系统"出口收汇子系统和出口收汇核报系统正式启动，简化了企业核销手续；2002 年 4 月 1 日，"境内居民个人购汇管理信息系统"试运行，并于 8 月 1 日正式在全国推广，放开了办理个人收汇业务的银行限制。

2. 人民币汇率改革

(1)人民币汇率改革历程

从某种意义上说，外汇市场的运行过程，就是汇率的形成过程。就我国而言，随着外汇管理体制改革的推进和外汇市场的发展，人民币汇率形成机制正在惭走向市场化。我国人民币汇率改革主要经历了以下几个过程：

①改革开放之前

在建国后的国民经济恢复时期，受国内政治经济形势的影响，当时的经济政策是"奖出限入"、"兼顾进出口、照顾侨汇"。在这种背景下，人民币汇率经历了一个先抑后扬的过程。1953 年社会主义改造基本完成以后，我国进入了社会主义建设时期，价格完全纳入了国家计划，对外贸易由国营外贸公司统一经营，国家对外实行统收统支。在这种高度集中的计划经济体制下，人民币汇率完全不反映外汇供求关系，缺乏弹性。此时，人民币汇率的主要功能是为经济核算和计划编制提供便利。

②人民币汇率作为贸易内部结算价的实行阶段(1981－1984 年)

这一时期，我国的汇率制度是一种双重汇率制。从 1981 年开始，除继续保留公布牌价外，另外指定贸易外汇内部结算价，主要是用于进出口贸易及贸易从属费用的结算。国家公布的外汇牌价，仍按照原来的一揽子货币加权平均计算，主要用于非贸易外汇的兑换和结算。同时这一时期，我国还存在另一个汇率，即市场汇率。当时，国务院批准中国银行开办外汇调剂业务，允许外汇调剂价格在贸易内部结算价的 5%－10%的幅度内波动，在一定程度上引入了市场机制，是我国汇率形成机制的突破性变革。

③人民币汇率的单一汇率制阶段(1985－1993 年)

这一时期，人民币汇率不断调低，以真正反映外汇实际比价，消化当时外贸水平下的进出口成本，促进进出口结构的改善。中国人民银行根据我国的出口换汇成本、国际收支状况以及国际外汇市场上主要货币汇率的变动情况，开始对人民币汇率进行适时适度、机动灵活、有升有降的微调。这一阶段人民币汇率改革的特点是：汇率不断贬值且逐步单一化；汇率的调控方式由原来的阶段性大幅调整到适时适度的微调；市场机制的作用在不断加深。

④人民币汇率并轨和向市场汇率过渡阶段(1994 年以后)

随着银行结售汇制的实施，人民币汇率也由官方汇率和市场调剂汇率并存向以市场供求为基础的单一的有管理的浮动汇率制转变。中央银行主要通过市场手段来调节市场供求，稳定汇率，从而实现宏观金融的调控目标。另一方面，1994 年 4 月 4 日，中国外汇交易中心交易系统正式联网运作，通过现代化的通讯与计算机网络技术，我国外汇市场实现了全国同步即时交易，打破了原来的市场分割、地区封闭的格局，从而真正形成了全国统一的市场汇率。

(2)现行人民币汇率制度的特点

①人民币汇率实行以市场供求为基础的、单一的、有管理的浮动汇率制度。

②人民币汇率采用直接标价法。就是以100、1万、10万外币单位为标准，折算为相应数额的人民币。

③人民币汇率实行外汇买卖双价制，买卖差价一般为0.5%。

④现行人民币汇率所涉及的货币都是可自由兑换货币。人民币挂牌价有英镑、美元、欧元、日元、澳大利亚元、加拿大元、澳门元、菲律宾比索、泰铢、新西兰元等货币。

总之，我国外汇市场正在不断深化发展，人民币汇率形成机制也在不断地走向市场化，同时，我国的外汇管理体制也应随之进行深化改革，相应的外汇管理法规体系也应当不断完善，以实现我国外汇市场的良好运行，促进经济的更好发展。

(三)外汇市场统计概述

外汇市场统计是指对一国或地区在一定时期内外汇市场的供求状况及汇率变动情况进行的全面记录和分析。其主要任务是：计算某一时点上国家和某一地区的外汇资源，某一时期内外汇市场的供求情况，外汇交易市场的规模和构成情况，分析汇率的现状和变动趋势。

外汇市场统计的主要内容有：外汇市场交易业务统计，外汇市场交易价格即外汇汇率及其变动统计，外汇利率统计，外汇市场风险统计及外汇市场收益统计等等。

外汇市场统计的主要作用表现在：为国家制定外汇管理政策和进行国民经济宏观调控提供依据；为监管机构对外汇市场进行监管、控制和引导提供统计资料；为各外汇交易参与者提供准确、及时的统计资料。

二、外汇市场与汇率

(一)汇率及其标价方法

当人类经济活动从国内延伸至国外时，经济行为主体便产生了对外汇的需求，满足这类需求的方式无外乎是寻找货币需求相反的交易对手。外汇市场的出现为人们寻找外汇交易对手提供了极大的方便，同时大大降低了寻找交易对手的搜寻成本，克服了交易双方由于外汇需求量的非一致性所导致的交易障碍。外汇市场是指外汇买卖的场所，它是各类外汇供求者组成的外汇交易及各种外汇资金调拨、清算及供求关系的总和。

在外汇市场中，交易者首先面临的一个问题是交易的价格，即汇率。汇率是在两国不同货币之间，用一国货币表示另一国货币的价格，或一国货币与另一国货币之间折算的比率或比例。在折算这一比例时，由于货币的基准选择不同，汇率标价方式又分为两种：一是直接标价法(Direct Quotation)，另一是间接标价法(Indirect Quotation)。直接标价法又称为应付标价法(Giving Quotation)，是指一国货币的汇率以一定单位的外国货币为基准，折合成多少本国货币的标价方法。间接标价法又称为应收标价法(Receiving Quotation)，是指一国货币的汇率以一定单位的本国货币为基准，折合成多少外国货币的标价方法。目前，多数国家采用的是直接标价法，我国的外汇标价就是采用的直接标价法，如美元的汇率就是指每100美元兑换人民币数量，日元汇率指的是每10000日元兑换人民币的数量等。

外汇市场与其他市场一样，其产品的价格由市场供求决定，也就是说，汇率是由外汇市场的供给与需求决定的。由供求法则知，当供给大于需求时，价格下降，价格下降指的是外币贬值，本币升值，亦即意味着同样数量的外币所兑换的本币愈来愈少。相反，当供给小于需求时，价格将上升，价格上升指的是外币升值，本币贬值，此即意味着同样数量的外币所兑换的本币愈来愈多。值得注意的是，就一般商品而言，我们说价格上升，一定是价格值愈来愈大，价格下降一定是价格值愈来愈小；其表现出升降与大小的一致性特征。而外汇的价格却不能一概而论，它与我们采用的标价方法有关，说外汇价格上升，指的是外币升值，意思是同样数量的外币所兑换的本币愈来愈多，直接标价法表现出的值愈来愈大，这与普通商品是一致的，若采用的是间接标价法，则价格值却是愈来愈小，它与通常意义上的升降所对应值的大小变化是相反的。

（二）即期汇率与远期汇率

在外汇市场上，目前每天都要发生大约上万亿美元的外汇交易，外汇市场交易不仅数量巨大，而且交易品种繁多。如果货币的交割是在外汇交易后立即进行的（当日或隔日交割完毕），称这种外汇买卖契约的价格（汇率）为即期汇率（the spot exchange rate）。它也就是人们通常所指的外汇市场瞬时波动的汇率。如果外汇交易是按交易合约规定的在未来某个时刻以双方预先约定的汇率进行交易，称这个预先约定的汇率为远期汇率（the forward exchange rate）。从定义上看，远期外汇交易合约似乎可以以任何约定的时间进行，但实践中，外汇市场行情公布的远期汇率的限期一般为 3 个月、6 个月、9 个月等。

即期汇率与远期汇率的关系通常用汇率升水或贴水来表示。当远期汇率高于即期汇率时，称其为汇率升水（the exchange premium）。值得特别注意的是，这里的汇率高低不是指汇率数值的大小，而是指货币内在价值的相对高低。在汇率采用直接标价法的情况下，汇率升水实际上指的是本币内在价值的提高，表现在数值上却是远期汇率小于即期汇率。如人民币对美元的即期汇率为 RMB8.27：$ 1；3 个月远期汇率为 RMB8.20：$ 1，则称人民币对美元汇率升水。相反，若汇率采用间接标价法，汇率升水就表现为远期汇率的数值大于即期汇率。这种情况下，货币相对内在价值的高低与汇率数值的大小保持一致。如美元对日元的即期汇率为 JPY105：$ 1，6 个月远期汇率为 JPYl10：$ 1，则称美元对日元汇率升水。与汇率升水对应的一个概念是汇率贴水（the exchange discount），它指的是远期汇率低于即期汇率。最后一种情形是远期汇率等于即期汇率，这种情况被称为汇率平价（the exchange parity）。

（三）汇率风险

既然汇率由外汇市场的供求决定，而无论是外汇的供给还是它的需求，其量都不可能是固定的，由市场均衡定价原则分析知，供求量的任何不完全匹配的变动，都会导致价格的变化，这就是说，汇率本身并不是不变的。众所周知，外汇供给与需求的变化除了受经济系统内各经济变量的影响外，它们还受来自于外部冲击的影响。外部冲击最显著的特征是，它具有不可预测性。外部冲击的不可预测性决定了外汇供给与需求的不可预测性，这就决定了汇率的不确定性特征。汇率的不确定性表明，外汇交易者或外汇资产持有者随时都面临外汇市场汇率变动可能导致价值损失的风险，即汇率风险。因此，强化汇率风险管理就成为外汇市场最重要的研究内容。

外汇风险（Foreign Exchange Risk）即汇率风险，是指在不同币别货币的相互兑换或折算中，因汇率在一定时间内发生始料未及的变动，致使有关国际金融主体实际收益与预期收益或实际成本与预期成本发生背离，从而蒙受经济损失的可能性。需要强调的是，汇率风险是指未预见到的变化，而不是单纯指变化。因为，在一个完备的金融市场中，任何市场预见到的汇率变化都会表现在远期汇率、外汇掉期等外汇金融商品的市场价格里。由风险理论知风险的大小可以用方差或标准差来度量，汇率风险也一样，也可以用汇率变动的标准差来度量。

（四）汇率形成机制

汇率的变动不仅直接给投资者带来汇率风险，而且它对一国的宏观经济也会产生较大的影响。克服这种影响的方式是政府实施外汇管制或适时对外汇市场进行干预。一旦政府介入外汇市场，外汇价格的形成机制就会发生相应的变化。根据政府对外汇市场介入的程度不同，可将汇率形成机制分为浮动汇率、有管理的浮动汇率和固定汇率。

浮动汇率（the floating exchange rate）又称为自由浮动汇率（ the freely exchange rate），它指的是政府根本不干预外汇市场，汇率的形成完全由市场的供求决定，汇率的变动完全取决于外汇市场供求状况。当外汇供给大于需求时，外汇价格下降，即汇率（直接标价）变小，此时外汇相对本币贬值；当外汇供给小于需求时，外汇价格上升，即汇率（直接标价）增大，此时外汇相对本币升值；只有在外汇供求相等时，外汇市场价格（汇率）才达到均衡，此时汇率才没有变化的动力。

有管理的浮动汇率（the managed exchange rate）是指包含有政府干预的浮动汇率。一般情况下，汇率的形成由市场来决定，政府不进行干预，只有当汇率的变动偏离政府目标时，政府才实施市场干预。这种汇率形成机制使政府在外汇市场中始终处于主动和有利的地位，只要政府觉得需要，它就可通过政策干预来影响外汇市场，以便使汇率朝着有利的方向变化。

固定汇率（the fixed exchange rate）是指政府利用法律或规则的手段对汇率实施限制，将汇率固定在某一固定水平上，且在相当长的时期内保持汇率不变。在固定汇率制下，政府通常是利用中央银行的储备来保持汇率的稳定。当外汇市场出现外汇的超额需求时，中央银行卖出外汇来满足市场需求，从而保证汇率的稳定；相反，当外汇市场出现外汇的超额供给时，中央银行则买进外汇，增加储备，以此来保持汇率的不变。如果政府利用外汇储备的调节仍不能使市场价格（汇率）保持稳定时，一种极端的情况就是政府实施外汇管制（the exchange control）来限制私人持有和交易外汇。

从上述三种汇率形成机制明显可以看出，不同的汇率形成机制所对应的汇率风险不同。固定汇率几乎没有汇率风险，因为固定汇率制所对应的汇率是完全确定的；有管理的浮动汇率有汇率风险，但汇率风险通常不会很大，因为实现经济稳定是政府的最主要目标之一，政府的干预会在一定程度上熨平汇率的波动幅度；浮动汇率的汇率风险最大，任何重大的突发事件都可能引起市场汇率的大起大落。

三、汇率决定与指数

各国货币之间的比价即汇率，从根本上讲是各种货币价值的体现。也就是说，货币具有的或代表的价值是决定汇率水平的基础。汇率在这一基础上受其他各种因素的影响而变动，形成现实的汇率水平。那么，如果我们把不同货币所具有的或代表的价值的相对数看成是一种指数的话，则这个指数就是决定汇率水平的基础。而在不同的货币制度下，这个指数是不同的，即汇率具有不同的决定因素。

（一）金本位制度下汇率的决定

金本位制度是从 19 世纪初到 20 世纪初国际经济交往中所实行的货币制度，1816 年英国

《金本位法》的颁布标志着金本位制度的诞生。典型的金本位制度具有的特点是:各国货币均以黄金铸成,金铸币有一定重量和成色,有法定的含金量;金币可以自由流通、自由铸造、自由输出入,具有无限清偿;辅币和银行券可以按其票面价值自由兑换为金币。

在这种制度下,各国货币均以黄金作为统一的币材、统一的价值衡量标准,尽管它们在重量、成色等方面有不同的规定,但在国际结算和国际汇兑中都可以按各自的含金量多少加以对比,从而确定出货币之间的比价。因此,金本位制度下,两种货币之间含金量之比,即铸币平价(mint par),就成为决定两种货币汇率的基础。

因此,在金本位制度下汇率可以表示成:

$$E_{AB}=G_A/G_B \tag{3.2.1}$$

其中,E_{AB}为汇率,即 A、B 两国的铸币平价指数,G_A 为 A 国货币的含金量/盎司,G_B 为 B 国货币的含金量/盎司。G_A 与 G_B 的相对变化,会导致铸币平价指数的变化,进而影响到汇率的变化。

由于铸币单位以易识别的黄金作为它的物质基础,且含金量又具有度量上的客观性,因此,由铸币单位决定的汇率就自然具有稳定的特征。但铸币平价的稳定性是否意味着汇率固定呢? 其实不然,因为在国际经济交往中,各国对外经济发展的不平衡决定了黄金需求存在差别,而黄金的实物产品属性又决定了其存在交割成本,交割成本破坏了外汇市场汇率绝对稳定的特征,从而导致了实际汇率的现实波动。

值得注意的是,金本位制度下的供求关系变化造成的外汇市场汇率变化是有遏制的,它被界定在铸币平价上下各一定界限内,这个界限就是黄金输送点(gold point)。因为一旦外汇市场汇率波动的幅度超过黄金输送点,金本位制度下黄金可以自由融化、自由铸造、自由输出入的特点就使外汇市场套利成为可能,套利的结果使实际汇率回到黄金输送点内来。具体讲就是,一方面,当外汇市场上的汇率上涨到或超过某一界限时,各国债务人用本币购买外汇的成本会超过黄金直接输出国境用于支付的成本,从而引起黄金输出,引起黄金输出的这一汇率界限就是"黄金输出点"。另一方面,当外汇市场上汇率下跌,达到或低于某一界限时,本国拥有外汇债权者用外汇兑换本币所得会少于用外汇在国外购买黄金再输回国内所得,从而引起黄金输入,引起黄金输入的这一汇率界限就是"黄金输入点"。

黄金输送点的确定除了取决于(3.2.1)式外,还取决于单位输送成本。如果假设 A、B 两国之间黄金运输成本为 C(含金量/每盎司),则"黄金输出点"所决定的 A、B 两国汇率水平的上限为 $E_{AB}^{\max}=E_{AB}+\mathrm{C}/G_B$;同样,"黄金输入点"所决定的 A、B 两国均衡的汇率水平的下限为 $E_{AB}^{\min}=E_{AB}-\mathrm{C}/G_B$。这意味着在金本位制下,均衡汇率或外汇市场的均衡并不在某一个点上,而是呈现一个区间范围,即$[E_{AB}^{\min},E_{AB}^{\max}]$。在这个区间内,外汇市场能保持均衡运行。这就是说,即使外汇市场处于均衡状态,均衡水平的区间特征也表明汇率风险依然是存在的。但是,随着生产水平的提高,运输成本的降低,汇率的稳定性特征愈来愈明显。

(二)纸币制度下汇率的决定

纸币制度是在金本位制度崩溃之后产生的一种货币制度,包括法定含金量时期和 1978 年 4 月 1 日以后的无法定含金量时期的两个阶段。纸币作为价值符号,是金属货币的替代物,在金属货币退出流通领域之后,它执行流通手段和支付手段的职能。从纸币制度产生之日起,各国政府就规定了本国货币所代表的(而不是所具有的)含金量,即代表的一定价值。因此,在国际汇兑中,各国货币之间的汇率也就成了它们所代表的价值之比。但是值得注意的是,纸币制度下,各国政府所规定的货币法定含金量并不代表货币的实际价值,因为通货膨胀这种几乎不可避免的现象会使货币的实际价值与其代表的名义价值相偏离。一国通货膨胀程度越高,其货币的实际价值就越低;一国通货膨胀程度越低,其货币的实际价值就越高。

用通货膨胀程度所衡量的货币实际价值是货币的对内价值,它是决定货币对外价值(即汇率)的基础。对内价值具体体现于货币在国内的购买力高低,而货币购买力是用能表明通货膨胀程度的物价指数计算的。因此,我们就可以构造两国货币的购买力相对值指数,以此来决定两国之间的汇率水平。用式子表述为:

$$E_{AB}=I_{AB}\cdot\frac{B_A}{B_B} \tag{3.2.2}$$

其中,I_{AB}为A、B两国货币的购买力指数,B_A为A国货币的购买力水平,B_B为B国货币的购买力水平。在实践中,一国货币的购买力水平与该国物价指数反方向变化,即物价指数上涨,通货膨胀率相对水平提高,该国货币相对购买力水平就下降,它在国际市场的汇率也会相应下跌;反之,当一国物价指数上涨程度较其他国家慢,通货膨胀率相对水平较低时,该国货币相对购买力水平提高,它在国际市场的汇率也会相应上升。

进一步说,货币的对内价值,即购买力的变化,取决于流通中的货币量。如果流通中的货币数量与货币的实际需要量相一致,则本国物价和货币购买力稳定,货币对内不发生贬值;如果流通中的货币量超过货币需要量,则会发生通货膨胀,物价上涨,货币购买力下降,本币对内贬值。

在纸币制度下,两国货币之间的汇率取决于它们各自在国内所代表的实际价值,也就是说货币对内价值决定货币对外价值。而货币的对内价值又是用其购买力来衡量的。因此,货币的相对购买力平价(我们用两国购买力指数表示)就成为纸币制度下汇率决定的基础。

然而,也必须看到,"布雷顿森林体系"崩溃后,有管理的浮动汇率制度安排使得汇率的直接决定因素是外汇市场的供求状况。外汇供求的任何变化都会引起汇率的波动,汇率的这种波动会使其在短期内偏离汇率决定的物质基础(实际价值)。从短期看,影响外汇供求的主要因素包括国际收支状况、外汇资金借贷成本及难易程度、外汇交易者对市场的预期等。但从长期看,货币的内在价值始终是汇率决定的基础。

四、购买力平价理论的指数描述

购买力平价(PPP, Purchasing Power Parity)理论是国际金融理论中历史悠久的汇率理论,它的出现几乎与货币的出现一样早,可追溯到16世纪的西班牙。然而,最初的研究缺乏系统性,讨论的重点也不是汇率,且不注重以统计资料来检验汇率的均衡值。两次世界大战期间,瑞典经济学家古斯塔夫·卡塞尔(G. ustav Cassel)系统地提出了该理论与一些相应的经验检验方法。故人们公认,购买力平价理论是由卡塞尔于1916年提出的,并于1922年完善。

所谓购买力平价,就是指对不同国家的货币来说,考虑到汇率及货币兑换因素后,各国货币的购买力应该相等。换言之,经过汇率折算后,各国商品的价格应该相等。这种同种商品价格相等的现象,在经济学中称为"一价定律"。"一价定律"在宏观和微观经济学均衡分析中都是一个当然的隐含假定。在任一种市场上,对一价定律产生任何超常偏离的非均衡状态,都会引致相应的套利(为买进或卖出某物,以利用价差来获取无风险利润的过程),使经济系统恢复平衡。开放经济中的商品套利行为,事实上就是汇率决定的购买力平价机制。这样,由购买力平价关系决定的汇率,如果用指数形式来描述的话,就是将名义数量不等的不同货币,折算成用不同指数表示的,以反映相同的实际购买力后的指数比例关系。

(一)绝对购买力平价的指数描述

一种货币的价值,或者对这种货币的需求,取决于单位货币在发行国所能买到的商品和劳务的数量,即其内在的购买力。从统计上看,货币的内在购买力表现为该国商品和劳务的一般物价水平的倒数,在绝对购买力平价中运用的价格水平是两个国家的一揽子商品的总价格水平,在实际中可以近似利用各国编制的"价格指数"来反映。由于两种货币的绝对购买力平价是由这两种货币的内在购买力之比所决定的,因此我们在采用绝对购买力平价计算汇率时,就可采用以反映各国货币内在购买力的"价格指数"。

假设忽略交易成本,且令 P_h 为国内一般物价水平,P_f 为国外一般物价水平,在货币购买力相同的情况下,同一揽子商品满足一价定律,即

$$P_h = EP_f \tag{3.2.3}$$

其中,E 为 1 单位外币表示的本币的数量,即汇率。所以 $E = P_h / P_f$ 为购买力平价下汇率的决定关系式,它表明,任何两种货币之间的汇率等于它们的价格指数之比。

但值得注意的是,用两国的价格指数之比来反映两国货币之间的汇率时,假定前提是,两国在编制物价指数时各国商品所占的权重相等。换言之,即 n 种物品中的每一种物品占本国消费总量的份额(即本国的物价指数的权重)与此物品占外国消费总量的份额应该是相等的。在这种情况下,一般物价水平的对比才有意义。

同时,我们还注意到,在购买力平价决定式的表达式中,用以反映一般物价水平的"价格指数"在实际中也不是唯一的。编制价格指数是为了观察一国内所有商品或一类商品价格的变动情况。实际中,用以观察一般物价水平的指数,主要包括零售(消费)物价指数(RPI, Retail Price Index),这是从商店及其他零售部门的价格样本中算出的,和批发(厂商)物价指数(WPI, Wholesale Price Index),这是按产品的出厂价计算的。前者从家庭消费的角度观察价格,将间接的税收、批发商的利润等因素都考虑进来,这种指数包含了主要消费物品和劳务,不管是国产的还是进口的。后者则对经济中企业部门投入产出的价格水平予以指导。由于经济发展水平的差异决定了不同国家消费结构和生产结构都存在明显的不同,即使是不同的国家选择同一揽子商品,也会因综合物价指数构造中权数的不同而使价格指数不具有可比性。因此,绝大多数经济学家都认为,没有一个公布的物价指数可以作为检验购买力平价所指的适当物价水平,也很少有实例支持购买力平价。即使如此,人们还是对购买力平价理论持肯定态度,只是将实践中的问题归结为价格指数编制中引起的价格数据不完善。

(二)相对购买力平价的指数描述

相对购买力平价在理论上克服了绝对购买力平价的局限,考虑了诸如运费、关税、贸易配额等因素在内的市场缺陷。该理论认为,由于存在上述因素造成的市场不完全性,不同国家的同质产品的价格未必相等。但是,只要运费和贸易壁垒等因素保持不变,同质或相似产品的价格变动率应该相等。

假定价格指数中各种商品所占权重和其他有关因素不变,相对价格指数能反映相对价格

水平的变化。如果我们以自然对数表达关系式 $E=P_h/P_f$，并用小写字母代表各自的对数值，即，$\ln P_h=p_h$，$\ln E=e$，$\ln P_f=p_f$，可得：$p_h=e+p_f$，再对两边进行微分处理，便可得到 p_h、e 和 p_f 的变化率，$\tilde{p}_h=\tilde{e}+\tilde{p}_f$（其中：字母上带"～"号的量代表对应的变化率）。为了更清楚的显示相对购买力平价的经济学意义，再对这一关系式作简单的等价变换得：

$$\tilde{e}=\tilde{p}_h-\tilde{p}_f=\pi_h-\pi_f \tag{3.2.4}$$

其中：π_h 和 π_f 分别代表国内与国外的通货膨胀率。显然，$\tilde{p}_h$ 和 $\tilde{p}_f$ 分别代表国内价格指数变化率和国外价格指数变化率，即通货膨胀率。$\tilde{e}$ 代表汇率的变动率，上述关系式实际上显示了这样一种关系，汇率的变化率等于国内价格指数变化率与国外价格指数变化率之差，也即国内外通货膨胀率之差。在两国模型中，如果一个国家的通胀率高于另一国家的通胀率（$\pi_h>\pi_f$），该国的汇率就会上升，本币相对于外币贬值；反之，如果一个国家的通胀率低于另一国的通胀率（$\pi_h<\pi_f$），该国的汇率下降，本币相对于外币升值。

实际上，从产品套利的角度可以更好地理解购买力平价。设 T 为一组代表性商品（一揽子商品），消费者既可以用本币在国内购买，也可以用外币在国外采购（本外币之间可以自由兑换），假如不考虑运输及采购成本，消费者在国内购买的支出为本币 $P_h\cdot T$，在国外采购的支出为外币 $P_f\cdot T$，无套利均衡条件是 $P_h\cdot T=EP_f\cdot T$。因为，若 $P_h\cdot T\neq EP_f\cdot T$，不妨设 $P_h\cdot T>EP_f\cdot T$，在此情况下，消费者可以用 $P_f\cdot T$（相当于 $EP_f\cdot T$ 的本币）的外币在国外购买商品 T，然后在国内卖出 T，获得$P_h\cdot T$的本币收入，显然，消费者的这一行为使其获得了 $P_h\cdot T-EP_f\cdot T$ 的利润，即出现了套利，商品套利的结果必然使相对价格发生变化，或汇率做出调整，无论是价格变动还是汇率调整，消除套利机会的条件一定是 $P_h\cdot T=EP_f\cdot T$，即 $P_h=EP_f$。所以，无套利均衡的汇率 $E=P_h/P_f$，它与购买力平价关于汇率的决定是完全一致的。

五、利率平价理论的指数描述

利率平价理论(Interest Rate Parity，IRP)首先由凯恩斯提出，后经英国经济学家保罗．艾因其格(Paul Ainige)及其他西方经济学家的发展，系统地揭示了利率与汇率之间相互作用的内在联系。尤其在远期汇率的决定上，该理论说明了汇率取决于两国货币的相对收益，以利差作为汇率变动的主要原因，给远期汇率预测提供了强大的理论工具。在资本收支对外汇供求影响越来越大的情况下，该理论弥补了仅从商品和劳务角度考虑汇率决定的购买力平价理论的不足，成为解释国际间短期金融资本流动及短期汇率剧烈动荡的首要理论。

(一)汇率风险与抛补

外汇市场变幻莫测，汇率波动非常频繁而且剧烈，拥有外汇债权债务的进出口商、投资者、筹资者面临较大的外汇风险。抛补是外汇市场上套利者、借贷者为消除或减少外汇风险，以防因汇率不利的变动造成拥有的外国资产的价值遭受损失，而将所有的外国通货处于资产等于负债的封闭或平衡部位的避险保值行为。以下我们用一个例子来说明这种保值行为。

假设某出口商在 3 个月后有一笔外汇收入，如果预期 3 个月后的即期汇率低于目前的 3 个月远期汇率，该出口商可以在远期外汇市场卖出可能收入的外汇，以防外汇收入损失这称为远期抛补。

假设某进口商在 3 个月后有一笔外汇支出，如果预期 3 个月后的即期汇率高于目前的即期汇率或 3 个月远期汇率，该进口商可以在目前的即期外汇市场买进所需支出的外汇，称为即期抛补，或在远期外汇市场买进所需支出的外汇，称为远期抛补，以防外汇支出损失。

（二）无抛补利率平价的指数描述

利率平价关系决定汇率水平的核心是，将一定数量的本币换成外币，并在国外投资获得本息后，以外币本息再换回本币时的那种汇率水平。考虑无抛补情况，利率平价是指本国货币的预期贬值（或升值）幅度等于本国利率高于（或低于）外国利率的差额。

考虑某一段时期内，本国的利率水平为 i，外国同一时期的利率水平为 i^F，这时的即期汇率为 E，市场对这段时期到期时即期汇率的预期为 E^e。如果本外币之间可以自由兑换，某投资者有数量 A 的本币需要寻找投资机会，他面临两种投资方案可供选择，一是投资于本币资产，到期获取 $A(1+i)$ 的本币收益，另一是他将数量 A 的本币兑换成 A/E 外币，然后购买 A/E 数量的外币资产，到期后获得 $\frac{A}{E}(1+i^F)E^e$ 的外币收益，若即期汇率的变化与预期一致，则投资者 $\frac{A}{E}(1+i^F)$ 的外币收益可兑换成 $\frac{A}{E}(1+i^F)E^e$ 的本币，利率平价意指上述两种投资方案是无差异的，即满足关系式

$$A(1+i)=\frac{A}{E}(1+i^F)E^e$$

或：

$$1+i=\frac{E^e}{E}\cdot(1+i^F) \tag{3.2.5}$$

公式(3.2.5)为无抛补的利率平价关系表达式。将其作简单的变换后，可得：

$$\frac{E^e-E}{E}=\frac{i-i^F}{1+i^F} \tag{3.2.6}$$

其中 $\frac{E^e-E}{E}$ 表示市场对该段时间预期汇率变动率，即预期贬值（或升值）的幅度，用 f 来表示。则原式可表述为：

$$f=\frac{i-i^F}{1+i^F}\approx i-i^F \tag{3.2.7}$$

公式(3.2.7)式即为无抛补利率平价的预期汇率变化率决定关系式。

从前面的分析不难看出，无抛补利率平价基于以下几个假设前提：(1)资金在各个市场中自由流动，不受人为限制，且资金流动的量要足够大，速度足够快，以致在瞬间能够熨平远期汇率与预期汇率的差异；(2)汇率自由浮动，包括即期汇率与远期汇率；(3)外汇交易成本可以忽略；(4)市场的预期是合理的，即汇率的变化与套利者的预期没有差异。这里隐含着，一旦市场汇率变动与套利者的预期不同，他们会马上采取套利行动，以使汇率变动与其预期相一致；(5)国际套利者属于风险中立者。

（三）抛补的利率平价的指数描述

无抛补利率平价实际上是假定两国间的套利活动是无风险的，预期汇率变动近似于两国

的利差。然而现实生活中，预期汇率 E^e 通常与实际的远期汇率（这里将远期汇率记为 E_f）有差异。预期汇率与远期汇率的不一致通常会引发资金的国际间流动，其流动的方向取决于利差的正负号。

（1）当 $i-i^F<0$ 时，外币套利收入高于本币利息收入，引发本币资金外流；本币资金外流意味着外汇需求增大，且本币供给也增大，其结果必然导致本币贬值或外币升值的压力增大，从而引起汇率向下调整。

（2）当 $i-i^F>0$ 时，外币套利收入低于本币利息收入，引发外币资金流入；外币资金流入意味着本币需求增大的同时，外汇供给也增大，其结果必然导致本币升值或外币贬值的压力增大，从而引起汇率向上调整。

（3）当 $i-i^F=0$ 时，外币套利收入等于本币利息收入，资金市场达到均衡，市场汇率水平也将保持不变。

这就是说，只要 $i\neq i^F$，意味着未来预期汇率 E^e 将发生变化，当 E^e 与远期汇率不一致时，并出现了套利机会，套利者可以利用这种不一致来锁定零风险下的套利收益，此时他们只需在即期市场和远期市场进行对冲(hedging)，即进行抛补交易，就可实现套利行为。在 $i\leq i^F$ 的情况下，若 $E_f\geq E^e$，则他们可在即期买入外币，获取外币较高利率收益的同时，卖出连本带利的外币远期。由于远期汇率 E_f 是已知的，套利者的这种对冲行为就完全将收益率确定下来了，其结果是他肯定不会蒙受低于本币利息收益的损失，当然也不可能获得高于外币利息收益的额外利润。

套利的结果最终必然使 $E_f=E^e$，于是，我们可以将无抛补利率平价的关系表达式(3.2.5)中的预期汇率 E^e，替换成实际的远期汇率 E_f，则抛补的利率平价关系式为：

$$1+i=(1+i^F)\left(\frac{E_f}{E}\right) \tag{3.2.8}$$

设 $(E_f-E)/E=f^*$，这时 f^* 表示远期汇率 E_f 相对于即期汇率 E 的变动率，也即本国货币的远期升水或贴水，则

$$f^*=\frac{i-i^F}{1+i^F}\approx i-i^F \tag{3.2.9}$$

这样，抛补的利率平价汇率决定可描述为，本国利率高于（低于）外国利率的差额近似等于本国货币的远期贴水（升水）。

抛补的利率平价关系适用于解释风险厌恶或风险中性投资者的套利过程，或者从理论上在抽象掉汇率风险之后，单纯说明国际套利的过程及其收益。

抛补的利率平价的推导过程与无抛补利率平价完全一样，二者的唯一区别就在于，抛补利率平价以确定的远期汇率 E_f 替代无抛补利率平价的预期汇率 E^e，这一确定的远期汇率实际上是众多预期汇率中的一个数值，是货币市场达到均衡时的预期汇率。

（四）预期汇率与远期汇率的关系

从公式(5.4.4)式我们知道，远期汇率 E_f 和即期汇率 E 之间的关系必须满足利率差额条件。但是，如果投资者认为，本国货币的贬值率将超过远期贴水他们将买进即期外汇，卖出远期外汇；而如果是预期本国货币会升值，则会出现相反的做法。通过套购（并在不存在风险厌恶的情况下），我们可期望，远期外汇的升水会反映货币的预期贬值率。因此，在这些假定下，

预期即期汇率和远期汇率之间，必然存在这样的关系，即：$E_f=E^e$。这也就是为什么人们常用此关系作为解释远期汇率是将来即期汇率的最好预测值的原因。

六、费雪方程及汇率决定理论

费雪(Irving Fisher)是19世纪末20世纪初一位重要的经济学家，以他的名字命名的费雪方程(Fisher Equation)描述的是名义利率和实际利率之间的关系。

(一)费雪方程的汇率决定

在费雪看来，名义利率是实际利率与通货膨胀率的和，即

$$i_{y,n}(D)=i_{y,r}(D)+\pi_y^e(D) \tag{3.2.10}$$

公式(3.2.10)式表明，y国期限为D天的名义利率(用$i_{y,n}(D)$表示)等于y国同期投资所要求得到的真实利率(用$i_{y,r}(D)$表示)，加上y国相同时期的预期物价水平的变化(用$\pi_y^e(D)$表示)，后者当然也就是y国的预期通货膨胀率。如果资本流动使实际利率i_r已在全世界均等化了，那么各国名义利率i_n之间的差异，必然是预期通货膨胀率π^e之间差异的反映。即$i_{A,n}-i_{B,n}=\pi_A^e-\pi_B^e$。

在观察实际利率时，(3.2.10)式只是一个近似的表达式，实际利率与名义利率和通货膨胀率之间的真实关系为：

$$1+i_n=(1+i_r)(1+\pi^e) \tag{3.2.11}$$

或

$$(1+i_r)=(1+i_n)/(1+\pi^e) \tag{3.2.12}$$

将(3.2.12)式代入(3.2.5)式可得：

$$\frac{1+i_n}{1+\pi^e}=\frac{1+i_n^F}{1+\pi_F^e}\cdot\frac{E^e}{E} \tag{3.2.13}$$

其中，π^e为本币的通货膨胀率，π_F^e为外币的通货膨胀率。

变换后得

$$E^e=E\cdot\frac{1+i_n}{1+i_n^F}\cdot\frac{1+\pi_F^e}{1+\pi^e} \tag{3.2.14}$$

(3.2.14)式说明，在当前即期汇率一定或已知的情况下，未来即期汇率的变动取决于两国名义利率和通货膨胀率的相对变化。或者说，远期汇率取决于外汇市场投资者对两国利率相对水平和通货膨胀率相对水平的预期。它与(3.2.5)式的利率平价相比，最大的优点表现在汇率的计算使用的均是名义变量，现实中人们最易观察的正是名义变量，而不是实际变量。

(二)费雪汇率决定的包容性

从(3.2.14)式还可看出，费雪方程的汇率决定是比购买力平价和利率平价更一般的汇率决定理论。或者说，购买力平价和利率平价都是(3.2.14)式的特例。即如果在(3.2.14)式中令$\pi^e=\pi_F^e=0$(两国均不存在通货膨胀)，则(3.2.14)式就是利率平价。而当两国的资金市场出现利率水平一致时，有

$$E^e = E \cdot \frac{1+\pi_F}{1+\pi^e} \tag{3.2.15}$$

在(3.2.15)式中引入时间因素 t,则(3.2.15)式可表示成：

$$E_{t+1}^e = E_t \cdot \frac{P_{f,t+1}}{P_{f,t}} \Big/ \frac{P_{h,t+1}}{P_{h,t}} = E_t \cdot \frac{P_{f,t+1}}{P_{h,t+1}} \cdot \frac{P_{h,t}}{P_{f,t}} \tag{3.2.16}$$

在间接标价的情况下，若初始汇率决定遵循购买力平价，即：

$$E_t = P_{f,t}/P_{h,t} \tag{3.2.17}$$

将(3.2.17)式代入(3.2.16)式得：

$$E_{t+1}^e = \frac{P_{f,t+1}}{P_{h,t+1}} \tag{3.2.18}$$

(3.2.18)式表明，t +1 期的汇率决定也遵从间接标价法下的购买力平价理论。

(三)汇率决定理论的进展

前面我们分别讨论了汇率决定的最基本理论，即购买力平价理论、利率平价理论和费雪方程式，并且阐明了一般物价水平、利率与汇率之间的数量关系。这些理论自提出以来，一直被大多数人所接受，但它们都很少得到实际数据的支持。造成这一现象的原因：一方面在于现实经济环境的巨大变化所引起的价值标准的变动，如今资金的运动摆脱了对产品运动的依附，取得了相对独立的运动形态，这就在相当程度上破坏了传统的购买力标准，结果导致了短期外汇需求决定因素的复杂化；另一方面在于汇率形成机制的多样性，现实经济中，由于各国国情不同，其外汇市场的开放程度也不同，虽然纯粹的自由浮动汇率在现实中并不存在，但有管理的浮动汇率与固定汇率在汇率的决定上存在很大差别，即使是同样实行有管理的浮动汇率的国家，其政府的干预程度也存在明显的不同，这些差别决定了现实汇率的决定是相当复杂的。针对这些情况，一大批经济学家分别从不同的侧面提出了自己的汇率决定理论，主要包括：(1)弗伦克尔(Frenkel)和彼尔森(Bilson)的柔性价格货币模型和弗兰克尔(Frankel)的实际利差模型；(2)多恩布什(Dornbusch)的粘性价格货币模型或"调整过度"模型；(3)资产组合汇率模型；(4)理性预期汇率模型；(5)汇率的新闻模型等。这里我们就不再一一介绍了，有兴趣的读者可参阅有关汇率理论方面的专业书籍。

七、外汇市场投资策略分析

投资者参与外汇市场交易的目的无非有两种：一是获取汇率可能变动带来的盈利；另一则是为了规避汇率风险，实现套期保值。就这两类投资者而言，其投资策略有着明显的不同，对应前一类交易者的投资策略可称为投机性交易，后一类交易者的投资策略属于套期保值交易。

(一)投机性交易

投机性交易是指交易者没有实际的外汇需求，也没有外币债权、债务需要保值，而是自己根据对外汇行情的预测，低价时买进，高价时卖出，从而赚取汇率差价的一种交易行为。这种交易行为又可分为单向投机性交易和跨期套利交易两种。

单向投机性交易就是最简单的低买高卖。如某投机商预测人民币将升值，于是他按现价 \$1:RMB8.30 买进人民币，一段时间后，若人民币果然升值，人民币的价格变为 \$1:RMB8.10，则他在该价格下再卖出人民币，获取 RMB0.2/\$1 或 2.48%的净收益。显然，单向投机性交易的基本交易策略是，当投资者预测汇率升值时，做多头，反之，则做空头。由于投机性交易策略的确定完全取决于投资者对未来汇率变动的预测，因此，当预测出现错误时，投机性交易也会伴随相应的风险。

跨期套利交易是指投资者同时买进和卖出相同币种，但交割时间不同的外汇期货合约的一种交易行为，该交易策略试图利用两个合约的价格差的变化来获取净利润。如 2004 年 5 月 3 日，芝加哥国际货币市场德国马克期货合约(一份德国马克期货合约是 DM125000，汇率价差常用点表示，一个点是 DM12.5)交易情况如下：6 月到期的期货合约交易价格为＄0.5410：DM1，9 月到期的期货合约交易价格为＄0.5608：DM1。某交易商预测德国马克(DM)的汇率将上升，且两份合约的价格差会减小，即 6 月到期的期货合约的价格增幅比 9 月到期的期货合约的价格增幅大。于是该交易商买进一份 6 月到期的德国马克期货合约，同时卖出一份 9 月到期的德国马克期货合约，5 月底，德国马克汇率果然上升，此时德国马克的期货行情为，6 月到期的期货合约交易价格为＄0.5594：DM1，9 月到期的期货合约交易价格为＄0.5655：DM1。该交易商在 5 月底对冲在手的合约，结果获得＄1712.5 的净收益。整个交易过程及盈亏情况如下：

5 月 3 日：

买进一份 6 月到期的期货合约，价格为＄0.5410/DM1

卖出一份 9 月到期的期货合约，价格为＄0.5608/DM1

差价：198 点

5 月底：

卖出一份 6 月到期的期货合约，价格为＄0.5594/DM1

买进一份 9 月到期的期货合约，价格为＄0.5655/DM1

差价：－61 点

结果该交易商获得 137 点或＄1712.5(137 ×12.5)的净收益(不计交易费用)。

利率平价理论告诉我们，两国间的利差决定了汇率的价差(见(5.4.5)式)，而跨期套利的前提就是利用不同时点的价差来获取利润，这意味着投资者在实际操作中，可以利用利差预期的可能变化来实施跨期套利，具体的操作策略是：(1)当远期价格升水，且预期两国利差变小时，买进近期的期货合约，同时卖出较远期的期货合约；(2)当远期价格升水，且预期两国利差增大时，买进较远期的期货合约，同时卖出近期的期货合约；(3)当远期价格贴水，且预期两国利差变小时，买进较远期的期货合约，同时卖出近期的期货合约；(4)当远期价格贴水，且预期两国利差增大时，买进近期的期货合约，同时卖出较远期的期货合约。

总之，无论是单向投机交易，还是跨期套利交易，投机性交易策略选择的关键取决于投资者的预期，只有当预期正确时，投资者才能从投机性交易中获取预期的净利润，否则，投资者将承受预期错误所带来的损失。这就是说，投机性交易必须以承担汇率风险为代价。

(二)套期保值交易

当投资者拥有外币债权或债务时，他随时都可能面临汇率的不利变化所带来的损失。为了防范汇率风险，一种可行的交易策略就是利用外汇期货市场或外汇远期市场实施套期保值交易。外汇套期保值交易可分为空头套期保值和多头套期保值两种形式。空头套期保值又称卖出套期保值，它是拥有外币债权的投资者为了防止汇率下跌风险的一种保值交易策略，具体的操作是，外币债权人在期货或远期市场上卖出同等数量的外汇，使自己处于空头地位。

例如:美国某公司在德国的一家子公司急需资金 50 万马克,预计 3 个月后能收回全部资金。美国母公司在现货市场上买进 50 万马克拨给其子公司,为了防止 3 个月后马克贬值,该公司可在期货市场上卖出 4 份 3 个月后到期的德国马克期货合约,或在远期市场上卖出 50 万德国马克远期合约。3 个月后,美国子公司归还母公司借款时,德国马克果然贬值,由于做了套期保值交易,母公司在现货市场上的损失可由期货市场或远期市场上的盈利来弥补,从而有效的防止了汇率风险。具体交易过程如下:

1. 利用期货交易保值

×月×日:

现货市场:买进 DM50 万,汇率为＄1:DM1.5424,支付＄ 324149(50 万 $\cdot \frac{1}{1.5425}$)

期货市场:卖出 4 份 3 个月后到期的德国马克期货合约,汇率为＄1 :DM1.5415,价值为＄ 324359(4 · 125000 $\cdot \frac{1}{1.5415}$)

3 个月后:

现货市场:卖出 DM50 万,汇率为＄1:DM1.6255,收回＄307598(50 万 $\cdot \frac{1}{1.6255}$)

期货市场:买回 4 份 3 个月后到期的德国马克期货合约,汇率为＄1:DM1.6055,价值为＄ 311429(4 · 125000 $\cdot \frac{1}{1.6055}$)

结果:现货市场损失 ＄16551(＄324149 － ＄307598),而期货市场盈利＄12930(＄324359 － ＄311429),实际最终损失为＄ 3621(＄16551 － ＄12930),比不做套期保值交易少损失＄12930。

2. 利用远期交易保值

×月×日:

现货市场:买进 DM50 万,汇率为＄1:DM1.5424,支付＄324149

期货市场:卖出 50 万 3 个月后到期的德国马克远期合约,汇率为＄1:DM1.5435,价值＄ 323939

3 个月后:

无论现货市场汇率如何变化,美国母公司交割远期合约,收回＄ 323939

其结果是最终损失＄210。通过远期保值交易,美国母公司起初就可将损失固定下来,达到了防范汇率下跌的风险。

多头套期保值交易又称为买进套期保值,它适用于拥有外币债务或将拥有外币债务的交易者。为防止汇率上升所带来的风险,可以通过买进外汇期货合约或外汇远期合约来实现套期保值。

例如:3 月初,美国某进口商从加拿大进口一批农产品,价值 500000 加元,6 个月后支付货款。为防止加元升值,美国进口商可在外汇期货市场上买进 500000 加元的外汇远期合约。6 个月后,加元果然升值,美国进口商的盈亏情况如下:

1. 利用期货交易保值

3月1日:

现货市场:有 500000 加元的货款需 6 个月后支付,汇率为 0.8460 美元/加元,合＄423000

(500000 ×0.8460)

期货市场:买进 5 份 9 月到期的加元期货合约,汇率为 0.8450 美元/加元,价值＄422500(5 ×100000 ×0.8450)

9 月 1 日:

现货市场:支付货款,此时的汇率为 0.8490 美元/加元,合＄424500(500000 ×0.8490)

期货市场:对冲手中的加元期货合约,汇率为 0.8489 美元/加元,获＄1950(5 ×10 ×39)净收益

结果:现货市场由于加元汇率的上升,使得美国进口商需要多支付＄1500(424500－423000),但由于该进口商在期货市场做了套期保值,期货市场获利＄1950,最终结果是美国进口商不仅没有因汇率的上升而遭致损失,相反,他还获得了＄ 450 的额外收益。

2. 利用远期交易保值

3 月 1 日:

美国进口商在远期市场购买 500000 加元的远期合约,汇率为 0.8480 美元/加元,价值＄ 424000。

9 月 1 日:

无论现货市场即期汇率为多少,进口商只需交割加元远期合约,支付＄ 424000,获得 500000 加元,并将其支付给加拿大出口商,就能结束 500000 加元的进口债务。

实际上,当美国进口商进行远期保值交易时,他都将比当初多支付＄1000(424000－423000)。他正是以这＄1000 为代价换取了规避加元大幅升值情况下可能更大的损失。

总之,套期保值交易是风险规避者规避汇率风险的一种有效的交易策略。值得注意的是,当现货市场即期汇率发生有利于投资者的变化时,套期保值交易却失去了有利条件下的额外好处。

思考与练习

1. 什么是汇率,汇率的标价方式有哪两种,我国外汇标价采用的是哪种方式?

2. 什么是即期汇率、远期汇率,它们的关系是怎样的?

3. 什么是汇率风险,它是由什么引起的,衡量汇率风险的指标是什么?

4. 汇率有哪几种形成机制,不同汇率机制下汇率风险的特点是怎样的?

5. 绝对购买力平价的内容是什么,该理论成立的假设前提是什么,现实社会经济能否满足该假设前提?

6. 相对购买力平价的内容是什么,与绝对购买力平价相比它在实践中有哪些改进?

7. 无抛补利率平价的预期汇率变化率是由什么决定的?

8. 抛补的利率平价理论的内容是什么,它与无抛补利率平价理论的联系是怎样的?

9. 费雪方程与利率平价理论相比有哪些优点?

10. 某美国进口商从英国进口价值 100 万英镑的货物,合同约定 3 个月后付款,当时英镑的即期汇率为 1 英镑＝1.5600 美元,3 个月远期英镑汇率为 1 英镑＝1.5800 美元,为避免汇率上升的风险,该美国进口商在外汇远期市场应如何去操作?

11. 日本某机构对美国国库券的投资将于 9 月 12 日到期，到期时将收回 1000 万美元。当时(同年 3 月 12 日)美元即期汇率为 1 美元＝ 120 日元，6 个月远期汇率为 1 美元＝118 日元。若该机构担心到期时美元贬值，他在外汇远期市场应如何操作？如果 6 个月后美元没有贬值，反而升值，美元的即期汇率变为 1 美元＝ 122 日元，该机构的盈亏状况是怎样的？

第四章 金融稳健统计

本章学习目标

一般认为金融系统的稳健运行是可持续经济增长的一项先决条件，但在过去的数十年间，经常出现一些由始料不及的事情所引发的金融危机。因此，国际金融社会对如何设立金融预警指标来监控大规模金融危机出现可能性工作愈加重视。国际货币基金组织在 20 世纪 90 年代后期开展了对宏观审慎指标的研究工作，经过多年研究，并经专家及学者的充分讨论，最终提出了编制金融稳健指标的方案。本章以 IMF 提出的金融稳健指标为基础，研究金融稳健统计问题。

第一节 金融稳健统计概述

一、金融稳健统计的概念

金融稳健统计通过一系列指标来监测一个国家金融体系的运行状况，分析金融体系的实力和脆弱性，进而发现金融运行中存在的问题，为防范金融风险，提高金融体系的稳定性提供支持。

金融体系的稳健运行外在表现为金融稳定，为增强读者对金融稳健的理解，我们首先对金融稳定的有关概念作一简单介绍。

国际社会对金融稳定问题的研究早在 20 世纪 90 年代初就开始了，但直到 1997 年亚洲金融危机之后，金融稳定的重要意义才真正引起普遍重视。无论是国际清算银行牵头发起的“金融稳定论坛”，还是世界银行和国际货币基金组织联合开发的对一国金融稳定状况进行判断的“金融部门评估规划”，一直到 1999 年左右才先后推出。尽管近年来定期发表本国《金融稳定报告》的中央银行逐年增加，但都没给“金融稳定”下一个准确的定义，直到 2004 年 9 月，国际货币基金组织加利 · J. 斯基纳西(Garry J. Schinasi)发表了论文《金融稳定的定义》，才从政策分析的角度给金融稳定下了一个明确的定义。

金融稳定基本可以解释为金融体系具有如下能力：⑴提高经济效率，包括资源配置、财富积累、经济增长和社会繁荣；⑵评估、定价、分配和管理金融风险；⑶通过自我纠偏，抗击内部和外部冲击造成的不平衡，确保金融体系正常履行职能。基于此，金融稳定的定义是：只要金融体系能够抗击内生或由于外部未预料的冲击造成的不平衡，继续履行提高实际经济运行效率的职能，金融体系就处于一系列不同层次的稳定状态中。

这里要注意以下几个要点：

第一，“抗击内生或由于外部未预料的冲击造成的不平衡”意味着，金融稳定可能与一定程度的不平衡共存,也就是说,金融稳定是动态的,是向均衡渐近的一个过程。

第二,"提高实际经济运行效率"意味着,金融稳定有许多现实意义,但这里强调的是其对实际经济的促进作用,即其有效配置资源、便利储蓄和投资、促进财富积累和经济增长的作用。

第三,"一系列"意味着,金融稳定不是一个时点的静态概念,而是包含不同稳定水平的动态概念。金融稳定的概念不同于一般意义上的"均衡"的概念,一般的经济均衡点只有一个,并且是固定的。经济受到冲击而失衡后,一定会沿着一定的路径回到均衡点。金融稳定由一些能够充分代表金融职能履行情况的指标来表示,包括反映储蓄和投资、借款和贷款、流动性创造和分配、资产价格、财富积累和经济增长等情况的众多指标。只要金融体系还能够正常履行其职能,金融稳定就处在一定的边界之内。只有当金融体系不能履行其职能时,才意味着金融失去稳定,需要采取措施解决危机。

二、金融稳健统计的基本内容

金融稳健统计主要是通过金融稳健指标来实现的。金融稳健指标是反映一个国家的金融性公司(包括存款机和其他金融性公司)、非金融性公司和住户部门金融运行稳健性的指标体系,它包括金融性公司、非金融性公司和住户部门的有关指标以及金融机构关系密切的证券市场和房地产的有关指标。由于各个国家和地区之间的金融发展水平以及统计发展水平参差不齐,会计核算方式不尽相同,故 IMF 将金融稳健指标分为"核心指标"和"鼓励指标"两部分。各国在选择某些与金融体系特别相关的指标方面拥有一定的自由度。

(一)金融稳健指标的核心指标

金融稳健指标的核心指标只包括存款机构(主要指银行,同时也包括其他以存款来进行贷款及投资的金融机构)的相关指标,这主要是因为存款机构在任何国家的金融体系中都具有核心地位,他们为经济中其他部门提供资金和所必需的支付服务,它们的运行状况会在很大程度上影响其他金融实体和非金融实体的活动,进而影响整个经济体系的运行状况。金融稳健指标的核心指标如表 4−1 所示。

表 4−1 金融稳健指标的核心指标

	核心指标
资本充足性	监管资本/风险加权资产
	核心资本/风险加权资产
	(不良贷款−特别准备金)/核心资本
资产质量	不良贷款/全部贷款总额
	部门贷款/全部贷款总额
收益与利润	净收入/平均总资产(资产收益率)
	净收入/平均核心资本(资本收益率)
	净利息收入/总收入
	非利息收入/总收入
流动性	流动资产/总资产(流动资产比率)
	流动资产/短期负债
对市场风险的敏感程度	外汇净开放头寸/核心资本

金融稳健统计的核心指标是依据巴塞尔协议的要求进行设计，从资本充足性、资产质量、收益与利润、流动性及对市场风险的敏感程度等五个方面对存款机构的风险状况进行监测。

金融稳健指标的核心指标与“骆驼评级体系”(CAMELS)的构成相似。美国三大联邦监管部门——美联储、货币监理署、存款保险公司都使用同一标准体系对商业银行的经营状况进行全面、综合的评估。1978 年以后，美联储制定出《统一鉴别法》，统一了对商业银行的检查标准，并进一步使资本充足性、资产质量、健全管理、收益与利润、流动性等五项指标数量化，即 CAMEL 评级。1996 年，根据巴塞尔银行监管委员会发布的《资本协议补充协议》，美联储及其他监管部门开始对该检查标准进行重新修订，增加了对市场风险敏感程度的内容，主要考察利率、汇率、商品价格及股票价格的变化对金融机构的收益或资本可能产生不良影响的程度，将 CAMEL 评级扩展为 CAMELS 评级。由此，逐渐形成了一套统一的、规范化的商业银行业务经营综合等级评级体系，这就是现在很多国家都参照使用的银行评级制度——“骆驼评级体系”，这一制度正式名称是“联邦监督管理机构内部统一银行评级体系”。

“骆驼评级体系”包括资本充足性、资产质量、健全管理、收益与利润、流动性及对市场风险的敏感程度等六个方面的指标。由于健全管理的评估是一种质量性的量度，难以用量化的指数来表示，故金融稳健指标的核心指标只包括“骆驼评级体系”中资本充足性、资产质量、收益与利润、流动性及对市场风险的敏感程度五个方面的有关内容。

(二)金融稳健指标的鼓励指标

金融稳健指标的鼓励指标除了包括存款机构的相关指标外，还包括其他金融性公司、非金融性公司、住户部门、证券市场及房地产市场的有关指标。把这么多相关部门的指标收录在鼓励指标体系中，主要是考虑到这些部门的运行状况对金融体系的稳定性有相当大的影响。例如，1997 年亚洲金融风暴使证券市场的泡沫破裂，而证券市场价格的下跌在相当程度上令金融业，特别是银行业所持有的资产质量降低，进而引发了金融危机。正因为如此，IMF 特别把对金融稳健运行有举足轻重影响的其他部门指标收录在金融稳健指标内。金融稳健指标的鼓励指标如表 4—2 所示。

表 4—2 金融稳健指标的鼓励指标

鼓励指标	
存款机构	核心资本/全部资产(杠杆比率)
	大额贷款风险/核心资本
	地区贷款/总贷款
	金融衍生产品资产存量/核心资本
	金融衍生产品负债存量/核心资本
	交易收入(包括外汇资产损益)/总收入
	人力费用支出/非利息支出
	存贷款参考利差
	同业拆借的最大利差

续表

	鼓励指标
存款机构	客户存款/总贷款
	外汇贷款/总贷款
	外汇负债/总负债
	股权类资产的净开放头寸/核心资本
其他金融性公司	其他金融性公司资产/金融体系总资产
	其他金融性公司资产/GDP
非金融性公司	全部债务/资本金
	息前和税前收益/资本金(资本收益率)
	息前和税前收益/利息和本金支出(偿还债务能力)
	外汇净开放头寸/资本金
	申请破产保护的企业数量
住户部门	住户部门的债务/GDP
	住户部门债务负担/住户部门可支配收入
证券市场	证券市场平均买卖价差
	证券市场平均换手率
房地产市场	房地产价格指数
	居住用房地产贷款/总贷款
	商业用房地产贷款/总贷款

为了使读者能深入了解把这些部门的指标收录在鼓励指标体系的真正原因,这里有必要对金融审慎监管的有关内容进行简要介绍。

提到金融审慎监管,一般人会将其与审慎监管的微观层面联系起来,即要求监管者制定审慎经营规则,加强对金融机构的监管。从根源上说,这种认识可能来源于这种信念,即如果每一家金融机构经营状况都十分良好,那么整个金融体系的状况就好,只有当某一家金融机构倒闭进而引发其他金融机构倒闭时,整个金融体系才会出现问题,才有可能发生金融危机。这种认识实际上是非常片面的,如果焦点仅集中在对单个金融机构的微观审慎监管,就可能忽略宏观层面的其他更为重要的风险。国内外的研究表明,最大的金融风险总是发生在经济周期的波峰时期,也就是说正是在这个时候,经济开始滑坡。如果应用微观审慎监管的指标分析,此时风险看上去是最小的。同时,我们应该考虑到金融机构的行为具有顺周期现象,即当经济上涨时,各金融机构都愿意发放贷款并扩张投资规模,而当经济下滑时,谨慎的金融机构比其竞争对手先行一步减少贷款和投资规模。由于金融机构都对相同的外部环境做出反应,不可避免导致"羊群效应",从而导致经济的剧烈波动。所以金融审慎监管不可避免地会涉及宏观层面。

近年来,监管者的理念中已经融入了更多的宏观成分,即审慎监管既包括微观层面,也包括宏观层面。微观层面的审慎监管关心的是每个金融机构本身的状况，并不考虑该金融机构在整个金融体系中的地位，目的是减少单个金融机构倒闭的可能性，即控制的是"具体风险"；宏观层面的审慎监管关心的是整个金融体系的状况，很少考虑单个金融机构的问题，目的是降低金融体系崩溃的可能性以及由此导致的社会经济成本，即控制的是"系统风险"。因此，从宏观角度来讲，金融稳定与个别金融机构偶尔倒闭的现象可能是一致的。因为根据宏观审慎监管的原则对单个金融机构倒闭的风险判断，将视该金融机构的倒闭对整个金融体系的影响而定，只有当个别金融机构的倒闭引起其他金融机构的连锁反应，进而妨碍金融体系的基本功能时，才有可能发生系统风险，影响金融稳定；如果该金融机构规模不大，其倒闭不会引起其他金融机构的连锁反应，即不会影响系统稳定，监管者将不会关心该机构的存亡问题。为了理解审慎监管的宏观层面和微观层面的区别，可将金融体系比喻为一种证券组合（实际为各金融机构的组合），宏观层面的审慎监管集中于该证券组合的整体表现，而微观层面的审慎监管将同等而独立地看待该证券组合中每一类证券的表现。宏观审慎监管强调，从各金融机构角度来看是合理的行为，可能会对整个金融系统造成负面影响。

不可否认的是，金融监管者长期以来习惯于从微观层面考虑金融机构的监管问题，在具体设计和运用监管工具方面缺乏宏观考虑。例如，就一定类型的风险来说，针对该类风险规定的最低资本标准并不会根据各金融机构在经济中的不同重要性而作调整，也很少有监管者建议一个金融机构不要紧缩信贷标准以免整个金融体系的信贷质量进一步恶化。当然，金融机构监管者对审慎监管微观层面的关注可视为存款人保护这一法定职责的需要，然而从宏观角度来看，片面微观的做法既可能导致对单个金融机构的过度保护，破坏市场自律机制和市场资源配置机制，也可能忽视了集体行为对整个金融体系的影响，无法准确监测系统风险并采取适当救济措施。一旦发生系统风险，单个机构最终也很难幸免。因此，金融监管的微观层面和宏观层面其实是无法分割的，微观审慎监管必须融入经济周期等宏观预期因素以及引入前瞻性的宏观审慎分析手段来提高度量整体风险的能力。

正是鉴于金融监管的微观层面和宏观层面的上述关系，IMF 在提出金融稳健指标的核心指标体系的同时，又提出了金融稳健指标的鼓励指标，以此来全面评估金融体系的整体金融风险。

三、金融稳健指标的特点

金融稳健指标的主要作用是从不同角度对经济金融的运行状况作出描述，多层次、全方位地反映金融运行的主要方面和可能发生的各种变化，进而实施全面的金融风险监测。因此，IMF 所设计的金融稳健指标具有以下特点：

（一）系统性

IMF 在设计金融稳健指标时，主要是从定量的角度出发，根据存款机构等金融机构在经济活动中的作用和可能面临的风险进行设计的，各个部门的指标以及同一部门内部不同方面的指标在定量分析时能够互相配合、互相协调形成有机的体系。例如，在分析存款机构净收入与平均核心资本的比率时，要将这个指标与存款机构资本充足性的有关指标一同进行分析，因为通常人们认为净收入与平均核心的比率越高越好，但实际上净收入与平均核心资本的比率高有可能是资本水平低造成的，资本水平低就意味着资本充足率低，资本充足率低则表示存款机构抵抗风险的能力低，这时较高的净收入与平均核心资本的比率反而表明存款机构有经营风险。

(二)综合性

IMF 设计金融稳健指标的目的是发现金融运行中存在的问题，防范经济和金融风险，因此金融稳健指标选取的范围比较广泛，几乎涵盖了经济和金融体系的各个部门，能比较全面地反映国民经济体系中的存款机构、其他金融性公司、非金融性公司、住户部门、证券市场以及房地产市场的基本状况，揭示经济和金融运行中可能出现的各种风险，较为准确地反映风险的程度。

(三)规范性

金融稳健指标的设计符合国际规范，与国际惯例接轨，该指标体系中的大部分指标都符合巴塞尔协议的要求。例如，考虑到世界上主要国家的银行评级制度基本上都来自于美国的"骆驼评级体系"，因此，IMF 在设计金融稳健指标的核心指标时，借鉴了美国的"骆驼评级体系"，从资本充足性、资产质量、收益和利润、流动性及对市场风险的敏感程度等五个方面对存款机构的风险状况进行监测，以便不同国家进行国际比较和交流。

(四)可操作性

IMF 在设计金融稳健指标时，考虑到各个国家和地区之间的金融发展水平以及统计发展水平参差不齐，会计核算方式不尽相同，故将金融稳健指标分为"核心指标"和"鼓励指标"两部分。各国可根据自身的实际情况，选择某些与金融系统特别相关的指标。同时，金融稳健指标设计得简明实用，各国可根据现有的统计数据比较轻易地完成各项指标的统计工作。

四、研究金融稳健统计的意义

金融系统的稳健运行问题在国际上越来越受到重视，特别是过去数十年间，在不断发生的国际金融危机面前，国际社会感到严重不安。因为金融危机通常具有传染性和破坏性，发生在个别国家、个别地区、个别金融机构的金融危机，如果缺乏有效的控制、预防、隔离措施，就会形成"多米诺骨牌"效应，迅速向周边国家及地区蔓延，甚至连一些金融体系健全的国家或金融机构也难以幸免，1997 年的亚洲金融危机，2007—2008 年的美国金融风暴都是最好的例证。金融危机一旦发生，不仅严重危害金融体系安全，而且将严重危害到经济发展和社会稳定，甚至加剧国家政权动荡不安。如果说金融风险犹如火灾隐患，那么金融危机就如火灾，"火灾"一旦爆发，可能使一个国家来之不易的经济建设和改革成就毁于一旦。

近几年，随着经济一体化和金融全球化，国际资金流动的机动性和流动数量急剧增加，国与国之间的金融系统整合渐趋紧密，各国之间的防火墙逐渐消失，不同经济体系间的金融界限愈加模糊，同时令外来金融危机所带来的冲击更为强烈，金融危机的频率增加，程度加深，涉及范围扩大。亚洲金融危机给世界经济界最大的教训之一是，东南亚国家一直被视为经济发展的成功典范，因而人们对这一危机的爆发毫无准备，以至于在应付这场危机时措手不及；2008 年的美国金融危机更是给全球带来灾难。亚洲金融危机后，各国已明显意识到金融系统对经济发展的影响力，稳健的金融系统已变成强劲宏观经济表现及有效货币政策的重要因素，因此国际社会加紧探讨金融危机的防范措施，并相继出台了一些金融体系稳定评估计划。

由于金融危机的出现常常以一系列的经济、金融指标恶化为先兆，所以金融界人士普遍认为，如果能够根据一系列金融指标对金融风险进行预警，那么防止金融危机的发生是可能的。此外，各国政府和有关金融监管当局也认识到在监管个别金融机构健全状况的同时，应该更加重视以系统方式监测金融机构整体的稳定性，以及对金融系统稳定性构成威胁的其他一些要素。例如，东盟各国外长于 2001 年 10 月举行会议，决定由在雅加达的秘书处设立一个专门机构收集东盟各国贸易、国际收支等重要的财经数据和资料，由金融专家对其进行分析，以预测发生金融危机的可能性；2002 年 2 月召开的西方七国财长和中央银行行长会议上，与会各方就建立一个国际论坛作为国际金融危机预警机制的建议达成共识。这些措施都会在一定程度上有助于减少金融危机发生的概率。

第二节　金融稳健统计的数据基础

金融稳健统计的基础数据主要来源于相关部门的利润表、资产负债表以及有关金融监管的统计数据。根据机构部门分类，可以将各金融稳健统计所涉及的部门分为金融性公司、非金融性公司、住户部门，下面分别加以介绍。

一、金融性公司金融稳健统计的数据基础

金融性公司包括存款机构和其他金融性公司，其中存款机构在金融体系中居于核心的位置，其他金融性公司是金融体系的重要组成部分。存款机构为各种经济主体从事商业活动提供所必需的支付服务，它的运行状况会在很大程度上影响其他金融实体和非金融实体的活动。因此，IMF 在构建金融稳健指标时，是以存款机构为重点，并根据巴塞尔协议的要求，将存款机构的资本充足性、资产质量、收益与利润、流动性以及对市场风险的敏感程度等方面的指标为金融稳健指标的核心指标，通过 12 个具体指标对存款机构面临的不同风险进行监测。同时，IMF 考虑到其他金融性公司在经济和金融运行中的相对重要性，而将其有关指标收录到金融稳健指标的鼓励指标体系中。

由于存款机构的利润表、资产负债表与其他金融性公司的利润表、资产负债表所包含的项目及定义基本相同，所以本节仅以存款机构为例，对金融性公司的数据基础加以介绍。存款机构的基础数据主要来源于存款机构的利润表、存款机构的资产负债表和金融监管统计数据。

（一）存款机构的利润表

存款机构的利润表是反映存款机构在一定期间内经营成果的会计报表，它揭示了存款机构利润的计算过程和利润的形成过程。存款机构的利润表如表 4－3 所示。

利息是存款机构最主要的一个项目，它既是存款机构收入的主要来源，又是存款机构支出的主要去向。利息是一种由债务工具如存款、贷款、债券和其他应收账户产生的财产收入（即利息收入）或资金费用（即利息成本）。

利息收入中不包括不良资产的应计利息。如果将不良资产的应计利息计入利息总额，那么相对于存款机构的真实利息收入能力而言，净利息收入就会被高估，因为不良资产收回的可能性较小，不良资产的应计利息收回的可能性就更小了。所以，利息收入应为总利息收入扣减不良资产应计利息的准备金。

利息支出是指存款机构以负债形式筹集的各类资金，按国家规定的适用利率分档次提取的应付利息。

利息收入减利息支出为净利息收入。

表 4—3　存款机构的利润表

1.利息收入
(1)总利息收入
(2)不良资产应计利息的准备金(扣减项)
2.利息支出
3.净利息收入(＝1－2)
4.非利息收入
(1)手续费收入和佣金收入
(2)金融工具的损益
(3)其他收入
5.总收入(＝3＋4)
6.营业支出
(1)人力支出
(2)其他支出
7.准备金(扣减项)
(1)贷款损失准备金
(2)其他金融资产准备金
8.净收入(在特别事项和税前)(＝5－6－7)
9.特别事项
10.所得税
11.税后净收入(＝8－9－10)
12.应付股利
13 留存收益(＝11－12)

非利息收入是存款机构除利息收入以外的其他收入，主要包括：①提供支付业务服务、中间业务服务以及资产管理服务等所收取的手续费收入和佣金收入；②持有的各类本外币金融资产、金融负债等有关金融工具所产生的损益，这些损益不包括在净利息收入账户中该金融工具的应计利息，因为这些利息在收入账户中已经计算过了；③其他收入，主要包括从关联方税后净收入中得到的按比例分配的收益、由于拥有其他机构的股权而产生的应收股息、固定资产出售的损益、应收的房租和地租、应收的损害或伤害赔偿金等。

总收入是存款机构经营业务所获得的各种收入的总和，包括净利息收入和非利息收入。总收入扣除营业支出、贷款损失准备金和其他金融资产准备金后得到在特别事项和税前的净收入。从总收入中扣除贷款损失准备金和其他金融资产准备金符合金融监管的审慎原则，可以使资产损失对银行收益的影响明显化。

营业支出指存款机构为经营业务而发生的除了利息支出之外的所有支出，包括人力支出和其他支出。其中，人力支出指在报告期内用现金或其他形式支付的薪金，包括工资、奖金、各种津贴、利润提成等；其他支出包括财产和设备的日常维护与修理支出、应支付的房租与地租以及与营业相关的广告费和培训费等。

贷款损失准备金是存款机构根据呆坏账损失发生的可能性而提取的用于弥补损失的保证金，既包括普通贷款损失准备金，也包括特殊贷款损失准备金。普通贷款损失准备金是指不分配给特定贷款的准备金；特殊贷款损失准备金是指为了预防特定贷款的价值损失而提取的准备金。

其他金融资产准备金是存款机构为预防其他可以可靠估价的金融资产损失而提取准备金。

特别事项是指由事件性质所决定的特殊事件或特殊交易，特别事项可能是收入，但通常情况下是损失。就存款机构而言，特别事项通常是指与存款机构经营相关的意外事件所引发的支出，如弥补自然灾害产生的损失等。

税后净收入是存款机构的特别事项和税前净收入减去特别事项和所得税后得到的可用于支配的收入。税后净收入一部分作为应付股利，派发给股东；另一部分作为留存收益，计入资产负债表的资本和储备项下。

(二)存款机构的资产负债表

1.资产负债表中的指标

存款机构的资产负债表是反映存款机构在某一特定时间的资产、负债、所有者权益等财务状况的会计报表。存款机构的资产负债表如表4－4所示。

表4－4　存款机构的资产负债表

1.资产(＝2＋3＝8)
2.非金融资产
(1)有形资产
(2)无形资产
3.金融资产
(1)货币和存款
(2)贷款(扣减特别准备金后)
①总贷款
a.银行间贷款
b.非银行间贷款
②特别准备金(扣减项)
(3)债券
(4)股票和其他权益
(5)金融衍生产品
(6)其他金融资产
4.负债(＝5＋6)
5.一般金融工具债务
(1)货币与存款
①客户存款
②银行间存款
③其他货币和存款
(2)贷款
(3)债券
(4)其他金融工具产生的负债
6.金融衍生产品债务
7.资本和储备
8.负债与资本和储备之和(＝4＋7＝1)

存款机构的资产是存款机构所拥有的或控制的能以货币计量的经济资源，如各种财产、债权和其他权利。存款机构的资产由非金融资产和金融资产构成。

存款机构的非金融资产主要是指存款机构在经营业务过程中使用的或者以资产收入形式存在的能给存款机构带来利益的各种资产。非金融资产主要包括有形资产和无形资产，有形资产包括固定资产、存货、贵重物品等，无形资产包括土地使用权以及专利权等。

存款机构的金融资产主要是指存款机构对其他机构的债权。金融资产主要包括：①货币与存款；②扣减特别准备金后的贷款，指从贷款总额中扣除贷款损失准备金，根据金融监管的审慎原则，将已经能够辨认的贷款损失扣除，可避免造成存款机构资本金的夸大；③债券；④股票和其他权益；⑤金融衍生产品；⑥其他金融资产。

存款机构的负债是存款机构承担的、已经发生的、能以货币计量的，并且在未来一定时期内需用存款机构资产或劳务偿付的债务，存款机构的负债由一般金融工具债务和金融衍生产品债务两部分组成。

存款机构的一般金融工具债务包括：①货币与存款；②贷款；③债券；④其他金融工具产生的负债。

存款机构的金融衍生产品债务主要是指因存款机构所交易的金融衍生产品市场价格发生变化而产生的负债。

存款机构的资本和储蓄包括实收资本、留存收益、一般和特殊储备、扣减特别贷款准备金后的利润表中的准备金（因为特别贷款准备金已在贷款中扣除）以及价值调整。

存款机构的资产等于负债与资本和储备之和。

2.与资产负债表相关的指标

根据实际分析的需要，可以将存款机构资产负债表中的指标进行细化得到一些分类指标，这些指标可以分为四类，具体如表4－5所示。

表4－5　与资产负债表相关的指标

第一类：	1.流动资产（狭义和广义）
	2.短期负债
第二类：	1.不良贷款
	2.居住用房地产贷款
	3.商业用房地产贷款
	4.各地区贷款
	5.大额信贷风险暴露
第三类：	1.外汇贷款
	2.外汇负债
	3.外汇净开放头寸
第四类：	1.股权类资产净开放头寸

（1）第一类指标主要是对存款机构的流动性进行分析。将存款机构的资产和负债按期限进行分类，从而得到流动资产和短期负债。

第一个指标是流动资产。流动资产是指存款机构可以在一年或者超过一年的一个营业周期内变现或者耗用的资产。狭义的流动资产包括现金、存款和3个月内可变现的其他金融资产。这里需要注意的是，金融机构间相互存放的存款不计入流动资产。因为对于单个金融机构来说，金融机构间相互存放的存款是流动资产，但是对于整个金融体系而言，在数据合并时它们相互抵减。广义流动资产包括狭义流动资产和能在货币市场上经过交易，在没有损失的前提下，方便变现的证券。

第二个指标是短期负债。短期负债是指存款机构将在一年内或者超过一年的一个营业周期内偿还的债务，包括短期借款、应付票据、应付账款、应付工资、应交税金、应付利润、其他应付款、预提费用等。

(2)第二类指标主要是对存款机构的贷款进行分析，进而判断存款机构的资产质量和风险暴露情况，以满足计算金融稳健指标的需要。

第一个指标是不良贷款。不良贷款是指本金和利息逾期 90 天以上没有偿还的贷款。凡超过 90 天的界限，即使该笔贷款被展期、借新还旧或将利息计入本金，也仍属不良贷款。这是一个关于不良贷款的基本定义。各个国家根据自己的情况，在掌握这个标准的基础上，往往对贷款的性质作进一步划分。最有代表性的是贷款的五级分类法，即监管当局根据贷款归还的可能性，将贷款划分为五类：正常、关注、次级、可疑、损失。

第二个指标是居住用房地产贷款。居住用房地产贷款是指存款机构向借款人发放的用于购买、建造和大修理各种类型住房的贷款。

第三个指标是商业用房地产贷款。商业用房地产贷款是指存款机构向借款人发放的用于购置、建造和大修理以商业为用途的各种类型房产的贷款，它包括商业用房地产抵押贷款和房地产开发建设贷款。

第四个指标是各地区贷款。各地区贷款是指将存款机构所发放的贷款按行政地理区划进行划分后得到的不同地区的贷款。

第五个指标是大额信贷风险暴露。根据巴塞尔协议的有关规定，大额风险暴露是指数额为银行资本 10%以上的信贷风险暴露。

(3)第三类指标主要是对存款机构的资产和负债进行本外币分类，以方便计算金融稳健指标中与外汇资产负债相关的指标。

第一个指标是外汇贷款。外汇贷款是指存款机构以外汇作为贷款货币向借款人发放的贷款。

第二个指标是外汇负债。外汇负债是指存款机构以外汇承担的具有契约型偿还义务的全部债务。

第三个指标是外汇净开放头寸。外汇净开放头寸是指没有套期保值的外汇净头寸，它由没有做外汇套期保值的外汇资产净开放头寸和外汇股权类资产构成。

(4)第四类指标主要是对股权类资产净开放头寸进行计算，以反映存款机构股权类资产风险暴露情况。

股权类资产净开放头寸是指做多头的股权类资产与做空头的股权类资产的差额。

(三)金融监管统计数据

存款机构金融稳健统计的基础数据除来源于存款机构的利润表和资产负债表以外，还来源于有关金融监管统计数据。金融监管统计指标主要是根据审慎监管的原则，按照巴塞尔协议的要求进行设置的。具体指标如表 4－6 所示。

表 4－6 金融监管统计指标

1.一级资本
2.二级资本
3.三级资本
4.根据监管要求产生的扣减项
5.总的净资本额(＝1＋2＋3－4)
6.风险加权资产
7.对国内其他存款机构的股权投资

表 4－6 中的第一个指标是一级资本。一级资本也称为核心资本,包括已发行且已支付价款的普通股和非累积永久性优先股,从未分配收益或其他盈余中提取的公开储备,比如股票溢价、未分配利润、一般公积和法定公积,以及可及时且没有限制地用于抗衡银行资产损失的其他储备。

表 4－6 中的第二个指标是二级资本。二级资本也称附属资本,包括:①未公开储备,它是累积的未分配利润的一部分,在一些国家允许银行保留未分配利润作为未公开储备;②资产重估储备,指在资产负债表中以历史成本计价的固定资产和长期持有的股份,它们具有潜在的重估增值可能;③普通呆账准备金;④可以用来弥补损失的、兼有债务和权益特征的混合工具;⑤没有担保的、初始发行期限不超过 5 年的次级债务和带有累积性质的有限年限的优先股。二级资本和次级债务分别不能超过一级资本的 100%和 50%。

表 4－6 中的第三个指标是三级资本。三级资本包括 2 年或更长到期日的带有准备金性质中期债务,巴塞尔委员会规定如果支付会使银行总体的资本水平低于最低的资本要求,则该债务的本息就无须偿还。三级资本是为了弥补市场风险,其数量不能超过一级资本的 250%。

表 4－6 中的第四个指标是根据监管要求产生的扣减项。根据监管要求产生的扣减项包括商誉,以及对银行业附属机构的权益类投资。

表 4－6 中的第五个指标是总的净资本额。总的净资本额是一级资本、二级资本和三级资本的总和与根据监管要求产生的扣减项之差。

表 4－6 中的第六个指标是风险加权资产。风险加权资产是用表内资产所面临的风险和损失的可能性作为因子对表内资产进行加权平均,以计算风险资产的规模。一般来说,风险权重有四个档次:0、20%、50%和 100%。以美国为例,各档次资产的内容如下:

风险权重为 0 的表内资产主要有:现金,金银库存量,对本国政府或 OECD 国家中央政府的债权,部分由政府无条件担保的资产,持有的中央银行股票等。

风险权重为 20%的表内资产主要有:由本国中央政府或 OECD 国家中央政府发行的债券作抵押担保的贷款或其他资产,由本国中央政府或 OECD 国家中央政府有条件担保的部分贷款或其他资产,由再贷款机构的现金存款作担保的部分贷款和其他资产,所有对 OECD 成员国存款机构的债券或由其作担保的资产,对非 OECD 国家存款机构剩余期限在 1 年以下的债权或由其担保的其他资产,托收现金,对政府发起机构的债权或由这些机构直接担保或以这些机构发行的证券作担保的资产,对 OECD 国家中央政府下属公共部门的直接债权或由其担保的债权,对国际或地区发展机构(如世界银行、国际货币基金组织等)的债权或由其担保的债权,由非 OECD 国家中央政府有条件担保的部分债权等。

风险权重为 50%的表内资产主要有:对 OECD 国家公共部门的部分债权(政府只承诺用

融资活动产生的收益来抵偿债务),住宅抵押贷款等。

风险权重为100%的表内资产主要有:所有对其他私人债务人的债权,对非OECD国家金融机构剩余期限超过1年的债权,由地方政府为私营团体或企业发行并由私人团体或企业偿还的债券,固定资产,对非并表机构的投资、合资或对关联公司的投资等。

表外风险资产的调整值也是风险加权资产的一部分。这些资产包括:表外或有担保合约、表外市场合约或衍生业务工具。计算表外科目风险调整值分两步:第一步,先用一个公认的转换系数,转换成等同于一个表内资产的数量。例如,商业信用证转换为贷款的系数为20%,也就是说,账面价值为100的商业信用证,等同于价值为20的对私人企业的贷款。第二步,根据这个表内资产的风险权重,计算其风险资产数量。由于私人企业贷款的风险权重为20%,所以账面价值为100的商业信用证的最终风险加权资产数量为20.

表4-6中的第七个指标是对国内其他存款机构的股权投资。对国内其他存款机构的股权投资之所以单独反映,是因为金融稳健指标是针对整个存款机构部门的,部门内部的相互投资要从资产负债表总资本和储备项中扣减。

二、非金融性公司金融稳健统计的数据基础

非金融性公司的基础数据主要来源于非金融性公司的利润表和非金融性公司的资产负债表。

(一)非金融性公司的利润表

非金融性公司的利润表是反映非金融性公司在一定期间经营成果的会计报表,它揭示了非金融性公司利润的计算过程和利润的形成过程。非金融性公司的利润表如表4-7所示。

表4-7 非金融性公司的利润表

1.因销售商品和提供劳务所获得的收入(不包括间接的销售税)
2.销售成本
3.营业收入(=1-2)
4.利息收入
5.利息支出
6.其他收入(净额)
7.净收入(在特别事项和税前)(=3+4-5+6)
8.特别事项
9.所得税
10.税后净收入(7-8-9)
11.应付股利
12.未分配利润(=10-11)
备忘项目:
13.息税前收入(=3+4+6)

非金融性公司的销售成本是指非金融性公司因经营业务而发生的各种支出,包括人力支出、原材料采购成本、管理费用、应付的房屋及设备租金、销售费用以及其他可以归于销售的费用。

非金融性公司的营业收入是销售商品和提供劳务取得的收入(扣除有关税款)减去销售成本。

除了营业收入外,非金融性公司的收入还包括净利息收入(利息收入减去利息成本)和其

他收入(净额)。

其他收入(净额)是指非金融性公司的各种非经营性收入减去各种非经营性成本后的经济利益净流入。其中,非经营性收入是指与非金融性公司业务经营无直接关系的各种收入,如房租收入、地租收入、持有权益和其他股份的收益、金融工具持有期间的收益、固定资产销售收入、外币交易损益、应收伤害或损害赔偿金等;非经营性成本是指与非金融性公司业务经营无直接关系的各种支出,如支付的房租、地租、罚款以及伤害或损害赔偿金等。

特别事项是指那些特别的、不经常发生的,与非金融性公司日常开展的一般经营活动相关的交易或事件,它可能是收入,也可能是损失。

所得税是非金融性公司支付的基于其收入的应付税款,因为有些项目允许在税前扣除,所以应税收入通常低于总收入。

税后净收入是净收入减去特别事项和所得税后得到的可用于支配的收入。税后净收入的一部分作为应付股利,派发给股东;另一部分是未分配利润。

(二)非金融性公司的资产负债表

非金融性公司的资产负债表是反映非金融性公司在某一特定时间的资产、负债、所有者权益等财务状况的会计报表。非金融性公司的资产负债表如表 4－8 所示。

表 4－8 非金融性公司的资产负债表

1.资产(＝2＋3＝8)
2.非金融资产
(1)有形资产
其中:①固定资产
②存货
③其他有形资产
(2)无形资产
3.金融资产
(1)货币与存款
(2)债券
(3)股票和其他权益
(4)贸易信贷
(5)金融衍生工具
(6)其他金融资产
4.负债(＝5＋6)
5.一般债务
(1)贷款
(2)债券
(3)贸易信贷
(4)其他负债
6.金融衍生产品债务
7.资本和公积
(1)权益的账面价值(所有者提供的资金)
(2)留存收益
(3)其他资本和公积
8.负债以及资本和公积总和(＝4＋7＝1)

非金融性公司的资产是非金融性公司所拥有或控制的能以货币计量的经济资源,包括非金融资产和金融资产。

非金融资产能够为其所有者带来相关的利益,但并不表现为对其他机构的债权。大部分非金融资产或者通过其在生产商品和提供劳务过程中的使用或者以资产收入形式出现,从而给所有者带来收益。非金融性公司的非金融资产主要包括有形资产和无形资产,其中有形资产包括固定资产、存货和贵重物品等,无形资产包括土地使用权和专利权等。

金融资产主要是指非金融性公司拥有的对其他机构的债权、股权等权益性资产,这些资产会给非金融性公司带来收益。非金融性公司的金融资产主要包括货币和存款、债券、股票和其他权益。贸易信贷、金融衍生工具、其他金融资产等。

非金融性公司的负债是非金融性公司承担的、已经发生的、能以货币计量,并在未来一定时期内需要用非金融性公司的资产或劳务偿付的债务,非金融性公司的负债由一般债务和金融衍生产品债务两部分组成。

非金融性公司的一般债务包括:①贷款;②债券;③贸易信贷;④其他负债。

非金融性公司的金融衍生产品债务主要是指因非金融性公司所交易的金融衍生工具市场价格发生变化而产生的负债。

非金融性公司的资本和公积主要包括:①权益的账面价值(所有者提供的资金);②留存收益;③其他资本和公积。

存款机构的资产等于负债与资本和公积之和。

三、住户部门金融稳健统计的数据基础

住户部门的有关基础数据可以通过住户部门的利润表和资产负债表来获得。

(一)住户部门的利润表

住户部门的利润表反映了住户部门可支配收入的形成过程。住户部门的利润表如表4—9所示。

表4—9 住户部门的利润表

1.工资和薪金
2.应收财产收入
3.货币转移支付(如政府转移支付)
4.其他收入
5.社会保险支出和其他转移支付(扣减项)
6.可支配收入(净额)

住户部门收入的主要来源是从雇主那里得到的的工资和薪金(包括所得税)。其他的主要收入来源包括财产收入(如利息收入、股利收入、租金收入等)和从政府得到的转移支付。

可支配收入是住户部门的所有收入减去所得税、财产税、由住户支付给政府的社会保险支出(如养老保险等)和其他转移支付(如罚款等)。

(二)住户部门的资产负债表

住户部门的资产负债表反映了住户部门在某一时点的资产和负债状况。住户部门的资产负债表如表4—10。

表 4－10　住户部门的资产负债表

1.资产总计(＝2＋3＝8)
2.非金融资产
(1)居住用房地产和商业用房地产
(2)其他资产
3.金融资产
(1)货币与存款
(2)债券
(3)股票和其他权益
(4)金融衍生工具
(5)其他金融资产
4.负债(＝5＋6)
5.一般债务
(1)贷款
(2)其他负债
6.金融衍生产品债务
7.资本和公积
8.负债以及资本和公积总和(＝4＋7＝1)

住户部门的资产是住户部门所拥有的或控制的能以货币计量的经济资源，包括非金融资产和金融资产。

非金融资产能够为其所有者带来相关的利益，但并不表现为对其他机构的债权。大部分非金融资产或者通过其在生产商品和提供劳务过程中的使用或者以资产收入形式出现，从而给所有者带来收益。住户部门的非金融资产主要包括居住用房地产和商业用房地产以及其他资产，如车辆、家具等市场和生活用品。

金融资产主要表现为住户部门拥有的对其他机构的债权、股权等权益性资产，这些资产会给住户部门带来收益。住户部门的金融资产主要包括货币和存款、债券、股票和其他权益、金融衍生工具、其他金融资产等。

住户部门的负债是住户部门承担的、已经发生的、能以货币计量的，并在未来一定时期内需要用住户部门的资产或劳务偿付的债务。住户部门的负债由一般债务和金融衍生产品债务两部分组成。

住户部门的一般债务包括贷款和其他负债。

住户部门的金融衍生产品债务主要是指因住户部门所交易的金融衍生工具市场价格发生变化而产生的负债。

住户部门的资本公积主要是指住户部门的留存收益。

第三节　金融稳健统计的核心指标

存款机构在任何国家的金融体系中都具有核心的地位。存款机构一般都可以方便地存放以及贷出资金，从而为其他部门提供流动性资产以及流动资金。同时，存款机构还为各种经济主体从事商业活动提供所必须的支付服务。因此，存款机构的运行状况会在很大程度上影响其他金融实体和非金融实体的活动。此外，存款机构风险具有很强的传染性和破坏性，一家存款机构的倒闭可能产生严重的“多米诺骨牌”效应，引发整个金融体系的危机，影响金融体系功能的正常发挥。特别是随着金融国际化、全球化趋势的发展和科技的突飞猛进，金融市场快速发展，金融创新日新月异，金融竞争日益激烈，金融风险明显加大，金融危机此起彼伏。从墨西哥金融危机到亚洲金融风暴，从巴林银行倒闭到日本大和银行破产，再到2008年的美国金融风暴，金融危机的传染性、破坏性日趋严重，不但影响了经济的正常发展，甚至危及了国家的稳定。为此，各国金融监管当局都把加强存款机构监管作为金融监管工作的重中之重，并对存款机构的运行状况进行重点监测。

正是基于存款机构在金融体系中的特殊地位，IMF在构建金融稳健指标时，是以存款机构为重点，并依据巴塞尔协议的要求，将资本的充足性、资产质量、收益和利润、流动性以及对市场风险的敏感程度等方面的指标作为金融稳健指标的核心指标，通过12个具体指标对存款机构面临的不同风险状况进行监测，并以此对金融体系运作的稳健程度进行分析和判断。金融稳健统计的核心指标的具体内容如下：

一、资本充足性

资本充足性是衡量金融机构稳健与否的主要指标。该项指标在金融稳健指标中被用来评估发生系统性金融风险时存款机构的抗风险能力。资本风险是指存款机构资本过少、不能弥补亏损以保证存款机构正常经营的风险。依据巴塞尔协议的要求，金融监管部门通过对调整的资本比率和调整的核心资本比率指标的监控，来评估各存款机构的资本充足性。衡量资本充足性的指标共有三个：监管资本与风险加权资产的比率、核心资本与风险加权资产的比率和扣除特别准备金后的不良贷款与核心资本的比率。

1. 监管资本与风险加权资产的比率

监管资本与风险加权资产的比率计算公式为：

$$\frac{\text{监管资本与风险}}{\text{加权资产的比率}}=\frac{\text{报告单位监管资本的汇总数据}}{\text{报告单位风险加权资产的汇总数据}}$$

这里的监管资本是指总的净资本额，即一级资本、二级资本和三级资本的总和与根据监管要求产生的扣减项之差。国际上对监管资本与风险加权资产的比率的判断标准为不能低于8%。

2. 核心资本与风险加权资产的比率

核心资本与风险加权资产的比率计算公式为：

$$\frac{\text{核心资本与风险}}{\text{加权资产的比率}}=\frac{\text{报告单位核心资本的汇总数据}}{\text{报告单位风险加权资产的汇总数据}}$$

国际上对核心资本与风险加权资产的比率的判断标准为不能低于4%。

监管资本与风险加权资产的比率和核心资本与风险加权资产的比率是衡量存款机构资本充足性的首要指标。这两个指标不仅考虑到资本与资产之间的关系。而且考虑到不同层次上抗衡资产损失能力的资本和风险加权资产之间的关系。在分析这两个指标时要注意，对于整个存款机构部门来说，这两个指标值很高并不意味着风险水平较低，因为整个部门指标值反映的是部门平均水平，它们可能掩盖了某类金融机构或某些金融机构资本充足率较低的事实。因此，对这两个指标的分析必须深入到存款机构部门的子类别以及重要的单个存款机构。

3.扣除特别准备金后的不良贷款与核心资本的比率

扣除特别准备金后的不良贷款与核心资本的比率计算公式为：

$$\text{扣除特别准备金后的不良贷款与核心资本的比率}=\frac{\text{报告单位在报告期内扣除特别准备金后的不良贷款汇总数据}}{\text{报告单位在报告期后核心资本的汇总数据}}$$

扣除特别准备金后的不良贷款与核心资本比率是一个衡量资产质量的指标，这个指标反映了资本抗衡贷款风险的能力，比率越高，存款机构的信贷风险也就越高。

二、资产质量

金融稳健指标体系通过监测不良贷款的比率以及信贷资产在各经济部门的集中程度来衡量存款机构信贷资产的质量，进而评价存款机构的风险资产组合。其中，不良贷款占全部贷款总额的比重用于评价信贷资产的整体质量；而各部门贷款占全部贷款总额的比重，即贷款分布比率指标，用来分析信贷资产在各经济部门的分配比率，以此来识别当某一经济部门发展失衡时可能产生的信用风险。由于信用风险是银行所面临的最主要的风险，因而也是金融稳健指标体系监测的重点。

1.不良贷款占全部贷款总额的比重

不良贷款占全部贷款总额的比重计算公式为：

$$\text{不良贷款占全部贷款总额的比重}=\frac{\text{报告单位在报告期内不良贷款的汇总数据}}{\text{报告单位在报告期内全部贷款的汇总数据}}$$

这里的不良贷款和全部贷款总额没有扣除特殊准备金。

不良贷款占全部贷款总额的比重反映了信贷资产的质量。当不良贷款占全部贷款总额的比重上升时，表明信贷资产质量恶化，风险增加。这时，要结合扣减特别准备金后的不良贷款与资本金比率指标，进一步分析资本金对信贷风险的抗衡能力。同时，要特别关注企业部门的财务状况，因为企业部门财务状况的恶化往往是造成存款机构不良贷款上升的主要原因。

2.各部门贷款占全部贷款总额的比重

各部门贷款占全部贷款总额的比重计算公式为：

$$\text{各部门贷款占总贷款的比重}=\frac{\text{报告单位在报告期内按部门汇总的贷款数据}}{\text{报告单位在报告期内全部贷款的汇总数据}}$$

这里的部门既可以是机构部门也可以是产业部门。

各部门贷款占总贷款的比重反映了贷款的部门分布，可以来分析部门经济活动对贷款质量的影响。

三、收益与利润

金融机构的收入水平和利润水平反映了其经营状况的好坏。金融机构的盈利能力越强，抵御风险的能力也就越强。衡量收益与利润的指标有四个：净收入与平均总资产的比率（资产收益率）、净收入与平均核心资本的比率（资本收益率）、净利息收入占总收入的比重、非利息支出与总收入的比率。其中资产收益率与资本收益率这两个指标用于评价存款机构的盈利能力和抗风险能力，同时结合其他指标就可以对存款机构的经营状况作出综合判断。

1. 净收入与平均总资产的比率

净收入与平均总资产的比率计算公式为：

$$\text{净收入与平均总资产的比率}=\frac{\text{报告单位在报告期内特别项目和税前净收入的汇总数据}}{\text{报告单位在报告期内平均总资产的汇总数据}}$$

净收入是一段时期内发生的流量，而与它对比的总资产是时点上的存量指标，二者进行对比时，用该时期内的平均存量指标比较合适。计算报告期内总资本平均值一般用期初和期末两个时点值进行算术平均。

净收入与平均总资产的比率反映的是存款机构资产的使用效率。

2. 净收入与平均核心资本的比率

净收入与平均核心资本的比率计算公式为：

$$\text{净收入与平均核心资本的比率}=\frac{\text{报告单位在报告期内特别项目和税前净收入的汇总数据}}{\text{报告单位在报告期内核心资本平均值的汇总数据}}$$

净收入与平均核心资本的比率反映资本使用的效率以及资本对存款机构盈利的支持作用。在分析时，注意要将这个指标与资本充足性的有关指标一同进行分析，因为净收入与平均核心资本的比率高有可能是资本水平低造成的，资本水平低就意味着资本充足率低，这时较高的净收入与平均核心资本的比率反而表明存款机构有经营风险；反之，净收入与平均核心资本的比率低有可能是资本水平比较高造成的，这是银行盈利能力相对较低的水平，并不说明银行抵御风险的能力也较低。

3. 净利息收入占总收入的比重

净利息收入占总收入的比重计算公式为：

$$\text{净利息收入占总收入的比重}=\frac{\text{报告单位在报告期内净利息收入的汇总数据}}{\text{报告单位在报告期内总收入的汇总数据}}$$

净利息收入占总收入的比重反映了利息收入的相对规模。

4. 非利息支出与总收入的比率

非利息支出与总收入的比率计算公式为：

$$\text{非利息支出与总收入的比率}=\frac{\text{报告单位在报告期内非利息支出的汇总数据}}{\text{报告单位在报告期内总收入的汇总数据}}$$

非利息支出与总收入的比率反映了存款机构有关费用支出的相对规模。

四、流动性

流动性风险是指存款机构没有足够的现金清偿债务和保证客户提取存款，而不得不对资产进行变现以满足客户的需要，从而造成一定损失的可能性。流动性风险取决于存款机构的资产结构及经营环境。金融稳健指标体系通过对存款机构流动性资产结构的分析来评价其流动性资产。其中流动资产与总资产的比率(流动资产比率)用来衡量全部信贷资产的流动性水平,而流动资产与短期负债的比率则可用来衡量存款机构在发生债务危机时的抗风险能力。

1.流动资产与总资产的比重

流动资产与总资产的比重计算公式为:

$$\text{流动资产与总资产的比率}=\frac{\text{报告单位在报告期内狭义流动资产的汇总数据}}{\text{报告单位在报告期内总资产的汇总数据}}$$

流动资产与总资产的比率反映的是存款机构为满足可预见和不可预见的现金需求而准备的流动性的状况。流动资产与总资产的比率越高,表明存款机构的流动性越强。

2.流动资产与短期负债的比率

流动资产与短期负债的比率计算公式为:

$$\text{流动资产与短期负债的比率}=\frac{\text{报告单位在报告期内狭义流动资产的汇总数据}}{\text{报告单位在报告期内短期负债的汇总数据}}$$

流动资产与短期负债的比率反映的是资产和负债在流动性方面的匹配状况。该指标可以表明当存款机构遭遇流动性问题时,用于满足短期资金提取的能力。

五、对市场风险的敏感程度

市场风险主要是指由于利率、汇率、证券和商品价格发生不利变动而导致存款机构损失的风险。金融稳健指标的核心指标中对市场风险的敏感程度主要是考察存款机构所面临的外汇风险,具体通过外汇净开放头寸与核心资本的比率来反映。

外汇净开放头寸与核心资本的比率计算公式为:

$$\text{外汇净开放头寸与核心资本的比率}=\frac{\text{报告单位在报告期内按一种外币折算后的外汇净开放头寸的汇总数据}}{\text{报告单位在报告期内核心资本的汇总数据}}$$

外汇净开放头寸与核心资本的比率是用来反映存款机构外汇风险暴露情况的,并衡量存款机构的核心资本对抗外汇风险的能力。在分析这个指标时,要注意观察存款机构各子类别甚至单个存款机构的情况,因为即使整个存款机构部门的该比率比较低,也并不说明外汇风险小。只有外汇资产和负债规模较大的存款机构的外汇净开放头寸与核心资本比率才能反映外汇风险的真正状况。

第四节 金融稳健统计的鼓励指标

对金融危机的防范,如果仅仅局限于对金融机构的监督,即便以最先进的方法,仍然难以奏效。多年来,尽管巴塞尔委员会在加强金融机构监管方面做了大量工作,但近10年来多数西方国家还是发生了不同程度的金融危机。东南亚金融危机再次证明,仅仅对金融机构进行审慎监管,不足以避免金融危机。危机前夕,东南亚地区的金融机构业绩颇受赞扬,但危机突袭，其速度之快、程度之深、范围之广，使人始料不及，原本似乎比较稳健的金融体系顷刻崩溃。实际上，危机前一年甚至更早，这些国家金融系统赖以运行的宏观经济环境已开始恶化，尤其是对外部门严重失衡。外部环境一旦恶化(尤其是美元与日元汇率大幅震荡)，使这种失衡发展演变成为一场危机。墨西哥在1994年危机爆发之前，也因其治理了通货膨胀、削减了财政赤字、放松经济管制并即将迈入工业国家行列而备受赞扬。如果当初这些国家具有金融稳健指标对金融部门稳定进行全面的、系统的评估，危机也许可以避免，至少程度可以减轻，影响范围可以缩小。

如前所述，影响金融系统稳定的因素很多，这些因素影响金融系统稳定的程度也因各个国家经济结构、市场发达水平、监管能力的不同而有所不同。因此，单靠金融稳健指标的核心指标体系来监管存款机构的做法还无法全面评估金融体系的整体金融风险。为此，IMF又提出了金融稳健指标的鼓励指标体系，其内容不仅包括存款机构的相关指标，也包括其他金融性公司、非金融性公司、住户、证券及房地产市场的相关指标，以便对有关经济部门的金融状况进行全面考察，进一步评估金融体系潜在的金融风险。在本节中，将对存款机构的鼓励指标、其他金融性公司的鼓励指标、非金融性公司的鼓励指标户住户部门的鼓励指标、证券市场的鼓励指标及房地产市场的鼓励指标分别进行详细介绍。

一、存款机构的鼓励指标

存款机构的稳健运行是整个金融体系稳健运行的基础，因此反映存款机构运行状况的各项综合微观指标是金融安全预警系统发挥作用的基础。鼓励指标体系的各项指标可在核心指标体系的基础上对存款机构的金融风险进行更全面的监测。在鼓励指标体系中对存款机构的考核指标共有十三项，它们从九个方面对存款机构的经营状况和风险情况选行监测，可以综合评估存款机构信贷资产的风险暴露和汇率发生变化时所遭受的市场风险。

一是对资本实力的考察。考察指标为核心资本与全部资产的比率(杠杆比率)，该指标是从资本支持资产扩张的能力方面来衡量资本充足状况。其计算公式为：

$$\text{核心资本与全部资产的比率}=\frac{\text{报告单位在报告期内核心资本的汇总数据}}{\text{报告单位在报告期内全部资产的汇总数据}}$$

二是对信贷风险集中程度的考察。考察指标为大额信贷风险与核心资本的比率，该指标反映了由于信贷集中而产生的风险，如果该比率超过监管当局的规定标准，这些大额信贷则存在风险。其计算公式为：

$$\text{大额信贷风险与核心资本的比率}=\frac{\text{最大的五家或十家存款机构在报告期内对其最大的五家或十家客户贷款的汇总数据}}{\text{最大的五家或十家存款机构在报告期内核心资本的汇总数据}}$$

三是对信贷资产分布状况的考察。考察指标为各地区贷款占总贷款的比重，该指标反映了贷款的行政地理分布，可用来分析地区的经济发展水平与经济活动对贷款质量的影响。其计算公式为：

$$\text{各地区贷款占总贷款的比重}=\frac{\text{报告单位在报告期内按地区汇总的贷款数据}}{\text{报告单位在报告期内总贷款的汇总数据}}$$

四是对金融衍生产品状况的考察。考察指标有:①金融衍生产品资产存量与核心资本的比率,②金融衍生产品负债存量与核心资本的比率。这两个指标衡量了核心资本对抗存款机构金融衍生产品风险暴露的能力。其计算公式为:

$$\text{金融衍生产品资产存量与核心资本的比率}=\frac{\text{报告单位在报告期内按市场价计算的金融衍生产品资产的汇总数据}}{\text{报告单位在报告期内核心资本的汇总数据}}$$

$$\text{金融衍生产品负债存量与核心资本的比率}=\frac{\text{报告单位在报告期内按市场价计算的金融衍生产品负债的汇总数据}}{\text{报告单位在报告期内核心资本的汇总数据}}$$

五是对经营性收支状况及管理成本的考察。考察指标有:①交易收入(包括外汇资产损益)占总收入的比重,该指标反映了存款机构通过参与金融市场交易所取得的收入的相对规模,可用来分析收入的稳定性;②人力费用支出占非利息支出的比重,该指标反映了存款机构的人力成本占管理成本的比重。这两个指标的计算公式为:

$$\text{交易收入占总收入的比重}=\frac{\text{报告单位在报告期内金融工具损益的汇总数据}}{\text{报告单位在报告期内总收入的汇总数据}}$$

$$\text{人力费用支出占非利息支出的比重}=\frac{\text{报告单位在报告期内人力费用支出的汇总数据}}{\text{报告单位在报告期内营业支出的汇总数据}}$$

六是对存款机构盈利情况和同业拆借市场竞争能力的考察。考察指标有:①存款机构存贷款参考利差,该指标是与盈利性相关的指标,可用来分析存款机构净利息收入的变化。此外,存贷款参考利差还能提供存款机构的定价行为信息。由于金融稳健指标关注的是存款机构作为一个整体的盈利能力,所以计算存贷款利差时不包括存款机构同业间的存贷款。计算存款机构的存贷款参考利差,首先要分别计算存贷款的参考利率,然后计算二者的差额。参考利率是存(贷)款的加权平均利率。以贷款为例,计算参考利率的权重是核算期内各类利率的贷款余额与该时期内全部贷款的比重,其计算公式为:

$$\text{贷款参考利率}=\frac{\sum_{n=1}^{t} n\text{ 类贷款利率}\times n\text{ 类贷款余额}}{\text{全部贷款余额}}$$

按照相同的方法计算出存款的参考利率,然后计算存贷款参考利差。②存款机构间同业拆借的最大利差。存款机构间同业拆借是一种短期资金融通行为,编制存款机构间同业拆借的最大利差可选择两笔到期日完全相同的同一品种(如隔夜或7天)的最高拆借利率和最低拆借利率,计算其差额。拆借利率是存款机构在国内拆借市场上的融资成本。一般说来,经营状况好、资本雄厚的存款机构,拆借资金的价格比较低;经营状况差、资本薄弱的存款机构,拆借资金的价格较高。利差越大,说明拆借的风险收入越高,这可能会导致弱小的存款机构难以在拆借市场上融通资金,严重时,会影响部分存款机构的流动性。

七是对流动性风险的考察。考察指标为客户存款占总贷款的比重,这也是一个衡量流动性的指标。客户存款是存款机构稳定的资金来源和支持存款机构贷款的基础。如果存款机构客户存款相对其贷款来说水平较低,那么部分贷款的增加是建立在一些不稳定的资金来源基础之上的。这时,一旦产生流动性压力,存款机构发生流动性不足风险的可能性就较大。该指标的计算公式为：

$$客户存款占总贷款的比重=\frac{报告单位在报告期内客户存款（不含同业间学科）的汇总数据}{报告单位在报告期内总贷款（不含同业间借款）的汇总数据}$$

八是对外汇信贷资产风险的考察。考察指标有：①外汇贷款占总贷款的比重，这个指标反映了全部贷款中外汇贷款的规模，有助于分析汇率波动对本地借款人外汇债务负担的影响。对于存款机构而言，外汇贷款可以帮助它们降低汇率风险。但如果本币大幅贬值导致借款人无法偿还贷款，则存款机构的外汇贷款也会暴露在汇率风险之下。②外汇负债占总负债的比重，这个指标反映了存款机构的外汇资金来源在全部资金来源中的规模。汇率波动，尤其是本币贬值，会导致存款机构暴露在汇率风险之中。这两个指标的计算公式为：

$$外汇贷款占总贷款的比重=\frac{报告单位在报告期内外汇贷款的汇总数据}{报告单位在报告期内总贷款的汇总数据}$$

$$外汇负债占总负债的比重=\frac{报告单位在报告期内外汇负债的汇总数据}{报告单位在报告期内总负债的汇总数据}$$

九是对证券资产风险的考察。考察指标为股权类资产的净开放头寸与核心资本的比率，这个指标衡量核心资本对抗存款机构股权类资产风险暴露的能力。与外汇净开放头寸与核心资本的比率指标一样，对股权类资产的净开放头寸与核心资本的比率进行分析时，也要特别注意观察存款机构各子类别甚至单个存款机构的情况。在有些情况下，尽管对存款机构部门整体而言，股权类资产的净开放头寸与核心资本的比率并不高，但有可能某类或某些存款机构股权类资产的风险暴露水平较高。该指标的计算公式为：

$$股权类资产的净开放头寸与核心资本的比率=\frac{报告单位在报告期内股权类资产净开放头寸的汇总数据}{报告单位在报告期内核心资本的汇总数据}$$

二、其他金融性公司的鼓励指标

其他金融性公司在现代金融体系中发挥着重要的作用，其规模不断扩大，因而对其进行监管和风险防范也是金融体系风险预警和评估中的一项重要内容。在鼓励指标体系中，主要考察其他金融性公司的资产实力及其在金融体系中的规模，分析和监测其他金融性公司发生金融风险时对整个金融体系和经济的影响。其考察指标主要有：

1. 其他金融性公司资产占金融系统总资产的比率

其他金融性公司资产占金融系统总资产的比率是用来衡量其他金融性公司在国内金融体系中的相对重要性的指标。其计算公式为：

$$其他金融性公司资产与金融体系总资产的比率=\frac{其他金融性公司在报告期内金融资产的汇总数据}{全体金融机构在报告期内金融资产的汇总数据}$$

该指标中其他金融性公司资产仅仅指其他金融性公司的金融资产。

2. 其他金融性公司资产占 GDP 的比率

其他金融性公司占 GDP 的比率是用来衡量其他金融性公司在一国经济总体中的相对重要性的指标。其计算公式为：

$$\text{其他金融性公司资产与 GDP 的比率}=\frac{\text{其他金融性公司在报告期内金融资产的汇总数据}}{\text{报告期内一国的 GDP 数据}}$$

该指标中其他金融性公司资产仅仅指其他金融性公司的金融资产。

三、非金融性公司的鼓励指标

非金融性公司良好的金融状况不但是整个经济体系正常运转的基础，而且会提升金融机构的经营状况，减小金融风险产生的可能性。在鼓励指标体系中，通过非金融性公司的全部债务与资本金的比率考察其抵御风险的能力；通过息前和税前收益与资本金的比率以及息前和税前收益与利息和本金支出的比率考察企业的盈利能力和偿债能力；通过外汇净开放头寸与资本金的比率考察企业面临的外汇风险；通过已经向银行报告的申请破产保护的企业数量考察全社会的信用状况和经济失衡程度；综合这些指标就能直接考察金融体系信贷资产的质量和金融体系可能面临的风险。由于金融体系信贷资产质量的恶化常常是由非金融性公司经济效益的下降引起的，所以这些指标也可作为金融风险的预测指标。

1. 全部债务与资本金的比率

全部债务与资本金的比率也是个杠杆指标，它反映了自有资金带动企业经济活动的能力，是判断企业财务状况好坏的重要指标。全部债务与资本金的比率越高，当金融市场和股票市场的震荡对企业产生冲击时，企业偿还债务的能力就越低。该指标的计算公式为：

$$\text{全部债务与资本金的比率}=\frac{\text{报告单位在报告期内全部债务的汇总数据}}{\text{报告单位在报告期内资本金平均值的汇总数据}}$$

其中，资本金平均值为期初和期末两个时点上资本金的算术平均值。

2. 息前和税前收益与资本金的比率

息前和税前收益与资本金的比率（资本收益率）用来衡量资本创造利润的能力，也可以用来评价企业发展的持续性。该指标的计算公式为：

$$\text{息前和税前收益与资本金的比率}=\frac{\text{报告单位在报告期内息税前利润的汇总数据}}{\text{报告单位在报告期内资本金平均值的汇总数据}}$$

其中，资本金平均值为期初和期末两个时点上资本金的算术平均值。

3. 息前和税前收益与利息和本金支出的比率

息前和税前收益与利息和本金支出的比率用来衡量企业的债务偿还能力，反映企业的违约风险。该指标的计算公式为：

$$\text{息前和税前收益与利息和本金支出的比率}=\frac{\text{报告单位在报告期内息税前利润的汇总数据}}{\text{报告单位在报告期内应偿还的本金和利息的汇总数据}}$$

4. 外汇净开放头寸与资本金的比率外汇净开放头寸与资本金的比率用来衡量企业抗衡外

汇风险的能力。该指标的计算公式为：

$$\text{外汇净开放头寸与资本金的比率}=\frac{\text{报告单位在报告期内外汇净开放头寸的汇总数据}}{\text{报告单位在报告期内资本金的汇总数据}}$$

5. 已经向银行报告的申请破产保护的企业数量

已经向银行报告的申请破产保护的企业数量反映了全社会企业的破产情况，是破产企业数目的简单汇总。

四、住户部门的鼓励指标

住户部门的负债比率过高，往往会孕育潜在的金融风险。对住户部门负债比率的关注，有助于从早期来防范金融体系信贷资产质量的恶化，规避系统性金融风险。通过对住户部门债务与 GDP 的比率和住户部门债务负担与住户部门可支配收入的比率这两个指标的考核，从宏观上把握住户的负债状况，防止经济体系中的信用失衡和信用风险。

1. 住户部门债务与 GDP 的比率

住户部门的债务与 GDP 的比率反映住户部门债务的相对水平。住户部门过高的债务规模，将使其难以对抗经济和金融波动带来的冲击，进而影响住户部门的偿债能力。住户部门的债务主要是金融机构贷款。该指标的计算公式为：

$$\text{住户部门债务与 GDP 的比率}=\frac{\text{报告期内住户部门的债务}}{\text{报告期内一国的 GDP}}$$

2. 住户部门债务负担与住户部门可支配收入的比率

住户部门债务负担与住户部门可支配收入的比率反映住户部门偿还债务的能力。住户部门的可支配收入可通过国民经济账户的数据获得。在考察该指标时，可以将其与住户部门消费支出的变动情况结合起来进行分析，该指标值的持续上升可能意味着消费支出的下降。该指标的计算公式为：

$$\text{住户部门债务负担与住户部门可支配收入的比率}=\frac{\text{报告期内住户部门应偿还的债务本金和利息之和}}{\text{报告期内住户部门的可支配收入}}$$

五、证券市场的鼓励指标

关注证券市场的目的是关注它对存款机构流动性的影响。证券市场为金融中介投融资的多元化提供了渠道，但证券市场上的过度投机可能会引发金融风险，因而对证券市场交易波动状况的考察可监控和防范资本市场的金融风险。在鼓励指标体系中，通过选用证券市场买卖平均差价和证券市场平均换手率两个指标来反映证券市场的交易波动状况和投机性，以此来监控证券市场上过度投机导致的金融风险。

1. 证券市场平均买卖价差

计算每日证券的买卖价差，首先要计算每日证券的平均买价和平均卖价。计算证券的平均买价(或卖价)的方法是，用证券在每个买进价格(或卖出价格)上的买进(或卖出) 数量与证券全部买进(或卖出)数量的比重作权数，计算加权平均买价(或卖价)之后，计算二者的差价。

一般说来，当买卖价差越大，市场上的风险收入就越高，市场交易成本也越高，市场的流动性下降；反之，市场流动性会提高。

2.证券市场平均换手率

证券市场平均换手率是每日证券的成交量与证券存量的比率。证券市场平均换手率高，表明交易比较活跃，流动性也比较好。

六、房地产市场的鼓励指标

由于存款机构在房地产市场上的信贷风险较大，并且在历次金融危机中，房地产泡沫都不同程度地直接导致了金融危机的发生，因而房地产市场发展的状况就成为金融体系风险预警的重点监控对象之一。在鼓励指标体系中，通过对房地产市场各项指标的考察来监测房地产市场信贷资产的规模，有助于预测泡沫型金融风险的发生。具体的监测指标为房地产价格指数、居住用房地产贷款占总贷款的比重以及商业用房地产贷款占总贷款的比重。这三个指标可用来监控房地产市场的整体情况以及房地产市场的平衡发展程度，对防范房地产市场的过热和畸形发展具有极其重要的意义。

1.房地产价格指数

房地产价格指数是反映不同时期房地产市场价格水平变化趋势和程度的相对数量指标。通过分析房地产价格指数的变化可以判断房地产市场的价格走势，进而采取措施减少房地产价格波动对有关经济实体的影响，保证国民经济持续健康稳定发展。

构造一个有代表性的房地产价格指数是一个全球性的难题。这主要是因为房地产市场几乎不具备任何流动性，所以房地产市场的同质性太差，不同地区、同一地区不同地段的房地产价格悬殊，加之对建筑物质量标准认同的不统一，使得编制一个统一的房地产价格指数成为一件非常困难的工作。甚至由于同质性太差，最后编制出来的价格指数的意义非常有限。

比较实用的做法是，选取在房地产开发方面有代表性的城市的重点地区，分别编制居住用房地产价格指数和商业用房地产价格指数。拉斯贝尔斯指数十分适合衡量宏观价格变化，因此房地产价格指数的编制可采用拉氏公式，即编制拉斯贝尔斯房地产价格指数。

拉斯贝尔斯房地产价格指数是所选取的基期一揽子房地产在报告期购买的总成本与在基期购买的总成本的比率。其中，报告期购买的总成本用报告期价格计算，基期购买的总成本用基期价格计算，二者的比值为拉斯贝尔斯房地产价格指数。计算拉斯贝尔斯房地产价格指数需要知道基期的各类房地产供应量和报告期的各类房地产价格。

拉斯贝尔斯房地产价格指数的计算公式为：

$$L=\frac{\sum_{i=1}^{k} q_{0i} p_{ti}}{\sum_{i=1}^{k} q_{0i} p_{0i}} \times 100\%$$

式中：L 是拉斯贝尔斯房地产价格指数；k 是房地产的种类数；q_{0i} 是基期第 i 种房地产的数量；p_{0i} 是基期第 i 种房地产的价格；p_{ti} 是报告期第 i 种房地产的价格。

拉斯贝尔斯房地产价格指数的优点是，它是纯粹的相对数量指标，可以用来反映不同的经济、地区之间房地产价格的变动幅度。它的潜在问题是，不能反映当前各类房地产的交易成本。

2.居住用房地产贷款占总贷款的比重

居住用房地产贷款占总货款的比重用于反映存款机构居住用房地产贷款的风险暴露状况。该指标的计算公式为：

$$\text{住居用房地产贷款占总贷款的比重}=\frac{\text{报告单位在报告期内住居用房地产贷款的汇总数据}}{\text{报告单位在报告期内总贷款的汇总数据}}$$

3.商业用房地产贷款占总贷款的比重

商业用房地产贷款占总贷款的比重用于反映存款机构在商业用房地产市场中的风险暴露状况。该指标的计算公式为：

$$\text{商业用房地产贷款占总贷款的比重}=\frac{\text{报告单位在报告期内商业用房地产贷款的汇总数据}}{\text{报告单位在报告期内总贷款的汇总数据}}$$

思考与练习

1. 简述监管资本的概念。
2. 简述风险加权资产的概念。
3. 简述不良贷款的概念。
4. 简述存款机构核心指标的内容。
5. 简述存款机构金融稳健指标的基础数据来源。
6. 简述企业部门金融稳健指标的内容。
7. 简述企业部门金融稳健指标的基础数据来源。
8. 简述非银行金融机构金融稳健指标的内容。
9. 简述住户部门金融稳健指标的内容。
10. 简述金融市场和房地产市场金融稳健指标的内容。

附录 巴塞尔协议

1975 年，西方十国集团中央银行行长在国际清算银行总部瑞士巴塞尔倡议建立了巴塞尔银行监管委员会，其成员包括比利时、加拿大、法国、德国、意大利、日本、卢森堡、荷兰、瑞典、瑞士、英国和美国的监管当局及中央银行的高级别代表。该委员会就有关银行国际监管事宜作出的一系列重要决议，被统称为巴塞尔协议。巴塞尔协议的目的是完善与补充单个国家对商业银行监管体制的不足，减轻银行倒闭的风险与代价，它是对国际商业银行联合监管的最主要形式，并且具有很强的约束力。

学术界一般将 1988 年的《巴塞尔报告》及其后的补充规定和核心原则称为旧巴塞尔协议；

将 1999 年公布的《新巴塞尔资本协议》征求意见稿(第一稿)、2001 年公布的《新巴塞尔资本协议》征求意见稿(第二稿)、2003 年公布的《新巴塞尔资本协议》征求意见稿(第三稿)及其最终定稿统称为新巴塞尔协议,新巴塞尔协议将于 2006 年底在十国集团国家正式实施。

一、旧巴塞尔协议

巴塞尔协议的出台起源于前联邦德国赫尔斯塔银行和美国的富兰克林国民银行的倒闭。这是两家著名的国际性银行,它们的倒闭使监管机构在惊愕之余开始全面审视拥有广泛国际业务的银行监管问题。

1975 年 9 月,即赫尔斯塔银行和富兰克林银行倒闭的第二年,第一个巴塞尔协议出台。该协议对海外银行监管责任进行了明确的分工,监管的重点是现金流量与偿付能力,其核心内容就是针对国际性银行监管主体缺位的现实,突出强调任何银行的国外机构都不能逃避监管以及母国和东道国应共同承担的职责这两方面内容。这是国际银行业监管机关第一次联合对国际商业银行实施监管。此外,该协议提出两个值得注意的问题:其一是特定的国际银行集团的结构问题对具体监管的影响;其二是强调监管当局之间信息交流的重要性。

1983 年 5 月,诊坎石的巴塞尔协议推出,这个协议基本上是前一个协议的共体化和明细化,比如明确了母国和东道国的监管责任和监督权力,分行和合资银行的清偿能力、流动性、外汇活动及其头寸各由哪方负责等,由此体现"监督必须充分"的监督原则。这个协议与 1975 年的协议没有实质性差异,总体思路都是"股权原则为主,市场原则为辅;母国综合监督为主,东道国个别监督为辅",对清偿能力等监管内容都只提出了抽象的监管原则和职责分配,未能提出具体可行的监管标准,因此,各国对国际银行业的监管都是各自为政、自成体系,充分监管的原则也就无从体现。

1988 年 7 月,通过的《关于统一国际银行的资本计算和资本标准的报告》(简称《巴塞尔报告》),使巴塞尔协议有了实质性的进步。该报告主要有四部分内容:①资本的分类;②风险权重的计算标准;③1992 年资本与资产的标准比例和过渡期的实施安排;④各国监管当局自由决定的范围。其核心内容是前两项,即资本的分类和风险权重的计算标准。资本的分类就是将银行的资本划分为核心资本和附属资本两类,各类资本有明确的界限和各自不同的特点;风险权重的计算标准是根据资产类别、性质以及债务主体的不同,将银行资产负债表的表内和表外项目划分为 0、20%、50%和 100%四个风险档次。风险权重的划分目的是为了衡量资本标准服务,有了风险权重,报告所确定的 8%的资本充足率(其中核心资本充足率不低于 4%)的标准才具有实实在在的意义。也正因为如此,许多人直接就将《巴塞尔报告》称为规定资本充足率的报告。

《巴塞尔报告》的推出意味着资产负债管理时代向风险管理时代过渡。由于监管思想的深刻、监管理念的新颖、考虑范围的全面以及制定手段和方法的科学合理,这个报告成了影响最大、最具代表性的监管准则,此后围绕银行监管产生的核心原则或补充规定等,都是在报告总体框架下对报告的补充和完善。尽管巴塞尔委员会并不是一个超越成员国政府的监管机构,发布的文件也不具备法律效力,但各国的监管当局都愿意以报告的原则来约束本国的商业银行。

随着世界经济一体化、金融国际化浪潮的涌动,金融领域的竞争尤其是跨国银行间的竞争日趋激烈,金融创新日新月异使银行业务趋于多样化和复杂化,银行经营的国内、国际环境及经营条件发生了巨大变化,银行规避管制的水平和能力也大为提高。这使1988年制定的《巴塞尔报告》难以解决银行实践中出现的诸多新情况、新问题。为应对这些挑战,巴塞尔委员会于1996年和1997年分别推出了《资本协议关于市场风险的补充规定》和《有效银行监管的核心原则》,为此后巴塞尔协议的完善提供了一个具有实质性意义的监管框架,为新协议的全面深化留下了宽广的空间。

二、新巴塞尔协议

新巴塞尔协议将风险扩大到信用风险、市场风险、操作风险和利率风险,并提出"三个支柱"(最低资本规定、监管当局的监督检查和市场纪律),要求资本监管更为准确地反映银行经营的风险状况,进一步提高金融体系的安全性和稳健性。

1. 第一支柱——最低资本规定。

新巴塞尔协议在第一支柱中考虑了信用风险、市场风险和操作风险,并为计量风险提供了几种备选方案。关于信用风险的计量,新巴塞尔协议提出了两种基本方法:第一种是标准法;第二种是内部评级法。内部评级法又分为初级法和高级法。对于风险管理水平较低一些的银行,新协议建议其采用标准法来计量风险,计算银行资本充足率。根据标准法的要求,银行将采用外部信用评级机构的评级结果来确定各项资产的信用风险权利。当银行的内部风险管理系统和信息披露达到一系列严格的标准后,银行可采用内部评级法。内部评级法允许银行使用自己测算的风险要素计算法定资本要求。其中,初级法仅允许银行测算与每个借款人相关的违约概率,其他数值由监管部门提供,高级法则允许银行测算其他必需的数值。在计量市场风险和操作风险方面,巴塞尔委员会也提供了类似的不同层次的方案以备选择。

2. 第二支柱——监管当局的监督检查

巴塞尔委员会认为,监管当局的监督检查是最低资本规定和市场纪律的重要补充。具体包括:①监管当局监督检查的四大原则。原则一:银行应具备与其风险状况相适应的评估总量资本的一整套程序,以及维持资本水平的战略。原则二:监管当局应检查和评价银行内部资本充足率的评估情况及其战略,以及银行监测和确保满足监管资本比率的能力。若对最终结果不满足,监管当局应采取适当的监管措施。原则三:监管当局应希望银行的资本高于最低监管资本比率,并应有能力要求银行持有高于最低标准的资本。原则四:监管当局应争取及早干预从而避免银行的资本低于抵御风险所需的最低水平,如果资本得不到保护或恢复,则需迅速采取补救措施。②监管当局检查各项最低标准的遵守情况。银行要披露计算信用及操作风险最低资本的内部方法的特点。作为监管当局检查内容之一,监管当局必须确保上述条件自始至终得以满足。巴塞尔委员会认为,对最低标准和资格条件的检查是第二支柱下监管检查的有机组成部分。③监管当局监督检查的其他内容。其包括监督检查的透明度以及对换银行账簿利率风险的处理。

3. 第三支柱——市场纪律

巴塞尔委员会强调,市场纪律具有强化资本监管,帮助监管当局提高金融体系安全、稳健的潜在作用。新巴塞尔协议在适用范围、资本构成、风险暴露的评估和管理程序以及资本充足率四个领域制定了更为具体的定量及定性的信息披露内容。监管当局应评价银行的披露体系并采取适当的措施。新巴塞尔协议还将披露划分为核心披露与补充披露。巴塞尔委员会建议,复杂的国际活跃银行要全面公开披露核心及补充信息。关于披露频率,巴塞尔委员会认为最好每半年一次，对于过时失去意义的披露信息，如风险暴露，最好每季度一次。不经常披露信息的银行要公开解释其政策。巴塞尔委员会鼓励利用电子等手段提供的机会多渠道地披露信息。

可以这样说，新巴塞尔协议更全面、更敏感地反映了商业银行面临的各种风险，代表了风险管理技术和监管手段的发展趋势，进一步强化风险监管的理念，有助于促进银行体系的安全稳健运行和公平竞争。

第五章 金融投资统计理论基础

本章学习目标

在过去三十年的时间里，金融市场中数量方法的使用出现了意想不到的增长。现在的金融专业人士在组合管理、资产交易、风险管理、财务咨询和证券管理中，运用成熟的统计技术已经成为惯用的手段。

通过本章的学习，掌握金融的内在特性及统计描述方法；了解金融风险管理中的常用方法；理解金融预期理论及它们之间的关系；熟练掌握并应用风险与收益的权衡及选择模型。

第一节 金融的内在不确定性与统计分析

金融学是一门具有高度实证性的学科，也许是在经济学各个分支中，甚至是一般社会科学中最具有实证性的学科。因为金融市场不仅仅是对理论抽象化的虚构，在实践中应用也十分的广泛，并且对全球经济的稳定和发展起着十分关键的作用。因此，从专业上看金融理论的某些方面可能很抽象，但它对金融模型的建立却很有使用意义。

虽然金融学具有实证性，但与其他社会学科一样，它几乎完全是非经验的。因此，金融学家进行推断的基本方法是金融计量经济学，即以模型为基础的统计推断。计量经济学是经济学最重要的分支之一，金融计量经济学区别于金融学其他分支的显著特点是不确定性在金融理论及其经验应用方面起了关键作用。每一个金融模型的出发点都是投资者面对的不确定性，基本内容都涉及到不确定性对投资者的影响。实际上，如果不存在不确定性，金融计量经济学的各种问题就仅仅简化为微观经济学的基本活动。作为一门学科，金融计量经济学是在不确定性的基础上进行预测的。

不确定性对金融计量经济学具有重要的意义。运用统计理论对金融模型进行估计和检验随机游走这两方面都与模型的不确定性密切相关。例如，资产价格的鞅模型对检验诸如价格增长的自相关系数等统计问题有着十分明确的涵义。理论与实证分析之间的关系在相当一段时间内是自然科学的标志，但金融理论与实证分析之间的关系的密切程度是其他社会学科无法相比的，它是金融计量经济学最有意义的方面之一，因此我们感到很有必要编写这本教材，将这一有重要意义的领域介绍给更多的读者。

一、金融的内在不确定性

所谓金融就是由货币、信用和银行形成的资金融通。它以其不同的中心点和方法论而成为经济学的一个分支。其基本的中心点是资本市场的运营、资本资产的供给和定价。其方法论是使用相近的替代物给金融契约和工具定价。对那些有时间连续特点的收益解决不确定性的价值工具来说，这一方法论很适用。

从金融的定义上看，货币是金融交易量的衡量尺度，它作为经济运行的润滑剂在经济活动中发挥着血液的作用。传统的货币作为一般等价物，具有价值尺度、交换媒介、储藏手段等基本功能。早期作为价值尺度的货币，本身具有统一的内在价值，相同纯度贵金属的重量作为一种客观标准使人们在接受货币时不会产生不确定性问题。信用的出现导致了货币价值与其内在价值的不一致，这种不一致产生了金融活动中的不确定性问题，但与其对应的法偿地位和金汇兑本位制的制度安排保证了信用交易在实际价值上的一致性，结果并没有破坏金融运行的稳定性，各金融变量仍呈现出高度确定的特征。与此同时，货币作为交换媒介的功能却受到极大的强化。然而，当货币脱离它的实物基础之后，信用开始取得基础地位，因此，以信用为基础的货币量就变得不确定。如你目前拥有一确定数目的债权，这一债权的实际货币量或价值量到底是多少事实上根本就说不清，因为若债务人到期能顺利地履约，则你能获得某一数量的货币；若债务人到期后不能履约，你可能什么都得不到；若债务人到期后只能部分履约，你只能获得部分对应的货币量。真实的结果只有到期后才能知晓，在这种情况下，确定数量债权的价值量就变得不确定了。信用货币制度的出现，最大限度地深化了交换媒介的功能，同时，它使价值尺度开始缺乏相应的统一标准，不同的人会根据自身的偏好做出可能不一致的判断，其结果就使相同货币量表现出不同的价值水平，或者说，相同价值水平的经济品，不同人有不同货币量的评价。由于人们价值判断的结果在一定程度上取决于决策者所面临的客观经济环境以及预期变化方向和水平，而经济中又没有完全重复的环境状况，这就导致人们根据自身偏好，在不同时间和环境下所做出的判断本身就是不一致的，个人判断的不一致与集体判断的非统一性使得作为价值尺度的货币在价值量的评价上表现出它的内在不确定性。

从银行经营业务上看，存款与贷款业务一直是商业银行最基本的业务。就存款而言，其资金来源主要集中于企业和居民，当然还有部分的政府资金。通常情况下，无论是企业或居民，在有暂时的闲置资金时，会将钱存入银行，也就是说，银行所吸收的存款绝大多数都是经济主体在经济活动中临时闲置的资金，这种闲置资金的性质决定了银行存款在时间上的不确定，因为存款者本身都不知道其闲置资金什么时候会派上用场，当然，作为经营存款业务的银行就更不知道存款人什么时候从银行取走资金和取走多少了。也就是说，银行经营的存款大多数是短期闲置资金，且时期是不确定的。就贷款而言，商业银行经营的贷款往往是面对企业和个人的中长期贷款，即使不考虑违约风险，银行也将面临如何将短期的资金来源长期化的问题。也就是说，在银行经营的存贷款业务中，资金来源的短期性与资金使用上的长期化显然在时间上表现出内在的不一致，这种内在的不一致使得银行经营中的准备金率难以把握，当然更谈不上实现最优化；同时，经济主体行为的随机性必然导致银行经营业务量和时期上的不确定。

作为金融学中心的金融市场，无论它的运营，还是其产品的市场定价，其不确定性特征表现得更为明显。对此，第二节有专门的分析。

二、不确定性的统计描述

通常情况下，人们将经济变量分为两类，即确定型性变量和不确定性变量，确定性变量之间的关系可表示成函数形式，不确定性变量分为已知分布的变量和分布未知的变量，当然这种分布可以是独立型(即不受其他条件的影响)分布或受到其他条件影响的条件分布。定量分析中解决此类问题的方式:一是经济行为人直接做出主观判断,利用这种方式处理不确定性问题,凭的是实践经验,也就是根据先验信息做出决策,缺乏相应的理论基础;二是通过进一步收集信息估计变量的概率分布,即考虑了后验信息。统计学,尤其是数理统计学,主要研究的内容就是随机现象,数理统计学的发展不仅为计量方程参数的估计提供了科学的方法,而且也为科学地处理随机变量提供了坚实的理论基础和一套完整的方法论。

定义 Z 为连续型随机变量,$P(Z)$为其发生概率。用 I_u 来衡量对 Z 预测的不确定性程度,其定义域为[0,1],$I_u=0$ 表示人们对于所需要判断的事件具有完全的信息,不确定性为 0。$I_u=1$表示人们完全没有有效信息对事件进行判断。则两者存在如下关系:

$$I_u=\begin{cases}1-P(Z) & P(Z)>0\\ 0 & P(Z)=0\end{cases} \tag{5.1.1}$$

在实际问题的分析中,人们通常只关心 $P(Z)>0$ 的状态,并将所有 $P(Z)>0$ 对应的状态的全体作为元素来构筑状态空间。当 $P(Z)=0$,意味着 Z 这一状态肯定不会发生,人们自然就没有必要再去考虑 Z 出现时可能的决策结果,因此,$P(Z)=0$ 的情况可从状态空间中去掉。当我们将 $P(Z)=0$ 的情况从(5.1.1)中去掉后,式(5.1.1)变为

$$I_u=1-P(Z) \tag{5.1.2}$$

利用(5.1.2)式,即可度量不确定性程度。众所周知,与不确定性程度对应的另一概念是确定性程度,且确定性程度等于 $1-I_u$,这样一来,我们便发现,确定性程度就是概率,概率是数理统计学的基础,因此,对不确定性问题的研究可直接纳入统计学的分析框架。

从上述分析可知,金融的内在不确定性决定了金融学的研究必须借助于统计分析技术,现代金融学的发展也越来越表现出统计分析方法的重要性。如在金融资产的估值中,人们通常利用了某一分布函数以及相应的分布特征值;商业银行在解决存贷款不匹配过程中利用的就是大数定律等。

第二节　金融市场价格变动的随机性与统计分析

所谓金融市场是指为金融产品提供交易的场所。其可分为有固定交易地点的有形市场和无固定交易地点的无形市场;从开放性的角度,它还可分为国内金融市场和国际金融市场;从交易工具的特征上,它可分为货币市场、资本市场、外汇市场、黄金市场及其衍生产品交易市场;从金融监管的角度,它可分为在岸金融市场和离岸金融市场。离岸金融市场是指在国外发行或交易的以第三国货币标值的金融工具的市场。离岸金融市场至少涉及三个国家,一是发行人的国家,二是发行地点的国家,三是产品标值货币对应的国家。如中国国际信托投资公司在伦敦发行一定数量的美元债券就属离岸金融业务。

与产品市场一样,金融市场中交易的最重要变量是交易价格与交易数量。不同的是,金融产品在不考虑时间价值的前提下,不存在自然损伤,它不像实物产品交易中存在明显的交割滞后,也不像实物产品交易具有季节性特征。实际上,实物产品的上述特征在客观上阻碍了市场

机制的完全性。相比之下,金融市场交易环境更接近完全竞争的市场特征,现代通讯技术与计算机应用的发展使得金融市场交易更为迅速、便捷,同时也极大地降低了交易成本,加上信用货币体系的制度安排,极大地调动了投资者的交易热情,使现代金融市场表现出比产品市场更强的活力。它在促进社会经济发展的同时,也提供了一个富有戏剧性的博弈场所,价格不断变动,且难以把握,从而表现出明显的随机性特征。

金融市场产品及其交易价格的决定是一个复杂的过程。有效证券的收益应具有随机性这一观点经常引起人们的困惑,许多人似乎认为有效证券的价格应是平滑的,而不是随机性的。布莱克(1971)十分有效地解释了这一观点:完善的股票市场应是这样一种市场:在这一市场上,对不了解公司专门信息的人来说没有利润可赚,即使对那些有专门信息的人来说也很难获利,因为当信息被市场认为是有用的同时价格会迅速进行自身调整……因此我们在连续交易的价格中可看出随机性,而不是持续性……随机性即意味着价格发生连续的小幅度的上涨(或下跌)是极不可能的。如果价格上涨,应是立即上涨,而不是小幅度的连续上涨……发生大幅度的价格变动是可能的,只要其后不是发生持续的反方向的价格变动。

基于以上理论,人们产生困惑可能是因为持有这样一种观点:即如果证券价格是由预期现金流所决定的,那么收益就不可能是随机的。例如史密斯(1968)写到,"我怀疑即使随机过程证明了一个完美的随机性的数学论据,我还是相信从长期来看预期收入影响当前价格"。

事实上,一种证券价格经贴现后的现值模型与证券收益的随机性完全一致。理解这一说法的关键是所谓的迭代期望规律。为了说明这一结果,我们将信息划分为信息集 I_t 和信息集 J_t,其中 $I_t \subset J_t$,这样集合 I_t 中所有的信息也在集合 J_t 中,但集合 J_t 的范围更大一些,因为集合 J_t 中包括更多的信息内容。我们来考虑随机变量 X 关于这些信息集的条件期望值,记为 $E[X/I_t]$ 或 $E[X/J_t]$。迭代期望规律中 $E[X/I_t]=E[E[X/J_t]/I_t]$。用语言表述,即为如果一个人具有有限信息 I_t,那么他对随机变量 X 所作的最好预测是当他具有先验信息 J_t 时,对变量 X 所作的预测的预测,即记为 $E[X-E[X/J_t]/I_t]=0$,其直观含义为:人们不可能利用有限的信息 I_t 去估计当他拥有范围更广泛的先验信息时可能产生的预测误差。

虽然本书较全面的概括了经验方法论,但在解释其结果时仍然存在一些严重的困难。

其一,对效率的检验必须首先假设一个规定了一般正态证券收益的均衡模型,如果效率被忽略,可能是由于市场的确是无效率的,或者是因为假定了一个不正确的均衡模型。联合假设这一问题意味着这种市场效率永远不能被忽略。

其二,完全效率是一种不现实的基准,在实际中是不可能存在的。即使在理论上,正如格罗斯曼(1980)中所指出的,只要信息收集和加工需要花费成本,非正态收益就是存在的。投资者必须用收益去补偿信息收集和加工所花费的成本,当合理地考虑了这些花费后,收益就是正态的。在一个大型的流动性市场中,信息成本很可能会造成较小的非正态收益,即使可以精确地计算这些成本,也很难说出这一非正态收益的数值。

所谓相对效率,从概念上讲是一个市场被度量的效率与另一个市场相比,比如,纽约证券交易所与巴黎证券交易所,期货市场与现货市场,拍卖与交易市场。也许它们是一个更有用的概念,而不是大部分传统的市场效率文献中提出的绝对的观点。通过类比,可以很容易看出相对效率高于绝对效率的优点。通常将转化为有用功的燃料或能量的相对比例作为基准,对物理系统赋予一个功率值。因此,一个活塞发动机的功率大概为 60%,即发动机中燃料的平均 60% 是用来推动曲轴,剩余的 40% 则以光、热、噪声等其他形势损失掉了。

尽管存在想像中无摩擦的理想化状态下的发动机可以达到完全的效率，然而几乎没有工程师会考虑通过统计检验来对此进行判定。但是度量相对效率(相对无摩擦的理想状态)是很平常的，事实上，我们希望能对许多家用电器，如空调，热水器，冰箱等进行这种测试。同理，有效市场也是一种理想状态，从经济的角度来看是不可能实现的，但可作为度量相对效率的有用基准。

第三节　金融风险管理中的统计方法

社会经济活动中，几乎所有的人类行为都面临着大量的不确定性因素，在具有不确定性因素的环境中，人们如何做出决策或怎样采取行动，都是一个非常值得研究的问题。银行不仅不知道债权人何时来兑现他的收益，而且也不能肯定债务人是否到期后能够还本付息；一个外贸企业由于其出口业务的需要，随时都必须保有一定的外汇头寸，或者是他在外贸业务中，经常会发生未来某一个时期的外汇收入或支付，但是，他却不可能肯定到期时的汇率会是一个什么水平，而汇率的变化显然会对该企业的收支状况产生较大的影响；一个股票市场投资者，他不可能完全肯定股票价格在未来某一个时期的变动情况。上述种种情况都表明，人们在实际经济活动中，尤其是在金融活动中，都面临着某种程度的不确定性可能带来的风险，这在客观上提出了风险管理问题。所谓金融风险是指在未来不确定性可能带来金融资产的损失。

可以这么说，几乎所有独立的金融活动都客观地存在风险[①]。不同的人对待风险的态度是有区别的，有的人喜好风险，有的人厌恶风险，还有的人既不喜好风险也不厌恶风险，通常我们将其称为风险中性。但无论人们对待风险的态度怎样，他们都会对不确定性可能带来的成本与收益进行分析，并在成本与收益权衡的基础上做出与自身风险态度相同的选择。确定减少风险的成本收益权衡方案和决定采取的行动计划(包括决定不采取任何行动)的过程称为风险管理。值得说明的是，虽然不同风险态度的人在可能导致的成本与收益之间的权衡是有明显差异的，但无论人们的风险态度如何，都会试图取得一个固定风险下的最大收益或令相同收益下所承担的风险最小，这种为实现相同收益使成本最小化或固定风险情况下的收益最大化方案和行动计划才是真正意义上的风险管理。因此，风险管理适用于所有的不确定性情况，而与人们的风险偏好无关。

进行有效的风险管理是现代金融机构面临的一个最重要的课题。在金融风险管理中，首先要解决的就是风险的度量问题。从金融风险定义上看，金融风险包含两个基本因素：一是状态的不确定性，二是由状态的不确定性引起的结果的不确定性。因此，金融风险的度量就应是两者的综合。前面的分析表明，状态的不确定性程度可以用概率来度量，而结果的不确定性则是由状态的不确定性决定的，即在给定金融资产头寸的情况下，对应每一个可能的状态，其结果则是确定的，表明金融风险度量本质上是一个统计方法的应用问题。如早期马柯维茨(Markowitz)提出的用标准差即 σ 度量金融风险、夏普(sharp)在 CAPM 模型中提出的相对金融风险 β 系数等，本质上都是统计特征数的应用；20 世纪 90 年代巴塞尔委员会推出的 VaR，即风险价值，更是统计思想与方法在风险度量中的完美应用。在解决了风险度量问题之后，风

---

① 这里特别强调独立的金融活动，其独立性意指金融交易主体的独立性和金融交易工具的单一性。因为，一个在量上匹配完全的套期保值交易并不存在金融风险。

险管理自然要进入下一个层面，即根据风险与收益情况制定与自身特征相符的行动计划，也就是说，人们必须在风险与收益权衡的基础上做出选择。然而，状态的不确定性必然导致收益也是不确定的，不同状态的出现表明可能会有不同收益之结果。因此，用哪种收益与风险权衡就成为行动方案选择比较的标准，有的人可能以各种可能收益中的最大收益为准则来选择行动，有的人则可能以各种收益情况下的最小值为准则来选择行动，还有的人则以相对有把握的状态为准则来选择行动，更常见的是以各种可能收益的综合，并以其期望为准则来选择行动。这种从不同准则来选择最终行动的现象反映了人们对待风险的不同态度，追求可能最大收益的投资者显然属于冒险型，而追求最有把握收益和以最小收益为底线的投资者属于保守型，而以期望收益为准则，并在期望收益与完全确定收益值相同情况下，选择风险投资与获取确定性收益两者之间态度无所谓的投资者属于风险中性型。无论是哪类风险特征的投资者，在风险管理中，都必须要么计算最大概率，要么计算可能最好或最坏之结果，最常见的还是计算期望收益值。纵观风险管理中这些定量的处理技术，不难发现，他们无一不是使用的统计方法。因此，金融风险管理的任何一个环节都离不开统计分析，统计分析构成金融风险管理中的一个重要的内容。

第四节　金融投资与预期

金融投资分析中，预期是一个极为常见的概念，他在投资决策中扮演着非常重要的角色。预期是指投资者对可能结果的一种预测。他是投资者实施投资行为的最基本的决策依据，投资者在实施投资决策前，往往会根据自己所掌握的信息对金融资产未来的运行状况做出预测。预测的内容主要包含两个方面：一是对资产价格的概率分布进行预期，另一是对可能结果的预期。在综合这两方面预期值的前提下，投资者根据自身的偏好特征选择投资方案，整个决策过程充分体现了“金融投资行为是投资者购买未来”的思想。

预期的形成大体上可以分为四种，即静态预期，外推预期，适应性预期和理性预期。作为金融投资分析的基础，本节分别给予介绍。

一、静态预期

静态预期是一种最为简单的预测方法，它指投资者直接以金融产品当期的价格作为下一期的预测值，即：

$$p_{t+1}^{*}=p_{t} \tag{5.4.1}$$

从(5.4.1)可以看出，这种预期显然只适用于价格呈水平型变动的金融资产，对于价格包含有趋势因素、循环因素、季节因素的金融资产是不适用的。此外，当所考虑的金融资产的价格对 p_t 的反应较为敏感时，通常用此方法预测 p_{t+1} 的值也是不恰当的，因为即使是 p_{t+1} 中不包含趋势因子，循环因子和季节因子，仅随机变动的影响就足以使投资行为与所要达到的目的相差甚远。实际上，投资行为本身就需要从动态的角度去考虑，用静态预期方法预测价格的变动显然不符合现实的要求。

二、外推预期

梅茨勒(Metzler)首次引入了外推预期的概念。他认为，未来预期不仅应建立在经济变量的过去水平上，而且还建立在它的变化方向的基础上。这样，对第 t 期的外推预测就被定义为：

$$p_t^* = p_{t-1} + \varepsilon(p_{t-1} - p_{t-2}) \tag{5.4.2}$$

(5.4.2)式这种预期方法不仅包含上一期的实际值，而且还考虑到价格变量变动的趋势。在现实经济活动中，大量存在着包含趋势因素的经济变量，只要这种变动趋势能保持一个相对稳定的运动速度，那么，(5.4.2)式就是一个很好的预测方法。可惜的是，在现实经济中，单纯包含趋势因素的金融资产是非常少见的，而在只有趋势因素的变量中，做等速运动的经济变量就更为少见了。此外，从(5.4.2)式可以看出，当预期系数一定时，预期值只取决于 p_t 过去的状况，当前的信息对其没有任何作用，这显然与实际情况是相悖的。但是，与静态预期相比，外推预期是一个进步，因为它明显包含静态预期，即当 $\varepsilon=0$ 时，(5.4.2)式就变成(5.4.1)式，也即是说，当 $\varepsilon=0$ 时，外推预期就是静态预期。

三、适应性预期

适应性预期由卡甘(Cagan)于 1956 年提出。根据这种预期定义，经济活动参与者将根据自己过去在做出预期时所犯错误的程度来修正他们在以后每一时期的预期，故称这种预期为适应性预期。用公式表示就是

$$p_t^* = p_{t-1}^* + \eta(p_{t-1} - p_{t-1}^*) \tag{5.4.3}$$

其中，η 为适应系数，且 $0 \leqslant \eta \leqslant 1$。

适应性预期包含了这样一种思想，就是利用过去所犯的错误来修正现在的预测。当前一期的预期偏高时，即 $p_{t-1}^* > p_{t-1}$ 时，就相应地调低本期的预期；当前一期的预期 p_{t-1}^* 偏低时，即 $p_{t-1}^* < p_{t-1}$ 时，就相应地调高本期的预期。调整的目的是试图使预期值与实际值的误差尽量缩小，以使预期真正能反映实际状况。适应性预期比外推预期在理论与方法上又更进了一步，它不仅包含静态预期，而且也包含了外推预期。

显然，当 $\eta=1$ 时，(5.4.3)式就变成(5.4.1)式，静态预期。另外，对(5.4.3)式作下面的变形又可得到外推预期。

$$p_t^* = \eta p_{t-1} + (1-\eta) p_{t-1}^* \tag{5.4.4}$$

$$p_{t-1}^* = \eta p_{t-2} + (1-\eta) p_{t-2}^* \tag{5.4.5}$$

将(5.4.5)式代入(5.4.4)式得：

$$p_t^* = \eta p_{t-1} + \eta(1-\eta) p_{t-2} + (1-\eta)^2 p_{t-2}^* \tag{5.4.6}$$

又因为

$$p_{t-2}^* = \eta p_{t-3} + (1-\eta) p_{t-3}^* \tag{5.4.7}$$

将(5.4.7)代入(5.4.6)式得

$$p_t^* = \eta p_{t-1} + \eta(1-\eta) p_{t-2} + \eta(1-\eta)^2 p_{t-3} + (1-\eta)^3 p_{t-3}^* \tag{5.4.8}$$

如此类推可得

$$p_t^* = \eta \sum_{k=1}^{\infty} (1-\eta)^{k-1} p_{t-k} \tag{5.4.9}$$

(5.4.9)式为一特殊权数的分布滞后模型，这种模型的一般式为：

$$p_t^* = \sum W_k p_{t-k} \tag{5.4.10}$$

其中，W_k 为任意权数，但 W_k 的取值必须保证级数收敛。

当 $W_k=\eta(1-\eta)^{k-1}$，$k=1,2,3,\cdots\cdots$时，(5.4.10)式就变成了(5.4.9)式，即适应性预期；而当 $W_1=1+\varepsilon$，$W_2=-\varepsilon$，$W_k=0(k>2)$时，(5.4.10)式变成：

$$p_t^*=(1+\varepsilon)p_{t-1}-\varepsilon p=P_{t-1}+\varepsilon(P_{t-1}-P_{t-2})$$

即为外推预期。

适应性预期使预期方法向前推进了一大步，它充分体现了"干中学"的管理理念。但它也存在明显的不足：(1)当前期预期值正好与实际值相符时，由(5.4.3)式得 $P_t^*=P_{t-1}$，也就是说，本期的预期值与前期的实际值相同，它归结为静态预期。如果价格的变动呈水平型或满足均值回归模型，那么，这种预期就没有什么问题；若该变量具有趋势特征，则本期的预期值必然会偏离实际值，至于偏离程度的大小，则取决于事物本身的波动。(2)从(5.4.3)式可以看出，本期的预期值取决于前期的预期值和前期预期的误差，若前期的误差是由偶然因素的影响所致，那么，按(5.4.3)式调整后的本期预期值就有可能比不调整的偏离更大。换句话说，就是本期的预期值有可能更加脱离实际情况。(3)适应性预期(5.4.3)式中的调整是一种规范的调整形势，它只需要前期预期误差，除此之外，任何其他信息均没有什么作用，这种预期行为显然没有能充分利用已有的信息资源。然而，任何一个经济行为主体，在进行预期时总会尽可能充分利用已有的各种相关信息。

四、理性预期

1961年约翰．穆斯(J. F. Muth)在一篇题为"理性预期与价格运动理论"的论文中提出了理性预期假说。此后，理性预期假说得到了著名经济学家卢卡斯(R. E. Lucas)等人的发展，并于20世纪80年代在西方经济学中形成了一个极具影响力的学派，即"理性预期学派"。理性预期的提出及其发展，不仅使预期理论达到了前所未有的高度，而且这一假说在经济学、金融学中的应用使其在理论上极具魅力。经济学家M. 卡特(Carter)和R. 麦道可(Maddock)将理性预期经济学称为20世纪80年代的宏观经济学。只要你随便翻开一本现代金融学或金融投资学的著作，你都会发现它几乎无所不在，它已成为现代金融学或金融投资分析的基本理论框架。由此可见理性预期对经济学、金融学所产生的影响之大。

如果对穆斯的例子略加修改，就可得到实体经济中的一种蛛网模型(Cob-web Model)，即：

$$\begin{cases} Q_t^d=\alpha-\beta P_t & \text{(需求方程)} \\ Q_t^s=\gamma+\delta P_t^*+u_t & \text{(供给方程)} \\ Q_t^s=Q_t^d \end{cases} \tag{5.4.11}$$

其中，Q_t^d 为需求量，Q_t^s 为供给量，P_t 为真实价格，P_t^* 为预期价格，u_t 为随机变量，α、β、γ、δ 为参数。

解(5.4.11)式得

$$P_t=(\alpha-\gamma)/\beta-\frac{\delta}{\beta}P_t^*-\frac{1}{\beta}u_t \tag{5.4.12}$$

(5.4.12)表明，实际价格取决于预期价格和实际产量的波动量，要使(5.4.12)式变成单一解，就必须加上一个与 P_t^* 有关的方程。穆斯的创新在于把 P_t^* 看做内生变量。为了达到这一目的，理性预期理论假定市场中的经济单位知道(5.4.11)式所代表的模型结构，即任何时期的 P_t^* 都等于以前所能得到的信息为条件的该时期价格的条件数学期望。这样，就得到了有关 P_t^* 的行为方程式：

$$P_t^* = E_{t-1}[P_t] \tag{5.4.13}$$

其中，$E_{t-1}[\,]$是以 $t-1$ 期信息为条件的条件数学期望。将(5.4.12)式代入(5.4.13)式得

$$P_t^* = (\alpha-\gamma)/\beta - \frac{\delta}{\beta}P_t^* - \frac{1}{\beta}E_{t-1}[\mu_t] \tag{5.4.14}$$

整理后得

$$P_t^* = \overline{P} - \frac{1}{\beta+\delta}E_{t-1}[u_t] \tag{5.4.15}$$

其中，$\overline{P}=\dfrac{\alpha-\gamma}{\beta+\delta}$是完全由方程的参数决定的，它是简单蛛网模型的均衡价格。

由(5.4.15)式可以看出，任何时期的 P_t^*（即价格的预期）都等于 $\overline{P}$ 减去供给的随机波动的期望的一个倍数，这就说明 P_t^* 依赖于 u_t 的概率分布。

理性预期的一个重大贡献在于将预期变量内生化，即预期不是由系统以外的某些外力决定的，而是由系统内经济变量自身的联系决定的。这就为我们处理复杂的不确定性问题找到了一个有效的方法。这种方法暗含着人们在充分利用现有信息情况下追求收益最大化的行为，而这种行为正是研究金融投资的出发点。

金融市场中，金融资产的价格是所有投资者行为的结果。虽然不同的投资者可能会选择不同的预期方式，但综合作用的结果却使市场接近了理性预期，这也就是为什么在金融投资分析中经常假定投资者是理性的缘故（注意这里的投资者具有一般意义，它不涉及个体差异）。实际上，现实中投资者的预期往往是不同的，正是投资者个体预期上的差异才导致了市场交易，而预期的差异可能来自于三个方面：一是投资者之间信息上的差异，导致了相同预期方式预期值的不同；二是投资者预期方式选择的不同，导致的预期价格的不一致；三是投资者之间既包含信息差异，也包含预期方式选择的不同，从而导致的预期值的不同。值得注意的是，投资者个人行为上的差异在投资决策分析中是重要的，而当我们考察金融资产的价格形成或金融资产定价时，这种个体的差异可以被忽略。

第五节　风险偏好与选择

投资者在进行金融投资时，既面临着金融风险同时也面临着获得收益的可能。通常情况下，投资者的行为既不是单纯以风险为依据，也不是单纯以发现有利状态的收益为出发点，而是在风险与收益之间加以权衡。在风险与收益的权衡中，不同人的不同风险偏好特征决定了其投资行为的差异，微观经济学中的效用函数给出了描述这种差异的数量方法，它构成投资定

量分析的理论基础。本书中不加以赘述，详细论述请参见微观经济学的著作。

日常生活中，人们经常谈论风险，尤其是在金融投资领域，风险更是人们谈论中一个不可或缺的话题。那么，到底什么是风险，风险又如何来度量呢？无论从理论上看，还是从实际金融投资决策的角度分析，风险的度量问题都是金融投资统计分析的基础。

关于风险的定义，目前学术界尚不统一，比较有代表性的定义大致可以归纳为三种：(1)风险是与不确定性联系在一起的。一项活动的风险可以由其收益的不可预测的波动性来定义，无论收益波动特征将采取什么样的形式，导致什么样的后果。(2)风险是与其可能带来的不利后果联系到一起的。一项经济活动的风险可以由其收益波动造成的损失来定义，无论其价格波动将采取什么形式，是否可以预测。(3)一项经济活动的风险与不确定性和相应的不利后果相联系的。这是对(1)和(2)的综合。根据第三种定义，一个经济产品的价格和收益的波动性可以用来衡量其不确定性，但只有当这种不确定性可能给投资者带来损失时才构成这一投资载体的风险。这一风险定义就与人们通常的理解或感受取得了一致，概括地说，“风险是不利状态出现可能给经济行为人带来的损失”。

从上述各种定义可以看出，不论依据哪种定义，风险都是与不确定性相联系的，且风险产生的根源是事物发展的不确定性。这就是说，任何不确定性决策问题就必须面对或承担风险。从经验分析可知，虽然在数量上不确定性与风险之间没有确定的严格数量关系，但是，不确定性程度的改善却有利于人们回避风险，提高决策的收益率。

然而，在现实世界中，要提高经济决策的科学性并增强其应用性，不确定性与风险的数量关系问题则又是一个不可回避的问题。在论述这两者之间的关系时，首先的任务是要将其量化。对风险的衡量有不同的方法，其中较有影响和代表性的有：(1)σ或σ^2；(2)β值；(3)范围法。

用σ衡量风险的方法是著名经济学家马柯维茨于1952年在“证券组合的选择”一文中首先提出来的，他的这种衡量风险的观点后来被大多数人所接受，并得到广泛的传播。从风险的定义看，用σ衡量风险或作为风险的度量有其合理的一面，它在一定程度上反映了事物不确定性的特征，其具体表现就是变量的波动性特征。用这种方法衡量风险，其中的缺陷也是显而易见的。举一个例子，在股票市场上有这么两个投资者甲和乙，这两个投资者在不同的时期买入同一种股票，并且他们有相同的预期收益率，若该股票市场价格一年的波动范围为($\min P_A$，$\max P_A$)，投资者甲以$\min P_A$价格买入股票，投资者以$\max P_A$价格买入股票，如果股票价格P的分布是均匀的，则甲与乙的σ值相同，但非常明显的是甲所承担的风险肯定要比乙小。这个例子表明，用σ作为风险的度量明显与现实情况不符。现实中的确存在这种情况，即某种项目的投资无论在什么情况下都不会给投资人带来损失，但收益率还是不固定。

β分析法主要用于衡量系统风险，这种分析方法是1964年由马柯维茨的学生威廉．夏普(William. F. Sharpe，1990年诺贝尔经济学奖获得者)在“资本资产定价：风险条件下的市场均衡理论”一文中提出来的。他认为若以σ_M代表市场资产组合的标准差，第j种资产的系统性风险为，$\beta_j=\frac{Cov_j}{\sigma_M^2}$。从$\beta$值的这一计算公式可以看出，$\beta$值所包含的经济内容主要是反映了第j种资产与市场资产组合的相互关系，即与市场组合相比，第j种资产市场价格波动的相对强度。关于这一点，只要将上述公式变形为$\beta_j=\frac{\sigma_j}{\sigma_M}\rho_{jM}$就可一目了然。用这种方法度量风险显然没有反映以不同价格购买第j种资产的风险差别。然而，当投资者以不同价格购买同种资产时，所面临的风险肯定是不同的，购买价格越高，风险就越大，这是显而易见的。严格地说，用β值度量风险与用σ度量风险的思想是一样的，他们之间没有本质的区别，但由于β值是一相对量，用其进行金融资产投资决策分析还是有非常重要的现实意义的。

范围法衡量风险，仅仅考虑最大与最小收益两个极端情况，这种处理方法实际上是将最有利的结果和最坏的结果同等地以50%概率对待。然而，现实经济活动中最有利结果和最坏结果出现的概率常常是比较小的，并且人们在获得新的信息后，经常会调整其行动，很少有人坐等最坏结果的出现，对待风险的这种处理实质上会夸大风险。如在股票的投资中，当人们发现所持有的股票价格继续下跌的概率增大时，通常会采取止损的方法，而不是一直持有到股票最低价格的出现。另外，由于范围法只考虑最好与最还的两种极端情况，自然就只包含了较少的信息状况，它不能全面反映信息在风险管理中的作用。总之，上述这些风险度量方法虽然都不能完整地表述风险的原意，但其最大的优点是，它们在定量分析中易于进行数学处理。

当投资者进行投资决策时，一定要首先考虑到自身风险承受能力，所谓风险承受能力，是指行为人能够接受的最大损失占其财富的比重。设行为人的财富为W，能够接受的最大损失为L，则风险承受能力E为

$$E_\sigma = L/W \tag{5.5.1}$$

表面上看，式中的风险承受能力与财富W是反方向变动的，即似乎有$\frac{\partial E_\sigma}{\partial W}<0$，其经济含义是越富有的行为人，其风险承受能力越弱，这种方向变动关系又好像与人们习惯上的理解不一致。其实不然，在(5.5.1)式E_σ的定义中，除分母W明显与E_σ呈反方向变动外，L也与W有关，L会随着W的增大而增大，即随着财富的不断增加，行为人能够接受的最大损失也会增加，即$\frac{\partial L}{\partial W}>0$。当人们习惯将行为人可接受的最大损失定义为风险承受能力时，就一定会得出风险承受能力与W之间的正向变动关系。从定义的科学性考虑，用绝对量定义风险承受能力明显有它的局限性。因此，采用(5.5.1)式的相对量作为风险承受能力的度量，比用绝对量有更多的优点。

对(5.5.1)式求W的导数得

$$\frac{dE_\sigma}{dW} = \frac{W\cdot\frac{dL}{dW} - L}{W^2} = \frac{1}{W}\left(\frac{dL}{dW} - E_\sigma\right) = \frac{E_\sigma}{W}(E_L - 1) \tag{5.5.2}$$

其中：$E_L = \frac{W}{L}\cdot\frac{dL}{dW}$为$L$对财富的弹性。

从(5.5.2)式可以看出，随着W的增大，行为人的风险承受能力如何变化取决于可接受的最大损失弹性E_L，当$E_L>1$时，$\frac{dE_\sigma}{dW}>0$，风险承受能力随W的增加而增加；当$E_L<1$时，$\frac{dE_\sigma}{dW}<0$，风险承受能力随着W的增加而减小；当$E_L=1$时，$\frac{dE_\sigma}{dW}=0$，风险承受能力不变。

上述分析表明，E_σ与W之间没有一个完全一致的结论。E_σ的变动特征取决于行为人的可接受最大损失对财富的弹性，而可接受最大损失对财富的弹性又取决于行为人的风险偏好。这即是说，当行为人的财富一定时，行为人的风险承受能力完全取决于它的风险偏好，行为人越喜欢风险，其风险承受能力就越强，否则，就越弱。反过来，可以利用行为人的E_L对行为人

的风险偏好特征进行分类，若行为人的可接受最大损失富有弹性，即 $E_L>1$，意味着行为人的财富每增长1%，他可接受的最大损失的增长率超过1%，具有该类特征的行为人为风险偏好者；若行为人的可接受最大损失缺乏弹性，即 $E_L<1$，则行为人的财富每增长1%，他可接受的最大损失的增长率小于1%，该类行为人属于风险回避者；若行为人的财富与其可接受的最大损失保持同步增长，该类行为人为风险不关心者。

在利用可接受最大损失对财富的弹性 E_L 对行为人的风险特征进行分类以后，接下来我们观察在行为人风险特征一定的情况下，风险承受能力与财富之间的关系，即我们试图寻找含有 E_L 的 E_σ 与 W 之间的数量关系。从(5.5.2)式可以看出，当 E_L 一定时，(5.5.2)式是一个 E_σ 与 W 的常微分方程，做适当变换后，(5.5.2)式可变为：

$$\frac{dE_\sigma}{E_\sigma}-a\frac{dW}{W}=0 \tag{5.5.3}$$

其中，$a=E_L-1$。对(5.5.3)式两边积分得：$\int\frac{1}{E_\sigma}dE_\sigma-a\int\frac{1}{W}dW=c$（$c$ 为积分常数），解得：

$$E_\sigma=W^a e^c \tag{5.5.4}$$

将 $a=E_L-1$ 代入(2.3.4)式有：

$$E_\sigma=e^c\cdot W^{(E_L-1)} \tag{5.5.5}$$

(5.5.5)式就是含风险偏好因素的风险承受能力的具体表达式，从该式可看出，无论 c 取何值，E_σ 都大于0，这与现实是完全一致的，且它的取值以及与 W 之间的变化关系随行为人的风险偏好特征而呈现出明显的差异。当行为人为风险中性者时，$E_L=1$，此时 $E_\sigma=e^c$ 为常数。在几何图形上，它表现为一条平行于横轴的直线，如图5.5－1所示。

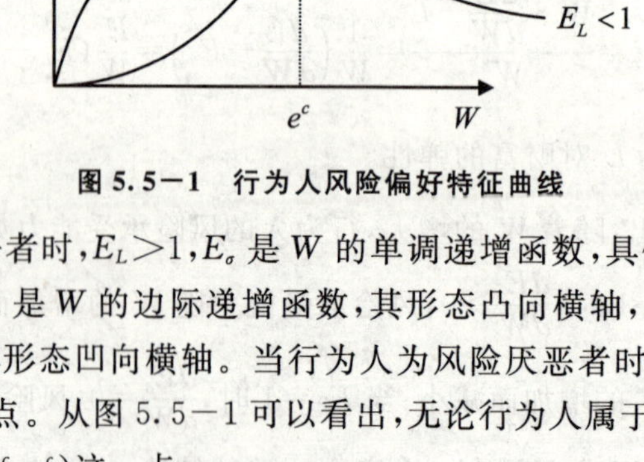

图5.5－1 行为人风险偏好特征曲线

当行为人为风险偏好者时，$E_L>1$，E_σ 是 W 的单调递增函数，具体变动形态取决于 E_L 是否大于2，当 $E_L>2$ 时，E_σ 是 W 的边际递增函数，其形态凸向横轴，当 $1<E_L<2$ 时，函数 E_σ 是 W 的边际递减函数，其形态凹向横轴。当行为人为风险厌恶者时，$E_L<1$，E_σ 是 W 的单调递减函数，其形态凸向原点。从图5.5－1可以看出，无论行为人属于什么样的风险特征，他们的风险承受能力都经过(e^c，e^c)这一点。

现实中，行为人的风险特征会随着财富的增加发生变化，通常情况下，当行为人的财富较小时，行为人整体上表现为风险偏好型特征，一旦行为人的财富超过了某一水平，具体说就是 e^c，他就会从风险追求者变为风险回避者。因此，行为人的风险承受能力变化情况可以用图

5.5－2 的形式描述，不妨将图 5.5－2 中所描述的曲线称为行为人风险承受能力曲线。从图 5.5－2 可以看出，在风险承受能力曲线 A 点的左边，财富对风险承受能力的正效应与风险偏好效应保持同方向变动，两者的综合结果使风险承受能力呈现加速上升的变换趋势，但由于财富水平的客观约束，即使行为人具有很强的风险偏好特征，他的风险承受能力也是很有限的；随着财富水平的进一步提高，来自财富效应的风险承受能力进一步增强，而来自与风险偏好特征效应的风险承受能力开始弱化，甚至发生逆转，即行为人从风险偏好者开始转向风险回避者，但其厌恶风险的程度并不强烈，财富与风险偏好特征两者的效应开始出现相反的变动，此时财富的正效应大于风险回避的负效应，从而保证风险承受能力继续上升，但其上升速度表现出边际递减的形态；财富的继续增加最终必然会使财富的正效应与风险回避的负效应在数量上达到完全一致，此时行为人的风险承受能力达到最大，如图 5.5－2 中的 B 点；一旦财富超过 B 点，行为人的厌恶风险的负效应就开始取得主导地位，风险承受能力曲线自此表现出递减的趋势。

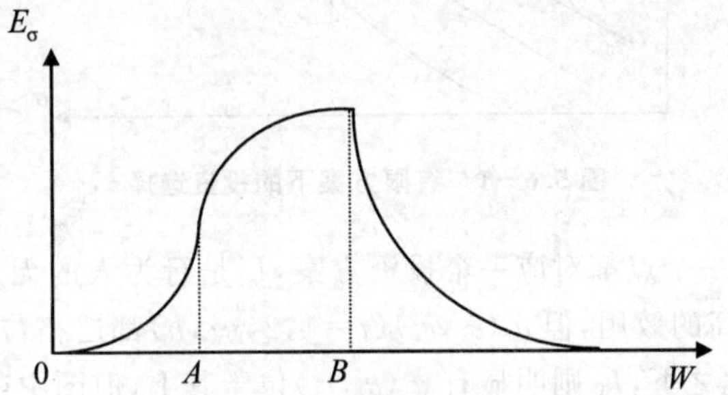

图 5.5－2 风险承受能力动态曲线

第六节 风险与收益的权衡及其选择模型

一、问题的提出

虽然金融资产投资中，投资者都会面临风险与收益之间的权衡，但理性的投资者会遵循收益一定情况下风险最小或风险一定情况下收益最大的决策原则，在此原则下，投资者要确定无风险资产与有风险资产的最优配置量。

二、模型的假设及符号

1. 投资者拥有一定资金 $\overline{w}$，市场有两种金融资产可供选择，一种为无风险资产，一种为有风险资产；

2. 无风险资产的市场价格为 P_f，有风险资产的市场价格为 P_r；

3. 每单位无风险资产的收益为 R_f，每单位有风险资产的预期收益为 R_r。

三、模型的建立

1. 有限个投资方案下的选择

若投资中存在不可分割等原因，使行为人可供选择的投资方案仅为有限个，即行为空间 A

是有限的，$A=\{a_1,a_2,\cdots,a_n\}$，每一个行动或方案都对应一个风险与收益的可能结果，$a_i\rightarrow(\sigma_i,r_i)$。在这种情况下，一个简单的解决办法是将$(\sigma_i,r_i)$分别代入效用函数，并从中选择效用最大的方案，该方案就是最优投资方案，即寻找 $\max\{U(\sigma_i,r_i)|i=1,2,\cdots,n\}$对应的 i，i 对应的投资方案就是最优方案。

有限个方案下，寻求最优方案的另一种方式可借助于几何图形表述，如图 5.6－1 所示。

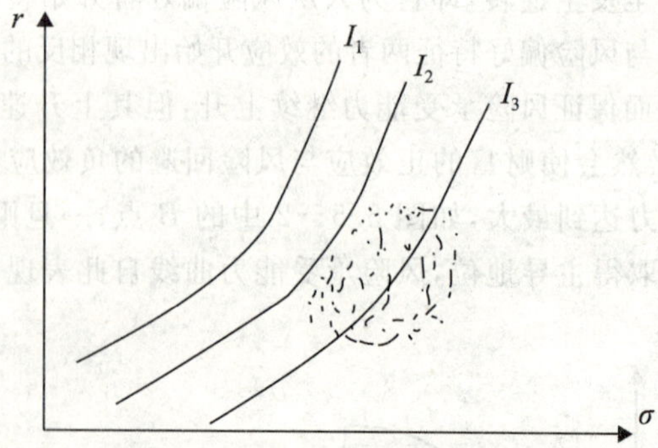

图 5.6－1　有限方案下的投资选择

在图 5.6－1 中，每一个点都对应一个投资方案，I_i 是行为人的无差异曲线。从前面的分析知，虽然 I_1 对应了更高的效用，但 $a_i(\sigma_i,r_i)(i=1,2,\cdots,n)$都严格位于它的右下方，表明 I_1 虽好，但不可企及。相比之下，I_3 则明显有 $a_i(\sigma_i,r_i)$位于其上，但图中还存在位于 I_3 左上方的无差异曲线 I_2，I_2 也有点位于其上，且 I_2 是有点位于其上的最左上方的无差异曲线。故 I_3 上的点均属于劣势方案，可以被淘汰，I_2 上的点所对应的方案就是行为人所要求的最优方案。

2. 一般情形下的选择

受图 5.6－1 分析的启发，可以将图 5.6－1 的分析方法推广到一般情况。图 5.6－1 中，每一个点都代表一个可能的方案。如果我们能根据约束条件先求出可行集，如图 5.6－2 所示，则我们就能利用无差异曲线找出最优的行动方案。最优方案就是落在位于最左上方无差异曲线上的点所对应的方案，即无差异曲线与可行集边界切点 E 所对应的方案，点 E 满足风险一定下收益最大或收益一定风险最小的决策原则。

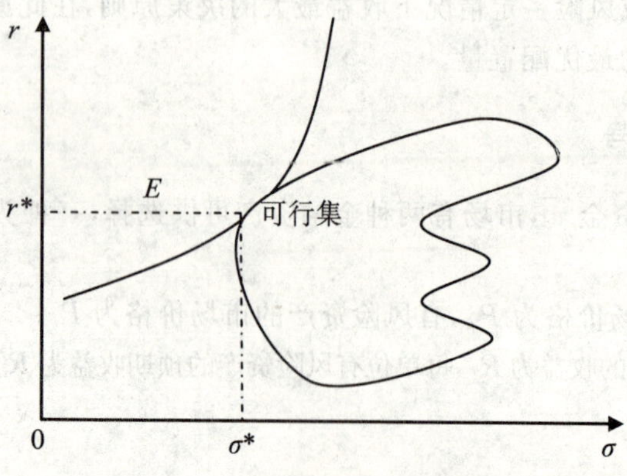

图 5.6－2　一般情形下的投资选择

3. 资产的最优配置

上面我们从理论上论述了投资者如何根据自己的风险偏好来权衡风险与收益。事实上，投资者除了要清楚自身的风险偏好以外，更重要的是如何最优配置自己的资源，使之达到图5.6－2中的点E。正常情况下，$R_r/P_r>R_f/P_f$，也就是说有风险资产每元的平均回报要高一些，且$\sigma_f=0$，$\sigma_r>0$。如果市场不存在"卖空"机制，则投资者的预算约束为：

$$P_f\cdot q_f+P_r\cdot q_r=\overline{w} \tag{5.6.1}$$

其中：q_f为购买无风险资产的数量，q_r为购买有风险资产的数量。

当投资者实施这两种资产的组合后，总的预期收益为：

$$\begin{aligned}R&=R_f\cdot q_f+R_r\cdot q_r\\&=\frac{R_f}{P_f}\cdot P_f\cdot q_f+R_r\cdot q_r\\&=(1+r_f)P_f\cdot q_f+R_r\cdot q_r\end{aligned} \tag{5.6.2}$$

其中：r_f为无风险收益率。

由式(5.6.1)知$P_f\cdot q_f=\overline{w}-P_r\cdot q_r$，将其代入式(5.6.2)中得：

$$R=(1+r_f)(\overline{w}-P_rq_r)+R_rq_r \tag{5.6.3}$$

由于式(5.6.3)中的R_r为随机变量，所以R也是一个随机变量，对式(5.6.3)取期望得：

$$E(R)=\overline{w}(1+r_f)+[E(R_r)-P_r(1+r_f)]q_r \tag{5.6.4}$$

令$E(R)=\mu$，$E(R_r)=\mu_r$，则式(5.6.4)变为：

$$\mu=\overline{w}(1+r_f)+[\mu_r-P_r(1+r_f)]q_r \tag{5.6.5}$$

组合后的标准差为：

$$\sigma(R)=\sigma=\left(\sum\sum q_f\sigma_{fr}q_r\right)^{\frac{1}{2}}=\left(\sum\sum q_f\sigma_r\sigma_f\cdot\rho_{fr}q_r\right)^{\frac{1}{2}} \tag{5.6.6}$$

其中：σ_{fr}为无风险资产与有风险资产的协方差，ρ_{fr}为无风险资产与有风险资产的相关系数。

因为：$\sigma_f=0$，所以：

$$\sigma=q_r\sigma_r \tag{5.6.7}$$

或：

$$q_r=\sigma/\sigma_r \tag{5.6.8}$$

将式(5.6.8)代入式(5.6.5)得：

$$\mu=\overline{w}(1+r_f)+[\mu_r-P_r(1+r_f)]\cdot\sigma/\sigma_r \tag{5.6.9}$$

式(5.6.9)即为μ、σ空间的预算约束线，其形状是一条直线，如图5.6－3所示。因为预算约束线为直线，所以使(5.6.9)的斜率为常数，记为：

$$k=[\mu_r-P_r(1+r_f)]/\sigma_r \tag{5.6.10}$$

这样式(5.6.9)可以写为:

$$\mu=\overline{w}(1+r_f)+k\sigma \tag{5.6.11}$$

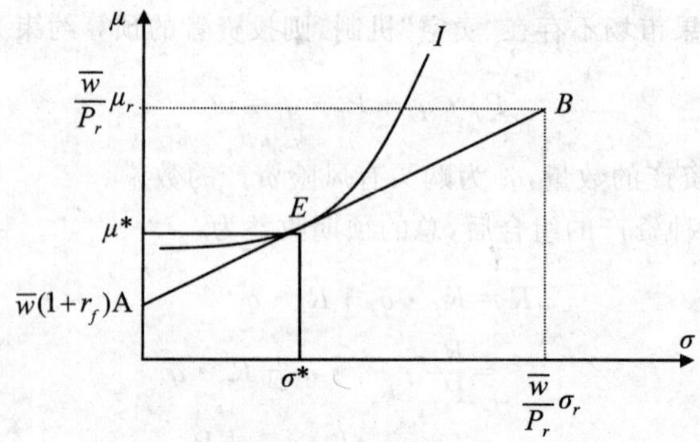

图 5.6－3 资产配置均衡

在图 5.6－3 中,A 点为投资者将所有的资金全部购买无风险资产的特殊组合,此时,组合的风险 $\sigma=0$,但也只能获取无风险收益率 r_f。B 点为投资者将所有的资金全部购买有风险资产的特殊组合,此时的风险为 $\sigma_r>0$,同时预期收益也上升到 μ_r。显然,A 点和 B 点是两种极端的情况。一般情况下,投资者会既持有一部分无风险资产,同时也持有一部分有风险资产,具体在两者之间如何配置,则取决于投资者的风险偏好。由前面的分析知,投资者在无风险资产与有风险资产之间的配置为:无差异曲线 I 与预算约束线切点 E 处所对应的 q 值。

在 E 点处,有:

$$-MU_\sigma/MU_\mu=k \tag{5.6.12}$$

整理得:

$$MU_\sigma+kMU_\mu=0 \tag{5.6.13}$$

式(5.6.13)是一个关于 μ、σ 的方程,且由 E 点的性质知,满足式(5.6.13)的 μ、σ 也必然满足式(5.6.11),将式(5.6.13)和式(5.6.11)联立起来得:

$$\begin{cases}MU_\sigma+kMU_\mu=0\\ \mu=\overline{w}(1+r_f)+k\sigma\end{cases} \tag{5.6.14}$$

解式(5.6.14)即可得到 E 点的 μ^*、σ^*。将 σ^* 代入式(5.6.8)即可得到风险资产的最优购买量 q_r^*,同时利用 $q_f=(\overline{w}-P_r\cdot q_r)/P_f$ 就可得无风险资产的最优购买量。

四、模型的应用

若某投资者的效用函数为 $U(\mu,\sigma)=\mu\cdot(\sigma+102\times10^4)^{-\frac{1}{3}}$,$\overline{w}=100$ 万元,$r_f=2\%$,$\mu_r=108$ 元,$P_f=1$ 元,$P_r=100$ 元,$\sigma_r=20$ 元,试求该投资者无风险资产与有风险资产的最优配置量。

解:由 $U(\mu,\sigma)=\mu\cdot(\sigma+102\times10^4)^{-\frac{1}{3}}$ 可知

$$\frac{\partial U}{\partial \mu}=(\sigma+102\times10^4)^{-\frac{1}{3}} \tag{5.6.15}$$

$$\frac{\partial U}{\partial \sigma}=-\frac{1}{3}\mu\cdot(\sigma+102\times10^4)^{-\frac{4}{3}} \tag{5.6.16}$$

$$k=[\mu_r-P_r(1+r_f)]/\sigma_r=(108-102)/20=0.3$$

$$\overline{w}(1+r_f)=100\times10^4(1+2\%)=102\times10^4(\text{元})$$

因为
$$MU_\sigma=-kMU_\mu \tag{5.6.17}$$

将式(5.6.15)和式(5.6.16)代入式(5.6.17)得:

$$-\frac{1}{3}\mu\cdot(\sigma+102\times10^4)^{-\frac{4}{3}}=-k\,(\sigma+102\times10^4)^{-\frac{1}{3}}$$

所以 $\mu=3k(\sigma+102\times10^4)$，又因为 $\mu=\overline{w}(1+r_f)+k\sigma$，所以

$$3k(\sigma+102\times10^4)=\overline{w}(1+r_f)+k\sigma=102\times10^4+k\sigma$$

整理后得：$2k\sigma=102\times10^4-3k\times102\times10^4=102\times10^3$

所以：$\sigma^*=102\times10^3/2k=170\times10^3$

因为有风险资产的最优配置量满足 $q_r=\sigma/\sigma_r$，所以

$$q_r^*=170\times10^3/20=8500$$

由预算约束知 $P_f\cdot q_f=\overline{w}-P_r\cdot q_r$，$P_f=1$，所以：

$$q_f=100\times10^4-100\times8500=15\times10^4$$

故该投资者的最优配置为：购买15万的无风险资产，同时购买85万的有风险资产。通过这一组合，投资者在承担17万元风险的情况下，可得到 $107.1\times[100\times10^4\times1.02+0.3\times170\times10^3]$ 元的收益。

思考与练习

1. 金融的内在不确定性是如何产生的，银行经营中如何表现？
2. 经济变量可分为哪三类，哪类变量是数理统计研究的内容，不确定性程度如何用统计学的概念度量？
3. 为什么金融风险管理离不开统计分析？
4. 什么是静态预期，它的缺点是什么，与其相比，外推预期有哪些进步？
5. 适应性预期与静态预期和外推预期的关系是怎样的，它的不足之处有哪些？
6. 理性预期的预期价格是由什么决定的，这一理论的显著特点是什么？
7. 衡量风险的方法主要有哪些，它们分别有哪些缺点？
8. 什么是风险承受能力，度量的指标是什么？
9. 现实中，行为人的风险特征及风险承受能力是如何随着财富的变化而改变的？
10. 已知投资者的效用函数，投资者如何将一定的资金配置于无风险资产和风险资产？

第六章　债券投资与利率风险

本章学习目标

债券(bond)是政府、金融机构、工商企业等机构直接向社会借债筹措资金时，向投资者发行，并且承诺按一定利率支付利息并按约定条件偿还本金的债权债务凭证。债券的本质是债的证明书，具有法律效力。债券购买者与发行者之间是一种债权债务关系，债券发行人即债务人，投资者(或债券持有人)即债权人。由于债券的利息通常是事先确定的，所以债券又被称为固定收益证券。本章介绍了债券的类型及收益率的度量；由于在影响和决定债券收益率的因素中，利率是最重要的因素，在第二节、第三节给予详细介绍；最后两节分别介绍了债券的投资风险及投资工具选择。

第一节　债券投资的收益率度量

债券是一种投资工具，它是发行人或债务人承诺到期后偿还给投资人或债权人所借款项加上事先约定的利息的凭证或契约。一般情况下，债券包括三个方面的内容：一是票面面值，二是期限，三是利息及利息支付方式。

一、债券的分类

对债券可以从各种不同的角度进行分类，并且随着人们对融通资金需要的多元化，不断会有各种新的债券形式产生。目前，债券的类型大体有以下几种。

(一) 按发行主体分类

1. 政府债券

政府债券，又可区分为中央政府债券、地方政府债券和政府保证债券。政府债券是中央政府和地方政府发行公债时发给债券购买人的一种格式化的债权债务凭证。

2. 金融债券

这是由银行或非银行金融机构发行的债券。发行金融债券的金融机构，一般资金实力雄厚，资信度高，债券的利率要高于同期存款的利率水平。其期限一般为 1 年至 5 年，发行目的是为了筹措长期资金，用于特定用途以及改善银行的资产负债结构。

3. 公司债券

这是由公司企业发行并承诺在一定时期内还本付息的债权债务凭证。发行公司债券多是为了筹集长期资金，期限多为 10 年至 30 年。

4. 国际债券

这是由外国政府、外国法人或国际组织和机构发行的债券。它包括外国债券和欧洲债券两种形式。

(二) 按偿还期限分类

债券可以分为短期债券、中期债券、长期债券和永久债券。各国对短、中、长期债券的期限划分不完全相同。一般的标准是:期限在1年或1年以下的为短期债券;期限在1年以上、10年以下的为中期债券;期限在10年以上的为长期债券。永久债券也叫无期债券,它并不规定到期期限,持有人也不能要求清偿本金但可以按期取得利息。永久债券一般仅限于政府债券,而且是在不得已的情况下才采用。

(三) 按计息的方式分类

1. 贴现债券

亦称零息债券。这是指券面上不附有息票,发行时按规定的折扣率,以低于票面价值的价格出售,到期按票面价值偿还本金的一种债券。贴现债券的发行价格与票面价值的差价即为贴现债券的利息。我国从1981年到1992年发行的国债都是零息债券。

2. 附息债券

这是指债券券面上附有各种息票的债券。息票上标明利息额、支付利息的期限和债券号码等内容。附息债券的利息支付方式一般会在偿还期内按期付息,如每半年或一年付息一次。债券到期时,持有人从债券上剪下息票并据此领取利息。我国1993年第二期债券实行按年付息,成为我国第一期附息债券,1996年10年期债券也实行按年付息。不过在2001年,我国首次发行了每半年付息一次的债券。

3. 单利债券

这是指债券利息的计算采用单利计算方法,即按本金只计算一次利息,利不能生利。计息的公式是:利息＝债券面额×年利率×期限。

4. 累进利率债券

这是指债券的利率按照债券的期限分为不同的等级,每一个时间段按相应利率计付利息,然后将几个分段的利息相加,便可得出该债券总的利息收入。

(四) 按债券的利率浮动与否分类

1. 固定利率债券

固定利率债券是指债券利率在偿还期内不发生变化的债券。由于其利率水平不能变动,在偿还期内,当通货膨胀率较高时,会有市场利率上升的风险。

2. 浮动利率债券

浮动利率债券是指息票利率会在某种预先规定基准上定期调整的债券。作为基准的多是一些金融指数,如LIBOR利率;也有以非金融指数作为基准的,如按某种初级产品的价格。采取浮动利率形式,减少了持有者的利率风险,也有利于债券发行人按照短期利率筹集中长期的资金来源。

(五) 按有无抵押担保分类

1. 信用债券

信用债券包括无担保债券和附属信用债券。无担保债券是仅凭债券发行者的信用发行的、没有抵押品作抵押或担保人作担保的债券;附属信用债券是对债券发行者的普通资产和收益拥有次级要求权的信用债券。企业发行信用债券往往有许多限制条件，这些限制条件中最重要的称为反抵押条款，即禁止企业将其财产抵押给其他债权人。由于这种债券没有具体财产做抵押，因此，只有历史悠久、信誉良好的公司才能发行这种债券。

2. 抵押债券

抵押债券是指以一定抵押品作抵押而发行的债券。当企业没有足够的资金偿还债券时，债权人可将抵押品拍卖以获取资金。抵押债券按抵押物品的不同，又可分为不动产抵押债券、设备抵押债券和证券抵押债券。

3. 担保债券

担保债券是指由一定保证人作担保而发行的债券。当企业没有足够的资金偿还债券时，债权人可要求保证人偿还。保证人应是符合《担保法》的企业法人，且应同时具备以下条件：①净资产不能低于被保证人拟发行债券的本息；②近三年连续盈利，且有良好的业绩前景；③不涉及改组、解散等事宜或重大诉讼案件；④需背书，因而比较方便；⑤中国人民银行规定的其他条件。

（六）按债券是否记名分类

1. 记名债券

记名债券是指在券面上注明债权人姓名或名称，同时在发行公司的债权人名册上进行登记的债券。转让记名债券时，除要交付债券外，还要在债券上背书和在公司债权人名册上更换债权人姓名或名称。投资者须凭印鉴领取本息。这种债券的优点是比较安全，缺点是转让时手续复杂。

2. 无记名债券

无记名债券是指债券票面未注明债权人姓名或名称，也不用在债权人名册上登记债权人姓名或名称的债券。无记名债券在转让同时随即生效，无需背书，因而比较方便。

二、债券市场的收益率度量

债券市场是指为债券的买卖提供交易的场所。它被分为一级市场或初级市场和二级市场。一级市场指交易新发行债券的市场；二级市场是交易以前发行，但尚未到期的债券的市场。二级市场的存在不仅为债券投资者提供了更高的流动性，而且它还有"价格发现功能"。

从流动性的角度看，债券的固定期限本身使其表现出流动性较差的特点，投资者一旦持有债券，他通常只能等到到期后才能兑现本金和利息。然而，二级市场的存在，使投资者需要流动性时，随时可以兑现。这就是说债券投资者并不一定非得将债券持有到到期日。如一位家长为孩子准备了一笔入学的报名费，现在距孩子开学还有三个月的时间，这位家长既可以将这笔钱存入银行（活期或三个月以内的定期），他也可以用这笔钱购买三个月期的国库券。如果市场上期限最短的债券是一年期的债券，在没有债券二级市场的情况下，显然，这位家长不能将暂时闲置的这笔资金投入到债券工具上。若存在债券二级市场，且该家长预期未来三个月内的市场利率会下降，则他就可以将暂时闲置三个月的资金用于债券投资。不妨假设他用这笔资金购买了上年期的国债。三个月后，市场利率果然已经降低，相应的二级市场国债价格上升（利率与债券价格之间是反向变动的关系），他卖出当初所购买的国债，其结果不仅保证了孩子顺利地入学，而且还从债券价格的变动中获得了一个较为满意的收益。

就二级市场的价格发现功能看，它与所有的其他公开市场一样，都具有价值发现功能。因为在二级市场中，债券的价格取决于市场的供求状况，而债券的供求状况实质上又取决于它的内在价值，当市场价格偏离其内在价值时，套利机会便会出现，套利力量将推动债券价格恢复到它的内在价值。那么，到底如何来衡量债券的内在价值呢？一个通用的办法是贴现模型或预期现金流贴现法。用公式表示就是

$$V=\sum_{t=1}^{n}\frac{C_t}{(1+r)^t}+\frac{MV}{(1+r)^n} \tag{6.1.1}$$

其中，V 为债券的现值，C_t 为每年的息票或利息，r 为债券的折现率，MV 为债券面值，n 为债券的时间期限(以年为单位)。

对于固定利率债券来说，(6.1.1)式中的 C_t、MV 和 n 都是确定的，在计算债券的内在价值时，唯一需要确定的是 r 值。r 作为贴现因子，它的经济意义是投资者因放弃当前消费，而将资金投资到债券工具上的效用损失。或者说，r 是因投资者推迟消费所必须获得的补偿率。由于在现实中，我们根本无法获得这一补偿率或贴现系数 $\frac{1}{1+r}$ 的具体值，一个可行的办法是利用资本的市场收益率或单位资本成本来代替折现率。因此，在(6.1.1)式中，r 往往可简单的理解为市场利率。

例如，投资者甲持有一份面值为 1000 元，年利率为 8%，每半年支付一次利息，且距到期日还有 2 年的 5 年期债券，假设已知资本的市场收益率为 10%，那么，这份债券的价值几何？

解：依题意知，$MV=1000$ 元，$C=1000\times8\%\div2=40$ 元，$r=5\%$，$n=4$，代入(6.1)得：

$$V=\sum_{t=1}^{4}\frac{40}{(1+5\%)^t}+\frac{1000}{(1+5\%)^n}=964.54(\text{元})$$

或：$V=\frac{80}{(1+10\%)}+\frac{80}{(1+10\%)^2}+\frac{1000}{(1+10\%)^2}=965.29(\text{元})$

上述的计算结果说明，投资者甲持有的该债券的价值为 964.54 元，它也是二级市场交易价格的基础，二级市场的均衡价格即为 964.54 元。

当我们将(6.1.1)式中的 r 理解成市场利率，且二级市场价格 P_0 由现值决定时，(6.1.1)式就可以表示成：

$$P_0=\sum_{t=1}^{n}\frac{C_t}{(1+r)^t}+\frac{MV}{(1+r)^n} \tag{6.1.2}$$

对式(6.1.2)求 r 的导数得 $\frac{dP_0}{dr}=-\sum_{t=1}^{n}\frac{tC_t}{(1+r)^{t+1}}-\frac{nMV}{(1+r)^{n+1}}<0$，此即说明债券的二级市场价格与市场利率成反向变动的关系。当市场利率表现出随机性特征时，债券市场价格也会表现出随机波动。

就一级市场考察，一级市场最重要的问题也是债券的定价。显然，式(6.1.1)也适用于一级市场的定价，当以式(6.1.1)作为一级市场发行定价的基础时，就会出现发行价格与债券面值不一致的情况。从债券的发行价格是否与面值一致的角度划分，一级市场发行方式可以被分为三种，一是溢价发行，即发行价格高于面值；二是折价发行，即发行价格低于面值；三是平价发行，即发行价格等于面值。从式(6.1.1)的基本关系可以看出，溢价发行成功的前提是债

券票面利率高于市场利率或市场的预期利率，否则，这类债券就不会有人购买；折价发行的前提是债券票面利率低于市场利率或市场的预期利率，否则，市场将出现过度需求，或者说发行人因此要付出超额成本，这是发行人所不能接受的；平价发行的基本条件是票面利率与市场利率或市场的预期利率保持一致。因为，在平价发行的情况下，式(6.1.2)中的 $MV=P_0$，$C_t=P_0\cdot r_A$（其中 r_A 为票面利率），代入式(6.1.2)得：

$$P_0=\sum_{t=1}^{n}\frac{P_0 r_A}{(1+r)^t}+\frac{P_0}{(1+r)^n} \tag{6.1.3}$$

在式(6.1.3)两边消掉 P_0 后得：

$$r_A\sum_{t=1}^{n}\frac{1}{(1+r)^t}+\frac{1}{(1+r)^n}=1 \tag{6.1.4}$$

由等比数列求 n 项的和得：

$$r_A\cdot\frac{\frac{1}{1+r}\left[1-\left(\frac{1}{1+r}\right)^n\right]}{1-\frac{1}{1+r}}+\frac{1}{(1+r)^n}=1$$

$$r_A\cdot\frac{1}{r}\cdot\left[1-\left(\frac{1}{1+r}\right)^n\right]+\frac{1}{(1+r)^n}=1$$

$$r_A\cdot\left[1-\left(\frac{1}{1+r}\right)^n\right]+\frac{r}{(1+r)^n}=r$$

$$r_A\cdot\left[1-\left(\frac{1}{1+r}\right)^n\right]=r\left[1-\frac{1}{(1+r)^n}\right]$$

$$r_A=r \tag{6.1.5}$$

因此，平价发行时债券市场的均衡条件为，债券的票面利率 r_A 等于市场利率或市场的预期利率。

综合上述对一、二级市场债券的定价来看，债券交易价格除平价发行外，其他情况均表现出交易价格与债券面值的不一致。作为债券投资者，他们最为关心的是实际收益率，而不是票面利率，现实中我们常能看到，即使是零息票债券，它也会得到投资者的青睐。实际上，债券的收益由两部分构成：一是利息收益，另一是资本收益，即买卖差价。就债券市场投资而言，收益率包括：到期收益率和持有期收益率。

1. 到期收益率

在贴现模型中，我们选择资本的市场收益率作为贴现因子的主要原因是出于可计算性的考虑。实际上，投资者在判断某种债券是否值得购买时，往往有自己的标准，他们根据自己所要求的预期收益率作为贴现因子来衡量债券的内在价值，只有在债券价格低于或等于它的内在价值时，投资者才会采取购买行为。一旦投资者以某一价格 P_a 购买了债券，并一直持有到到期日，则他的现实收益率（此处本应是投资者实际得到的收益率，但由于实际收益率是一个专门的名词，为了不造成混淆，故采用现实收益率）就是到期收益率。反过来说就是，若当初投资者选择到期收益率 r_M 作为贴现因子的话，债券现金流的现值之和一定与购买价格 P_a 一致，即：

$$P_a = \sum_{t=1}^{n} \frac{C_t}{(1+r_M)^t} + \frac{MV}{(1+r_M)^n} \tag{6.1.6}$$

就固定收益债券来说，投资者在决定是否购买该债券时，式(6.1.6)中除 r_M 外，其他所有的量都是已知的，只要解式(6.1.6)的方程，就可求出到期收益率 r_M。从式(6.1.6)可以看出，当n越来越大时，求 r_M 变得越来越困难。因此，在实践中人们需要一个较简单的获取 r_M 的计算公式。一个可行的办法是直接根据收益率的定义，并利用简单算术平均值作为相应变量的平均水平，来近似地计算 r_M。从收益率的定义出发，可知它等于平均收益比上债券投资者持有期的平均成本，如果我们将到期时的持有成本视为面值 MV，则持有期的平均成本为 $\frac{1}{2}(P_a+MV)$(注意:这里成本不具备可加性)。到期时的总收益(不含本金)为 $\sum_{t=1}^{n} C_t + MV - P_a$，市场平均收益为 $(\sum_{t=1}^{n} C_t + MV - P_a)/n$。故可得：

$$r_M = \frac{(\sum_{t=1}^{n} C_t + MV - P_a)/n}{\frac{1}{2}(P_a + MV)} \tag{6.1.7}$$

对于固定收益债券：$C_i = C_j = C$，其中 $i, j = 1, 2, \cdots, n$。

$$r_M = \frac{(nC + MV - P_a)/n}{\frac{1}{2}(P_a + MV)} = \frac{C + \frac{MV - P_a}{n}}{\frac{1}{2}(P_a + MV)} \tag{6.1.8}$$

(6.1.7)或(6.1.8)即为到期收益率的近似计算公式，利用它我们就能很方便的计算出 r_M。

另外，我们也可直接利用(6.1.6)式中的 $(1+r)^n$ 或 $\frac{1}{(1+r)^n}$ 的近似值来计算固定收益债券的 r_M。因为对固定债券来说，式(6.1.6)中的 C_t 为常数，即为C，则式(6.1.6)可变形为：

$$P_a = \frac{C}{r_M}\left[1 - \frac{1}{(1+r_M)^n}\right] + \frac{MV}{(1+r_M)^n} \tag{6.1.9}$$

由泰勒级数展开知：

$$\frac{1}{(1+r_M)^n} = 1 - nr_M + \frac{n(n+1)}{2!} r_M^2 - \frac{n(n+1)(n+2)}{3!} r_m^2 + \cdots \tag{6.1.10}$$
$$(\mp) N \frac{n(n+1)(n+2)\cdots(n+N-1)}{N!} r_M^N + \cdots \approx 1 - nr_M$$

将(6.1.10)代入(6.1.9)式得：

$$P_a \approx \frac{C}{r_M}[1 - 1 + nr_M] + MV(1 - nr_M) = nC + MV - MVnr_M \tag{6.1.11}$$

从而得：

$$r_M \approx \frac{C + \dfrac{MV - P_a}{n}}{MV} \tag{6.1.12}$$

或由泰勒级数展开知：

$$(1 + r_M)^n = 1 + nr_M + \frac{n(n-1)}{2!} r_M^2 - \frac{n(n-1)(n-2)}{3!} r_m^2 + \cdots \tag{6.1.13}$$

$$+ \frac{n(n-1)(n-2)\cdots(n-N+1)}{N!} r_M^N + \cdots \approx 1 + nr_M$$

将式(6.1.13)代入式(6.1.9)得：

$$P_a \approx \frac{C}{r_M}\left[1 - \frac{1}{1 + nr_M}\right] + \frac{MV}{1 + nr_M} \tag{6.1.14}$$

两边同乘以 $1 + nr_M$ 得：$(1 + nr_M)P_a \approx nC + MV$，变形后有：

$$nr_M P_a \approx nC + MV - P_a \tag{6.1.15}$$

$$r_M \approx \frac{C + \dfrac{MV - P_a}{n}}{P_a} \tag{6.1.16}$$

从上述分析可知，(6.1.12)式和(6.1.16)式均可作为 r_M 的近似。(6.1.12)式是将债券的面值视作平均成本的到期收益率，而(6.1.16)式则是将债券购买价格视为平均成本的到期收益率，这显然是处理平均投资成本的两种特殊情况，综合这两种情况后，不难看出，式(6.1.8)作为 r_M 的值就更有代表性，这也就是为什么人们在 r_M 的计算中普遍采用式(6.1.8)，而较少利用式(6.1.12)或(6.1.16)的缘故。

例如，40 年期的债券的面值为 1000 元，每年支付一次利息，利息为 40 元，在该债券的市场价格为 950 元的情况下，我们可以由下式计算债券的到期收益率：

$$950 = \sum_{i=1}^{40} \frac{40}{(1 + r)^i} + \frac{1000}{(1 + r)^{40}}$$

解得，该债券的到期收益率 $r \approx 4.26\%$。

2. 持有期收益率

持有期收益率指债券投资者并不将债券持有到到期日，而是在到期日前将自己持有的债券在二级市场卖出所获得的收益率。

持有期收益率 r_T 的计算方法与到期收益率完全相同，不同的只是投资者以转让的形式来兑现自己的资产，而不是到期后兑现。因此，我们只要将(6.1.6)、(6.1.8)、(6.1.12)、和(6.1.14)式中的 MV 换成转让价格 P_T，债券期限 n 换成持有期限 T，就可得到持有期收益率的关系式和近似计算公式。即：

$$P_a = \sum_{t=1}^{T} \frac{C_t}{(1 + r_T)^t} + \frac{P_T}{(1 + r_T)^T} \tag{6.1.17}$$

$$r_T \approx \frac{C + \dfrac{P_T - P_a}{T}}{\dfrac{1}{2}(P_a + P_T)} \tag{6.1.18}$$

$$r_T \approx \frac{C+\frac{P_T-P_a}{T}}{P_T} \tag{6.1.19}$$

$$r_T \approx \frac{C+\frac{P_T-P_a}{T}}{P_a} \tag{6.1.20}$$

第二节　利率

利率是金融投资中最具多样性的变量，它是单位资金的使用成本，同时也是形成债权债务关系的重要条件之一。在金融活动中，利率最具广泛的联系性，它的变动将引起其他金融变量，尤其是金融工具价格的相应变动。此外，利率还是连接货币市场与产品市场的纽带，是研究经济运行一般均衡的重要变量之一。本节的目的在于使读者了解各种利率的决定及其相互关系。

一、票面利率与市场利率

票面利率是指债券发行或借贷合约签订时所明确给定的利率。当债券发行人的融资需要明确后，债券的票面利率主要取决于发行方式的选择与发行人的违约概率。

1. 无违约条件下的票面利率

在无违约条件下，票面利率主要取决于实际融资需要和发行方式。因为无套利均衡决定了债券的发行价格具有如下关系：

$$P_a = \sum_{t=1}^{n} \frac{C_t}{(1+r)^t} + \frac{MV}{(1+r)^n} \tag{6.2.1}$$

其中，r 为市场利率，其他符号同上节。

因为 C_t 是发行人第 t 期支付的利息，所以 $C_t = MVr_t$（r_t 是第 t 期的票面利率），代入式(6.2.1)得：

$$P_a = \sum_{t=1}^{n} \frac{MVr_t}{(1+r)^t} + \frac{MV}{(1+r)^n} \tag{6.2.2}$$

对(6.2.2)式整理后得：

$$\sum_{t=1}^{n} \frac{r_t}{(1+r)^t} + \frac{1}{(1+r)^n} = \frac{P_a}{MV} \tag{6.2.3}$$

式(6.2.3)表明，债券的票面利率取决于：(1)发行价格 P_a；(2)债券的期限 n；(3)票面面值 MV；(4)市场利率 r。一般情况下，发行人可以根据自身融资的需要来决定债券的期限与融资规模，融资规模 K 由债券的发行量 Q 与发行价格决定，即：

$$K = QP_a \tag{6.2.4}$$

对式(6.2.4)做适当处理得：

$$K=(Q\cdot MV)\cdot\frac{P_a}{MV} \tag{6.2.5}$$

式(6.2.5)中，$Q\cdot MV$ 为名义发行规模，$\frac{P_a}{MV}$折算因子，它取决于发行方式的选择。

一旦发行人根据自身的实际资金需求明确了融资期限、融资规模和发行方式，则 n、P_a、MV 就同时决定了。在这种情况下，票面利率 r_t 完全取决于市场利率 r。为了分析的方便，我们假设债券为固定收益债券，即 $C_i=C_j=C(i,j=1,2,\cdots n)$，$C_i=MVr_A$（$r_A$ 为票面利率），这样，式(6.2.3)可变为：

$$r_A\sum_{t=1}^{n}\frac{1}{(1+r)^t}+\frac{1}{(1+r)^n}=\frac{P_a}{MV}$$

$$\begin{aligned} r_A&=\left[\frac{P_a}{MV}-\frac{1}{(1+r)^n}\right]\Big/\sum_{t=1}^{n}\frac{1}{(1+r)^t}\\ &=\left[\frac{P_a}{MV}-\frac{1}{(1+r)^n}\right]\Big/\frac{1}{r}\left[1-\frac{1}{(1+r)^n}\right]\\ &=\left[\frac{P_a}{MV}-\frac{1}{(1+r)^n}\right]r\Big/\left[1-\frac{1}{(1+r)^n}\right] \end{aligned} \tag{6.2.6}$$

式(6.2.6)即为发行人票面利率均衡条件。从式(6.2.6)可以看出，当发行人选择平价发行方式时，$P_a=\mathrm{MV}$，则 $r_A=r$，即票面利率等于市场利率；当发行人选择折价发行时，$\frac{P_a}{MV}<1$，从而$\left[\frac{P_a}{MV}-\frac{1}{(1+r)^n}\right]\Big/\left[1-\frac{1}{(1+r)^n}\right]<1$，即 $r_A<r$，表明票面利率低于市场利率；当发行人选择溢价发行时，$\frac{P_a}{MV}>1$，从而$\left[\frac{P_a}{MV}-\frac{1}{(1+r)^n}\right]\Big/\left[1-\frac{1}{(1+r)^n}\right]>1$，即 $r_A>r$，表明票面利率高于市场利率。

从以上分析知，r_A 与 r 之间的关系式(6.2.6)不仅对固定收益债券成立，对于浮动利率债券，它同样成立。不同的是，就固定收益债券而言，由于 r_A 是一个常数，与之对应的市场利率也是一个常数，它是债券期限的市场平均利率；而对浮动利率债券来说，r_A 本身可以是不固定的，这时，只要将式(6.2.6)中的平均市场利率相应换成各期的市场利率，式(6.2.6)也仍然成立。在这种情况下，浮动利率债券的利率浮动性完全体现在市场利率的非稳定性上，只有市场利率发生变化，浮动利率债券的利率调整才是必要的，否则它就成了固定收益债券。此外，式(6.2.6)恰恰表明了市场利率变化后，浮动利率债券利率调整的均衡值。

2. 有违约可能的票面利率

从前面的讨论知，式(6.2.1)是无违约下债券价格或债券内在价值的均衡条件。当债券存在违约的可能时，它的均衡内在价值是无违约内在价值与违约残值现值的期望值。为了分析的方便，不妨设违约情况下的残值为0，债券违约的概率为 q，则无违约的概率就是 $1-q$。从而可得债券有违约可能的均衡价住 P'_a 为：

$$P'_a=(1-q)\left[\sum_{t=1}^{n}\frac{C'_t}{(1+r)^t}+\frac{MV}{(1+r)^n}\right] \tag{6.2.7}$$

其中，C'_t 为有违约可能债券第 t 期的利息。

下面我们仍然从讨论固定收益债券开始。对于固定收益债券，令票面利率为 r'_A，则 $C'_i=C'_j=C'=MV\cdot r'_A(i,j=1,2,\cdots,n)$，代入式(6.2.7)得：

$$\begin{aligned}P'_a&=(1-q)\left[MVr'_A\sum_{t=1}^{n}\frac{1}{(1+r)^t}+\frac{MV}{(1+r)^n}\right]\\&=(1-q)MV\left\{\frac{r'_A}{r}\left[1-\frac{1}{(1+r)^n}\right]+\frac{1}{(1+r)^n}\right\}\\&=(1-q)MV\frac{r'_A}{r}\left[1-\frac{1}{(1+r)^n}\right]+\frac{MV(1-q)}{(1+r)^n}\end{aligned}\tag{6.2.8}$$

整理后得：

$$r'_A=r\left[\frac{P'_a}{(1-q)MV}-\frac{1}{(1+r)^n}\right]\Big/\left[1-\frac{1}{(1+r)^n}\right]\tag{6.2.9}$$

式(6.2.9)即为有违约债券的均衡条件。它意味着在市场利率与违约概率已知的情况下，债券票面利率的确定取决于发行价格。对式(6.2.9)变形得：

$$\begin{aligned}r'_A&=r\left[\frac{P_a}{MV}-\frac{1}{(1+r)^n}+\frac{P'_a}{(1-q)MV}-\frac{P_a}{MV}\right]\Big/\left[1-\frac{1}{(1+r)^n}\right]\\&=r_A+r\frac{1}{MV}\left[\frac{P'_a}{(1-q)}-P_a\right]\Big/\left[1-\frac{1}{(1+r)^n}\right]\end{aligned}\tag{6.2.10}$$

式(6.2.10)表明，有违约可能债券的票面利率由两部分构成：一部分是无违约票面利率，另一部分为违约可能的风险补偿。因为在 $P'_a=P_a$ 时，式(6.2.10)右边的第二项大于0。且 $\frac{\partial r'_A}{\partial q}=\frac{r}{MV}\frac{P'_a}{(1-q)^2}\Big/\left[1-\frac{1}{(1+r)^n}\right]>0$。表明债券违约的概率越大，均衡票面利率也相应越高，或者说，q 越大，达到均衡时所要求的风险补偿也就越大。

反过来分析，若债券发行人选择无违约票面利率作为有违约债券的票面利率，即 $r'_A=r_A$，由式(6.2.7)得：

$$P'_a=P_a-qP_a\tag{6.2.11}$$

式(6.2.11)说明，对于期限、面值和票面利率相同的债券，有违约可能债券的市场均衡发行价格应低于无违约债券的发行价格，其程度取决于违约概率的大小，违约概率愈大，价格的折现程度(与无违约债券的均衡价格相比)越深。如果将式(6.2.11)表示成 P'_a 与市场利率的关系，则有 $P'_a=(1-q)\left[\sum_{t=1}^{n}\frac{MVr_A}{(1+r)^t}+\frac{MV}{(1+r)^n}\right]$，由式(6.2.11)得：

$$\frac{\partial P'_a}{\partial r}=(1-q)\frac{\partial P_a}{\partial r}\tag{6.2.12}$$

又因为 $\frac{\partial P_a}{\partial r}<0$，$1-q<1$，所以：

$$\frac{\partial P'_a}{\partial r}<0,\text{且}\left|\frac{\partial P'_a}{\partial r}\right|<\left|\frac{\partial P_a}{\partial r}\right|\tag{6.2.13}$$

式(6.2.13)意味着，无论对于何种债券，债券价格与市场利率均呈反向变动关系，且有违约债券对市场利率的敏感度小于无违约债券，债券违约概率越大，其价格对市场利率的反应愈不敏感。换句话说就是，违约风险越低的债券，其利率风险越重要，违约风险愈高的债券，其利率风险越不重要(因为这时的主要风险是违约风险，而不是利率风险)。

3. 市场利率

前述的分析表明，无论是债券定价，还是债券票面利率的确定均与市场利率有关。市场利率实质上指的是市场平均利率，它是资金供求均衡时使用资金的平均成本或平均价格。由于资金的供求取决于多种因素，因此经济学家们从不同的侧面提出了各种利率决定理论。以下介绍几种有代表性的理论。

(1)资本边际生产力利率决定论

利率由资本的边际生产力决定，这是西方经济学家的最基本看法。在早期生产三要素(劳动、土地和资本)的划分方式下，利息是资本生产力创造的收入，利息和利润的概念是混同的，资本的利润和借贷资本的利息是一回事。只是到了近代，经济学家在充分认识到企业家的重要性后，才将原来的三要素重新划分为四要素，即土地、劳动、资本和企业家，四要素划分的提出，才使利息与利润分离开来。

一部分经济学者认为，资本具有生产力，资本的生产力性质决定了它是利息的唯一来源。当经济学家把边际效用递减规律移植到资本概念中后，认为在技术状况和其他生产要素投放量不变时，资本的边际生产力递减，投入的最后一个单位资本的生产力将等同于投资者获得资本的代价——利息，若资本边际生产力大于利息，投资者会继续借贷，扩大投资，直至借贷成本等于资本的边际生产力为止，否则利润就会降低；若资本边际生产力小于利息，投资者将减少借贷，减少投资，直至借贷成本等于边际生产力为止，否则，就与投资者追求利润最大化的目标矛盾。所以，只有在利息等于资本边际生产力的情况下，资本市场才能达到均衡。

(2)储蓄—投资均衡决定论

这一理论由马歇尔(Marshall, Alfred)首先提出，马歇尔认为，储蓄构成资本的供给。储蓄是一种“等待”，作为“等待”的储蓄受资本商品价格的影响。利率是资本的价格，利率影响储蓄，与储蓄同方向变化。另一方面，投资构成资本的需求，投资的需求量与利率呈反方向变化。那么“利息即为任何市场上使用资本的代价，故利息常趋于一均衡点，使得该市场在该利率下，对资本的需求总量恰恰等于该利率下即将来到的资本的总供给量”。可以说，利率将驱使储蓄和投资两者均衡，由图 6.2—1 所示。

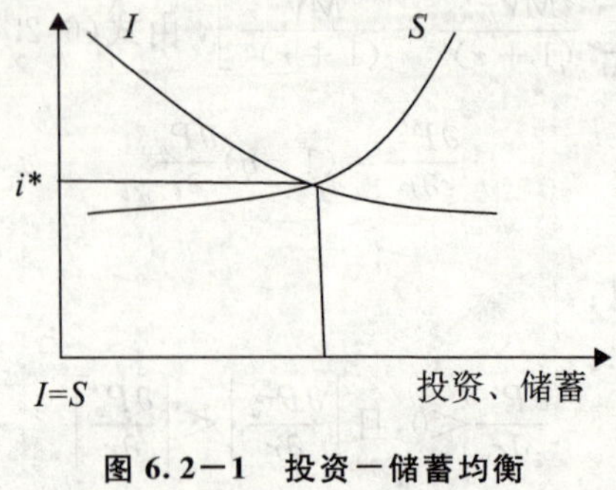

图 6.2—1 投资—储蓄均衡

此后，其他一些西方经济学家又用边际分析方法对马歇尔的利率决定论加以补充，进一步说明边际储蓄倾向决定储蓄曲线的高度，边际投资倾向决定投资倾向的高度，边际储蓄倾向和边际投资倾向共同决定利率水平。

(3)流动性偏好利率决定论

凯恩斯(Keynes, John Maynard)在《货币论》中已经注意到货币量对实物经济的影响，在《就业、利息和货币通论》中完全抛弃了古典学派的货币理论，否定了储蓄——投资决定利率的传统看法。

凯恩斯认为，货币量对实物经济有重要影响，利率作为货币现象是由货币量的供求关系决定的，他在货币需求函数中引入了流动性偏好假说。他认为，人们的流动性偏好决定人们对货币收入的支配，人们在得到货币收入后，首先选择收入中有多少用于消费，有多少用于储蓄，其次才是决定以什么形式储蓄，保持现金或是购买债券，这两个问题都取决于人们对流动性的偏好。即人们为什么持有不生息的现金，却并不把未消费的收入都买成债券，其原因主要是人们具有流动性偏好，持有现金的目的是要保持货币充足的流动性。在凯恩斯看来，流动性偏好率并不是固定的量，当货币供应总量一定时，它的变化与利率变化成正比，人们持有货币得到流动性偏好满足的程度与放弃货币流动性所得到的利息收入相等。所以，利息不是节欲或等待的报酬，而是在一定时期内放弃流动性偏好的报酬。

在流动性偏好分析基础上，凯恩斯进一步分析了人们持有货币的动机。凯恩斯把货币需求函数式写成 $M=L_1(y)+L_2(r)$，其中，$L_1(y)$，$L_2(r)$分别为货币的交易需求和投机需求。货币的交易需求 $L_1(y)$与收入 y 有关，只有货币的投机需求 $L_2(r)$才与利率 r 有关。这样，货币供应量与货币需求量的均衡过程也就影响利率，且在货币需求量一定时，货币供应量变化与利率变化成反比。这个结论也可以这样表述，即货币需求量就是人们对流动性的偏好，流动性偏好与货币供应量共同决定利率。当流动性偏好强，货币需求量大于货币供应量时，利率上升，反之下降。

(4)可贷资金利率决定论

可贷资金利率决定论综合考虑经济实质因素和货币因素。认为利率是由储蓄—投资、货币的储藏—反储藏，以及银行所创造的信用等因素共同决定的。熊彼特(Schumpeter, Joseph Alois)最初用他的创新理论来阐述这一观点，罗伯逊(Robertson)将它进一步完善。

熊彼特在《经济发展理论》一书中，把经济活动分为经济循环和经济创新，与之相适应，银行信用也分为正常信用和非正常信用。正常信用保证经济循环正常进行，在经济循环过程中，人们出于多种因素考虑会有一定的储蓄。这种储蓄随利率提高而增加，它是资金供给的来源。资金的需求主要来源于当前遭受灾难和预期未来有较高收入的人。在经济创新中，资金需求主要来源于创业者的投资需求，资金供给除了储蓄外，绝大部分来源于银行非正常信用创造的新的货币购买力和流通领域中的货币，新创造的货币购买力一旦投入流通领域，与原有的购买力竞争使货币贬值，它对利率的影响与储蓄一样。同理，以现金形式储藏的货币将随货币购买力的下降而遭受损失，因此人们会减少储藏。这些反储藏的货币等于新创造的货币，购买力的增加也决定利率。

罗伯逊认为，凯恩斯理论中货币供求关系决定的利率是一个短期利率，在短期内增加货币数量会迫使利率下降，但货币数量的增加会引起货币的贬值和价格的上升，物价上涨不可避免地会导致利率随之上涨。他认为在长期预测中，影响利率的因素还有投资和储蓄，长期利率受储蓄、投资的影响,而不是受货币供求的影响。

(5)一般均衡利率决定论

希克斯(Hicks)和汉森(Hansen)两位学者在可贷资金利率决定论的基础上,提出利率是由一般均衡决定的理论,如图 6.2—2 所示。假设有一条使商品市场供需均衡的 *IS* 曲线和一条使货币市场均衡的 *LM* 曲线,他们的交点决定了一般均衡的市场利率。这就是著名的 *IS*—*LM* 分析法。在两部门模型中,*IS* 曲线由商品市场均衡 $I=S$ 决定,*LM* 曲线由货币市场均衡 $L=M$(其中,*L* 为货币需求量,*M* 为货币供给量)决定,它们的交点决定了均衡的市场利率 i_0 和收入水平 y_0。该分析法彻底解决了商品市场和货币市场分别决定利率水平的分割利率决定论,准确描述了货币因素和实质经济因素有机结合不能分割的实际经济状况,但是,*IS*—*LM* 模型仍有缺陷,主要表现在它没有考虑价格变动因素,忽视了通货膨胀对利率决定因素的影响。对此,蒙代尔、梅尔泽、布伦纳等人在 20 世纪 60 年代又提出货币利率和实际利率的区分,建立价格可变的 *IS*—*LM* 模型。

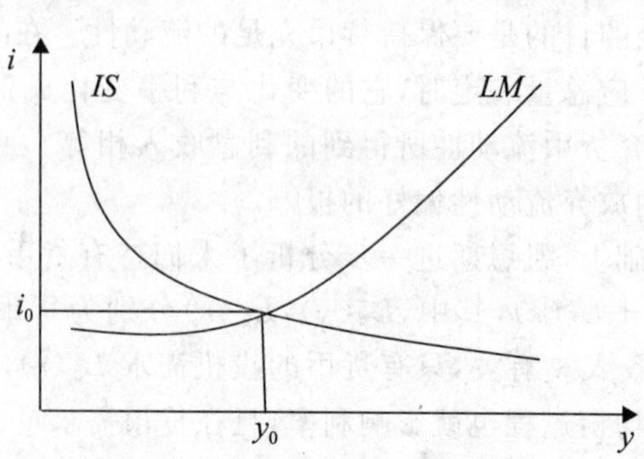

图 6.2—2 市场供求对利率的影响

蒙代尔再次定义了 *IS* 和 *LM* 曲线,他认为,*IS* 曲线为储蓄等于投资时,实际利率与实际货币余额组合的轨迹。曲线斜率为正,因为实际利率上升使投资减少,引起紧缩缺口,而实际货币余额增加使储蓄减少,形成补偿性的膨胀缺口。为维持实际储蓄等于实际投资,实际利率的提高必伴随实际货币余额的增加。*LM* 曲线则为符合货币市场均衡的货币利率与实际货币余额的组合轨迹,其斜率为负,因为财富分配在货币与证券的比例取决于货币利率,当货币利率高时,对实际货币余额的需求就低。

二、名义利率和实际利率

由于通货膨胀的缘故,商品和服务的价格都会发生变化。要对经济结果进行正确的比较,必须考虑通货膨胀的影响,因为通货膨胀影响货币资金的实际购买力。现实中,我们可以观测到的利率,都是含有通货膨胀影响在内的利率,因此,经济学和金融学中把这种含有通货膨胀影响因素的利率称为名义利率。相应地,将剔除通货膨胀因素后的利率称为实际利率。它反映的是资本的实际价格,而不是名义价格。

从债券投资者的角度看,投资者更为关心的是实际利率(尤其是实际收益率),而不是名义利率。在存在通货膨胀的环境下,区分实际利率与名义利率显得尤其重要。由于现实中不存在实际利率的观测值,我们能见到的只有名义利率与价格,因此实际利率通常是利用它与名义利率和通货膨胀率之间的关系而获取。

假设你以资金 P_a 购买了一份平价发行且票面利率(名义利率)为 r_A 的一年期的债券。一年后,你兑付手中的债券,获得 $P_a(1+r_A)$ 的本利收益。如果这一年中不存在通货膨胀,则名义利率 r_A 与实际利率 r^* 相同;如果这一年中,市场价格从 P_0 上升到 P_1,即发生了通货膨胀,通货膨胀率 $\pi=\frac{P_1}{P_0}-1$ 或:

$$\frac{P_1}{P_0}=1+\pi \tag{6.2.14}$$

则一年后你获得的实际本利收益为:

$$\frac{P_a(1+r_A)}{P_1/P_0}=\frac{P_a(1+r_A)}{1+\pi} \tag{6.2.15}$$

由于你所购买的债券为平价债券,故投资于债券的收益率就等于利率,所以债券的实际利率 r^* 等于一年后的实际本利收益与 P_a 之比减 1,即

$$r^*=\frac{P_a(1+r_A)}{1+\pi}/P_a-1=\frac{1+r_A}{1+\pi}-1=\frac{r_A-\pi}{1+\pi} \tag{6.2.16}$$

在温和的通货膨胀下,由于

$$\frac{1}{1+\pi}=1-\pi+\pi^2-\pi^3+\cdots-\approx 1-\pi \tag{6.2.17}$$

将(6.2.17)式代入(6.2.16)式得

$$r^*\approx(r_A-\pi)(1-\pi)=r_A-\pi-r_A\pi+\pi^2\approx r_A-\pi \tag{6.2.18}$$

即

$$r^*\approx r_A-\pi \tag{6.2.19}$$

式(6.2.19)就是著名的费雪等式,它表达了实际利率与名义利率之间的近似关系,即实际利率近似的等于名义利率减去通货膨胀率。当然,这里对债券实际利率与名义利率的关系的分析适用于所有的利率。

值得注意的是,当现实经济存在较严重的通货膨胀时,(6.2.19)式就不适宜用来计算实际利率。

例如,某投资者购买了一份面值为 100 元,名义利率为 8%的一年期平价债券,在这一年中综合物价上涨了 3%,则由式(6.2.16)计算的实际利率为 4.85%,与直接用(6.2.19)式计算的 5%几乎没有什么差别。若这一年内市场价格不是上涨了 3%,而是出现了较严重的通货膨胀,价格涨幅为 30%。在这种情况下,真实的实际利率为−16.92%,与直接用(6.2.19)式计算的实际利率−22%相差 5 个多百分点。显然,这种差距是不能忽略的。

三、单利、复利与连续利率

在债券投资或借贷合约中,利息的计息方式对实际利息收益有着重要的影响。计息方式通常被分为两类:一是单利,另一类是复利。单利指债券或借贷合约到期前,前后各期具有相同利息收入的计息方式所对应的利率。复利则指到期前,后期利息不仅包含本金利息收入,而且还同时包含前期利息的一种计息方式,这种计息方式所对应的利率为复利率。通俗地说,复

利就是所谓"利上加利"的计息方式所对应的利率。

假设数额 MV 以年利率 r 投资了 n 年。

如果利率每年计一次单利，则以上投资的终值为：$MV(1+nr)$

如果利率每年计一次复利，则以上投资的终值为：$MV(1+r)^n$

如果利率每年计 M 次复利，则以上投资的终值为：$MV\left(1+\frac{r}{M}\right)^{Mn}$

为了理解两种不同计息方式对利息收益的影响，以下我们来看一个例子。

例如，有一份面值 10000 元的三年期债券，到期后，发行人一次性偿付本利，票面利率为 5%。若该债券分别以单利和复利计息，则两者有何差别？

解：(1)若以单利的方式计息，则到期后，投资者可以收到本息收入 11500 元(10000×(1+5%×3))，其中利息收入 1500 元。

(2)若该债券是以复利计息的，则到期后，投资者可收到本息收入 11576.25 元(10000×(1+5%)^3)，其中利息收入为 1576.25 元。比单利计息多 76.25 元。

这个例子说明，与单利计息相比，复利对债权人或投资者更有利，而对债务人或发行人更不利。另外，债券的期限越长，复利的作用越明显。如将上例中的期限由 3 年改为 6 年，则单利的利息收入为 3000 元，而复利的利息收入高达 3400.96 元，两者相差 400.96 元，是 76.25 元的 5.26 倍，可在时间上后者却只是前者的 2 倍。

目前市场上的利率都以年为单位，但是计息间隔却有很多，这对复利就影响很多，如有的按月复利，有的按年复利。但是如果复利间隔越来越小，甚至每分每秒，这就产生了连续复利的思想。上式当 M 趋于无穷大时，就称为连续复利。在连续复利情况下，数额 MV 以利率 r 投资 n 年后，将达到：

$$\lim_{M\to\infty} MV\left(1+\frac{r}{M}\right)^{Mn}=MVe^{rn}$$

四、即期利率和远期利率

进入 20 世纪 70 年代后，国际金融市场开始表现出极度的不稳定，利率波动不仅频繁，而且波动幅度显著增大，利率风险因此也就成为人们从事经济活动和金融交易必须高度重视的一个突出问题。对于急剧增大的利率风险，金融工程师们设计并推出了远期交易工具。远期交易工具的推出，为风险规避者和套期保值者实施有效的利率风险管理创造了条件和提供了现实的手段。如此同时，利率也就开始有了即期利率与远期利率之分。即期利率是指，在某一时刻 i，期限为 T 的利率水平。这里的时刻 i，既可是现在也可以是未来的某一时刻，当 i 是现在时刻时，利率为即期利率，一般情况下它是已知的；当 i 为未来时刻时，利率为未来的即期利率，通常情况下它是未知的。远期利率是指，现在确定的，从未来某一时刻 i 开始，到未来另一时刻 j 结束，某一期限为 $T=j-i$ 的利率水平。即期利率与远期利率的区别与联系可用时间轴直观表示，如图 6.2－3 所示。

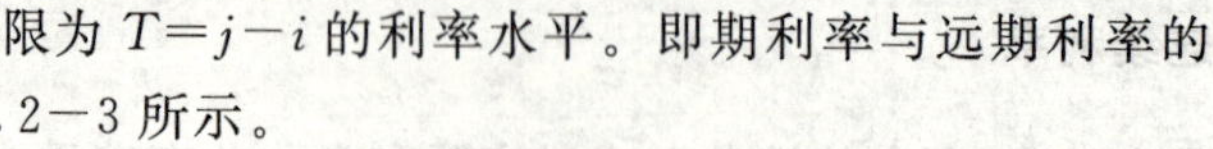

图 6.2－3 时间轴

在图 6.2－3 中，t 为单位时间，一般取年，也可取季、月等。用${}_ir_j$（如${}_0r_1$，${}_1r_2$，…）表示时刻 i，期限为 $T=j-i$ 的即期利率，显然，${}_0r_j$ 为即期利率，它是对当前不同期限资金供求的定价，故是已知的；${}_ir_j(i>0)$为未来的即期利率，它是未来 i 时刻，市场对资金供求水平的定价，通常是未知的。${}_if_j$ 表示现在确定的，从 i 时刻到 j 时刻，期限为 $T=j-i$ 的远期利率，如${}_1f_2$ 表示现在确定的，从未来 1 年开始，期限为 1 年的远期利率；${}_1f_3$ 表示现在确定的，从未来 1 年开始，期限为 2 年的远期利率。它与未来的即期利率的主要区别在于，${}_if_j$ 是已知的，而${}_ir_j$ 是未知的。虽然${}_ir_j$ 是未知的，但当投资者的投资选择涉及${}_ir_j$ 时，他们都会对未知的${}_ir_j$ 做出预期，${}_ir_j$ 的预期值记为${}_ir_j^e$。

由于${}_if_j$，${}_ir_j^e$ 和${}_ir_j$ 均是面对未来的利率，故他们之间自然存在一定的经济联系，这种经济联系可由无风险套利交易导出。用一个例子来说明：假如一位投资者准备进行为期 2 年的无风险投资，他可以有多种不同的投资方法，其中有这样三种不同的投资策略：一是直接购买 2 年的国库券；其二是先购买 1 年期的国库券，一年后再购买 1 年期的国库券；其三是先购买 1 年期的国库券，同时按照市场的远期价格购买从第二年初起的 1 年期国库券。为简单起见，假定所有国库券都不带息票。采用第一种策略，现在每一元钱的投资，2 年后的市场价值为$(1+{}_0r_2)^2$，采用第二种策略，现在每一元钱的投资 2 年后的市场价值为$(1+{}_0r_1)\cdot(1+{}_1r_2)$，采用第三种策略后，现在每一元钱的投资，2 年后的市场价值为$(1+{}_0r_1)\cdot(1+{}_1f_2)$，如果三种投资策略都是无风险的，由无风险套利均衡条件可知，三者结果应该相等，即有$(1+{}_0r_2)^2=(1+{}_0r_1)\cdot(1+{}_1r_2)=(1+{}_0r_1)\cdot(1+{}_1f_2)$。因此，有${}_1f_2={}_1r_2$，这就是说，在理论上远期利率应该等于未来的即期利率，由于${}_1r_2$ 未知，且${}_1r_2$ 受多种不确定性因素的影响，故用${}_1r_2$ 给${}_1f_2$ 定价仍不现实，一个有效的办法就是用${}_1r_2$ 的预期${}_1r_2^e$ 代替${}_1r_2$，在理性预期下，${}_1r_2={}_1r_2^e$，所以有${}_1f_2={}_1r_2^e$。如果不考虑预期变量，仅考虑当前已知的即期利率与远期利率的话，第二种投资策略则可从这里去掉，不予考虑。另一个有效的方法就是利用$(1+{}_0r_2)^2=(1+{}_0r_1)\cdot(1+{}_1f_2)$给${}_1f_2$ 定价，由该式知，${}_1f_2$ 的值可由${}_0r_1$、${}_0r_2$ 两个即期利率唯一确定。

如果投资者不是进行 2 年的投资，而是进行 3 年的投资。在这种情况下，去掉涉及预期利率的跨期组合策略，则投资者至少有如下三种投资策略：(1)直接购买 3 年期的国库券；(2)在购买 1 年期国库券的同时，购买 1 年以后 2 年期的远期；(3)在购买 2 年期国库券的同时，购买 2 年以后 1 年期的远期。根据无套利均衡，有：

$$(1+{}_0r_3)^3=(1+{}_0r_1)\cdot(1+{}_1f_3)^2=(1+{}_0r_2)^2\cdot(1+{}_2f_3)$$

由$(1+{}_0r_3)^3=(1+{}_0r_1)\cdot(1+{}_1f_3)^2$ 可得：

$$ {}_1f_3\approx\frac{1}{2}(3{}_0r_3-{}_0r_1) \tag{6.2.20}$$

由$(1+{}_0r_3)^3=(1+{}_0r_2)^2\cdot(1+{}_2f_3)$可得：

$$ {}_2f_3\approx 3{}_0r_3-2{}_0r_2 \tag{6.2.21}$$

一般情况下，如果投资者进行 n 年的投资，则他至少有如下三种投资策略可供选择：(1)直接购买 n 年期的国库券；(2)在购买 i 年期的国库券的同时，购买一个 i 年后的$(j-i)$年的远期和一个 j 年后的期限为$(n-j)$年的远期；(3)在购买 j 年期的国库券的同时，购买一个 j 年后，期限为$(n-j)$年的远期。由无套利均衡可得：

$$(1+{}_0r_n)^n=(1+{}_0r_i)^i\cdot(1+{}_if_j)^{j-i}(1+{}_jf_n)^{n-j}=(1+{}_0r_j)^j\cdot(1+{}_jf_n)^{n-j}$$

由$(1+{}_0r_n)^n=(1+{}_0r_j)^j\cdot(1+{}_jf_n)^{n-j}$可得$1+n\cdot{}_0r_n\approx(1+j\cdot{}_0r_j)\cdot(1+(n-j)_jf_n)$，即

$$_jf_n\approx\frac{1}{n-j}(n\cdot{}_0r_n-j\cdot{}_0r_j)\tag{6.2.22}$$

由$(1+{}_0r_n)^n=(1+{}_0r_i)^i\cdot(1+{}_if_j)^{j-i}(1+{}_jf_n)^{n-j}$并利用近似公式可得：

$$\begin{aligned}1+n\cdot{}_0r_n&\approx(1+i_0r_i)\cdot(1+(j-i)_if_j)(1+(n-j)_jf_n)\\&\approx1+i_0r_i+(j-i)_if_j+(n-j)_jf_n\end{aligned}\tag{6.2.23}$$

将式(6.2.22)代入式(6.2.23)得$1+n\cdot{}_0r_n\approx1+i_0r_i+(j-i)_if_j+n\cdot{}_0r_n-j\cdot{}_0r_j$，于是求得：

$$_if_j\approx\frac{1}{j-i}(j\cdot{}_0r_j-i\cdot{}_0r_i)\tag{6.2.24}$$

在一般情况下，除了能得到式(6.2.24)的关于远期利率与即期利率的近似关系外，无套利均衡还能保证以下关系式成立，即

$$\begin{cases}(1+{}_0r_i)^i\cdot(1+{}_ir_j)^{j-i}(1+{}_jr_n)^{n-j}=(1+{}_0r_i)^i\cdot(1+{}_if_j)^{j-i}(1+{}_jf_n)^{n-j}\\(1+{}_0r_j)^j\cdot(1+{}_jr_n)^{n-j}=(1+{}_0r_j)^j\cdot(1+{}_jf_n)^{n-j}\end{cases}\tag{6.2.25}$$

在理性预期条件下，${}_ir_j={}_ir_j^e$，${}_jr_n={}_jr_n^e$，所以有

$$\begin{cases}(1+{}_ir_j^e)^{j-i}(1+{}_jr_n^e)^{n-j}=(1+{}_if_j)^{j-i}(1+{}_jf_n)^{n-j}\\(1+{}_0r_j)^j\cdot(1+{}_jr_n^e)^{n-j}=(1+{}_0r_j)^j\cdot(1+{}_jf_n)^{n-j}\end{cases}\tag{6.2.26}$$

由(6.2.26)第二式可知

$$_jf_n={}_jr_n^e\tag{6.2.27}$$

将(6.2.27)式代入(6.2.26)第一式得$(1+{}_ir_j^e)^{j-i}=(1+{}_if_j)^{j-i}$，即：

$$_if_j={}_ir_j^e\tag{6.2.28}$$

由以上的无风险套利均衡分析，我们可以得出以下结论：若投资者的预期符合理性预期，其远期价格(即远期利率)确实是未来即期价格(即未来即期利率) 的市场预期，且在均衡条件下，远期价格可以由不同期限的即期利率近似地确定。

第三节 利率期限结构与收益率曲线

利率期限结构是指利率水平与其期限之间的变化关系。收益率曲线通常是描述利率期限结构的重要工具。收益率曲线是根据同一种债券的收益率与其到期期限的关系绘制的。收益率曲线按其变动趋势划分有向上倾斜、持平和向下倾斜三种基本类型(如图 6.3—1)。一般地，由于时间价值因素的关系，利率会随着到期期限的增加而增加，因此，大多数收益率曲线表现为向上倾斜。然而，由于预期或其他非时间价值因素的作用，收益率曲线有时也会表现为其他两种类型。

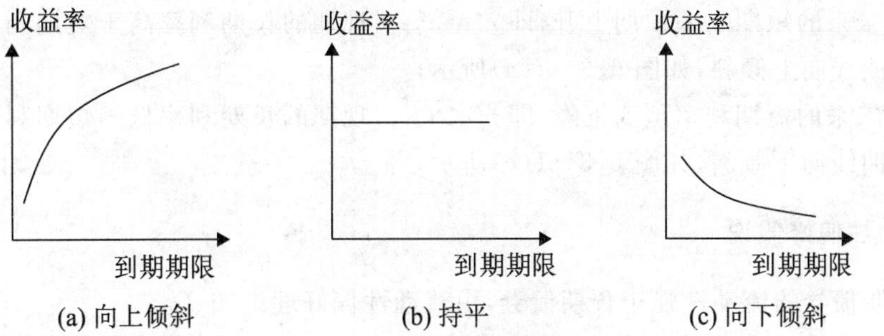

图 6.3—1　收益率曲线类型

为了解释利率的期限结构特点，经济学家提出了很多理论假设与模型。

一、预期假说

在持预期理论观点的经济学家来看，长期利率是该期限内人们预期的短期利率的平均数。因而收益率曲线反映所有金融市场参与者的综合预期。预期理论包括如下假定：

1. 投资者追求收益最大化，而对债券的期限无偏好；
2. 所有市场参与者对未来利率水平的预期都相同；
3. 金融市场完全竞争，不同期限的债券可以自由套利。

在上述假定下，如果投资人面临这样两个不同的决策方案可供选择：①在 t 期购买一份利率为${}_tr_{t+1}$的一期债券，到期后再购买一份一期债券，第 $t+1$ 期的预期利率水平为${}_{t+1}r^e_{t+2}$；②在 t 期直接购买一份利率为${}_tr_{t+2}$的两期债券。

显然，方案①的预期收益率$=(1+{}_tr_{t+1})(1+{}_{t+1}r^e_{t+2})-1\approx{}_tr_{t+1}+{}_{t+1}r^e_{t+2}$；

方案②的预期收益率$=(1+{}_tr_{t+2})^2-1\approx 2{}_tr_{t+2}$。

如果方案①与方案②对投资人是无差异的，则有：

$${}_tr_{t+2}=\sqrt{(1+{}_tr_{t+1})(1+{}_{t+1}r^e_{t+2})}-1 \tag{6.3.1}$$

或近似的有：

$${}_tr_{t+2}\approx\frac{1}{2}({}_tr_{t+1}+{}_{t+1}r^e_{t+2}) \tag{6.3.2}$$

推而广之，如果债券的期限更长，则有：

$${}_tr_{t+n}=\sqrt[n]{(1+{}_tr_{t+1})(1+{}_{t+1}r^e_{t+2})\cdots(1+{}_{t+n-1}r^e_{t+n})}-1 \tag{6.3.3}$$

或近似的有：

$${}_tr_{t+n}\approx\frac{1}{n}({}_tr_{t+1}+{}_{t+1}r^e_{t+2}+\cdots+{}_{t+n-1}r^e_{t+n}) \tag{6.3.4}$$

从${}_ir_j$ 的经济含义知，${}_ir_j$ 是期限为 $j-i$ 的平均利率或利率。这样，式(6.3.3)或式(6.3.4)可以视为长期利率${}_tr_{t+n}$与短期利率${}_tr_{t+1}$和预期利率${}_ir^e_j$ 的相互关系。由该关系式可以看出：

1. 如果未来的短期利率预期不变，且等于现期的短期利率，即${}_ir^e_j={}_tr_{t+1}$，现期的长期利率与短期利率就相等，或${}_tr_{t+n}={}_tr_{t+1}$，收益率曲线是一条水平线，如图 6.3—1(b)所示；

2. 如果未来的短期利率预期上升，即${}_i r_j^e > {}_t r_{t+1}$，现期的长期利率高于短期利率，或${}_t r_{t+n} > {}_t r_{t+1}$，收益率曲线向上倾斜，如图 6.3－1(a)所示；

3. 如果未来的短期利率预期下降，即${}_i r_j^e < {}_t r_{t+1}$，现期的长期利率低于短期利率，或${}_t r_{t+n} < {}_t r_{t+1}$，收益率曲线向下倾斜，如图 6.3－1(c)所示。

二、流动性偏好假说

由于短期债券的流动性强于长期债券，由流动性偏好理论知：

1. 投资者对持有短期债券存在较强的偏好，只有得到一个正的时间溢价作为补偿时，才会愿意持有长期债券，因此，时间溢价大于 0。即使短期利率在未来的水平保持不变，长期利率仍然会高于短期利率，这就说明了收益率曲线通常是向上倾斜的原因。

2. 在时间溢价水平一定的前提下，由 ${}_t r_{t+n} = \left(\prod_{i=0}^{n-1}(1+{}_{t+i}r_{t+i+1})\right)^{\frac{1}{n}} - 1$ 知，短期利率上升，长期利率也随之上升，这便解释了不同期限债券的利率水平是共同变动的原因。

3. 时间溢价大于 0 与收益率曲线有时向下倾斜的事实并不矛盾。因为在短期利率预期未来会下降的情况下，长期利率的时间溢价向上效应会被预期利率向下效应抵消，当预期效应大于时间效应时，综合作用的结果仍然会使收益率曲线呈现向下倾斜的变动；当预期效应正好抵消时间效应时，收益率曲线则会呈现水平变动特征。

流动性偏好假说从理论上解释了收益率曲线如图 6.3－1 的三种类型，对投资者来说，由于短期利率的市场预期的不可知性，决定了这种解释对于指导投资方案的确定并没有什么实际意义。然而，真正有实际意义的是，我们利用观察到的收益率曲线的变动类型，结合流动性偏好假说来判断未来短期利率的市场预期。一般而言，陡峭上升的收益率曲线表明短期利率预期将来会上升；平缓上升的收益率曲线表明短期利率预期不会有太大的变动；平直的收益率曲线表明短期利率预期会平缓下降；向下倾斜的收益率曲线表明短期利率预期会出现急剧下降。一旦我们对市场预期收益率走势有了正确的判断，我们便能据此来安排投资方案。

另外，由流动性偏好假设知，时间价值就是对投资者的流动补偿。那么，如何确定流动补偿呢？

设 t 年和 $t+1$ 年的即期利率分别为${}_0 r_t$ 和${}_0 r_{t+1}$，t 年到 $t+1$ 年预期利率为${}_t r_{t+1}^e$。

由前文论述我们知道，即期利率与远期利率的关系是：

$$(1+{}_0 r_t)^t(1+{}_t f_{t+1}) = (1+{}_0 r_{t+1})^{t+1} \tag{6.3.5}$$

根据流动性偏好理论，如果人们能够持有债券到 $t+1$ 年，而不是将债券在 t 年出售，则有：

$$(1+{}_0 r_t)^t(1+{}_t r_{t+1}^e) < (1+{}_0 r_{t+1})^{t+1} \tag{6.3.6}$$

将式(6.3.5)代入式(6.3.6)得$(1+{}_0 r_t)^t(1+{}_t r_{t+1}^e) < (1+{}_0 r_t)^t(1+{}_t f_{t+1})$，或：

$${}_t r_{t+1}^e < {}_t f_{t+1} \tag{6.3.7}$$

式(6.3.7)说明，远期利率大于同期限的预期利率，两者之差就是流动补偿(liquidity premium)。即

$${}_t l_{t+1} = {}_t f_{t+1} - {}_t r_{t+1}^e \tag{6.3.8}$$

其中，${}_tl_{t+1}$是 t 年到 $t+1$ 年的流动补偿。

例如：有一到期期限为 2 年，一年期利率 $r_1=7\%$，两年期利率 $r_2=8\%$ 的债券。由式(6.3.5)计算得${}_1f_2=9.01\%$。如果一年后的预期利率${}_1r_2^e=8.5\%$，则由式(6.3.8)可知流动补偿${}_1l_2=0.51\%$。该补偿说明，如果投资者直接购买 2 年期债券，则每一元的到期价值为 $1\times1.08^2=1.1664$ 元；而如果投资者出于流动性的考虑，先购买 1 年期债券，然后下一年在资金没有其他特殊需要的情况下，再购买 1 年期债券，此时 1 年期债券利率已由 7%上升到 8.5%，正好与当初的预期一致，这种情况下每一元的到期价值为 $1\times1.07\times1.085=1.161$ 元。显然投资者直接投资于 2 年期债券并持有至到期的投资回报较大，高出部分便是对投资者放弃流动性的补偿。

三、市场分割假说

该理论认为，期限不同的证券市场是完全分离或独立的，每一种证券的利率水平在各自的市场上，由对该证券的供给和需求所决定，不受其他不同期限的证券的预期收益变动的影响。得出这一论断的主要前提假定包括：

1. 投资者对不同期限的证券有较强的偏好；
2. 期限相同的证券中，投资者更偏好预期收益大的证券(投资者是理性的)；
3. 期限不同的证券不是完全替代的；
4. 理性的投资者对其投资组合的调整有一定的局限性，许多客观因素使这种调整滞后于预期收益水平的变动。

按照市场分割假说的解释，收益率曲线形式之所以不同，是由于对不同期限的证券的供给和需求不同。

当投资者对短期证券的需求高于对长期证券的需求时，短期证券的价格便会上升，相应的收益率则下降，同时，长期证券的价格相对下降，收益率上升，从而决定了收益率曲线向上倾斜。

当投资者对长期证券的需求高于对短期证券的需求时，长期证券的价格便会上升，其收益率则下降，同时，短期证券的价格相对下降，收益率上升，从而决定了收益率曲线向下倾斜。

当投资者对短期证券与长期证券的需求分布均匀时，收益率的任何差异都会导致需求的转移，最终使两者的收益率完全一致，其结果是收益率曲线呈水平线。

第四节 债券投资风险

债券的市场价格以及实际收益率受许多因素影响，这些因素的变化，都有可能使投资者的实际利益发生变化，从而使投资行为产生各种风险。债券投资者的投资风险主要由以下几种风险形式构成：

一、违约风险

债券发行人在债券到期时无力偿还本金及利息而产生的风险。一般政府债券违约风险为零，金融债券较小，企业风险较高。当企业经营亏损时，它便难以支付债券利息；而当偿债年份企业盈利不足或资金周转困难时，企业就难以按期还本。由于债券发行人的情况相当复杂，致使对于违约风险的度量存在诸多困难，目前区分违约风险程度的一种较为流行的方法是对债券进行评级。

债券评级是反映债券违约风险的重要指标。美国是目前世界上债券市场最发达的国家，所拥有的债券评级机构也最多。其中最著名的两家评级公司是标准普尔公司（Standard & Poor's，S& P）和穆迪投资者服务公司（Moody's Investors Services）。尽管这两家公司的债券评级分类有所不同，但是基本上都将债券分为两类：投资级和投机级（如表 6－1）。

表 6－1　债券等级划分表

<table>
<tr><th>标准普尔公司</th><th>穆迪公司</th><th>性　质</th><th>说　明</th></tr>
<tr><td>AAA</td><td>Aaa</td><td rowspan="6">投资级</td><td>信誉最高，债券本息支付无问题</td></tr>
<tr><td>AA</td><td>Aa</td><td>有很强的支付本息能力</td></tr>
<tr><td>A</td><td>A</td><td>有较强的支付能力，但当经济形势发生逆转时，较为敏感</td></tr>
<tr><td>BBB</td><td>Baa</td><td>有一定的支付能力，但当经济形势发生逆转时，更为敏感</td></tr>
<tr><td>BB</td><td>Ba</td><td>有投机因素，但投机程度较低</td></tr>
<tr><td>B</td><td>B</td><td>投机性较强</td></tr>
<tr><td>CCC、CC</td><td>Caa</td><td rowspan="3">投机级</td><td>可能不支付本息</td></tr>
<tr><td>C</td><td>Ca</td><td>不支付本息，但可以回收很少</td></tr>
<tr><td>DDD、DD、D</td><td>C</td><td>无收回可能</td></tr>
</table>

既然债券存在着违约风险，投资者必然要求获得相应的风险补偿，即较高的投资收益率。无论是从逻辑上推论还是从表 6－2 的数字特征，都可以看出违约风险越高，投资收益率也应该越高，因投资者对具有较高违约风险的债券要求较高的风险补偿。表 6－2 列出了美国公司信用评级等级与信用利差的关系。该关系显示，对于相同到期期限的债券，随着信用评级等级的降低，其信用利差越高，从而其投资收益率越高（无风险利率相同）。

表 6－2　美国公司信用评级等级与信用利差的关系

等级 到期期限	AAA	AA	A	BBB	BB	B
1 年	0.17	0.24	0.26	0.53	1.77	2.22
5 年	0.37	0.46	0.59	0.91	2.79	3.78
10 年	0.46	0.56	0.74	1.08	3.23	—
15 年	0.51	0.63	0.83	1.18	—	—
20 年	0.55	0.67	0.89	1.24	—	—
25 年	0.58	0,7	0.93	—	—	—

资料来源：S& P. credit week. June 4. 1996

就企业和私人债券来说，通常情况下，债券承诺的到期收益率中含有对其违约风险的补偿，即违约溢价(default premium)，它是债券承诺的到期收益率与预期的到期收益率之差。而预期的到期收益率是各种可能的收益情况以其出现的概率为权重的加权平均，即到期收益率的期望值。如果不存在违约的可能，债券承诺的到期收益率就是预期的到期收益率。只要出现任何的违约或推迟支付的可能，预期的到期收益率就会下跌到承诺的到期收益率之下。

违约溢价的大小取决于违约的可能性(以违约概率来衡量)和发生违约时债券持有者可能遭受的经济损失。在违约溢价、违约的可能性和发生违约时债券持有者可能遭受的经济损失这三个变量中，只要知道其中任意两个，便能确定第三个变量。

为了便于理解，以下我们用具体的例子来说明第三个变量的确定问题。

1. 已知违约概率和违约损失

设市场的无风险利率为 6%，某债券面值为 1000 元，期限为 1 年，债券发售时价格为 1000 元，违约的概率为 2%。设债券的息票率为 r_A。债券违约的损失有如下两种情况：

①债券违约后，对投资者无任何返还。

②债券违约后，投资者可获得本金的 50%。

(1)对于第一种情况，有 $1000 \cdot (1+6\%) < 1000 \cdot (1+r_A) \cdot (1-2\%)$

上式左边是投资者购买无风险债券一年后的收入，右边是投资者购买该债券在一年后的期望收入。经计算可知该债券的息票率 $r_A > 8.16\%$。

风险债券的息票率之所以大于求得的结果，是因为如果无风险债券的收益等于风险债券的期望收益的话，投资者宁愿购买无风险债券。因此，只有当风险债券的期望收益大于无风险债券的收益时，投资者才会购买该债券。而风险债券期望收益率高于无风险债券收益率的部分，被称为风险溢价(risk premium)。

比如，一个风险厌恶的投资者可能要求风险债券的期望收益率至少为 10%，相当于该投资者用 10%的预期收益率来给所要购买的债券进行贴现，在这种情况下，就有

$$1000 \cdot (1+10\%) < 1000 \cdot (1+r_A) \cdot (1-2\%)$$

成立。

经计算可知其要求的风险债券的息票率 r_A 不低于 12.25%。

上述分析的结果可以通过图 6.4－1 来描述。

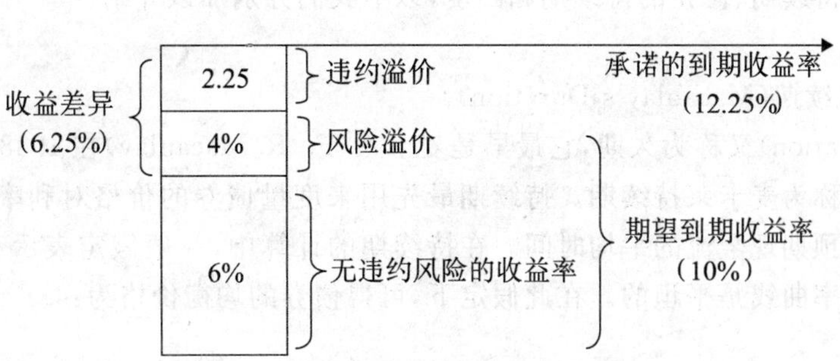

图 6.4－1　债券到期收益率的构成

(2)对于第二种情况，有：

$$1000 \cdot (1+6\%) < 1000 \cdot (1+r_A) \cdot (1-2\%) + 1000 \cdot 50\% \cdot 2\%$$

上式左边是投资者购买无风险债券一年后的收入，右边是投资者购买风险债券在一年后的期望收入。经计算可知该债券的息票率 $r_A > 7.143\ \%$。也就是说，在存在违约风险，且已知违约后能返回 50%本金的情况下，投资者愿意购买债券的息票率不得低于 7.143%。

2. 已知违约溢价和违约损失

设市场的无风险利率为 6%，某债券面值为 1000 元，息票率为 7%，期限为 1 年，债券发售时价格为 1000 元，该债券存在违约的风险，违约的概率为 q，则履约的概率为 $p(p=1-q)$。债券违约的损失分两种情况：

①债券违约后，对投资者无任何返还；

②债券违约后，投资者可获得本金的 50%。

对于第一种情况，有：

$$1000 \cdot p \cdot (1+7\%) = 1000 \cdot (1+6\%)$$

上式表明，购买该债券在一年后的期望终值应该等于购买无风险债券在一年后的终值。经计算可知该债券的履约概率为 99.07%，即违约概率为 0.93%。

对于第二种情况，有：

$$1000 \cdot p \cdot (1+7\%) + 1000 \cdot (1-p) \cdot 50\% = 1000 \cdot (1+6\%)$$

上式左边是投资者购买该债券在一年后的期望收入，右边是投资者购买无风险债券,年后的收入。经计算可知该债券的履约概率为 98.25%，即违约概率为 1.75%。

已知违约溢价和违约概率求解违约损失的情形，由读者自行练习。

二、利率风险

利率风险是指利率的变动导致债券价格与收益率发生变动的风险。投资者投资于债券主要是期望获得比市场利率更高的收益，而当银行利率发生变化时，债券的价格也就必然向其相反方向变化，当市场利率上升时，债券价格下跌，使债券持有者的资本遭受损失。因此，投资者购买的债券离到期日越长，则利率变动的可能性越大，其利率风险也相对越大。度量利率风险的常见方法包括持续期、修正的持续期和凸度，以下我们分别加以介绍。

(一)持续期

1. 麦卡莱持续期(Macaulay's Duration)

持续期(Duration)又称为久期，它最早是麦卡莱(F. R. Macaulay)在 1938 年提出的，最基本的持续期概念称为麦卡莱持续期。持续期最先用来度量债券的价格对利率变化的敏感性，它是投资者收到预期现金流的平均时间。在持续期的计算中，一般假定表示利率的期限结构的国库券的收益率曲线是平坦的。在此假定下，可得债券的均衡价格为：

$$P(r) = \sum_{t=1}^{n} \frac{C_t}{(1+r)^t} \tag{6.4.1}$$

式中 C_t 表示时期 t 的现金流入(出)。固定收益债券在 $t=1$ 至 $t=n-1$ 时期内，每一时刻

t 的现金流入(出)是固定的利息收入(支出),在持有到期时,即 $t=n$ 时刻的现金流入(出)就是本金 MV 与利息之和。r 表示到期收益率 YTM,也即市场利率。

麦卡莱持续期是债券持有时间的加权平均数,其权数为各期收到的现金流现值占债券现值的比重,即

$$D=\sum_{t=1}^{n}\left[\frac{C_t}{(1+r)^t}\Big/\sum_{t=1}^{n}\frac{C_t}{(1+r)^t}\right]t=\frac{1}{P(r)}\sum_{t=1}^{n}\left[\frac{C_t}{(1+r)^t}\right]t \tag{6.4.2}$$

对于折现债券(零息票债券)来说,因为所有的 $C_t=0(t=1,\cdots,n-1)$,从而有 $D=n$,即零息票债券的持续期就是债券的到期期限。而对于所有期间有现金流发生的债券来说,持续期都短于到期期限。

式(6.4.2)直观地表明,未来付款的加权到期时间越长,债券价格对市场利率的敏感性越高,债券的利率风险越大。事实也确实如此。

实际上,持续期也可以解释为债券的价格对其折现率(到期收益率)变动的弹性。因为由式(6.4.1)可得

$$\frac{dP(r)}{dr}=-\sum_{t=1}^{n}\left[\frac{C_t}{(1+r)^{t+1}}\right]t=-\frac{1}{1+r}\sum_{t=1}^{n}\frac{C_t}{(1+r)^t}t \tag{6.4.3}$$

变形后得

$$(1+r)\frac{dP(r)}{dr}=-\sum_{t=1}^{n}\frac{C_t\cdot t}{(1+r)^t} \tag{6.4.4}$$

由(6.4.2)式知 $-\sum_{t=1}^{n}\frac{C_t\cdot t}{(1+r)^t}=-P(r)\cdot D$,所以$(1+r)\frac{dP(r)}{dr}=-P(r)\cdot D$,即:

$$D=-\frac{dP(r)/P(r)}{dr/(1+r)} \tag{6.4.5}$$

又因为 $dr=d(1+r)$。所以持续期是价格对利率的弹性。

当我们将持续期解释为债券价格的利率弹性时,实质上揭示了持续期就是债券价格对利率变动敏感程度的度量这一经济含义。作为价格对利率变动敏感性的度量,持续期同时描述了债券的利率风险特征,当持续期大于1时,债券具有较高的风险,当持续期小于1时,债券则具有相对较小的利率风险。

2. 修正持续期

如果我们把利率处理成连续复利的形式,则可以得到持续期的更为简洁的关系式。

在连续复利条件下,令 r^* 为连续复利,则 r^* 与 r 之间存在关系

$$r^*=\ln(1+r) \tag{6.4.6}$$

式(6.4.6)表明

$$(1+r)^{-t}=e^{-r^*t} \tag{6.4.7}$$

将式(6.4.7)代入式(6.4.1)、(6.4.2)得:

$$P(r)=\sum_{t=1}^{n}C_te^{-r^*t} \tag{6.4.8}$$

$$D=\sum_{t=1}^{n}\frac{C_te^{-r^*t}}{\sum_{t=1}^{n}C_te^{-r^*t}}\cdot t=\frac{1}{P(r)}\sum_{t=1}^{n}tC_te^{-r^*t} \tag{6.4.9}$$

对式(6.4.8)求关于 r^* 的导数，并与式(6.4.9)比较得：

$$\frac{dP(r)}{dr^*}=\sum_{t=1}^{n}C_te^{-r^*t}(-t)=-P(r)D \tag{6.4.10}$$

$$D=-\frac{dP(r)}{dr^*}/P(r) \tag{6.4.11}$$

式(6.4.11)式揭示了债券增值率 $\frac{dP(r)}{P(r)}$ 与连续利率 r^* 变动的关系。实际上，由 $r=e^{r^*}-1$ 可知，$P(r)$ 也可表示成 $P(r^*)$，这样，式(6.4.11)式就可写成：

$$D=-\frac{dP(r^*)}{dr^*}/P(r^*) \tag{6.4.12}$$

它是将市场利率视为连续利率时的持续期。

在已知连续型利率持续期的情况下，式(6.4.12)描述了债券价格与连续型市场利率之间的关系。这种决定关系可以通过变形式(6.4.12)后求得，即先将式(6.4.12)写成：

$$\frac{dP(r^*)}{P(r^*)}=-Ddr^* \tag{6.4.13}$$

对式(6.4.13)式两边同时积分得 $\int\frac{dP(r^*)}{P(r^*)}=-\int Ddr^*$，或：

$$\ln P(r^*)=-Dr^*+C \tag{6.4.14}$$

其中，C 为积分常数。由式(6.4.14)得

$$P(r^*)=e^{-Dr^*+C}=ke^{-Dr^*} \tag{6.4.15}$$

其中 $k=e^C>0$。因为持续期 $D>0$，对式(6.4.15)求关于 r^* 的导数得：

$$\frac{dP(r^*)}{dr^*}=ke^{-Dr^*}(-D)<0$$

表明 $P(r^*)$ 是 r^* 的单调下降的非线性函数。如果我们将式(6.4.12)中的连续型市场利率换成实际市场利率，并定义

$$\overline{D}=-\frac{dP(r)}{dr}/P(r) \tag{6.4.16}$$

为修正持续期。将式(6.4.5)变形，可得 $\frac{dP(r)}{dr}=-D\frac{P(r)}{1+r}$，并代入式(6.4.16)，得

$$\overline{D}=\frac{D}{1+r} \tag{6.4.17}$$

即为修正持续期与麦卡莱持续期的关系。

由式(6.4.15)及对修正持续期的定义，可得到债券价格与实际市场利率的相互关系为：

$$P(r)=k\cdot e^{-\overline{D}r} \tag{6.4.18}$$

如果将式(6.4.16)中的连续型表示成离散型,则可得式(6.4.15)的近似表达式为 $\Delta P(r)=-P(r_0)\cdot\Delta r\cdot\overline{D}$,或 $P(r)-P(r_0)=-P(r_0)\cdot\overline{D}\cdot(r-r_0)$,即

$$P(r)=P(r_0)+r_0\cdot P(r_0)\cdot\overline{D}-r\cdot P(r_0)\cdot\overline{D} \tag{6.4.19}$$

式(6.4.19)是一条 $P(r)$(价格)关于 r(市场利率)的线性函数,其斜率为 $-P(r_0)\cdot\overline{D}$。由式(6.4.18)知,实际价格曲线的斜率为 $\frac{dP(r)}{dr}=k\cdot e^{-\overline{D}r}(-\overline{D})=-k\cdot\overline{D}\cdot e^{-\overline{D}r}$,所以

$$\left.\frac{dP(r)}{dr}\right|_{r_0}=-k\cdot\overline{D}\cdot e^{-\overline{D}r_0}=-\overline{D}P(r_0) \tag{6.4.20}$$

式(6.4.20)说明实际价格曲线在 $r=r_0$ 处与近似直线(6.4.19)有相同的斜率。

另外,将 $r=r_0$ 代入式(6.4.19)的右边得 $P(r_0)$,正好与(6.4.18)式在 $r=r_0$ 处的取值相同。这说明点$(r_0,P(r_0))$既落在直线(6.4.19)上,同时也落在曲线(6.4.18)上。

综合以上两点(斜率与交点)可知,近似直线(6.4.19)是实际价格曲线(6.4.18)的切线,且切点为$(r_0,P(r_0))$。近似直线与价格曲线的这种关系如图 6.4－2 所示。

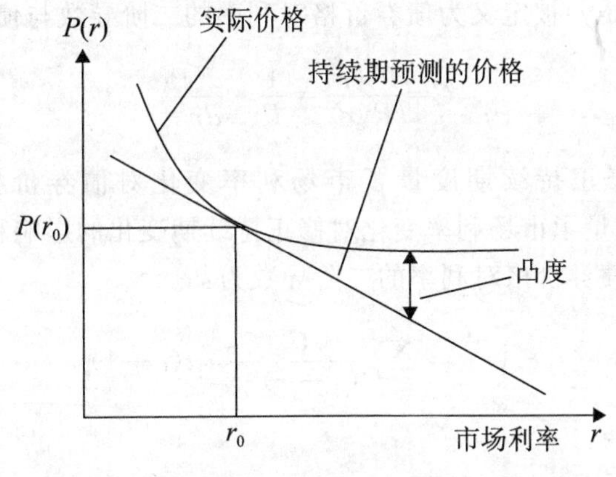

图 6.4－2 凸度

图 6.4－2 中的曲线是市场利率与债券价格的精确的关系,即债券价格与利率呈反向的关系,而且是非线性的凸关系,这种关系被称为债券价格的凸性。而持续期是因变量为 $\frac{P(r)}{P(r_0)}$ 时该曲线在 $r=r_0$ 处切线的斜率。从图中可以直观地看出,在利率变化区间比较小时,式(6.4.19)的关系成立;而当利率变化区间较大时,债券价格的真实变化就与由式(6.4.19)计算的变化有一定的差距。因此,当利率波动较为剧烈时,单纯用持续期来衡量债券的利率风险就不是那么准确了。

3. 组合的持续期

持续期的一个非常重要的性质是具有可加性,一个资产组合(或负债组合)的持续期是组合内各项资产(或负债)的持续期的加权平均,其权重与该资产(或负债)对整个组合的权重相同。即若组合的价值为 V(其中,V_j 为第 j 项资产或负债的价值),第 j 项资产(或负债)的持续

期为 D_j，则整个组合的持续期为 $D=\sum_{j=1}^{M}W_jD_j$，其中 $W_i=\frac{V_j}{V}$。

证明：因为 $V=\sum_{j=1}^{M}V_j$，所以 $\frac{dV}{dr^*}=\sum_{j=1}^{M}\frac{dV_j}{dr^*}$，由式(6.4.11)可知：

$$D=-\frac{dV}{dr^*}/V=-\sum_{j=1}^{M}\frac{dV_j}{dr^*}/V$$
$$=-\sum_{j=1}^{M}\frac{dV_j}{dr^*}/V_j\cdot(V_j/V)=-\sum_{j=1}^{M}W_j\left(\frac{dV_j}{dr^*}/V_j\right)$$

又由式(6.4.11)知 $-\frac{dV_j}{dr^*}/V_j=D_j$，所以

$$D=\sum_{j=1}^{M}W_jD_j \tag{6.4.21}$$

(二)凸度

前面的分析表明，当利率波动比较剧烈时，单纯的持续期概念就不是利率风险的一种好的度量，解决这一问题的有效方法是在利率风险度量中引入凸度的概念。

债券的凸度(convexity)被定义为债券价格对利率的二阶导数与债券价格的比率，即

$$C=\frac{P''(r)}{P(r)}=\frac{1}{P}\cdot\frac{d^2P}{dr^2} \tag{6.4.22}$$

式(6.4.16)表明，修正持续期度量了市场利率变化对债券价格变化的影响程度，式(6.4.22)则说明，凸度度量了市场利率变化对修正持续期变化的影响程度。

由式(6.4.1)可知，债券价格对利率的二阶导数为：

$$P''(r)=\sum_{t=1}^{n}\frac{C_t}{(1+r)^{t+2}}\cdot t(t+1) \tag{6.4.23}$$

因此，债券的凸度为

$$C=\frac{1}{P(r)}\cdot\left[\sum_{t=1}^{n}\frac{C_t}{(1+r)^{t+2}}\cdot t(t+1)\right] \tag{6.4.24}$$

债券的凸度是对债券价格曲线弯曲程度的一种度量。债券的凸度越大，债券价格曲线弯曲程度越大，从而以修正持续期度量债券的利率风险所产生的误差越大。

如果将债券的价格函数 $P(r)$ 用泰勒级数展开，则有

$$P(r)=P(r_0)+P'(r_0)(r-r_0)+\frac{1}{2}P''(r_0)(r-r_0)^2+O(r-r_0)^2$$

其中，r_0 是初始的市场利率；$O(r-r_0)^2$ 是关于 $(r-r_0)^2$ 的高阶无穷小量，可忽略不计。将上式 $P(r_0)$ 移到等式左边，并在等式两边同时除以 $P(r_0)$，可得：

$$\frac{\Delta P(r)}{P(r_0)}=-\overline{D}\cdot(\Delta r)+0.5\cdot C\cdot(\Delta r)^2 \tag{6.4.25}$$

式(6.4.25)右边第一项 $-\overline{D}\cdot(\Delta r)$ 是用修正持续期度量债券价格随市场利率变化的线性

近似,第二项 $0.5 \cdot C \cdot (\Delta r)^2$ 可以看作是线性近似所产生的误差,两项之和可近似表述债券价格的实际变化。

从(6.4.25)式可以看出,修正持续期对债券价格的影响取决于市场利率的变化方向。当市场利率上升时,修正持续期越大,债券价格的降低幅度越大;当市场利率下降时,修正持续期越大,债券价格的上升幅度越大。可见,修正持续期是把"双刃剑",对投资者既有有利的一面,也有不利的一面。而凸度对投资者只会带来好处,不论市场利率如何变化,债券的凸度越大,市场利率变化时债券价格的上升幅度就越大。

由此可见,凸度越大的债券,其抗利率风险的能力就越强。如图 6.4－3 中,债券 A 的凸度大于债券 B,所以,当利率下降时债券 A 的价格上升幅度大于债券 B,而当利率上升时债券 A 的价格下降幅度小于债券 B。因此债券 A 的利率风险低于债券 B。

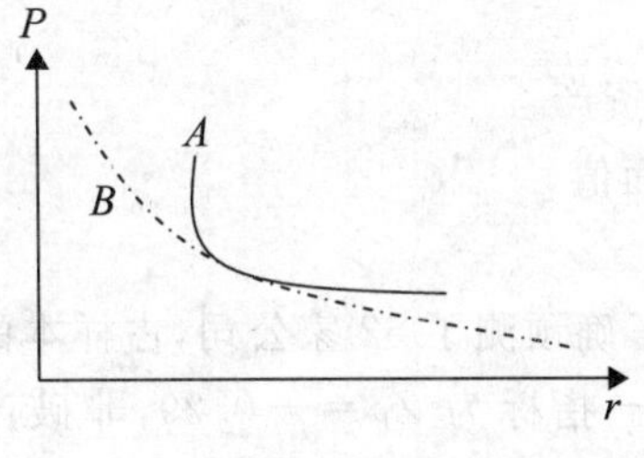

图 6.4－3 凸度对债券价格的影响

三、流动性风险

流动性风险指投资者将债券变现的可能性。市场上的债券种类繁多,所以也就冷热债券之分。对于一些热销债券,其成交量周转率都会很大。相反一些冷门债券,有可能很长时间都无人问津,根本无法成交,实际上是有行无市,流动性极差,变现能力较差。如果持券人非要变现,就只有大幅度折价,从而造成损失。

四、购买力风险

购买力风险也称通货膨胀风险。购买力是指单位货币可以购买的商品和劳务的数量,在通货膨胀的情况下,货币的购买力是持续下降的。债券是一种金钱资产,因为债券发行机构承诺在到期时付给债券持有人的是金钱,而非其他有形资产。换句话说,债券发行者在协议中承诺付给债券持有人的利息或本金的偿还,都是事先议定的固定金额,此金额不会因通货膨胀而有所增加。由于通货膨胀的发生,债券持有人从投资债券中所收到的金钱的实际购买力越来越低,甚至有可能低于原来投资金额的购买力。通货膨胀剥夺了债券持有者的收益,而债券的发行者则从中大获其利。

第五节 负债工具投资选择

上一节我们讨论了债券的两个主要风险:违约风险和利率风险。下面我们讨论在进行债券投资时,如何对这两种风险进行防范。

一、违约风险防范

除了根据评级机构的评级结果判断公司债券的违约的可能性外，还可使用财务比率作为衡量一个公司违约可能性的指标，并依据这些财务比率对公司的违约情况做出预测。

如当公司现有现金余额较少，或预期净现金流量较少，或净现金流量变化较大时，公司违约的可能性将会增大。

另外，从统计上来看，通过某些财务比率来计算公司的违约风险等级，也是比较准确的。

如 E. Altman①使用 66 个公司(33 个破产，33 个未破产)的样本构造 Z—指标：

$$Z=0.012X_1+0.014X_2+0.033X_3+0.006X_4+0.999X_5 \tag{6.5.1}$$

其中：X_1＝(流动资产－流动负债)/总资产

X_2＝留存盈余/总资产

X_3＝税前利润(EBIT)/总资产

X_4＝股票市值/总债务账面值

X_5＝销售收入/总资产

E. Altman 利用式(6.5.1)正确预测了 52 家公司，占样本的 79%。

经计算，破产公司的平均 Z－指标为 $\overline{Z}_P=-0.29$，非破产公司的平均 Z－指标为 $\overline{Z}_F=5.02$。假设两个 Z－指标服从正态分布(如图 6.5－1)，则在两个概率分布的重叠部分，Z－指标不能准确判别，除某些公司被错误分类外，其余部分都能给出正确的判断。

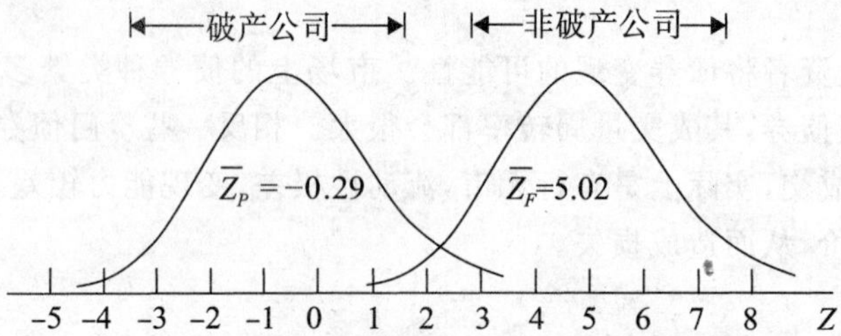

图 6.5－1 破产和非破产公司的 Z－指标概率分布

二、利率风险防范

利率风险的防范是一个非常复杂的问题，对利率风险防范的方法和工具也很多，在这里，我们主要介绍构造免疫资产和通过衍生金融工具实现对利率风险的防范。

(一)免疫策略

由于利率风险的存在，金融机构未来的资产与负债在时间与数额上往往不匹配，从而使金融机构面临损失的风险。如某银行发行了一种一年期存单，金额 500 万元，利率为 5%，这是银行的一笔负债。那么银行在利用这笔资金投资时会遇到下述两种利率风险：

①如果投资期限过长，当市场利率上升时，某些储户可能提前支取存款，这时银行只能将未到期投资变现，而这些投资的价值会因市场利率的上升而下降，银行从而遭受损失。

②如果投资期限过短，当市场利率下降时，银行的再投资收益率也会下降，其投资收益可能不足以支付储户的存款利息，银行从而也遭受损失。

为了消除或减弱利率风险带来的不利影响，就需要在负债结构一定的条件下，安排资产结构，以使得资产结构与负债结构平衡。欲达到上述目标的方法就是免疫策略，而免疫策略又是通过构造免疫资产来实现的。

1. 免疫资产的构造

所谓免疫资产，就是将来无论利率如何变化，资产的价值一直大于等于负债的价值。要做到这一点，须满足如下条件：

(1)按当前的市场利率计算，资产的现值(价值)应该等于负债的现值(价值)。这保证资产足以支付负债。

(2)资产的修正持续期等于负债的修正持续期。这样可以保证当市场利率变化时，资产的价值与负债的价值发生同样幅度的变化。

(3)资产的凸度大于负债的凸度。满足这一条件意味着当市场利率变化时，资产的价值将超过负债的价值。资产价值与负债价值的这种关系如同图 6.4—3 所示的债券 A 和债券 B 的价格变化关系一样。

当然，如果能够恰当地安排资产的结构，从而使上述三个条件都成立，便会存在无风险套利的机会，而一个有效的市场是不会长期存在无风险套利机会的。因此，在实践中构造免疫资产常常是满足前两个条件。通常的做法是：先计算债务的修正持续期，然后投资于一组具有相同修正持续期的债券资产组合。

2. 一个算例

某人在 10 年后须偿还一笔债务，按当前的市场利率 6%计算，这笔债务的现值为 10000 元，因此，到期偿还的值为 $10000\ (1+0.06)^{10}=17908.5$ 元。为了防范利率风险，该债务人投资 10000 元购买债券，并使得该债券组合成为免疫资产。可供选择的债券为：

债券 A：面值 1000 元，期限 10 年，息票率 7%；

债券 B：面值 1000 元，期限 20 年，息票率 8%。

该债务人将资金如何在这两种债券中分配？

解：债券 A 的当前价值 $P_A=\dfrac{1000}{1.06^{10}}+\sum_{t=1}^{10}\dfrac{70}{1.06^t}=1073.6$ (元)

债券 B 的当前价值 $P_B=\dfrac{1000}{1.06^{20}}+\sum_{t=1}^{20}\dfrac{80}{1.06^t}=1229.4$ (元)

债券 A 的持续期 $D_A=\dfrac{1}{1073.6}\left[\dfrac{70\cdot 1}{1.06}+\dfrac{70\cdot 2}{1.06^2}+\cdots+\dfrac{70\cdot 9}{1.06^9}+\dfrac{1070\cdot 10}{1.06^{10}}\right]=7.61$(年)

债券 A 的修正持续期 $\overline{D}_A=\dfrac{7.61}{1+0.06}=7.18$(年)

债券 B 的持续期 $D_B=\dfrac{1}{1229.4}\left[\dfrac{80\cdot 1}{1.06}+\dfrac{80\cdot 2}{1.06^2}+\cdots+\dfrac{80\cdot 19}{1.06^{19}}+\dfrac{1080\cdot 20}{1.06^{20}}\right]=11.5$(年)

债券 B 的修正持续期 $\overline{D}_B=\dfrac{11.5}{1+0.06}=10.84$(年)

同理可计算债务的修正持续期为 9.43 年。

为使债券 A、B 构造的组合具备免疫性，须使该组合的修正持续期与债务的修正持续期相等。由式(6.4.12)可知，组合的持续期是组合内各项资产的持续期的加权平均。因此有

$$9.43=7.18W_A+10.84(1-W_A)$$

经计算，$W_A=0.38525$。即将3852.5元投资于债券A，而将6147.5元投资于债券B。但由于债券A和B的面值都是1000元，投资者在实际选择A和B的组合时，无论是A还是B，都必须投资1000元的整数倍。该例中，投资者实际是购买4000元的债券A和6000元的债券B。现实中债券的不可分性和其他方面的原因往往使投资者在实施利率风险管理时，不能做到完全免疫。但免疫策略管理利率风险还是有很强的实际意义。

投资者除了可以通过实施免疫策略来进行利率风险管理外，另一些有效的办法是利用衍生金融工具来实现资产保值的目的。通过衍生金融工具对利率风险防范的方式很多，如远期利率协议、利率互换、利率期货、利率期权等。这里我们主要介绍投资者如何利用远期利率协议和利率互换来进行利率风险管理。

(二)应用远期利率协议保值

远期利率协议(FRA)简单的说就是“远期对远期贷款”。所谓远期对远期是指贷款的支取和偿还均在未来某一时间，贷款所采用的利率就是远期利率。

虽然远期利率协议是一种贷款协议，但交易双方并无实际的贷款本金转移，只是买卖双方名义上同意从未来商定的某一日期开始在特定时期内借贷一笔利率固定、数额确定，以具体货币表示的名义本金。远期利率协议的买方就是名义借款人，卖方是名义贷款人。如果实际利率下跌，买方必须向卖方支付事先确定的利率与市场利率差额部分的利息；如果实际利率上升，卖方则须向买方支付市场利率与事先确定的利率差额部分的利息。

远期利率协议的交易过程可由图6.5—2来描述。

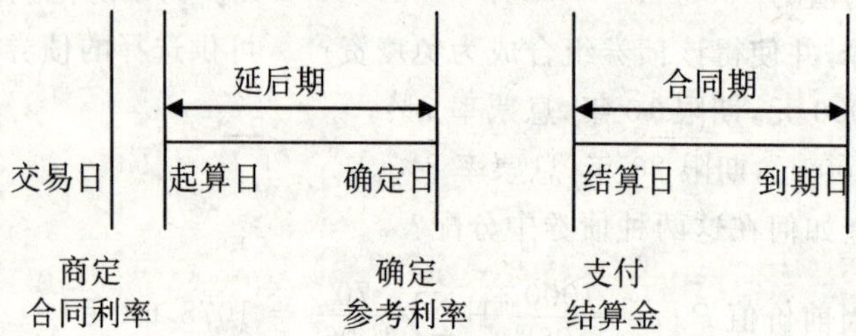

图6.5—2 远期利率协议交易流程

在远期利率协议交易中，以下几个概念是重要的。

交易日：远期利率协议成交的日期；

起算日：一般与交易日相隔两天；

确定日：参考利率确定的日期(一般在结算日前两天)；

结算日：名义贷款开始的日期；

到期日：名义贷款到期的日期；

合同期：结算日至到期日之间的时间长度(天数)；

合同利率：远期利率协议商定的固定利率，是在交易日确定的自结算日至到期日的远期利率；

参考利率：确定日的市场利率；

结算金：在结算日，根据合同利率和参考利率之间的差额确定的，由交易一方支付给另一方的利息差额。

为了理解远期利率协议的套期保值功能和交易过程及相关概念，我们举一例说明（如图6.5—3）：

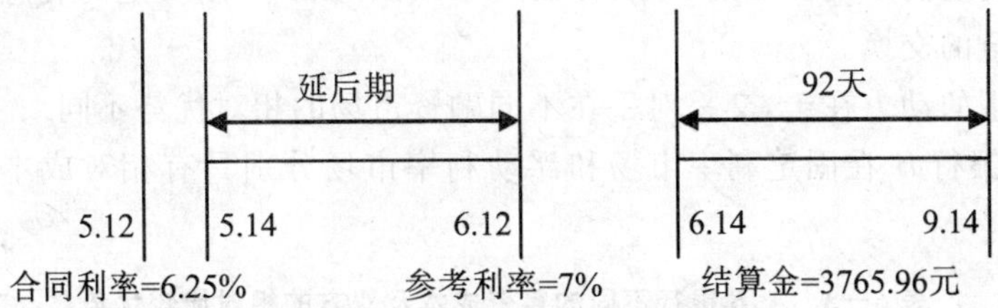

图 6.5—3 远期利率协议交易流程例

某公司由于季节性资金需求，需在 2009 年 6 月中旬借入一笔资金，金额约 200 万美元。目前距借款时间还有一个月，而且该公司财务主管预计在接下来的一段时期内，银行利率有上调的可能。为了锁定借款利率，2009 年 5 月 12 日，该公司购买了一份 1×4 的名义本金为 200 万美元、合同利率为 6.25%的远期利率协议。1×4 是指起算日至结算日为 1 个月，起算日至到期日为 4 个月，因此以下日期及期间分别是：

起算日：2009 年 5 月 14 日；

结算日：2009 年 6 月 14 日；

到期日：2009 年 9 月 14 日；（以上日期如遇法定节假日向后顺延）

合同期：92 天。（设以上日期均未遇法定节假日）

另外，在 2009 年 6 月 12 日确定参考利率，一般采用伦敦银行同业拆放利率（London Interbank Offered Rate－LIBOR①），如为 7%。该公司并在当日向银行申请 3 个月期贷款，本金 200 万美元、利率为 7.5%。

在结算日，该公司可获得结算金额$\dfrac{(7\%-6.25\%)\cdot 2000000\cdot \dfrac{92}{360}}{1+7\%\cdot \dfrac{92}{360}}=3765.96$ 美元。

上式分子是由于市场利率上升，远期利率协议的买方获得的参考利率与合同利率差额部分的利息。但由于结算金在结算日而非到期日流入，而贷款本息支付日为到期日，因此应对结算金按到期日进行贴现。

在贷款到期日，这笔交易的结果如下：

①该公司支付银行贷款利息$=7.5\%\cdot 2000000\cdot \dfrac{92}{360}=38333.33$ 美元；

②该公司将结算金以市场利率再投资，再投资的本利和$=3765.96\cdot(1+7\%)\cdot \dfrac{92}{360}=3833.33$ 美元。

综台①②结果，该公司贷款的实际利率$=\dfrac{38333.33-3833.33}{2000000}\cdot \dfrac{92}{360}=6.75\%$。

由此可见，通过远期利率协议交易，公司将贷款利率控制在 6.75%，低于贷款的市场利率 0.75 个百分点。

(三)利率互换

1. 利率互换的概念及交易原理

利率互换(interest rate swap)是指交易双方在约定的一段时间内,在一笔象征性本金数额的基础上互相交换由不同性质的利率(浮动利率或固定利率)所决定的利息。互换交易自始至终都不涉及本金的交换。

利率互换产生的动力在于,交易对手在不同融资市场的相对优势不同。

如银行 A 和银行 B 在固定利率市场和浮动利率市场分别具有相对成本优势,如表 6-3 所示。

表 6-3 A、B 银行不同的筹资成本及双方的相对比较优势

	A 银行	B 银行	相对成本优势
固定利率	9.25%	10.75%	1.5%
浮动利率	LIBOR+0.25%	LIBOR+0.45%	0.2%

A、B 银行恰好都有融资需求,且银行 A 需要浮动利率资金,而银行 B 需要固定利率资金。为了降低他们各自的融资成本,A、B 银行进行如下交易:

①双方在其具有相对成本优势的市场上融资,即银行 A 以固定利率 9.25%借款,银行 B 以浮动利率 LIBOR+ 0.45 %借款;

②A、B 银行进行互换,即银行 A 向银行 B 支付 LIBOR 利率,银行 B 向银行 A 支付 10% 的固定利率。(交易过程如图 6.5-4 所示)

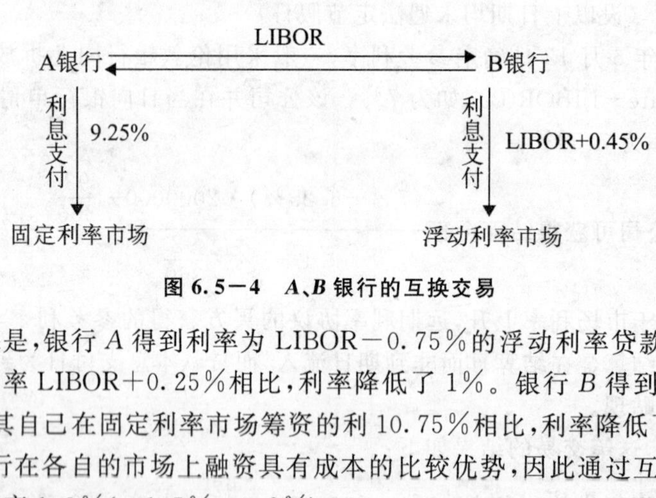

图 6.5-4 A、B 银行的互换交易

其交易的结果是,银行 A 得到利率为 LIBOR-0.75%的浮动利率贷款,与其自己在浮动利率市场筹资的利率 LIBOR+0.25%相比,利率降低了 1%。银行 B 得到利率为 10.45%的固定利率贷款,与其自己在固定利率市场筹资的利 10.75%相比,利率降低了 0.3%。

由于 A、B 银行在各自的市场上融资具有成本的比较优势,因此通过互换交易,A、B 银行共同降低了融资利率 1.3%(=1.5%-0.2%)。

2. 利用利率互换防范利率风险

如果借款人利用浮动利率筹资后有利率上升的预期,则他便会有将负债转化为固定利率的要求;反之,如果借款人利用固定利率筹资后有利率下降的预期,则他便会有将负债转化为浮动利率的要求。实现上述要求的工具便是利率互换。一旦利率按照预期的方向变动,互换的结果便使借款人免遭利率波动带来的损失。

如某公司以 6 月期 LIBOR+0.75%的浮动利率借入一笔期限为 1 年的资金。由于经济运行的种种迹象表明今后市场利率会上升,该公司财务主管为减少利率上升给公司带来的损失，签订了一份互换协议。协议报价为以固定利率 7.25%交换 LIBOR。交易过程如图 6.5—5 所示。

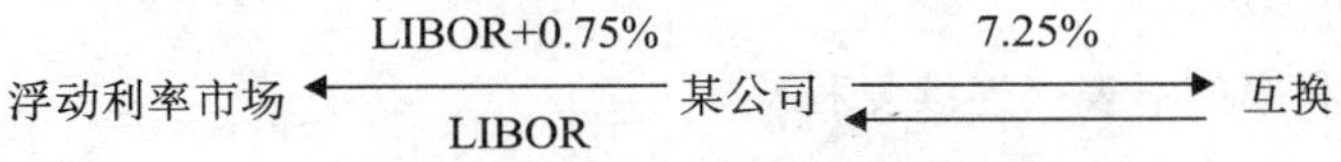

图 6.5—5 浮动利率对固定利率互换

交易的结果是，该公司将 LIBOR＋0.75%的浮动利率转换成 8%的固定利率。从而避免了利率上升所带来的损失。

思考与练习

1. 债券有哪些分类？

2. 债券的市场价格与市场利率的关系是怎样的，为什么？

3. 溢价发行、折价发行及平价发行债券的票面利率与市场利率的关系是怎样的，为什么？

4. 什么是到期收益率、持有期收益率，在实践中如何确定它们？

5. 无违约债券的票面利率受哪些因素制约，如果发行人根据自身需求确定了融资期限、融资规模和发行方式，那么无违约债券的票面利率由什么因素决定？

6. 在市场利率与违约概率已知的情况下，有违约债券的票面利率受哪些因素制约？

7. 有违约债券的票面利率与违约概率的关系是怎样的，为什么？

8. 利率决定的理论主要有哪些，其主要观点是什么？

9. 名义利率与实际利率的关系是怎样的；如果存在恶性通货膨胀，费雪等式能否利用？

10. 什么是即期利率、远期利率，它们的区别是什么？

11. 在理性预期条件下，预期的即期利率与远期利率的关系是怎样的？

12. 远期利率能够由不同期限的即期利率确定的前提条件是什么？

13. 什么是单利、复利，如果投资于以复利计息的债券，其到期的实际收益率与票面利率的关系是怎样的？

14. 收益率曲线有哪几种形态，解释利率期限结构的理论假说有哪些，主要内容分别是什么？

15. 什么是流动补偿，它是怎么确定的？

16. 什么是违约风险、违约溢价，违约溢价如何来确定？

17. 什么是麦卡莱持续期，它是如何描述利率风险的？

18. 什么是修正持续期，它与麦卡莱持续期的关系是怎样的？

19. 已知某投资组合中，各债券的持续期，如何得到组合的持续期？

20. 什么是债券的凸度，它与债券价格随利率变动的关系是什么？

21. 如何构造免疫资产？

22. 如何利用远期利率协议对利率风险进行管理？

23. 什么是利率互换，如何利用利率互换对利率风险进行管理？

24. 设债券面值为 100 元，其价格为 82 元，每年支付一次 3 元的利息，投资期限为 5 年。

分别求该债券的票面利率、当期收益率和到期收益率。

25. 一家银行给你的报价是，年利率14%，按季度计复利．求，(1)等价的连续复利利率？(2)按年计复利的利率？

26. 假设即期利率如下表：(连续复利)

年(n)	n年期即期利率(%每年)
1	8.0
2	7.5
3	7.2
4	7.0
5	6.9

试分别计算第二年、第三年、第四年和第五年的远期利率。

27. 6个月期与1年期的即期利率都为年利率10%。对于期限还有18个月、息票利率为年率8%(刚刚付过利息)的债券(面值为100元)，其到期收益率为年率10.4%。债券价格为多少？这18个月期的即期利率为多少？所有利率按半年计复利。

28. 5年期面值为100元的债券的现价为86.8元，已知每年底支付8%的息票利息，求到期收益率(按连续复利计算)？

29. 债券市场现正发行两种债券A和B，这两种债券的发行条件如下：

①债券A：面值1000元，年利率6%，每年付息一次，5年期，面值发行；

②债券B：面值1000元，年利率5%，每年付息一次，3年期，发行价为980元。

如果市场利率为6%，上述两种债券哪个更值得投资？

30. 某债券面值1000元，5年期，票面年利率8%，每年8月付息一次，发行价为1060元。某投资者自债券发行时购买并一直持有到到期日，则该投资者投资该债券的到期收益率为多少？若该投资者在第3年末以1050的价格卖出该债券，其持有期收益率又是多少？

31. 某公司欲发行债券，面值1000元，3年期，票面年利率6%，每年付息一次，预计发行时市场利率为8%，(1)发行价应为多少？(2)若发行时发生通货膨胀，通胀率为2%，如果还按原定发行价发行，则该债券的实际到期收益率为多少？(3)若维持到期收益率为8%，则实际发行价格将为多少？

32. 某债券一年期，票面年利率8%，按季度付息，该债券的实际年利率为多少？

33. 设市场的无风险利率为5%，债券A和B的面值均为1000元，期限均为1年，债券A的违约概率为196，债券B的违约概率为5%，且发生违约后对投资者均无任何返还。若发行人希望按面值发行债券，而投资者要求债券A的期望收益率相当于6%的无风险利率，要求债券B的期望收益率相当于8%的无风险利率，则债券A和B的息票率应为多少？它们各自的违约溢价和风险溢价为多少？

34. 某投资者打算将10万元投资于下述两种债券：

债券A：面值1000元，期限6年，息票率8%；

债券B：面值1000元，期限15年，息票率12%。

假设当前市场利率为9%，该投资者为使债券组合的修正持续期为6年，将资金如何在这两种债券中分配？

第七章　股票市场投资分析

本章学习目标

股票投资是投资者通过购买股票以获得红利以及资本利得的投资行为和投资过程。股票市场投资分析就是通过各种专业性分析方法对影响股票价值或价格的各种信息进行综合分析，以判断股票价值或价格及其变动的行为，是股票投资过程中不可或缺的一个重要环节。股票投资分析主要基于两个方面进行的：一是股票本身内在价值的分析；二是影响股票投资的各种因素和信息的分析。前者就是我们通常所说的普通股定价模型，而后者就是对影响股票投资价值的宏观经济、行业状况及公司发展状况进行分析。

本章的主要内容是股票市场投资分析的数量方面。第一节简单介绍股票和股票市场的有关概念和分类，这是为后面两节做准备；第二节系统介绍普通股定价模型，分析普通股的内在价值；第三节介绍股票投资的宏观经济分析、行业分析以及公司分析。

第一节　股票及股票市场

一、股票的含义

股票是一种主要的有价证券，是股份有限公司公开发行的、用以证明投资者的股东身份和权益、并据以获得股息和红利的凭证。股票持有者即为发行该股票的股份有限公司的股东，有权分享公司的利益，同时亦要分担公司的责任和经营风险。股票可以作为买卖对象和抵押品，成为金融市场上主要的、长期的信用工具。但是，股票只是代表股份资本所有权的证书，它自身没有任何价值，不是真实的资本，而是一种独立于实际资本之外的虚拟资本。股票一经认购，持有者不能以任何理由要求退本还股，只可以拿到证券市场上去转让、出售。

对于投资者而言，投资于股票的好处，主要可以归纳为两点：(1)股利的收入；(2)股票的增值。而后者应该说是最主要的，股票的真正吸引力也就在此。试看下面的事例：美国的IBM公司股票，在1914年每100股为2750美元，到1967年，100股分成28500股，总价值达1000万美元，是原投资的3636倍。所谓分股，是指将原来的股票投资了2000元，开始是以每股20元的价格买下了100股股票，后来一股分为20股，这样一下子你就拥有每股价格1元的股票2000股了。两年之后，股价升值为每股70元，那么你的投资就因此翻了70倍。

对于股票发行者(上市公司)而言，通过发行股票，可以筹集到公司发展或项目实施所需要的资金。例如，某公司因为扩张的需要，需要在资本上筹集资金，假设该公司发行股票2000万股，每股发行定价10元，则公司可以一次性筹集到2亿元的资金。另外，上市公司还可以通过股票市场上股价的变动情况了解大众对本公司的认可程度，从而为制定经营战略提供参考和依据。

二、股票的分类

在股票市场上股票种类繁多，可以根据不同的研究目的、按不同的标志进行分类统计。

(一)按股东的权利划分

按股东承担的风险和享有权益的大小不同，股票一般可划分为两种：普通股与优先股。这是一种最基本的划分。值得注意的是，普通股与优先股都是公司所有权的凭证，但在权利和义务方面，两者有程度大小和次序先后的区别。

普通股是股份公司通常所发行的最基本、最典型、最常见的一种股票，是构成股份公司资本的基础，具有一切股票的基本性质。普通股具有如下特征：(1)股息不定，风险最大。(2)具有完整的参与决策权。(3)付息索偿的权利要求最后。(4)能优先认购新股。普通股可以上市交易，其股利随公司利润水平而变动。优先股是指在分配公司盈利和公司清算分配剩余财产时，比普通股票享有优先权的股票，但优先股不能上市交易。

(二)按市场术语划分

在股票交易市场中，根据股票的风险程度、投资回报的特点以及发行公司的资信状况的差异，人们通常对股票作一种特殊的划分或称谓。常见的有：

1. 蓝筹股。特指一些在其所在行业内占据重要的、甚至支配地位的大公司发行的股票。这些主导企业具有优良的业绩、强大的实力、稳健成熟的经营作风，通常每股税后盈利及净资产值较高，派发的股息、红利稳定而优厚，是市场上的热门股票。

2. 成长股。是指那些销售额和利润额迅速扩张，其成长速度快于整个国家及所在行业的公司发行的股票。通常这类股票的即期分配较低，大部分收益用于公司留存积累以增加其进一步扩张的实力，故公司前景看好，股价升值潜力很大。

3. 收入股。是指那些能支付较高当前收益即股利的公司发行的股票。这类股票的投资者通常为靠股利补充日常生活开支之不足的老年人及一些法人团体。

4. 周期股。指那些经营状况及其收益随经济周期而波动的公司发行的股票。这类股票的特点是，每当景气上升或回临，公司经营状况便随之改善，利润就会恢复和增加，从而红利、股价上升，且上升速度或幅度高于市场平均水平；反之则下降。钢铁、水泥、造纸、机械制造等建材行业及商业通常具有周期性股的特点。

5. 防守股。与周期股相反，防守股是指经营状况及股价较少受经济周期影响的公司发行的股票。公用事业如水、电、煤气、交通等部门的公司发行的普通股，通常被证券界认为是最典型的防守性股票。

6. 投机股。是指那些经营状况不确定、发展前景不明朗的公司发行的股票，如那些专门从事开发性或冒险性事业的公司的股票即属此类。这类股票风险较大．股价易在短期内忽升忽降，因而也包含着可观的获利机会，对于那些敢冒风险的专业证券投机者具有很强的吸引力。

7. 垃圾股。指那些公司经营业绩很差的公司发行的股票。通常这类股票价格较低，交投清淡，较少有人问津。

8. 掺水股。指公司实际资本总额小于股票面值总额的股票。渗水股票形成的原因是多方面的，如投资者以非现金、非财产形式取得股票，公司用股票作为公司的股息支付手段，过高估计入股财产的价值等。尽管在一国证券市场发展初期掺水股票难以避免，但因其股票价值含有虚假水份，并不利于证券市场的健康发展，故各国公司立法倾向于禁止。

(三)按发行和交易范围不同划分

在我国，股票按照发行和交易范围不同分为A种股票、B种股票、H种股票和N种股票。A股是供我国个人或法人买卖的，以人民币标明票面价值并以人民币认购和交易的股票。B股是指中国境内股份有限公司经过特定程序发行的，以人民币标明面值，在境内证券交易所上市，以外币买卖的股票。H股和N股是指在内地注册的公司，但在香港联合证券交易所和纽约证券交易所上市的以港元和美元交易的股票。

三、股票市场

股票市场也称权益市场(Equity Market)，因为股票是一种权益工具；而其组织结构可分为一级市场和二级市场。

(一)股票一级市场的有关统计

一级市场(Primary Market)也称为发行市场(Issuance Market)，它是指公司直接或通过中介机构向投资者出售新发行的股票。

1. 发行数量

上市公司根据发展需要和自身的实力，在资本市场上筹集资金。在一定资本额下，每股的票面价值高，则股份数量少，每股票面价值低，则股份数量多。

2. 发行价格

发行定价是一级市场的关键环节。如果定价过高，会使股票的发行数量减少。进而使发行公司不能筹到所需资金，股票承销商也会遭受损失；如果定价过低，则股票承销商的工作容易，但发行公司却会蒙受损失。对于再发行的股票，价格过低还会使老股东受损。发行价格主要有平价、溢价和折价三种。平价发行就是以股票票面所标明的价格发行；溢价就是按超过票面金额的价格发行；折价发行就是按低于票面金额的价格发行。其中溢价发行又可分为时价发行和中间价发行，前者即按发行时的市场供求状况决定发行价格，后者则介于时价和平价之间。

3. 股票发行成本

股票发行成本是指发行公司为发行股票而支付的各种费用，包括咨询研究费用、文件制作费用、公关费用、财务审计费用、资产评估费用、律师费、承销手续费、公司形象策划费用、宣传广告费等。

4. 送股与配股

送股是指股份公司向股东赠送股份，送股比例与股东的持股比例一致。配股是指股份公司通过向股东配售股份而募集资本，以解决公司急需资金，增大股本总量。

(二)股票二级市场的有关统计

二级市场(Secondary Market)也称交易市场，是投资者之间买卖已发行股票的场所。这一市场为股票创造流动性，即能够迅速脱手换取现值。在“流动”的过程中，投资者将自己获得的有关信息反映在交易价格中，而一旦形成公认的价格，投资者凭此价格就能了解公司的经营概况，公司则知道投资者对其股票价值即经营业绩的判断，这样一个"价格发现过程"降低了交易成本。

1. 股票成交量统计

股票成交量是指股票市场上某种股票的交易量，反映股票的成交规模。成交量的计算依据单项原则，即一笔股票交易达成后，以买入量作为成交量，则不再计入卖出量；反之，如果以卖出量作为成交量，则不再计入买入量。一定时期内(如日、周、月、年)成交量之和就是累计成交量。

股票成交量统计，可统计股票成交股数、成交手数、成交金额等。成交股数是指达成交易的股份数量；"手"是一种单位，即 100 股＝1 手；成交额是指在一定时期内某种或若干种股票在股票市场上成交的价格总额。成交金额采用单项计算法，即只计算买入金额或卖出金额。

2. 股票交易价格统计

股票交易过程，价格瞬息万变，种类繁多，依其出现的顺序，有开盘价(即每个营业日开市后某种股票的第一笔成交价)与收盘价(即某种股票营业日最后一笔成交价)；依股价的涨落有最高价、最低价、最新价；在我国目前以股价的 10％的涨落限额，超过限额即停牌，上涨超过 10％即涨停板，下降超过 10％即跌停板；证券商在自营或经纪业务中报出的买进某种股票的价格，称买入价，卖出某种股票的价格，称卖出价。

3. 股票除权价

在股份公司送配股的情况下，由于新股的入市，股票交易价格在除权日前和除权日后会发生变动。从理论上讲，在除权日后，根据新股的状况，有一个除权价或称除权报价。或以 P_c 代表除权价，P_{c-1} 代表除权日前一天的收盘价，P^p 代表配股价，R^p 代表配股率，R^s 代表送股率，e 代表每股分配的股利数量。

(1)在送股情况下，股票除权价：

$$P_c=P_{c-1}/(1+R^s) \tag{7.1.1}$$

例如，某种面值 1 元的股票，除权日前一天收盘价为 15 元，公司宣布送股率为 10 送 5，则股票除权价为：

$$P_c=P_{c-1}/(1+R^s)=15/(1+0.5)=10(\text{元})$$

(2)在配股情况下，股票除权价：

$$P_c=(P_{c-1}+P^p\cdot R^p)/(1+R^p) \tag{7.1.2}$$

例如，某种面值 1 元的股票，除权日前一天收盘价为 15 元，公司宣布为 10 配 4，每股配股价为 5 元，则股票除权价为：

$$\begin{aligned}P_c&=(P_{c-1}+P^p\cdot R^p)/(1+R^p)=(15+5\times0.4)/(1+0.4)\\&=12.14(\text{元})\end{aligned}$$

(3)在配送股同时进行的情况下，则股票除权价：

$$P_c=(P_{c-1}+P^p\cdot R^p)/(1+R^s+R^p) \tag{7.1.3}$$

例如，某种面值为 1 元的股票，除权日前一天收盘价为 15 元，公司宣布送股率为 10 送 5，配股率为 10 配 4，配股价为 5 元，则股票除权价为：

$$P_c = (P_{c-1} + P^p \cdot R^p)/(1 + R^s + R^p) = (15 + 5 \times 0.4)/(1 + 0.5 + 0.4) = 8.95(元)$$

(4)在分配现金股利与配股同时进行的情况下，则股票除权价：

$$P_c = (P_{c-1} - e + P^p \cdot R^p)/(1 + R^p) \quad (7.1.4)$$

例如，某种面值 1 元的股票，除权日前一天的收盘价为 15 元，公司宣布每股派现金 0.8 元，配股率为 10 配 4，配股价为 5 元，则股票除权价为：

$$P_c = (P_{c-1} - e + P^p \cdot R^p)/(1 + R^p) = (15 - 0.8 + 5 \times 0.4)/(1 + 0.4) = 11.57(元)$$

4. 股价收益比率

股价收益比率，亦称“市盈率”，是指股票市场价格与每股收益的比率：

市盈率＝股票市价/每股盈利

市盈率是考察股票价格相对高低及在此价格上交易的相对风险，市盈率越高，其风险越高，西方国家股市的评价市盈率一般在 15—25 之间。

中国上海股票市场和深圳股票市场编制的市盈率指标分为市盈率Ⅰ和市盈率Ⅱ，其计算方法为：

市盈率(Ⅰ)＝收盘价/上年度每股税后利润

市盈率(Ⅱ)＝收盘价/本年度预计每股税后利润

5. 股票收益率

股票收益是指投资于股票所获得的收益，包括股利收益、资产收益和差价收益。股票收益率是指投资于股票所获得的收益额与投资购股金额的比率，反映股票收益的平均水平。股票收益率可以分为不同情况，计算三种收益率指标：

(1)本期股票收益率。这是以现行价格购买股票的收益率：

本期股票收益率＝年现金股利/本期股票价格

(2)持有期股票收益率。这是投资者在股票持有期的收益率：

$$持有期股票收益率 = \frac{(卖出价 - 买入价 - 佣金 - 税款 + 现金股利)}{买入价}$$

(3)拆股后持有期收益率。这是指股份公司进行股份细拆后，出现股票价格上升或下降的情况，重新计算的股票收益率。

$$拆股后持有期收益率 = \frac{(调整后的股本所得或损失 + 调整后的现金股利)}{调整后的买入价}$$

(三)股票价格指数

股票价格指数是表明股票市场价格变动的一种股票价格动态相对数，它通常是以某一特定日期的股票价格为基期股价，基期指数定为 100 或 1000，此后各期股价同基期股价相比，即为股价指数。

股价指数的编制方法主要是平均法，包括简单算术平均法、综合平均法、几何平均法、加权平均法等。

(1)简单算术平均法。这种方法是先计算各样本股票的价格指数，再求其算术平均数，其计算公式为：

$$I_1=\frac{1}{n}\sum_{i=1}^{n}P_{1i}/P_{0i}\times I_0 \tag{7.1.5}$$

其中，I_1 为股票价格指数；n 为样本股票数量；P_{0i} 为第 i 种样本股票的基期价格；P_{1i} 为第 i 种股票报告期价格；I_0 为基期指数(100 或 1000)(符号下同)。

(2)综合平均法。这种方法是将报告期样本股票价格之和除以基期样本股票价格之和，其计算公式为：

$$I_1=(\sum_{i=1}^{n}P_{1i})/(\sum_{i=1}^{n}P_{0i})\times I_0 \tag{7.1.6}$$

(3)几何平均法。这种方法是用基期和报告期交易量或发行量加权后采用几何平均法计算的。其计算公式为：

$$I_1=\sqrt{\frac{\sum_{i=1}^{n}P_{1i}Q_{0i}}{\sum_{i=1}^{n}P_{0i}Q_{0i}}\times\frac{\sum_{i=1}^{n}P_{1i}Q_{1i}}{\sum_{i=1}^{n}P_{0i}Q_{1i}}} \tag{7.1.7}$$

或
$$I_1=\sqrt{\frac{\sum_{i=1}^{n}P_{1i}Q'_{0i}}{\sum_{i=1}^{n}P_{0i}Q'_{0i}}\times\frac{\sum_{i=1}^{n}P_{1i}Q'_{1i}}{\sum_{i=1}^{n}P_{0i}Q'_{1i}}} \tag{7.1.8}$$

其中，Q_{0i} 为第 i 种样本股票的基期交易量；Q_{1i} 为第 i 种样本股票的报告期交易量；Q'_{0i} 为第 i 种股票的基期发行量；Q'_{1i} 为第 i 种股票的报告期发行量。其余符号与前面相同。

(4)加权平均法。这种方法采用基期或报告期交易量或发行量加权计算。

采用基期或报告期交易量加权计算的股价指数：

采用基期交易量加权：$I_1=\sum_{i=1}^{n}P_{1i}Q_{0i}/\sum_{i=1}^{n}P_{0i}Q_{0i}\times I_0$ (7.1.9)

采用报告期交易量加权：$I_1=\sum_{i=1}^{n}P_{1i}Q_{1i}/\sum_{i=1}^{n}P_{0i}Q_{1i}\times I_0$ (7.1.10)

采用基期或报告期发行量加权计算的股价指数：

采用基期发行量加权：$I_1=\sum_{i=1}^{n}P_{1i}Q'_{0i}/\sum_{i=1}^{n}P_{0i}Q'_{0i}\times I_0$ (7.1.11)

采用报告期发行量加权：$I_1=\sum_{i=1}^{n}P_{1i}Q'_{1i}/\sum_{i=1}^{n}P_{0i}Q'_{1i}\times I_0$ (7.1.12)

例如，上海证券交易所编制的上证综合指数是反映上海股市行情的股票价格指数，它是以1990 年 12 月 19 日为基期，以所有上市股票为样本，以股票发行量为权数编制的。基数指数

为 100,其计算公式为:

某日股价指数＝该日市价总值/基日市价总值×100

式中的分子、分母分别以计算期(报告期)和基期全部股票的收盘价(如当日为成交,则用上日收盘价)乘以发行股数,求得计算期和基期的市价总值,然后进行对比。但是,如果遇到上市股票扩股、分割或减少时,则按下式进行修正:

某日股价指数＝该日市价总值/新基准市价总值×100

第二节　普通股定价模型

在前面第一节我们介绍了股票的含义、股票的基本分类以及股票市场的有关统计。在这一节我们着重介绍普通股定价的有关问题。

一、收入资本化定价方法

1. 一般公式

收入资本化法认为任何资产的内在价值取决于持有资产可能带来的未来的现金流收入。由于未来的现金流取决于投资者的预测,其价值采取未来值的形式,所以,需要利用贴现率将未来的现金流调整为它们的现值。在选用贴现率时,不仅要考虑货币的时间价值,而且应该反映未来现金流的风险大小。在假定对于所有未来的现金流选用相同的贴现率的前提下,收入资本化法用数学公式表示为:

$$V=\frac{C_1}{(1+r)}+\frac{C_2}{(1+r)^2}+\frac{C_3}{(1+r)^3}+\cdots=\sum_{t=1}^{\infty}\frac{C_t}{(1+r)^t} \tag{7.2.1}$$

这里,V 代表资产的内在价值;C_t 表示第 t 期的现金流;r 是一定风险程度下现金流的合适的贴现率(必要收益率)。

收入资本化方法运用于普通股价值分析中的模型,又称股息贴现模型。其数学公式如下:

$$V=\frac{D_1}{(1+r)}+\frac{D_2}{(1+r)^2}+\frac{D_3}{(1+r)^3}+\cdots=\sum_{t=1}^{\infty}\frac{D_t}{(1+r)^t} \tag{7.2.2}$$

其中,V 代表普通股的内在价值;D_t 是普通股第 t 期支付的股息和红利;r 是必要收益率,又称资本化率(the capitalization rate)。

这里我们应该注意的是,股票在期初的内在价值与该股票的投资者在未来时期是否中途转让无关。

股息贴现模型假定股票的价值等于它的内在价值,而股息是投资股票唯一的现金流收入。在对股票未来每期股息进行预测时,关键在于预测每期股息的增长率。如果用 g_t 表示第 t 期的股息增长率,其数学表达式为:

$$g_t=\frac{D_t-D_{t-1}}{D_{t-1}} \tag{7.2.3}$$

由于普通股没有一个固定的生命周期，因此通常要给无穷多个时期的股息流加上一些假定，以便计算股票的内在价值。根据对股息增长率的不同假定，股息贴现模型可以分为零增长模型、不变增长模型、三阶段增长模型和多元增长模型等形式。

2. 净现值与内部收益率

根据式(7.2.2)，我们引出净现值的概念。净现值等于内在价值与成本之差，即：

$$NPV=V-P=\sum_{t=1}^{\infty}\frac{D_t}{(1+r)^t}-P \tag{7.2.4}$$

式中，P 为在 $t=0$ 时购买股票的成本。

如果 $NPV>0$，意味着所有预期的现金流入的现值之和大于投资成本，即这种股票价格被低估，因此购买这种股票可行。

如果 $NPV<0$，意味着所有预期的现金流入的现值之和小于投资成本，即这种股票价格被高估，因此不可购买这种股票。

内部收益率就是使得投资净现值等于零的贴现率。如果用 r^* 代表内部收益率，根据内部收益率的定义可得下式：

$$NPV=V-P=\sum_{t=1}^{\infty}\frac{D_t}{(1+r^*)^t}-P=0$$

所以：

$$P=\sum_{t=1}^{\infty}\frac{D_t}{(1+r^*)^t} \tag{7.2.5}$$

由此可见，内部收益率实际上是使得未来股票流贴现值恰好等于股票市场价格的贴现率。

由上式(7.2.5)可以解出内部收益率 r^*。将 r^* 与具有同等风险水平股票的必要收益率 r 相比较，如果 $r^*>r$，则可以考虑购买这种股票；相反，如果 $r^*<r$，则不要购买这种股票。

二、零增长模型

零增长模型是股息贴现模型的一种特殊形式，它假定股息是固定不变的。换言之，股息的增长率等于零。股息不变的数学表达式为：$D_0=D_1=D_2=\cdots=D_\infty$，或者：$g_t=0$。将股息不变的条件代入式(7.2.2)，得到：

$$V=\sum_{t=1}^{\infty}\frac{D_t}{(1+r)^t}=D_0\cdot\sum_{t=1}^{\infty}\frac{1}{(1+r)^t} \tag{7.2.6}$$

当 r 大于零时，$1/(1+r)$ 小于 1，可以将上式简化为：

$$V=\frac{D_0}{r} \tag{7.2.7}$$

例如，假定某家上市公司在未来每期支付的每股股息是 8 元，必要收益率为 10%，运用零增长模型，可知该公司股票的内在价值等于 8÷0.10＝80(元)；而当时股票价格 65 元，每股股票净现值等于 80－65＝15(元)。说明该股票被低估了 15 元，因此可以购买该种股票。

零增长模型也可用于计算投资于零增长证券的内部收益率。用证券的当前价格 P 代替 V，用 r^*(内部收益率)替换 r，零增长模型可变形为：

$$P=D_0\cdot\sum_{t=1}^{\infty}\frac{1}{(1+r^*)^t}=\frac{D_0}{r^*} \tag{7.2.8}$$

利用这一公式计算上例中公司股票的内部收益率，其结果是 $r^*=8\div65=12.3\%$。由于该股票的内部收益率大于其必要收益率（$12.3\%>10\%$），表明该公司股票价格被低估了。

零增长模型在应用中受到相当的限制，毕竟假定对某一种股票永远支付固定的股息是不合理的，但在某些特定的情况下，对于分析普通股的价值仍然是有用的，它是一种最简单的股息贴现模型，是其他模型的基础。由于统一公债和优先股的派息是固定不变的，因此，在贴现率不变的情况下，零增长模型也适用于统一公债和优先股的价值分析。

三、不变增长模型

不变增长模型是股息贴现模型的第二种特殊形式。不变增长模型又称 Gordon 模型。Gordon 模型有三个假定条件：

(1)股息的支付在时间上是永久的，即式(7.2.2)中的 t 趋向于无穷大（$t\to\infty$）；

(2)股息的增长速度是一个常数，即式(7.2.3)中的 g_t 等于常数（$g_t=g$）；

(3)模型的贴现率大于股息增长率，即式(7.2.2)中的 r 大于 g（$r>g$）。

根据上述三个假定条件，可以将式(7.2.2)改写为：

$$\begin{aligned}V&=\frac{D_1}{(1+r)}+\frac{D_2}{(1+r)^2}+\frac{D_3}{(1+r)^3}+\cdots=\sum_{t=1}^{\infty}\frac{D_t}{(1+r)^t}\\&=\frac{D_0(1+g)}{(1+r)}+\frac{D_0(1+g)^2}{(1+r)^2}+\cdots+\frac{D_0(1+g)^\infty}{(1+r)^\infty}\\&=D_0\left[\left(\frac{1+g}{1+r}\right)+\left(\frac{1+g}{1+r}\right)^2+\cdots+\left(\frac{1+g}{1+r}\right)^\infty\right]\\&=D_0\left[\frac{(1+g)/(1+r)-[(1+g)/(1+r)]^\infty}{1-(1+g)/(1+r)}\right]\\&=\frac{D_0(1+g)}{r-g}=\frac{D_1}{r-g}\end{aligned} \tag{7.2.9}$$

上式是不变增长模型的函数表达式，其中的 D_0，D_1 分别是初期和第1期支付的股息。

例如，去年某公司支付每股股息为1.80元，预计在未来日子里该股票的股息按每年5%的速度增长。因此，预计下一年股息为 $1.80\times(1+0.05)=1.89$（元）。假定必要收益率是11%，根据不变增长模型(7.2.9)式可知，该公司股票的价值等于：

$$1.80\times(1+0.05)\div(0.11-0.05)=31.50(元)$$

当前每股价格是40元，因此股票价格被高估8.50元，投资者应该出售该股票。

利用不变增长模型同样可以用于求解股票的内部收益率。用股票的市场价格 P 代替 V，用 r^* 替换 r，则有：

$$P=\frac{D_0(1+g)}{r^*-g} \tag{7.2.10}$$

经过变换，可得：

$$r^{*}=D_{0}\frac{1+g}{P}+g=\frac{D_{1}}{P}+g \tag{7.2.11}$$

用上式来计算上例公司股票的内部收益率,可得:

$$r^{*}=1.80\times(1+0.05)\div40+0.05=9.73\%$$

由于该公司股票的内部收益率小于其必要收益率,说明该公司股票价格被高估,投资者应该出售该股票。

当式(7.2.9)中的股息增长率等于零时,不变增长模型就变成了零增长模型。所以,零增长模型是不变增长模型的一种特殊形式。虽然不变增长模型的假设与零增长模型相比作了些许改变,但在许多情况下仍然是不现实的。但由于不变增长模型是多元增长模型的基础,因此这种模型是非常重要的。

四、三阶段股利增长模型

(一)(第二阶段股息增长率递减的)三阶段增长模型

三阶段增长模型是股息贴现模型的第三种特殊形式,最早由 N. Molodovsky 提出,现在仍然被许多投资银行广泛使用。三阶段增长模型将股息的增长分成了三个不同的阶段:在第一个阶段(期限为 A),股息增长率为一个常数(g_a)。第二个阶段(期限为 $A+1$ 到 B)是股息增长的转折期,股息增长率以线性的方式从 g_a 变化为 g_b,g_b 是第三个阶段的股息增长率。如果 $g_a>g_b$,则在转折期内表现为递减的股息增长率,反之,则表现为递增的股息增长率。第三阶段(期限为 B 之后,一直到永远),股息的增长率也是一个常数(g_b),该增长率是公司长期的正常的增长率。股息增长的三个阶段,可以用下面的图 7.2−1 表示①。

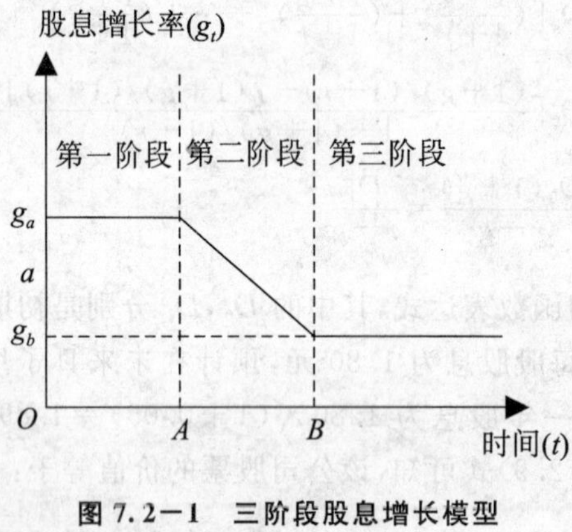

图 7.2−1 三阶段股息增长模型

在图 7.2−1 中,转折期内任何时点上的股息增长率 g_t 可以用式(7.2.12)表示。例如,当 t 等于 A 时,股息增长率等于第一阶段的常数增长率;当 t 等于 B 时,股息增长率等于第三阶段的常数增长率。

$$g_{t}=g_{a}-(g_{a}-g_{b})\frac{(t-A)}{(B-A)},g_{a}>g_{b}\quad(A<t<B) \tag{7.2.12}$$

① 本书仅介绍在第二阶段股息增长率递减的三阶段增长模型。

在满足三阶段增长模型的假定条件下，如果已知 g_a，g_b，A，B 和初期的股息水平 D_0，就可以根据式(7.2.12)计算出所有各期的股息；然后，根据贴现率计算股票的内在价值。三阶段增长模型的计算公式为：

$$V=D_0\sum_{t=1}^{A}\left(\frac{1+g_a}{1+r}\right)^t+\sum_{t=A+1}^{B}\left[\frac{D_{t-1}(1+g_t)}{(1+r)}\right]+\frac{D_B(1+g_b)}{(1+r)^B(r-g_b)} \tag{7.2.13}$$

式(7.2.13)中的三项分别对应于股息的三个增长阶段。

例如，某公司股票期初支付的股息为 1 元/股，在今后两年的股息增长率为 6%；股息增长率从第 3 年开始递减；从第 6 年开始每年保持 3%的增长速度。另外，贴现率为 8%。所以，$A=2$，$B=5$，$g_a=6\%$，$g_b=3\%$，$r=8\%$，$D_0=1$ 元。代入式(7.2.12)，可得：

$$g_3=0.06-(0.06-0.03)\frac{3-2}{5-2}=5.25\%;$$

$$g_4=0.06-(0.06-0.03)\frac{4-2}{5-2}=4.5\%;$$

$$g_5=0.06-(0.06-0.03)\frac{5-2}{5-2}=3.75\%。$$

将上述数据整理，列入表 7－1。

表 7－1　三阶段增长模型的股票内在价值计算数据

	年份	股息增长率(%)	股息(元/股)
第一阶段	1	6	1.000×1.06＝1.060
	2	6	1.060×1.06＝1.124
第二阶段	3	5.25	1.124×1.0525＝1.183
	4	4.5	1.183×1.045＝1.236
	5	3.75	1.236×1.0375＝1.282
第三阶段	6	3	1.282×1.03＝1.320

将表 7－1 中的数据代入式(7.2.13)，可以算出该股票的内在价值为 22.64 元，即

$$V=1\times\sum_{t=1}^{2}\left(\frac{1+0.06}{1+0.08}\right)^t+\sum_{t=3}^{5}\left[\frac{D_{t-1}(1+g_t)}{(1+0.08)}\right]+\frac{D_B(1+0.03)}{(1+0.08)^5(0.08-0.03)}$$
$$=22.64(元)$$

如果该公司股票当前的市场价格是 20 元，则根据净现值的判断原则，该股票的价格被低估了，投资者可以买进该股票。与零增长模型和不变增长模型不同，在三阶段增长模型中，很难运用内部收益率的指标判断股票的低估或高估。这是因为，在已知当前市场价格的条件下，无法直接根据式(7.2.13)解出内部收益率。此外，式(7.2.13)中第二部分，即转折期内的现金流贴现计算也比较复杂。为此，R. J. Fuller 和 C. C. Hsia 于 1984 年在三阶段增长模型的基础上，提出了 H 模型，大大简化了现金流贴现的计算过程。

(二)H 模型

Fuller 和 Hsia 的 H 模型假定：股息的初始增长率为 g_a，然后以线性的方式递减或递增；

从 2H 期后，股息增长率为一个常数 g_n，即长期的正常的股息增长率；在股息递减或递增的过程中，在 H 点上的股息增长率恰好等于初始增长率 g_a 和常数增长率 g_n 的平均数。当 $g_a > g_n$ 时，在 2H 点之前的股息增长率递减，见图 7.2－2。

在图 7.2－2 中，当 $t=H$ 时，$g_H=\frac{1}{2}(g_a+g_n)$。在满足上述假定条件情况下，Fuller 和 Hsia 证明了 H 模型的股票内在价值的计算公式为：

$$V=\frac{D_0}{(r-g_n)}[(1+g_n)+H(g_a-g_n)] \tag{7.2.14}$$

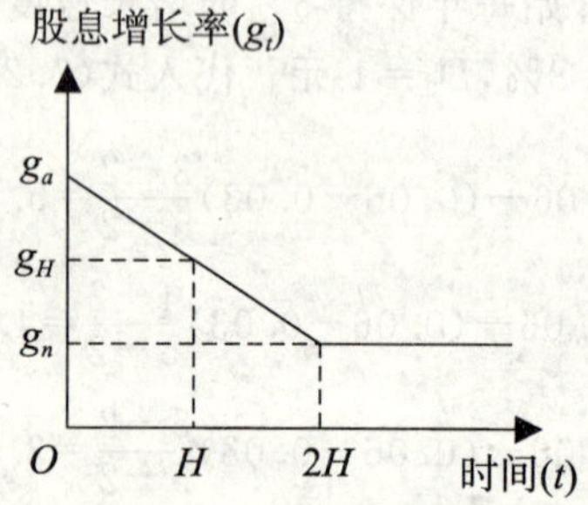

图 7.2－2　H 模型

图 7.2－3 形象地反映了 H 模型与三阶段增长模型的关系。

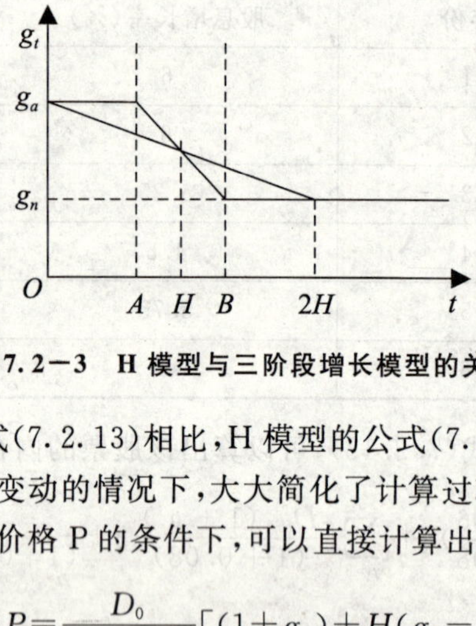

图 7.2－3　H 模型与三阶段增长模型的关系

与三阶段增长模型的公式(7.2.13)相比，H 模型的公式(7.2.14)有以下几个特点：

(1)在考虑了股息增长率变动的情况下，大大简化了计算过程。

(2)在已知股票当前市场价格 P 的条件下，可以直接计算出内部收益率 r^*，即：

$$NPV=D-P=\frac{D_0}{(r^*-g_n)}[(1+g_n)+H(g_a-g_n)]-P=0$$

可以推出：

$$r^*=\frac{D_0}{P}[(1+g_n)+H(g_a-g_n)]+g_n \tag{7.2.15}$$

(3)在假定 H 位于三阶段增长模型转折期的中点（换言之，H 位于股息增长率从 g_a 变化到 g_n 的时间的中点）的情况下，H 模型与三阶段增长模型的结论非常接近。

(4)当 g_a 等于 g_n 时，式(7.2.14)等于式(7.2.11)，所以，股息不变增长模型也是 H 模型的一个特例。

(5)如果将式(7.2.14)改写为：

$$V=\frac{D_0(1+g_n)}{(r-g_n)}+\frac{D_0H(g_a-g_n)}{(r-g_n)} \tag{7.2.16}$$

可以发现，股票的内在价值由两部分组成：式(7.2.16)的第一项是根据长期的正常的股息增长率决定的现金流贴现价值；第二项是由超常收益率 g_a 决定的现金流贴现价值，并且这部分价值与 H 成正比例关系。

下面通过一个案例来对 H 模型进行详细说明。

某公司股票在 2008 年 2 月的市场价格为 59 元。经预测该公司股票在 2008 年后的 4 年间将保持 11%的股息增长速度，从第 5 年开始股息增长率递减。但是从第 16 年起该公司股票的股息增长率将维持在 5%的正常水平。2007 年的股息是 4.26 元/每股。可以将上述数据简化为：A=4，B=16，$g_a=11\%$，$g_n=5\%$，$D_0=4.26$ 元，$H=10$

假如证券市场线[①]的表达式为：$r=10\%+5\%\beta$，该公司股票的 β 值等于 0.85。那么投资该公司股票的期望的收益率(贴现率)等于 10%+5%×0.85=14.25%。

将以上数据代入式(7.2.14)，可以求出该股票的内在价值等于 75.99 元，大于该公司股票的市场价格。换言之，该公司股票的净现值大于零。所以，该公司股票价格被低估了。具体过程如下：

$$\begin{aligned}V&=\frac{D_0}{(r-g_n)}[(1+g_n)+H(g_a-g_n)]\\&=\frac{4.26}{(0.1425-0.05)}[(1+0.05)+10\times(0.11-0.05)]=75.99(\text{元})\end{aligned}$$

同样可以利用式(7.2.15)求出公司股票的内部收益率为 16.91%。因为内部收益率高于贴现率，所以，该公司股票价格被低估了。具体过程如下：

$$\begin{aligned}r^*&=\frac{D_0}{P}[(1+g_n)+H(g_a-g_n)]+g_n\\&=\frac{4.26}{59}[(1+0.05)+10(0.11-0.05)]+0.05=16.91\%\end{aligned}$$

五、多元增长模型

本章的第二、第三、第四节分别介绍的零增长模型、不变增长模型、和三阶段增长模型都是股息贴现模型的特殊形式。现在我们来介绍股息贴现模型的最一般形式——多元增长模型。

不变增长模型假定股息增长率是恒久不变的，但事实上，大多数公司要经历其本身的生命周期。在不同的发展阶段，公司的成长速度不断变化。相应地，股息增长率也随之变化。在发展初期，由于再投资的盈利机会较多，公司的派息比率一般比较低，但股息增长率相对较高。随后，公司进入成熟期。随着竞争对手的加入与市场需求的饱和，再投资的盈利机会越来越少。在此期间，公司会提高派息比率。相应地，股息也会增加。但由于公司扩张机会的减少，股息增长的速度会放慢。基于生命周期学说，本节引入多元增长模型。

① 关于证券市场线的概念和有关内容将在本书第九章详细说明。

多元增长模型假定在某一时点 T 之后股息增长率为一常数 g，但是在这之前股息增长率是可变的。多元增长模型的内在价值计算公式为：

$$V=\sum_{t=1}^{T}\frac{D_t}{(1+r)^t}+\frac{D_{T+1}}{(r-g)(1+r)^T} \tag{7.2.17}$$

下面用一个案例说明多元增长模型。

某投资银行 1999 年 9 月对 ABC 公司 1999 年之后的股息增长情况进行了预测，预测结果见表 7－2。已知，1998 年的股息为 1.44 美元/每股，即：$D_0=1.44$ 美元。假定证券市场线的函数表达式为：$r=9.2\%+7.8\%\beta$，该公司股票的 β 等于 1.24，则投资该公司股票的期望的收益率等于 18.9％。那么，该模型的贴现率也等于 18.9％。

表 7－2　ABC 公司股息增长情况预测表

年　份		股息增长率	每股股息	股息现值
初期	1999	21.5	1.75	1.472
	2000	5.7	1.85	1.309
	2001	18.9	2.20	1.310
	2002	25.0	2.75	1.377
	2003	12.7	3.10	1.306
	2004	22.6	3.80	1.346
	2005	21.1	4.60	1.371
	2006	21.7	5.60	1.404
	2007	19.6	6.70	1.413
	2008	19.1	7.98	1.416
平稳期	2009	13.5	9.06	1.351
	2010	13.5	10.28	1.290
	2011	13.5	11.67	1.232
	2012	13.5	13.24	1.176
	2013	13.5	15.03	1.123
转折期	2014	13.6	17.07	1.073
	2015	13.8	19.43	1.027
	2016	13.9	22.13	0.984
	2017	14.0	25.23	0.944
	2018	14.1	28.78	0.906
	2019	14.1	32.82	0.869
	2020	14.0	37.41	0.833
	2021	13.9	42.61	0.798
	2022	13.7	48.46	0.764
	2023	13.5	55.03	0.929
	2024	13.3	62.35	0.695
	2025	13.0	70.48	0.661
	2026	12.7	79.46	0.627

续表

	年　份	股息增长率	每股股息	股息现值
转折期	2027	12.4	89.34	0.593
	2028	12.1	100.13	0.559
	2029	11.7	111.88	0.525
	2030	11.4	124.62	0.492
	2031	11.0	138.38	0.460
	2032	10.7	153.18	0.428
	2033	10.4	169.06	0.398
	2034	10.1	186.07	0.368
	2035	9.8	204.26	0.340
	2036	9.5	223.69	0.313
	2037	9.3	244.46	0.288
	2038	9.1	266.68	0.264
稳定期	2039	9.0	290.68	0.242
	2049	9.0	688.15	0.102
	2059	9.0	1629.11	0.043
	2069	9.0	3856.90	0.018
	2079	9.0	9130.20	0.008
	2089	9.0	21614.50	0.003
	2099	9.0	51169.40	0.001

资料来源：张亦春，郑振龙主编．金融市场学[第二版]．北京：高等教育出版社．2003.6：295－296。

在表7－2中，将1999年后的股息增长情况分成了四个阶段：第一阶段（初期），股息增长率极不稳定，在初期的10年中，股息增长率在5.7%至25%之间波动；第二阶段（平稳期），股息增长率在2009至2013年的5年间均维持在13.5%的水平；第三阶段（转折期），在25年的转折期内，股息增长率从2014年的13.6%逐年下降到2038年的9.1%；第四阶段（稳定期），从2039年期每年的股息增长率固定为9%。根据1998年的股息（D_0）以及预测的1999年之后各年的股息增长率（表7－2中的第三栏），可以预测出1999年之后各年的股息从1999年的每股1.75美元上升到2099年的每股51169.40美元（见表7－2中的第四栏）；根据18.9%的贴现率，可以求出1999年后每年股息的现值（见表7－2中的第五栏）。将1999年后每年股息的现值加总，得到ABC公司股票的内在价值等于38.75美元。

从2039年后，ABC公司股息增长率将维持在9%的水平，所以，2039年后的现金流贴现可以使用不变增长模型。该公司股票的内在价值同样可以使用式(7.2.17)进行计算。

$$V=\sum_{t=1}^{10}\frac{D_t}{(1+r)^t}+\sum_{t=11}^{15}\frac{D_t}{(1+r)^t}+\sum_{t=16}^{40}\frac{D_t}{(1+r)^t}+\sum_{t=41}^{\infty}\frac{D_t}{(1+r)^t}$$

$$=\sum_{t=1}^{10}\frac{D_t}{(1+r)^t}+\sum_{t=11}^{15}\frac{D_t}{(1+r)^t}+\sum_{t=16}^{40}\frac{D_t}{(1+r)^t}+\frac{D_{41}}{(1+r)^{40}(y-g)}$$

$$=13.723+6.173+15.94+2.914=38.75$$

六、基于市盈率的定价模型

市盈率，又称价格收益比或本益比，是每股市价与每股收益之间的比例，其计算公式为：

$$市盈率=\frac{每股市价}{每股收益}$$

如果我们能分别估计出股票的市盈率和每股收益，那么我们就能由此估计出股票价格。这种估计股票价格的方法或模型就是“基于市盈率的定价模型”。

估计市盈率可以将各年的市盈率历史数据排列成序列，剔除异常数据(过高或过低的数据)，求取算术平均数或是中位数，以此作为未来市盈率的预测。但这种方法只适用于市盈率比较稳定的股票，对于市盈率不稳定的股票，这种方法往往不准确。下面介绍两种常见的股票市盈率的估计方法：

(一)回归分析法

市盈率的回归分析法是利用回归分析，通过考察股票价格、收益、股息增长率、风险、货币的时间价值和股息政策等各种因素变动与市盈率之间的关系，得出能够更好解释市盈率与这些变量间关系的方程，进而根据这些变量的给定值对市盈率大小进行估计的分析方法。

一般认为，市盈率与收益、股息政策、收益增长率和风险等关系最密切。可建立回归方程：

$$y=a_0+a_1x_1+a_2x_2+a_3x_3 \tag{7.2.18}$$

其中，y 为市盈率，x_1，x_2，x_3 分别为收益增长率、股息支付率和收益增长率标准差，a_0，a_1，a_2，a_3 分别为回归参数。

例如，美国 Whitebeck 和 Kisor 用多重回归法发现，1962 年 6 月 8 日的美国股票市场中市盈率与收益增长率、股息支付率以及增长率标准差之间存在如下关系：

$$y=8.2+1.5x_1+0.067x_2-0.200x_3 \tag{7.2.19}$$

这个方程描述了在某一时刻，这三个变量对市盈率影响的估计。其中各回归参数表示变量对市盈率影响程度，正负号表示其对于市盈率影响的方向，而这些方向与我们的常识是吻合的。收益增长越快，股息越多，风险越低，则市盈率越大。具体来说，收益增长率增加 1%，则市盈率增大 1.5 个百分点；股息支付率增加 1%，则市盈率增大 0.067 个百分点；而收益增长标准差增加 1%，将引起市盈率减少 0.2 个百分点。根据这个规律，只要将收益增长率、股息支付率和风险代入(7.2.16)式，则可以得到市场上任何股票市盈率的理论值。

(二)市场决定法

借用前面的不变增长模型公式：$V=\frac{D_1}{r-g}$，其中，D_1，r，g 分别代表第 1 期支付的股息、贴现率和股息增长率(常数)；V 代表股票的内在价值。尽管股票的市场价格 P 可能高于或低于其内在价值，但是，当市场达到均衡时，股票价格应该等于其内在价值。所以，我们可以把上式改写为：

$$P=D=\frac{D_1}{r-g} \tag{7.2.20}$$

而每期的股息应该等于当期的每股收益(E)乘以派息比率(b)，即：$D=E\times b$，代入式

(7.2.20)，得到：

$$P=\frac{D_1}{r-g}=\frac{E_1\times b_1}{r-g} \tag{7.2.21}$$

与股息贴现模型类似，这种市盈率模型也可以用于判断股票的高估或低估。根据市盈率模型决定的某公司股票的市盈率只是一个正常的市盈率。如果股票实际的市盈率高于其正常的市盈率，说明该股票的价格被高估了；反之，当实际的市盈率低于正常的市盈率时，说明股票的价格被低估了。

类似地，零增长模型和多元增长模型也可用来分析市盈率，而给股票定价。有兴趣的读者可将此作为练习。

细心的读者一定会发现，上述所论述的市盈率定价模型实质上是贴现模型的翻版，它并不包含更多或有什么不同的内容。因为在利用市盈率模型判断股票是否具有投资价值时，上述的所有模型均含有利用贴现模型的变形所计算的理论值，如果我们能获得股价的理论值，利用净现值就可判断股票是否值得投资。既然有了贴现模型，那么为什么还一定要用市盈率这个指标进行投资决策呢？实际上，市盈率模型在现实的应用中，并非是让人们依贴现的方式去求理论值，而是以股票市场的市盈率作为判断标准，当某股票的市盈率低于市场市盈率时，表明它的价值被相对低估，反之，则被相对高估。投资者买进价值被相对低估的股票，卖出价值被相对高估的股票，就可战胜市场。经过这样处理，市盈率模型就有了明显的实际应用价值，它也因此也与贴现模型有了实质性的不同。

与股息贴现模型相比，利用市盈率对股票价值进行判断，有如下优点：

1. 市盈率模型可以直接用于不同收益水平的股票的价格的比较；

2. 对于那些不支付股息的股票，市盈率模型同样可以对股票价值进行判断，而股息贴现模型则不能使用；

3. 虽然市盈率模型也需要对有关变量进行预测，但所涉及的变量预测要比股息贴现模型简单。

市盈率模型也存在一些缺点，主要包括：

1. 市盈率模型理论基础较为薄弱，而股息贴现模型的逻辑性较为严密；

2. 在进行股票投资价值比较时，市盈率模型只能比较股票间的相对价值，而不能比较股票的绝对价值。

由于分析较为简便，市盈率模型仍然是一种被广泛使用的股票价值分析方法。

第三节　普通股投资分析

一、经济分析

在证券投资中，宏观经济分析是一个重要环节，只有把握住宏观经济发展的大方向，才能把握证券市场的总体变动趋势，作出正确的投资决策；只有密切关注宏观经济因素的变化，尤其是货币政策和财政政策因素的变化，才能抓住证券投资的市场时机。

所有的公司(企业)都在宏观经济这个大环境中运行,宏观经济是影响投资业绩的一个重要因素。为了预测国内宏观经济前景,必须分析对经济活力具有重大影响的一些宏观经济指标。

1. 国内生产总值

国内生产总值(GDP)是一国经济成就的根本反映,从长期看,在上市公司的行业结构与该国产业结构基本一致的情况下,股票平均价格的变动与GDP的变化趋势是相吻合的。但不能简单地认为GDP增长,证券市场就必将伴之以上升的走势,实际走势有时恰恰相反。我们必须将GDP与经济形势结合起来进行考察。下面分别以下几种基本情况进行阐述。

(1)持续、稳定、高速的GDP增长。在这种情况下,社会总需求与总供给协调增长,经济结构逐步合理,趋于平衡,经济增长来源于需求刺激并使得闲置的或利用率不高的资源得以更充分利用,从而表明经济发展势头良好,这时证券市场将基于下述原因而 呈现上升走势。

①伴随总体经济成长,上市公司利润持续上升,股息不断增长,企业经营环境不断改善,产销两旺,投资风险也越来越小,从而公司的股票和债券全面得到升值,促使价格上扬。

②人们对经济形势形成了良好的预期,投资积极性得以提高,从而增加了对证券的需求,促使证券价格上涨。

③随着国内生产总值GDP的持续增长,国民收入和个人收入都不断得到提高,收入增加也将增加证券投资的需求,从而导致证券价格上涨。

(2)高通货膨胀下的GDP增长。当经济处于严重失衡下的高速增长时,总需求大大超过总供给,这将表现为高的通货膨胀率。这是经济形势恶化的征兆,如不采取调控措施,必将导致未来的"滞涨"(通货膨胀与经济停滞并存)。这时经济中的矛盾会突出地表现出来,企业经营将面临困境,居民实际收入也将降低,因而失衡的经济增长必将导致证券市场行情下跌。

(3)宏观调控下的GDP减速增长。当GDP呈失衡的高速增长时,政府可能采用宏观调控措施以维持经济的稳定增长,这样必然减缓GDP的增长速度。如果调控目标得以顺利实现,GDP仍以适当的速度增长而未导致GDP的负增长或低增长,说明宏观调控措施十分有效,经济矛盾得以缓解,为进一步增长创造了有利条件。这时证券市场亦将反映这种好的形势而呈平稳渐升的态势。

(4)转折性的GDP变动。如果GDP一定时期以来呈负增长,当负增长速度逐渐减缓并呈现向正增长转变的趋势时,表明恶化的经济环境逐步得到改善,证券市场走势也将由下跌转为上升。

当GDP由低速增长转向高速增长时,表明低速增长中,经济结构得到调整,经济的"瓶颈"制约得以改善,新一轮经济高速增长已经来临,证券市场亦将伴之以快速上涨之势。

上面我们只是沿着一个方向进行分析,如果实际情况相反,分析原理与上述相同,结论相反。此外,我们还必须强调指出,证券市场一般提前对GDP的变动作出反应。也就是说,它是反映预期的GDP变动,而GDP的实际变动被公布时,证券市场只反映实际变动与预期变动的差别,因而对GDP变动进行分析时必须着眼于未来,这是最基本的原理。

从图7.2－4可以看出,1995－2007年,我国股票市场指数趋势与GDP趋势基本一致,总体上呈上涨趋势。但具体来看,在我国股票市场发展的部分年份里,股价指数与GDP走势也出现了多次背离的现象。这与我国股票市场尚处于初级阶段、股票市场规模过小、上市公司二元股权割裂等因素有很大关系。随着我国股票市场的不断规范与成熟,股票市场与宏观经济关联度也将逐步提高。

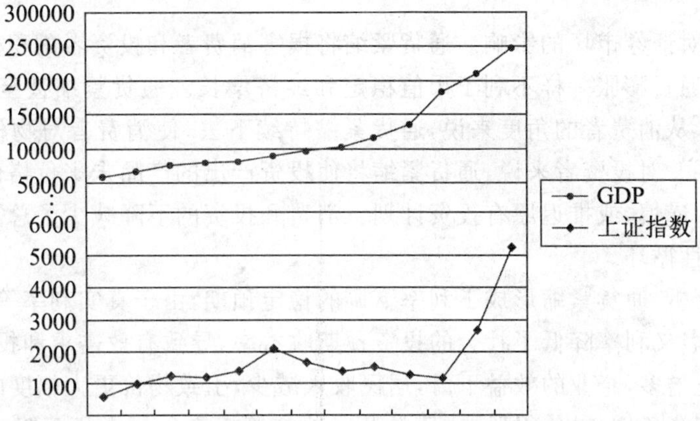

图 7.2—4 GDP 与上证指数关系图(1995—2007 年)

2. 通货变动

通货是指我国的法定货币。它的国内购买力水平是以可比物价变动情况来衡量的。一般在没有价格管制、价格基本由市场调节的情况下,通货变动与物价总水平是同义语。通货变动包括通货膨胀和通货紧缩。

(1)通货膨胀对证券市场的影响。通货膨胀对证券市场特别是个股的影响,没有一成不变的规律可循,完全可能产生相反方向的影响,应具体情况具体分析。因此,对这些影响进行分析和比较必须从该时期通货膨胀的原因、通货膨胀的程度入手,并配合分析当时的经济结构和形势、政府可能采取的干预措施等。以下是分析的几个一般性原则:

①温和的、稳定的通货膨胀对股价的影响较小。通货膨胀提高了债券的必要收益率,从而引起债券价格下跌。

②如果通货膨胀在一定的可容忍范围内持续,而经济处于景气(扩张)阶段,产量和就业都持续增长,那么股价也将持续上升。

③严重的通货膨胀是很危险的,经济将被严重扭曲,货币加速贬值,这时人们将会囤积商品、购买房屋等进行保值。这可能从两个方面影响证券价格:其一,资金流出证券市场,引起股价和债券价格下跌。其二,经济扭曲和效率渐失,企业筹集不到必需的生产资金;同时,原材料、劳务成本等价格飞涨,使企业经营严重受挫,盈利水平下降,甚至倒闭。

④政府往往不会长期容忍通货膨胀存在,因而必然会使用某些宏观经济政策工具来抑制通货膨胀,这些政策必然对经济运行造成影响。

⑤通货膨胀时期,并不是所有价格和工资都按同一比率变动,而是相对价格发生变化。这种相对价格变化引致财富和收入的再分配,因而某些公司可能从中获利,而另一些公司可能蒙受损失。

⑥通货膨胀不仅产生经济影响,还可能产生社会影响,并影响投资者的心理和预期,从而对股价产生影响。

⑦通货膨胀使得各种商品价格具有更大的不确定性,也使得企业未来经营状况具有更大的不确定性,从而增长证券投资的风险。

⑧通货膨胀对企业的微观影响表现为:通货膨胀之初,“税收效应”“负债效应”“存货效应”

"波纹效应"有可能刺激股价上涨;但长期严重的通货膨胀,必然恶化经济环境、社会环境,股价将受大环境影响而下跌。

(2)通货紧缩对证券市场的影响。通货紧缩将损害消费者和投资者的积极性,造成经济衰退和经济萧条,与通货膨胀一样不利于币值稳定和经济增长。通货紧缩甚至被认为是导致经济衰退的"杀手"。从消费者的角度来说,通货紧缩持续下去,使消费者对物价的预期值下降,而更多地推迟购买。对投资者来说,通货紧缩将使投资产出的产品未来价格低于当前预期,这会促使投资者更加谨慎,或推迟原有投资计划。消费和投资的下降减少了总需求,使物价继续下降,从而步入恶性循环。

从利率角度分析,通货紧缩形成了利率下调的稳定预期,由于真实利率等于名义利率减去通货膨胀率,下调名义利率降低了社会的投资预期收益率,导致有效需求和投资支出进一步减少,工资降低,失业增多,企业的效益下滑,居民收入减少,引致物价更大幅度的下降。可见,因通货紧缩带来的经济负增长,使得股票、债券及房地产等资产价格大幅下降,银行资产状况严重恶化。而经济危机与金融萧条的出现反过来又大大影响了投资者对证券市场走势的信心。

3. 失业率

失业率(Unemployment Rate)是失业人数占劳动力的比率,反映了一国(或地区)在某一时点的失业水平。失业率反映了经济运行中生产能力的运用程度,从中可以衡量实际产出与潜在生产能力之间的关系(就是两者的比值)。失业率与经济增长率有很强的相关关系,失业率高,表明该国经济发展缓慢,公司也不景气,同时,人均国民收入降低,股市投资额减少,这些都会促使股票价值的下跌。而失业率低,则表明该国经济发展迅速,公司前景看好,居民收入增加,股市的资金也会比较充裕,从而促使股票价格的上涨。

4. 利率

利率(Interest Rate)是投资者需要关注的一个极其重要的宏观经济指标。一方面,利率作为金融市场上资金借贷成本的反映,其变动会影响整个社会的投资水平与消费水平,从而影响公司的经营业绩,进而对股票价格造成影响;另一方面,利率作为投资所得的未来现金流的折现因子,其变动会影响未来现金流的现值,而股票价格正是未来现金流的折现值,因而必然受到利率变动的影响。当利率上升时,公司的投资成本增加,公司的经营业绩通常会有不同程度的恶化,而同时利率的上升又减少了未来现金流的现值,从而都导致了股票价格的下跌。

5. 汇率

汇率(Exchange Rate)是本国货币与外国货币之间的交换比率。随着经济全球化的不断加强,各个国家之间的经济联系越来越密切,汇率对各国国内经济的影响也越来越大,对于出口导向型的国家来说,尤其如此。一国汇率的变动,会影响其出口产品价格的高低。当本国货币贬值时,国内出口企业提供的商品和服务在国际市场上以外币表示的价格就会降低,国际竞争力增强,促进本国商品的出口,增强国内经济的发展。这样,公司(尤其是出口公司)的盈利前景就比较好,使股票价格有上涨的空间。如果本国货币升值,出口商品的外币价格上升,降低了国际竞争力,阻碍商品的出口,影响国内经济的发展。这样,公司(尤其是出口公司)的盈利就会下降,使得股票价格下跌。

6. 财政收支状况

一国财政收支包括财政收入和财政支出两个方面。当一国财政收不抵支时,就出现财政赤字。弥补财政赤字的方式有两种:一是发行更多的货币;二是发行国债。前一种方式虽然比较简便,但会造成通货膨胀,各国当局已经很少采用这种方式,而一般以发行国债的方式来弥补财政赤字。如果财政赤字过大,政府大量地发行国债,就会增加经济中的信贷需求,造成市场利率的上升。很多经济学家认为,政府过多地举债,会对私人借债和投资产生"挤出"效应,造成利率上升,这又进一步地阻碍了企业的投资。

二、行业分析

投资者进行宏观经济分析的目的是预测未来经济前景,决定是否进行股票投资。如果认为未来经济前景看好,可以进行股票投资,那么接下来就应该进行行业分析。由于即使在宏观经济适合进行股票投资的情况下,不同行业之间的经营业绩也会存在较大的差别。进行行业分析的目的就是判断哪些行业具有良好的前景,股票价格最具上升空间。

行业分析的基本内容:

1. 行业的市场结构分析。现实生活中,行业的市场是不同的,也就是说行业存在着不同的市场结构。市场结构就是市场竞争或垄断的程度。根据某行业中企业数量的多少、进入限制程度和产品差别,行业基本上可分为四种市场结构:完全竞争、垄断竞争、寡头垄断及完全垄断。行业的市场结构分析就是分析某行业的市场结构状况。

2. 行业的生命周期分析。通常,每个行业都要经历一个由成长到衰退的发展演变过程。这个过程就是行业的生命周期。一般地,行业的生命周期可分为幼稚期、成长期、成熟期和衰退期。

3. 行业产品的供需分析。需求是行业发展的源动力。需求的规模决定了行业发展的规模。只有市场上存在着对行业产品的巨大需求,才能诱发企业扩大投资。

4. 行业的技术进步因素分析。技术进步是推动行业发展的一个重要因素。一方面,技术进步可以创造出新产品,从而形成一个新的行业;另一方面,技术进步又会给一些旧的行业带来很大的冲击,使消费者对其行业产品的需求降低,从而使该行业走向衰退。

5. 行业的政策因素分析。自凯恩斯主义诞生以来,各国政府都加强了对经济的宏观调控,所以,每一个行业的发展都不同程度地受到政府政策因素的影响。

下面通过对我国当前电力行业发展情况的分析来说明怎样进行行业分析。(资料来源:张霖．电力行业:2008 年电力行业投资策略报告:

http://active.zgjrw.com/News/200817/News/142644327900.html,2008－1－7.)

从用电需求来看,2007 年 1－11 月份数据来显示,全社会用电量同比增长 14.94%;其中第一产业用电量同比增长 5.92%;第二产业用电量同比增长 16.21%;第三产业用电量同比增长 12.56%;城乡居民生活用电同比增长 10.96%。对比 2002－2006 年第二产业用电增速平均达到 15.2%、第一、三产业和生活用电平均增速为 8.5%,11.9%和 12.3%而言,我们发现,2007 年第二产业延续了高速用电增长趋势。由于第二产业占全社会用电的比例高达 76%,其用电的快速增长是全社会用电快速增长的主要原因。

从电力供给来看,2005 年、2006 年、2007 年 1－11 月份新增装机容量分别为 7479 万千瓦,10482 万千瓦,8551 万千瓦,预计 2007 年全年新增装机容量 9300 万千瓦,年底达到 7.15 亿千瓦。2006 年装机高峰已过,预计 2008－2010 年装机容量的增速将延续 2007 年回落趋势,预计装机容量增速约 10.5%、9.0%,对应 2008－2009 年的新增装机容量为 7500 万、7000 万千瓦。

从最近的电源结构来看，火电的装机容量占总装机容量的比例持续攀升，从2002年的74.8%增加到2007年底约78.2%。水电、风电和核电虽然呈现出加速增长的态势，但总体上份额仍然偏小。从2007年1—11月份的数据看，水电发电量占总发电量的13.88%，核电量占比为1.94%，风力发电按平均装机容量380万千瓦以及2200小时的平均利用小时数测算，其发电量约76亿千瓦时，占总发电量的0.26%。

从产业政策来看，我国电力行业的产业政策主旨是优化电源结构，加强电网建设。优先发展水电、核电、风电、太阳能发电、生物质发电等可再生能源及新能源，而对煤电则"立足优化结构、节约资源、重视环保、提高技术经济水平"。上大压小的举措提高了火电行业平均单机装机容量，增强了行业的总体经济，改善了环境效益。对于新能源的各项政策及规划，将引导降低火电在电力中的占比，增加水电、核电、风电的比例，优化电力结构。在行业结构变化的同时，衡量电力企业竞争力的因素也正发生变化。节能发电调度办法的出台，在很大程度上改变了行业内企业的竞争格局；那些新能源发电比例高、资源利用率高的企业将更具长期的竞争优势。

从行业的技术进步来看，面对我国的严峻能源环境形势，"节能减排"侧重于"节流"，而对于新能源的鼓励则侧重于"开源"。《可再生能源法》的颁布，从法律上确认了国家将可再生能源的开发利用列为能源发展的优先领域，该法规定政府必须制定可再生能源开发利用总量目标和采取相应措施，推动可再生能源市场的建立和发展。对于新能源比较而言，我们更看好风电。因为目前风力发电是技术最成熟、成本相对最低的发电方式，一般来说，太阳能发电成本是常规能源的10倍，风电只有传统能源的2倍。预计2020年我国风电与火电成本将相差无几。

综上，2008年行业的价值驱动因素有四：需求依然强劲、资产持续注入、结构变迁带来机会、煤电联动概率增大。而行业系统性拐点在于煤电联动能否顺利推出。从投资层面来看，"外延式扩张"将是电力行业贯穿2008年的投资主题。看好具有明确资产注入预期明确的电力蓝筹以及受惠于节能减排和新能源政策的高成长公司。

从上面的案例我们看出，目前行业分析大多依靠比较研究的方法。随着研究的深入，不能依靠简单的比较和直观的分析来得出结论。数理统计和计量经济学的理论和方法已经越来越多地应用到行业分析中来。其中最重要的有相关分析、回归分析和时间序列分析。相关分析主要用于探索两个数量指标之间的依存关系，比如行业产品的销售总量和销售价格之间的关系。回归分析是研究一个变量可以用其他一个或几个变量解释和解释的程度，比如行业发展速度与国民经济发展速度以及产业政策之间的关系。时间序列分析更为常见，可以将行业的年度或月度指标按时间顺序排列一个序列，根据时间序列的特征，就可以用多种来预测未来一期或若干期的指标。

三、公司分析

在实际投资活动中，投资者对于上市公司的了解是必要的，否则其收益将面临很大的风险。因此，无论是进行判断投资环境的宏观经济分析，还是进行选择投资领域的中观行业分析，对于具体投资对象的选择最终都将落实在微观层面的上市公司分析上(市场指数投资除外)。公司分析主要包括三个方面的内容，即：公司基本分析，公司重大事项分析以及公司财务分析。

公司基本分析包括公司行业地位分析、公司经济区位分析、公司产品分析、公司经营能力分析以及公司成长形分析。公司重大事项大致可包括公司的资产重组、公司的关联交易以及会计政策和税收政策的变化。这些都是对公司进行定性地分析。

(一)公司财务分析的有关指标

公司分析中最重要的是公司财务分析。财务分析是对公司经营状况进行的定量分析。公司财务分析是通过一些财务指标的计算和比较研究而进行。下面简单介绍以下这些财务指标。

1. 变现能力的指标

变现能力是公司产生现金的能力,它取决于可以在近期转变为现金的流动资产的多少,是考察公司短期偿债能力的关键。反映变现能力的指标主要有流动比率和速动比率。

(1)流动比率

流动比率是流动资产除以流动负债的比值。其计算公式为:

$$流动比率=\frac{流动资产}{流动负债}$$

例如,A公司2007年某的流动资产为433489万元,流动负债为166366万元,则该公司的流动比率为:

$$流动比率=\frac{433489}{163366}\approx 2.65$$

流动比率可以反映短期偿债能力。公司能否偿还短期负债,要看有多少债务,以及有多少可变现偿债的资产。流动资产越多,短期债务越少,则偿债能力越强。一般认为,生产型公司合理的最低流动比率是2。但计算出来的流动比率还要和同行业平均流动比率、本公司历史的流动比率进行比较,才能知道这个比率是高还是低。

(2)速动比率

流动比率虽然可以用来评价流动资产总体的变现能力,但人们还希望获得比流动比率更进一步的有关变现能力的指标。速动比率是从流动资产中扣除存货部分,再除以流动负债的比值。其计算公式为:

$$速动比率=\frac{流动资产-存货}{流动负债}$$

如上例中,该公司2007年末的存货为55487万元,则其速动比率为:

$$速动比率=\frac{433489-55489}{163366}\approx 2.31$$

通常认为正常的速动比率为1,低于1的速动比率被认为是短期偿债能力偏低。但这也仅是一般的看法,因为行业的不同,速动比率会有很大的差异。例如,采用大量现金销售的商店,几乎没有应收帐款,大大低于1的速动比率是很正常的。相反,一些应收帐款较多的公司,速动比率可能要大于1。

2. 营运能力的指标

营运能力是指公司经营管理中利用资金运营的能力,一般通过公司资产管理比率来衡量,主要表现为资产管理及资产利用的效率。因此,资产管理比率通常又被称为运营效率比率,主要包括:存货周转天数(存货周转率)、应收帐款周转天数(应收帐款周转率)、流动资产周转率和总资产周转率等。

(1)存货周转率和存货周转天数

在流动资产中,存货所占的比重较大。存货的流动性将直接影响公司的流动比率,因此,必须特别重视对存货的分析。存货的流动性,一般用存货的周转速度指标来反映,即存货周转率或存货周转天数。

存货周转率是主营业务成本被平均存货所除得到的比率,也叫存货的周转次数。它是衡量和评价公司购入存货、投入生产、销售收回等各环节管理状况的综合性指标。用时间表示的存货周转率就是存货周转天数。其计算公式为:

$$存货周转率=\frac{主营业务成本}{平均存货}$$

$$存货周转天数=\frac{360\text{ 天}}{存货周转率}$$

公式中的“主营业务成本”数据来自利润表,“平均存货”数据来自资产负债表中的“存货”期初数与期末数的平均数。

例如,A公司2007年末的主营业务成本为274274万元,2007年初的存货为24606万元,2007年末的存货为55482万元,则该公司存货周转率为:

$$存货周转率=\frac{274274}{(24606+55482)/2}\approx 6.85(次)$$

$$存货周转天数=\frac{360\text{ 天}}{6.85}\approx 53(天)$$

一般来讲,存货周转速度越快,存货的占用水平越低,流动性越强,存货转换为现金或应收帐款的速度越快。提高存货周转率可以提高公司的变现能力。

(2)应收帐款周转率和应收帐款周转天数

应收帐款周转率是主营业务收入与平均应收帐款的比值。它反映年度内应收帐款转为现金的平均次数,说明应收帐款流动的速度。应收帐款周转天数是应收帐款周转率的倒数乘以360天。它表示公司从取得应收帐款的权利到收回款项转换为现金所需要的时间,是用时间表示的应收帐款周转速度。应收帐款周转率和应收帐款周转天数的计算公式分别为:

$$应收帐款周转率=\frac{主营业务收入}{平均应收帐款}$$

$$应收帐款周转天数=\frac{360\text{ 天}}{应收帐款周转率}$$

公式中的“主营业务收入”数据来自利润表,是指扣除折扣和折让后的主营业务收入净额。“平均应收帐款”是指未扣除坏账准备的应收帐款金额,它是资产负债表中“应收帐款金额”期初数与期末数的平均数。

例如,某公司2007年末的主营业务收入为370523万元,年初应收帐款金额为11951万元,年末应收帐款金额为19971万元,根据上式,其应收帐款周转率和应收帐款周转天数分别为：

$$应收帐款周转率=\frac{370523}{(11951+19971)/2}\approx 23.21(次)$$

$$应收帐款周转天数=\frac{360}{23.21}\approx 16(天)$$

一般来说，应收帐款周转率越高，平均收账期越短，说明应收帐款的收回越快；否则，公司的营运资金会过多地滞留在应收帐款上，影响正常的资金周转。

(3)流动资产周转率

流动资产周转率是主营业务收入与全部流动资产的平均余额的比值。其计算公式为：

$$流动资产周转率=\frac{主营业务收入}{平均流动资产}$$

公式中的"平均流动资产"是资产负债表中"流动资产"期初数与期末数的平均数。

例如，A 公司 2007 年年初流动资产为 255333 万元，年末流动资产为 433489 万元，根据上式计算，其流动资产周转率为：

$$流动资产周转率=\frac{370523}{(255333+433489)/2}\approx 1.08$$

流动资产周转率反映流动资产的周转速度，周转速度快，会相对节约流动资产，等于相对扩大资产投入，增强公司盈利能力；而延缓周转速度，需要补充流动资产参加周转，形成资金浪费，降低公司盈利能力。

(4)总资产周转率

总资产周转率是主营业务收入与平均资产总额的比值。其计算公式为：

$$总资产周转率=\frac{主营业务收入}{平均资产总额}$$

公式中的"平均资产总额"是资产负债表"资产总计"的期初数与期末数的平均数。

例如，上例中，该公司 2007 年末资产总额为 649482 万元，年末资产总额为 1005432 万元，则其总资产周转率为：

$$总资产周转率=\frac{370523}{(649482+1005432)/2}=0.45$$

该项指标反映资产总额的周转速度。周转越快，反映销售能力越强。公司可以通过薄利多销的方法，加快资产的周转，带来利润绝对额的增加。

3. 长期偿债能力的指标

长期偿债能力是指公司偿付到期长期债务的能力，通常以反映债务与资产、净资产的关系的负债比率来衡量。负债比率主要包括：资产负债率、产权比率、有形资产净值债务率、已获利息倍数、长期债务与营运资金比率等。

(1)资产负债率

资产负债率是负债总额除以资产总额的百分比，也就是负债总额与资产总额的比例关系。

它反映在总资产中有多大比例是通过借债来筹资的，也可以衡量公司在清算时保护债权人利益的程度。其计算公式如下：

$$资产负债率=\frac{负债总额}{资产总额}\times 100\%$$

公式中的“负债总额”不仅包括长期负债，还包括短期负债；“资产总额”是扣除累计折旧后的净额。

例如，A 公司 2007 年度负债总额为 191489 万元，资产总额为 1005432 万元，其资产负债率为：

$$资产负债率=\frac{191489}{1005432}\times 100\%\approx 19.05\%$$

这项指标反映债权人所提供的资产占全部资本的比例，也被称为举债经营比率。

(2)产权比率

产权比率是负债总额与股东权益总额之间的比率，也被称为债务股权比率。其计算公式为：

$$产权比率=\frac{负债总额}{股东权益}\times 100\%$$

续前例，该公司 2007 年度末股东权益合计为 812995 万元，其产权比率为：

$$产权比率=\frac{191489}{812995}\times 100\%\approx 23.55\%$$

该项指标反映由债权人提供的资本与股东提供的资本的相对关系，反映公司基本财务结构是否稳定。在上例中，该公司债权人提供的资本不到股东提供资本的 24%，举债经营的程度不高。产权比率高，是高风险、高报酬的财务结构；产权比率低，是低风险、低报酬的财务结构。资产负债率与产权比率具有相同的经济意义，两个指标可以相互补充。

(3)有形资产净值债务率

有形资产净值债务率是公司负债总额与有形资产净值的百分比。有形资产净值是股东权益减去无形资产净值后的净值，即股东具有所有权的有形资产的净值。其计算公式为：

$$有形资产净值债务率=\frac{负债总额}{股东权益-无形资产净值}\times 100\%$$

续前例，该公式 2007 年度期末无形资产净值为 4640 万元，依上式计算，其有形资产净值债务率为：

$$有形资产净值债务率=\frac{191489}{812995-4640}\times 100\%\approx 23.69\%$$

有形资产净值债务率指标实质上是产权比率指标的延伸，其更为谨慎、保守地反映了公司清算时债权人投入的资产受到股东权益的保障程度。从长期偿债能力来讲，有形资产净值债务率越低越好。

(4)已获利息倍数

已获利息倍数指标是指公司经营业务收益与利息费用的比率，用以衡量偿付借款利息的能力，也叫利息保障倍数。其计算公式如下：

$$已获利息倍数=\frac{税息前利润}{利息费用}$$

公式中“税息前利润”是指利润表中未扣除利息费用和所得税之前的利润。它可以用“利润总额加利息费用”来测算。“利息费用”是指本期发生的全部应付利息，不仅包括财务费用中的利息费用，还应包括计入固定资产成本的资本化利息。

例如，A 公司 2007 年度利润总额为 85530 万元，利息费用为 4071 万元，则该公司已获利息倍数为：

$$已获利息倍数=\frac{85530+4071}{4071}\approx 22.01(倍)$$

已获利息倍数指标反映公司经营收益为所需支付的债务利息的多少倍。只要已获利息倍数足够大，公司就有充足的能力偿付利息，否则相反。

结合这一指标，公司还可以测算长期负债与营运资金的比率，它是用公司的长期债务与营运资金相除计算的。其计算公式为：

$$长期债务与营运资金比率=\frac{长期负债}{流动资产-流动负债}$$

例如，A 公司 2007 年度期末长期债务合计为 25838 万元，营运资金为 270123 万元，则该公司长期债务与营运资金比率为：

$$长期债务与营运资金比率=\frac{25838}{270123}\approx 0.096$$

一般情况下，长期债务不应超过营运资金。长期债务会随时间延续不断转化为流动负债，并需运用流动资产来偿还。保持长期债务不超过营运资金，就不会因这种转化而造成流动资产小于流动负债，从而使长期债权人和短期债权人感到贷款有安全保障。从上例中公司该项指标来看，长期债务的数额远未超出营运资金数额，说明借钱给该公司风险不大。

4. 盈利能力的指标

盈利能力就是公司赚取利润的能力。反映公司盈利能力的指标很多，通常使用的主要有主营业务净利率、主营业务毛利率、资产净利率、净资产收益率等。

(1)主营业务净利率

主营业务净利率是指净利与主营业务收入的百分比，其计算公式为：

$$主营业务净利率=\frac{净利}{主营业务收入}\times 100\%$$

净利，或称净利润，在我国会计制度中是指税后利润。

例如，A 公司 2007 年度净利润为 78722 万元，主营业务收入为 370523 万元，则该公司主营业务净利率为：

$$主营业务净利率=\frac{78722}{370523}\times 100\%\approx 21.25\%$$

该指标反映每1元主营业务收入带来的净利润是多少，表示主营业务收入的收益水平。从主营业务净利率的指标关系来看，净利额与主营业务净利率成正比关系，而主营业务收入额与主营业务净利率成反比关系。公司在增加主营业务收入额的同时，必须相应获得更多的净利润，才能使主营业务净利率保持不变或有所提高。

(2)主营业务毛利率

主营业务毛利率是毛利占主营业务收入的百分比，其中毛利是主营业务收入与主营业务成本的差。其计算公式为：

$$主营业务毛利率=\frac{主营业务收入-主营业务成本}{主营业务收入}\times 100\%$$

续前例，公司的主营业务成本为274274万元，依上式该公司2007年度主营业务毛利率为：

$$主营业务毛利率=\frac{370523-274274}{370523}\times 100\%\approx 25.98\%$$

主营业务毛利率表示每1元主营业务收入扣除主营业务成本后，有多少钱可以用于各项期间费用和形成盈利。主营业务毛利率是公司主营业务净利率的基础，没有足够大的毛利率不能盈利。

(3)资产净利率

资产净利率是公司净利润与平均资产总额的百分比。其计算公式如下：

$$资产净利率=\frac{净利润}{平均资产总额}\times 100\%$$

续前例，公司2007年度资产净利率为：

$$资产净利率=\frac{78722}{(649482+1005432)/2}\times 100\%\approx 9.51\%$$

把公司一定期间的净利与公司的资产相比较，可表明公司资产利用的综合效果。指标值越高，表明资产的利用效率越高，说明公司在增加收入和节约资金使用等方面取得了良好的效果，否则相反。

(4)净资产收益率

净资产收益率是净利润与年末净资产的百分比，也称净值报酬率或权益报酬率。其计算公式为：

$$净资产收益率=\frac{净利润}{年末净资产}\times 100\%$$

年末净资产是指资产负债表中“股东权益合计”的期末数。

例如，A公司净利润为78722万元，其年末净资产＝年末股东权益＝812995万元，依上式可计算该公司2007年度净资产收益率为：净资产收益率$=\frac{78722}{812995}\times 100\%\approx 9.68\%$

(二)公司财务状况的综合评价

财务状况综合评价的先驱者之一是亚历山大·沃尔。他在20世纪初提出了信用能力指数的概念，把若干个财务比率用线性关系结合起来，以此评价公司的信用水平。他选择了 7 个财务指标，分别给定了其在综合评价中所占的比例，总和为 100 分。然后确定标准比率，并与实际比率相比较，评出每项指标的得分，然后求出总比分。例如，假设现有 B 公司的财务报表和前面所述各项财务指标值，通过对该公司的分析后得到表 7—3。

表 7—3　沃尔的比重评分法

财务指标	比重 ①	标准比率 ②	实际比率 ③	相对比率 ④=③÷②	评分 ①×④
流动比率	25	2.0	2.33	1.17	29.25
净资产÷负债	25	1.5	0.88	0.59	14.75
资产÷固定资产	15	2.5	3.33	1.33	19.95
销售成本÷存货	10	8.0	12.00	1.50	15.00
销售额÷应收帐款	10	6.0	10.00	1.67	16.70
销售额÷固定资产	10	4.0	2.66	0.67	6.70
销售额÷净资产	5	3.0	1.63	0.54	2.70
合计	100	—	—	—	105.05

从理论上讲，沃尔的评分法有一个缺点，那就是未能证明为什么要选择这 7 个指标，而不是其他什么指标，也未能证明每个指标所占比重的合理性。这个问题至今没能得到解决。尽管沃尔的方法在理论上还有待证明，在技术上也不完善，但它还是在实践中被应用。

目前在理论和实际中应用更为广泛的是下面的这种总和评价方法。这种方法认为，公司财务评价的内容主要是盈利能力，其次是偿债能力，此外还有成长能力。它们之间大致可按 5:3:2 来分配权重。如果仍以 100 分为总评分，则评价指标体系和评分标准如下表 7—4 所示。

表 7—4　公司财务状况的综合评价标准

财务指标	评分值	标准比率（%）	行业最高比率（%）	最高评分	最低评分	每分比率的差（%）
盈利能力						
总资产净利率	20	10	20	30	10	1.0
销售净利率	20	4	20	30	10	1.6
净资产报酬率	10	16	20	15	5	0.8
偿债能力						
权益负债比率	8	40	100	12	4	15
流动比率	8	150	450	12	4	75
应收帐款周转率	8	600	1200	12	4	150
存货周转率	8	800	1200	12	4	100
成长能力						
销售周转率	6	15	30	9	3	5
净利润周转率	6	10	20	9	3	3.3
人均净利增长率	6	10	20	9	3	3.3
合计	100					

标准比率应以本行业平均数为基础，适当进行理论修正。在给每个指标评分时应规定上限和下限，以减少个别指标异常对总分造成不合理的影响。上限可定为正常评分值的 1.5 倍，下限定为正常评分值的 1/2。此外，给分时不采用“乘”的关系，而采用“加”或“减”的关系来处理。例如，总资产净利率的标准值为 10%，标准评分为 20 分；行业最高比率为 20%，最高评分为 30 分，则每分的财务比率为 1%[=(20%－10%)÷(30 分－20 分)]。总资产净利率每提高 1%，多给 1 分，但该项得分不超过 30 分。

根据这种方法，对 B 公司的财务状况进行综合评价，如表 7－5 所示。

表 7－5 B 公司财务状况综合评价

财务指标	实际比率①（%）	标准比率②（%）	差异 ③＝①－②	每分比率④（%）	调整分 ⑤＝③÷④	标准评分值 ⑥	得分 ⑤＋⑥
盈利能力							
总资产净利率	7.4	10	－2.6	1	－2.6	20	17.4
销售净利率	4.5	4	0.5	1.6	0.31	20	20.31
净资产报酬率	14.9	16	－1.1	0.8	－1.38	10	8.62
偿债能力							
权益负债比率	49	40	9	15	0.6	8	8.6
流动比率	233	150	83	75	1.11	8	9.11
应收帐款周转率	1000	600	400	150	2.67	8	10.67
存货周转率	1200	800	400	100	4	8	12
成长能力							
销售周转率	5	15	－10	5	－2	6	4
净利润周转率	－15	10	－25	3.3	－7.58	6	－1.58
人均净利增长率	－18	10	－28	3.3	－8.48	6	－2.48
						100	86.65

综合评价方法的关键技术是“标准评分值”的确定和“标准比率”的建立。只有长期连续实践，不断修正，才能取得较好效果。

思考与练习

1. 什么是股票？股票的基本分类有哪些？

2. 什么是股票市场？股票市场统计的主要内容有哪些？

3. 什么是股价指数？股价指数的主要编制方法有哪些？查阅有关资料，指出几种国际著名股价指数：道・琼斯股票价格平均指数、标准・普尔平均指数、伦敦金融时报 100 指数、日经股价指数、香港恒生指数等是如何编制的。

4. 预期 C 公司的股息增长率是 5%。

(1)预期今年年底的股息是 8 元/每股，资本化率为 10%，请根据股息贴现模型求该公司股票的内在价值。

(2)预期每股盈利 12 元，求股东权益收益率。

5. 如何利用股息贴现模型和基于市盈率的定价模型进行股票投资分析？

6. 三阶段股息增长模型与 H 模型的区别与联系是什么？

7. 请比较股息贴现模型与基于市盈率的定价模型在判断股票价格被低估或高估的原则上的区别与联系。

8. 无风险资产收益率为 10%，市场组合收益率为 15%，其股票的 β 系数为 1.5，预期明年的股息为 2.50 元/每股，股息增长率为 5%，求股票的内在价值。若当前的股价分别是 18 元和 23 元时，判断该股票是高估还是低估（分别用内在价值和内在收益率两种方法判断）。

9. 国内生产总值增长率的变化对证券市场有什么影响？

10. 我国市场利率的调整对上市公司有何影响？

11. 对我国当前通信行业的发展状况进行分析，并给出合理的股票投资意见。

12. 假设 F 公司的资产负债表和利润表如下表所示：

资产负债表

2007 年 12 月 31 日　　货币单位：人民币万元

资　产		负债与股东权益	
流动资产：		流动负债：	
现金	400	短期借款	800
有价证券	500	应付帐款	2400
应收帐款(净额)	6500	应付票据	4000
存货	6800	流动负债合计	7200
流动资产合计	14200		
		长期负债：	
长期资产：		长期借款	3000
长期投资(净额)	5800	应付债券	10000
固定资产原值	24000	长期负债合计	13000
减：累计折旧	4000		
固定资产净值	20000	负债合计	20200
长期资产合计	25800	股东权益：	
		股本	10000
		留存收益	9800
		股东权益合计	19800
资产总计	40000	负债及股东权益总计	40000

利 润 表

2007 年度　　货币单位：人民币万元

项　目	金　额
销售收入(净额)	48000
减：销售成本	31200
毛利润	16800
减：销售及管理费用	4400
息税前利润	12400
减：利息	1600
税前利润	10800
减：所得税(税率为 40%)	4320
税后净利润	6480
减：现金股利	3880
留存收益	2600

请根据该公司的资产负债表和利润表求解下面的(1)—(5)题。

(1)请计算该公司的流动比率、速动比率。

(2)请计算该公司的产权比率、已获利息倍数和资产负债率。

(3)该公司年初资产总额为 38000 万元，年初存货余额为 5400 万元，请计算该公司的存货周转率和总资产周转率。

(4)假设该公司 2007 年的销售收入中有 60%是赊销，年初应收帐款余额为 6100 万元，请计算该公司的应收帐款周转率。

(5)该公司年初资产总额为 38000 万元，请计算该公司的主营业务毛利率、主营业务净利率、净资产收益率和资产净利率。

第八章　投资组合模型

本章学习目标

投资组合理论是现代金融学研究的主要内容之一，该理论自20世纪50年代提出以来，得到了迅速的发展。目前，它已成为金融投资与金融风险管理不可或缺的内容。

第一节　风险分散与相关分析

一、投资组合预期收益与风险

1. 马科维茨资产组合理论的基本假设

H. Markowitz于1952年发表的论文《组合的选择》奠定了现代投资组合理论的基础。

该文从证券组合期望—方差模型出发，揭示了如何对风险资产进行组合的方法，从而确立证券组合的有效前沿。

马科维茨资产组合理论的基本假设可以归为两大类：一类是关于投资者的假设；另一类是关于资本市场的假设。马科维茨资产组合理论关于投资者和资本市场的假设有：

(1)投资者在投资决策中只关注投资收益这个随机变量的两个数字特征：投资的期望收益和方差。期望收益率反映了投资者对未来收益水平的衡量，而收益的方差则反映了投资者对风险的估计。

(2)投资者是理性的，也是风险厌恶的。也就是说，在任一给定的风险程度下，投资者愿意选择期望收益高的有价证券；或者在期望收益一定时，选择风险程度较低的有价证券。

(3)资本市场是有效的。证券的价格反映了其内在价值，证券的任何信息都能够迅速地被市场上每个投资者所了解，不存在税收和交易成本。

(4)资本市场上的证券是有风险的。也就是说，收益具有不确定性，证券的收益服从正态分布，不同证券的收益之间有一定的相关关系。

(5)资本市场上的每种证券都是无限可分的。这就意味着，只要投资者愿意，他可以购买少于一股的股票。

(6)资本市场的供给具有无限弹性。也就是说，资产组合中任何证券的购买和销售都不会影响到市场的价格。

(7)市场允许卖空[②]。

3. 预期收益与风险

设市场上有 n 种证券，其收益率为 $r_i(i=1,2,\cdots,n)$，r_i 为随机变量，用向量的形式可表示为：

$$r=(r_1,r_2,\cdots,r_n)'=\begin{bmatrix} r_1 \\ r_2 \\ \vdots \\ r_n \end{bmatrix}$$

其数学期望和方差(协方差矩阵)分别为：

$$E(r)=\begin{bmatrix} E(r_1) \\ E(r_2) \\ \vdots \\ E(r_n) \end{bmatrix}=\mu=\begin{bmatrix} \mu_1 \\ \mu_2 \\ \vdots \\ \mu_n \end{bmatrix}$$

$$\operatorname{var}(r)=E((r-\mu)(r-\mu)')=(\sigma_{ij})_{n\times n}$$

设投资组合投资于第 i 种证券的比例为 $\omega_i(i=1,2,\cdots,n)$，用向量可表示为：

$$\omega=(\omega_1,\omega_2,\cdots,\omega_n)'=\begin{bmatrix} \omega_1 \\ \omega_2 \\ \vdots \\ \omega_n \end{bmatrix}$$

根据前面的假设，其约束条件为 $\sum_{i=1}^{n}\omega_i=1$。我们也可以将其写成向量的形式：

$$1'\omega=1$$

其中，$1'=(1,1,\cdots,1)$。

投资组合的预期收益是组合中所包含的各种资产的预测收益率的加权平均数。它们的计算公式为：

$$E(\omega' r)=\omega' E(r)=\omega'\mu \tag{8.1.1}$$

风险是投资收益率的波动性的衡量。收益率的波动性越大，投资的风险越高。收益率的波动性通常用标准差或方差表示。

$$\begin{aligned}\sigma^2(\omega' r) &= E((\omega' r-E(\omega' r))(\omega' r-E(\omega' r))') \\ &= \omega'\sum\omega=\left[\sum_{i=1}^{N}\sum_{j=1}^{N}\omega_i\omega_j\sigma_{ij}\right]^{\frac{1}{2}}\end{aligned} \tag{8.1.2}$$

二、风险相关性度量——协方差与相关系数

在上文中，第 i 种和第 j 种资产收益率的协方差 σ_{ij}，是指第 i 种和第 j 种资产实际收益率

② 市场不允许卖空的情况下本文暂不作讨论，有兴趣的读者可参考有关文献。

和预期收益率离差之积的期望值，它可以用来衡量两个证券收益之间的互动性。其计算公式为：

$$\sigma_{ij}=\text{cov}(r_i,r_j)=\rho_{ij}\sigma_i\sigma_j \tag{8.1.3}$$

正的协方差表明两个变量朝同一方向变动，负的协方差表明两个变量朝相反方向变动。两种证券收益率的协方差衡量这两种证券一起变动的方向和幅度。

表示两证券收益变动之间的互动关系，除了协方差外，还可以用相关系数 ρ_{ij} 表示，将式(8.1.3)变形即为：

$$\rho_{ij}=\sigma_{ij}/\sigma_i\sigma_j \tag{8.1.4}$$

相关系数的一个重要特征为其取值范围介于-1与$+1$之间，即$-1\leqslant\rho_{ij}\leqslant+1$。

当取值为-1时，表示证券 i、j 收益变动完全负相关；当取值为$+1$时，表示证券 i、j 完全正相关；当取值为 0 时，表示完全不相关。当 $0<\rho_{ij}<1$ 时，表示正相关；当$-1<\rho_{ij}<0$，表示负相关。

三、系统风险与非系统风险

证券投资风险通常以其影响的范围与能否分散为标志划分为两大类：系统性风险和非系统性风险。

非系统性风险(unsystematic risk)，指的是某些个别因素对某一股票收益造成损失的可能性。它与系统性风险不同，特指个别股票所独有的并随时变动的风险。主要包括经营风险和财务风险等。由于非系统性风险只对局部股票收益产生影响，因此，它可通过投资者的分散投资组合来加以规避，故又可称为多样化风险(diversifiable risk)。如持有多种股票，当有些股票价格下跌、股息减少时，另一些股票价格可能上升，这样此升彼落就可能使风险彼此冲销。也就是我们常说的：不要把鸡蛋放在一个篮子里。

系统性风险(systematic risk)顾名思义，指由于某种因素使股票市场上所有股票都出现价格波动，并给所有投资者带来损失的可能性。该风险是投资者无法控制的总体市场行为，会对所有股票产生影响，且无法通过投资者的证券多样化组合来加以规避，故又称不可多样化风险(undiversifiable risk)。系统性风险通常可分为市场风险、利率风险、外汇风险、购买力风险和政治风险等。不过，这种风险对不同股票的影响程度会不同。有的股票易受整个经济环境的干扰，有的抗干扰能力则强一些。

由于非系统性风险可以通过有效的证券组合来消除，所以当一个投资者拥有一个有效的证券组合时，他所面临的就只有系统性风险了。那么如何衡量这个系统性风险呢？

如果我们把证券市场处于均衡状态时的所有证券按其市值比重组成一个“市场组合”，这个组合的非系统性风险就等于零。这样我们就可以用某种证券的收益率和市场组合收益率之间的 β 系数作为衡量这种证券系统性风险的指标。某种证券的 β 系数 β_i 指的是该证券的收益率和市场组合的收益率的协方差 σ_{im}，再除以市场组合收益率的方差 σ_m^2，其公式为：

$$\beta_i=\sigma_{im}/\sigma_m^2 \tag{8.1.5}$$

由于系统性风险无法通过多样化投资来抵消，因此一个证券组合的 β 系数 β_i 等于该组合中各种证券的 β 系数的加权平均数，权重为各种证券的市值占整个组合总价值的比重 X_i，其公式为：

$$\beta_P = \sum_{i=1}^{N} X_i \beta_i \tag{8.1.6}$$

如果一种证券或证券组合的β系数等于1，说明其系统性风险跟市场组合的系统性风险完全一样；如果β系数大于1，说明其系统性风险大于市场组合；如果β系数小于1，说明其系统性风险小于市场组合；如果β系数等于0，说明没有系统性风险。

第二节　证券投资组合模型

一、可行集与有效集、有效边界

根据马科维茨证券组合理论，投资者必须根据自己的风险—收益偏好和各种证券和证券组合的风险、收益特性来选择最优的投资组合。然而，现实生活中证券种类繁多，这些证券还可组成无数种证券组合。可行集指的是由N种证券所形成的所有组合的集合，它包括了现实生活中所有可能的组合。也就是说，所有的可能的组合将位于可行集的边界上或内部。

一般来说，可行集的形状像伞形，如下图8.2－1中由A、N、B、H所围的区域所示。在现实生活中，由于各种证券的特性千差万别。因此可行集的位置也许比图8.2－1中的更左或更右，更高或更低，更胖或更瘦，但它们的基本形状大多如此。

对于一个理性投资者而言，他们都是厌恶风险而偏好收益的。对于同样的风险水平，他们将会选择能提供最大预期收益率的组合；对于同样的预期收益率，他们将会选择风险最小的组合。能同时满足这两个条件的投资组合的集合就是有效集（Efficient Set，又称有效边界 Efficient Frontier）。处于有效边界上的组合称为有效组合（Efficient Portfolio）。

可见，有效集是可行集的一个子集，它包含于可行集中。那么如何确定有效集的位置呢？

我们先考虑第一个条件。在图8.2－1中，没有哪一个组合的风险小于组合N，这是因为如果过N点画一条直线，则可行集都在这条线的右边。N点所代表的组合称为最小方差组合（Minimum Variance Portfolio）。同样，没有哪个组合的风险大于H。由此可以看出，对于各种风险水平而言，能提供最大预期收益率的组合集是可行集中介于N和H之间的上方边界上的组合集。

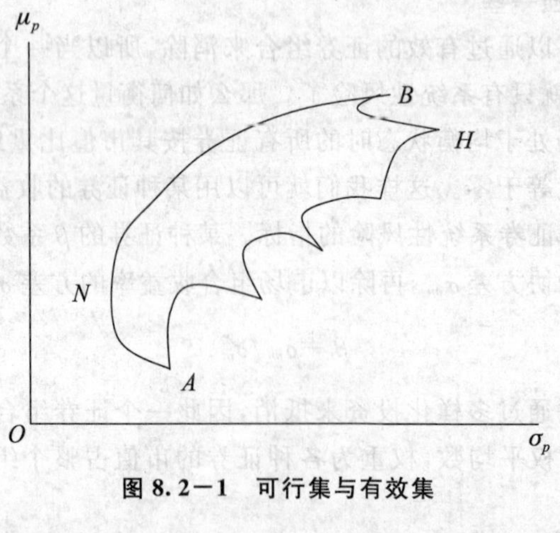

图8.2－1　可行集与有效集

我们再考虑第二个条件，在图 8.2－1 中，各种组合的预期收益率都介于组合 A 和组合 B 之间。由此可见，对于各种预期收益率水平而言，能提供最小风险水平的组合集是可行集中介于 A、B 之间的左边边界上的组合集，我们把这个集合称为最小方差边界(Minimum Variance Frontier)。

由于有效集必须同时满足上述两个条件，因此 N、B 两点之间上方边界上的可行集就是有效集。所有其他可行组合都是无效的组合，投资者可以忽略他们，这样，投资者的评估范围就大大缩小了。

从图 8.2－1 可以看出，有效集曲线具有如下特点：(1)有效集是一条向右上方倾斜的曲线，它反映了“高收益、高风险”的原则；(2)有效集是一条向上凸的曲线，这一特性可从图 8.2－2 推导得来；(3)有效集曲线上不可能有凹陷的地方，这一特性也可以从图 8.2－2 推导出来。

二、最优规划下的有效资产组合

1. 不满足性和厌恶风险

在马科维茨的《组合的选择》一文中，对于收益和风险的态度有两个基本的假设：一个是不满足性，另一个就是厌恶风险。

(1)不满足性

现代投资组合理论假设，投资者在其他情况相同的两个投资组合中进行选择时，总是选择预期回报率较高的那个组合。换句话说，在一期投资的情况下，投资者用同样的期初财富来投资，总是偏好获得较多的期末财富。这是因为较多的期末财富可为投资者未来提供更多的消费，从而获得更多的满足。不满足性假设意味着，给定两个相同标准差的组合，投资者将选择具有较高预期收益率的组合。

(2)厌恶风险

现代投资组合理论还假设：投资者是厌恶风险的(Risk Averse)，即在其他条件相同的情况下，投资者将选择标准差较小的组合。

厌恶风险的假设意味着风险带给投资者的是负效用，因此如果没有收益来补偿。投资者是不会冒无谓风险的。与厌恶风险的投资者相对应，还有风险中性(Risk Neutral)和爱好风险的投资者(Risk lover)。前者对风险的高低莫不关心，只关心预期收益率的高低。对后者而言，风险给他带来的是正效用，因此在其他条件不变情况下他将选择标准差大的组合。在正常情况下，理性的投资者的确是厌恶风险的。但在某些极端的情况下，理性的投资者也可能是爱好风险的。

2. 无差异曲线

投资者的目标是投资效用最大化，而投资效用(Utility)取决于投资的预期收益率和风险，其中预期收益率带来正的效用，风险带来负的效用。

对于一个不满足和厌恶风险的投资者而言，预期收益率越高，投资效用越大；风险越大，投资效用越小。

然而，不同的投资者对风险的厌恶程度和对收益的偏好程度是不同的，为了更好地反映收益和风险对投资者效用的影响程度，我们有必要引入“无差异曲线”(Indifference Curve)的概念。

一条无差异曲线代表给投资者带来同样满足程度的预期收益率和风险的所有组合。由于风险给投资者带来的是负效用，而收益带给投资者的是正效用，因此，为了使投资者的满足程度相同，高风险的投资必须有高的预期收益率。可见，无差异曲线的斜率是正的，这是无差异曲线的第 1 个特征，如图 8.2—2 所示：

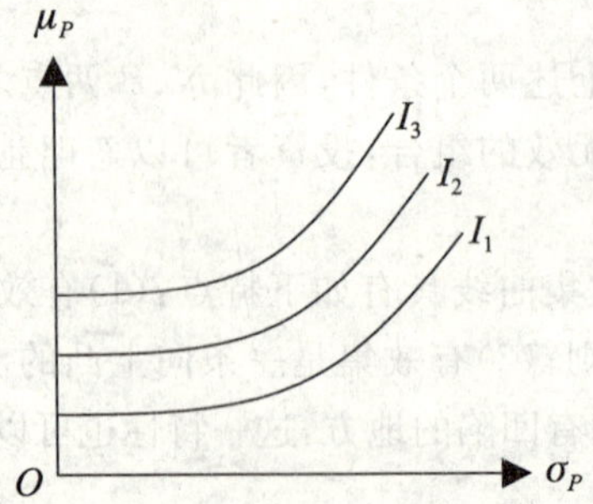

图 8.2—2 不满足性和厌恶风险者的无差异曲线

无差异曲线的第 2 个特征是该曲线是下凸的。这意味着，要使投资者多冒等量的风险，给予他的补偿——即预期收益率应越来越高。无差异曲线的这一特点是由预期收益率边际效用递减规律决定的。

无差异曲线的第 3 个特征是，同一投资者有无限多条无差异曲线。这意味着对于任何一个风险—收益组合，投资者对其的偏好程度都能与其他组合相比。由于投资者对收益的不满足性和对风险的厌恶，因此在无差异曲线图中越靠左上方的无差异曲线代表的满足程度越高。投资者的目标就是尽量选择位于左上角的组合。

无差异曲线的第 4 个特征是，同一投资者在同一时间、同一时点的任何两条无差异曲线都不能相交。我们可以用反证法加以证明，在图 8.2—3 中，假设某个投资者的无差异曲线相交于 X 点。由于 X 和 A 都在 I_1 上，因此 X 和 A 给投资者带来的满足程度是相同的。同样，由于 X 和 B 都在 I_2 上，因此 X 和 B 给投资者带来的满足程度也是相同的。这意味着，A 和 B 给投资者带来的满足程度一定相同。然而我们从图中可以看出，B 的预期收益率高于 A，而风险却小于 A。根据不满足性和厌恶风险的假设，B 的满足程度一定大于 A，这就产生了自相矛盾。显然上述假设不成立，即两条无差异曲线不能相交。

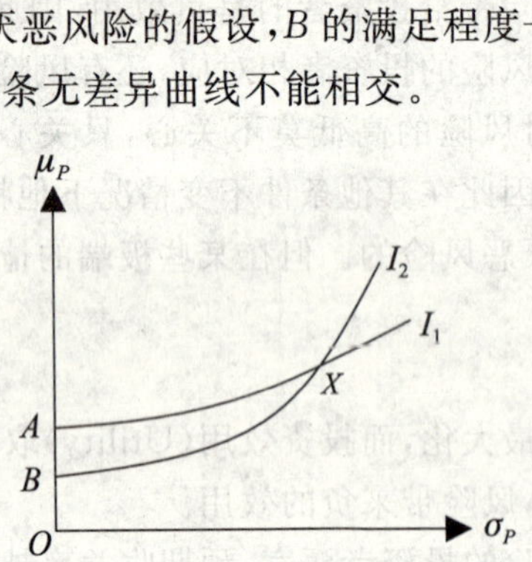

图 8.2—3 无差异曲线相交

无差异曲线的斜率表示风险和收益之间的替代率，斜率越高，表明为了让投资者多冒同样的风险，必须给他提供的收益补偿也应越高，说明该投资者越厌恶风险。同样，斜率越小，表明该投资者厌恶风险程度较轻。图 8.2—4 用图形方式表示了三种不同程度厌恶风险的投资者的无差异曲线。

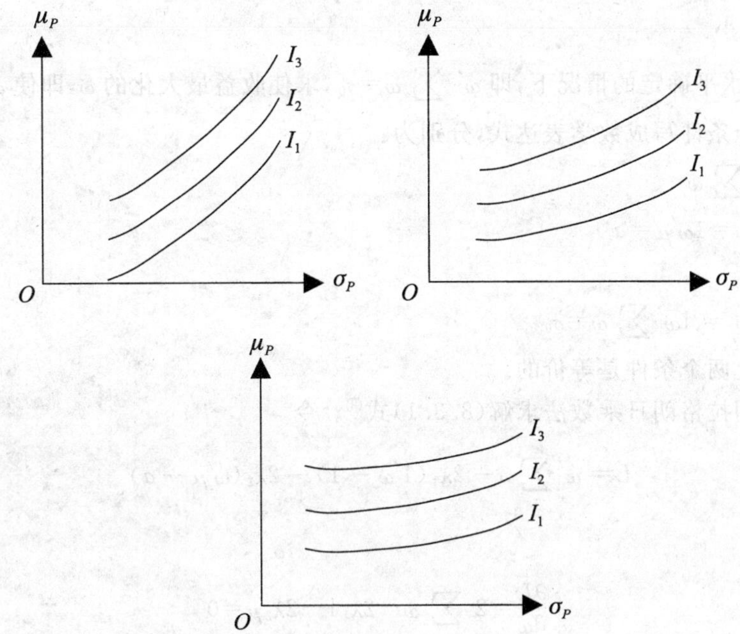

图 8.2—4　不同程度厌恶风险者的无差异曲线

3. 投资者的投资效用函数

为了更精确地衡量风险和预期收益对投资者效用水平的影响，这里可以引出投资效用函数(U)：

$$U=U(\mu,\sigma) \tag{8.2.1}$$

其中 μ、σ 分别表示预期收益率和标准差(风险)。

在各种效用函数中，目前在金融理论界使用最多的是下面的这个投资效用函数：

$$U=\mu-\frac{1}{2}A\sigma^2 \tag{8.2.2}$$

其中 A 表示投资者的风险厌恶度，其典型值在 2 至 4 之间。

在一个完美的市场中，投资者对各种证券的预期收益理财和风险的估计是一致的，但由于投资者的风险厌恶程度不同，因此其投资决策也就不同。

第三节　投资组合模型的解与两基金分离定理

一、证券投资组合模型的求解

由第一节关于投资者的假设(2)，我们知道马科维茨资产组合理论中的最优资产组合必须符合以下条件之一：

(1)在预期收益水平确定的情况下，即 $\omega'\mu=a$，求使风险达到最小的 ω，即使 $\mathrm{var}(\omega' r)=$

$\omega' \sum \omega$ 达到最小。

(2)在风险水平确定的情况下，即 $\omega' \sum \omega = \sigma_0$，求使收益最大化的 ω，即使 $\omega'\mu$ 达到最大。

将上面两个条件写成数学表达式，分别为：

$$1)\begin{cases}\min \omega' \sum \omega \\ s.t.\ 1'\omega = 1 \omega'\mu = a\end{cases} \tag{8.3.1}$$

$$2)\begin{cases}\max \omega'\mu \\ s.t.\ 1'\omega = 1 \omega' \sum \omega = \sigma_0\end{cases} \tag{8.3.2}$$

实际上以上两个条件是等价的。

下面我们用拉格朗日乘数法求解(8.3.1)式[③]。令

$$L = \omega' \sum \omega - 2\lambda_1 (1'\omega - 1) - 2\lambda_2 (\omega'\mu - a)$$

则

$$\frac{\partial L}{\partial \omega} = 2 \sum \omega - 2\lambda_1 1 - 2\lambda_2 \mu = 0$$

解得：

$$\omega = \sum{}^{-1} (\lambda_1 1 + \lambda_2 \mu) \tag{8.3.3}$$

$$A = 1' \sum{}^{-1} 1$$

$$B = 1' \sum{}^{-1} \mu$$

$$C = \mu' \sum{}^{-1} \mu$$

得：$\omega_a = \sum{}^{-1} (\frac{C - aB}{\Delta}) 1 + \frac{aA - B}{\Delta} \sum{}^{-1} \mu$

$$= \frac{C - aB}{\Delta} \sum{}^{-1} 1 + \frac{aA - B}{\Delta} \sum{}^{-1} \mu$$

其中，$\Delta = AC - B^2$，此证券组合预期收益 $\omega_a r$ 的方差为：

$$\sigma^2 (\omega_a' r) = \omega_a' \sum \left(\frac{C - aB}{\Delta} \sum{}^{-1} 1 + \frac{aA - B}{\Delta} \sum{}^{-1} \mu \right)$$

$$= \frac{A}{\Delta} (a - \frac{B}{A})^2 + \frac{1}{A} \tag{8.3.4}$$

变形可得：

$$\frac{\sigma^2}{\frac{1}{A}} - \frac{\left(\mu - \frac{B}{A}\right)^2}{\frac{\Delta}{A^2}} = 1 \tag{8.3.5}$$

---

③ 对于式(8.3.2)的求解类似，有兴趣的读者可作为练习自己求解。

二、有效组合边界的双曲线特征

从上文我们知道，有效组合边界从式(8.3.5)的结构特征我们可以看出，该式为双曲线的标准型，其中心在$(0,\dfrac{B}{A})$，对称轴为$\sigma=0$和$\mu=\dfrac{B}{A}$，由于$\sigma>0$，故我们只取双曲线在第一象限的那一支。

该双曲线如图8.3－1所示：

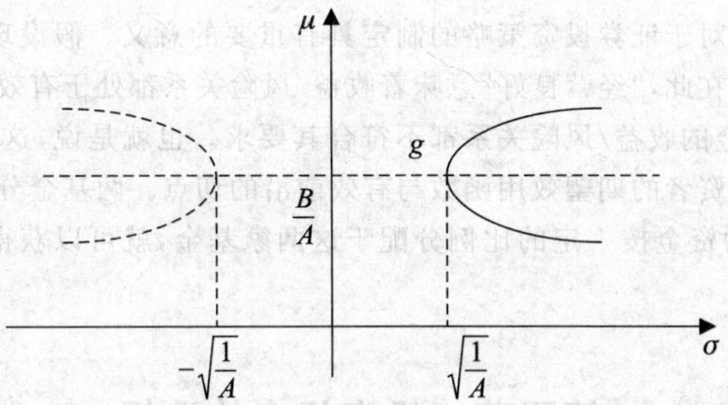

图8.3－1　最小方差资产组合在(σ,μ)平面上的图形(只取第一象限)

图中，g点是一个特殊的点，它是双曲线在第一象限中的顶点。g点所代表的组合是所有组合中方差最小的，我们称为“全局最小方差组合”。从图中我们可以看出，

$$\mu_g=\frac{B}{A}$$

$$\sigma_g^2=\frac{1}{A} \tag{8.3.6}$$

$$\omega_g=\frac{\sum^{-1}1}{A}=\frac{\sum^{-1}1}{1'\sum^{-1}1}$$

三、两基金分离定理的证明

由上面式(8.3.6)可知，全局最小方差资产组合为：

$$\omega_g=\frac{\sum^{-1}1}{1'\sum^{-1}1}$$

同时，令$d=\dfrac{\mu'\sum^{-1}\mu}{1'\sum^{-1}\mu}=\dfrac{\mu'\sum^{-1}\mu}{B}=\dfrac{C}{B}$，$B\neq0$

有$\omega_d=\dfrac{\sum^{-1}\mu}{1'\sum^{-1}\mu}$，则(8.3.3)式可以改写成：

$$\omega_a=\lambda_1A\omega_g+\lambda_2B\omega_d \tag{8.3.7}$$

其中，$\lambda_1=\dfrac{C-aB}{\Delta}$，$\lambda_2=\dfrac{aA-B}{\Delta}$，$\lambda_1$，$\lambda_2$ 都是由期望收益 a 确定的。另外 ω_a 是 ω_d 和 ω_g 的凸线性组合，并且 ω_d 与 ω_g 在代数意义上线性无关。也就是说，对于给定的 ω_a，我们都可以用任意两个线性无关的证券组合线性地表示出来④。

由此可知，ω_a 构成的空间维数为 2。也就是说，如果找到一个有效前沿的投资组合 ω_M，再找到一个与它线性无关(代数意义上)的有效组合 ω_{aM}，就可以表示出所有的有效前沿的投资组合 ω_P。在有效前沿上的任意一个投资组合都可以由有效前沿上两个线性无关的投资组合线性地表示出来。这就是著名的"两基金分离定理"。

两基金分离定理对于证券投资策略的制定具有重要的意义。假设现在有两个共同基金，他们的经营都很好。在此，"经营良好"意味着收益/风险关系都处于有效前沿上。再假设有一个投资者，这两个基金的收益/风险关系都不符合其要求。也就是说，这两个基金所代表的有效组合都不是这个投资者的期望效用函数与有效前沿的切点。两基金分离定理认为，此时，投资者只需要将自己的资金按一定的比例分配于这两家基金，就可以获得让自己满意的收益/风险。

第四节 投资组合的选择

在第二节中，我们确定了有效集的形状，并且给出了投资者的无差异曲线。确定了有效集的形状之后，投资者就可根据自己的无差异曲线选择能使自己投资效用最大化的最优投资组合了。这个组合位于无差异曲线与有效集的相切点 P，如图 8.4－1 所示。

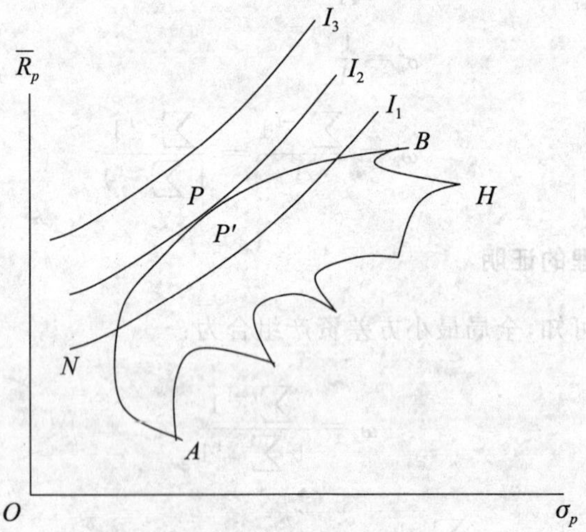

图 8.4－1 最优投资组合

④ 本节命题的证明，有兴趣的读者可参考有关文献：林清泉主编. 数理金融学. 北京：中国人民大学出版社，2006

从图 8.4－1 可以看出，虽然投资者更偏好 I_3 上的组合，然而可行集中找不到这样的组合，因而是不可实现。至于 I_1 上的组合，虽然可以找得到，但由于 I_1 的位置位于 I_2 的后下方，即 I_1 所代表的效用低于 I_2，因此 I_1 上的组合都不是最优组合。而 I_2 代表了可以实现的最高投资效用，因此 P 点所代表的组合就是最优投资组合。

有效集向上凸的特性和无差异曲线向下凸的特性决定了有效集和无差异曲线的相切点只有一个，也就是说最优投资组合是唯一的。

对于投资者而言，有效集是客观存在的，它是由证券市场决定的。而无差异曲线则是主观的，它是由自己的风险—收益偏好决定的。从前面的分析可知，厌恶风险程度越高的投资者，其无差异曲线的斜率越陡，因此其最优投资组合越接近 N 点。厌恶风险程度越低的投资者，其无差异曲线的斜率越小，因此其最优投资组合越接近 B 点。

第五节　案例分析

一、不同风险偏好投资者的投资组合选择

在本章的前四节，我们详细介绍了证券投资组合模型，并给出了投资者最优投资组合的选择。下面我们通过一个案例进一步对证券投资组合的选择问题进行说明。

现有三个投资者，他们分别是风险偏好、风险中性和风险厌恶的，并且都有 10 万元要投资。假设有两种风险资产和一种无风险资产的组合。已知 $r_f=5\%$，$\mu_1=10\%$，$\mu_2=7.5\%$，$\sigma_1=20\%$，$\sigma_2=15\%$，两种风险资产的相关性为 0。三个投资者都根据自己的投资效用最大化，将 10 万元配置于这三种资产。比较三个投资者投资组合的差异。

解：(1)最优风险组合 P 的确定。根据马科维茨投资组合理论，不同投资者的最优风险组合是相同的。设最优风险资产组合中风险资产 1 的比例为 ω，那么风险资产 2 的比例则为 $1-\omega$，即这个比例使风险资产组合的报酬与标准差的比例(资本配置线的斜率)最大。也就是使

$$l=\frac{\mu_P-r_f}{\sigma_P}$$

最大。对于包含两种风险资产的组合 P，它的预期收益率和标准差分别为：

$$\mu_P=\omega\mu_1+(1-\omega)\mu_2=0.1\omega+0.075(1-\omega)$$

$$\sigma_P^2=\omega^2\sigma_1^2+(1-\omega)^2\sigma_2^2+2\omega(1-\omega)\rho\sigma_1\sigma_2=\omega^2\,0.2^2+(1-\omega)^2\,0.15^2+0$$

于是，我们可以解得当 l 最大时，最优风险资产组合中风险资产 1 的比例为：

$$\omega=\frac{(\mu_1-r_f)\sigma_2^2-(\mu_2-r_f)\rho\sigma_1\sigma_2}{(\mu_1-r_f)\sigma_2^2+(\mu_2-r_f)\sigma_1^2-(\mu_1-r_f+\mu_2-r_f)\rho\sigma_1\sigma_2}$$
$$=0.5294$$

即风险资产的最优组合由 52.94％的风险资产 1 和 47.06％的风险资产 2 构成。其收益率和标准差分别为：$\mu_P=8.823\%$，$\sigma_P=12.73\%$

(2)不同风险偏好的资产配置。根据上面的计算，风险资产 1 的投资比例为 52.94％，风

险资产 2 的投资比例为 47.06%，最优风险资产组合的收益率均值为 0.08823、标准差为 0.1273。

对于风险偏好型投资者，由于投资于风险资产的效用水平大于无风险资产，他将选择风险资产。

对于风险厌恶型投资者，由于投资于风险资产的效用水平低于无风险资产，他将全部资产投入无风险资产。

对于风险中性投资者，由于投资于风险资产和无风险资产是无差异的，他会根据一个预期收益率来确定投资比例，假如其年预期收益率为 8%，投入风险资产的比例为 α，则有：

$$0.08=0.088235\alpha+0.05(1-\alpha)$$

$$\alpha=0.7846$$

因此，10 万元的 78.46%投资于风险资产的最优组合，21.54%投资于无风险资产。

投资组合的标准差为：$\sigma=\alpha\sigma_p=0.7846\times0.1273=0.09988$

因为风险资产的最优组合本身包括 52.94%的风险资产 1 和 47.06%的风险资产 2，最优所求年预期收益率为 8%的投资组合的构成如表 8－1 所示。

表 8－1　风险中性投资者的最优投资组合

无风险资产的比重		21.54%
风险资产 1 的比重	0.7846×52.94%＝	41.54%
风险资产 2 的比重	0.7846×47.06%＝	36.92%
总计		100%

二、马科维茨证券投资组合模型在我国证券市场的适用性

均值一方差理论是投资基金运作的理论基础。但实证结果表明：严格按照这个模型运作的投资基金的业绩，与以随机投标方式选择股票形成的资产组合的业绩在统计上无显著差异。目前，我国基金管理公司仅仅是借鉴了均值一方差理论的组合投资分散风险的思想，而没有把该理论作为投资决策分析的工具，这主要是由其在实际运用中存在的问题所致。

(一)我国证券市场同成熟的证券市场相距较远。

我国证券市场还是一个新兴的证券市场，历史短，经验、法律、法规不健全，有关政府部门对证券市场的调控随意性较大，券商经营不规范，市场投机气氛较浓，存在着“政策市”和“消息市”的问题，这些问题导致了我国证券市场的低效率，与均值－方差理论所假定的强有效市场相去甚远，这是造成该理论在我国证券市场运用效果不理想的根本原因。

(二)均值－方差理论假定与我国现实不符。

首先，均值－方差理论假定资产是无限可分的，而我国买进股票的最小交易单位是一手(100 股)，这会造成在投资者资产选择时采用近似数量，从而形成较大的偏差。其次，该理论假定投资者都是风险厌恶者，选择组合资产的原则非常单一化，即：资产组合的收益率尽可能大而方差尽可能小。但在基金运作中投资目的是多样化的，根据不同的投资目的和投资策略，其选择准则也不一样。例如，成长型基金旨在通过长期持有具备成长性和长期盈利性的股票

而获得较高的收益，当然也承担较高的风险，此类投资属于风险偏好型，其选择的准则是高风险、高收益；而收益型基金则立足于短期内获得的利润最大化，其选择准则是低风险、低收益。由此可看出，该理论关于投资者偏好的假定过于简单，难以适应基金运作中的复杂情况。再次，均值一方差理论忽略了交易费用和税收问题，而在我国这个问题却不容忽视。投资者在进行证券交易时要缴纳佣金和印花税，这对资产组合选择会造成一定的影响。

(三)对证券的评估过于简单，同时数据处理复杂。

该理论仅仅依靠均值和方差两个参数来刻画风险资产特性，且计算参数都是基于历史数据，而我国证券市场是以其剧烈的波动性和易变性著称的，无疑是对证券评估工作的准确性提出了巨大的挑战，也使基金投资经理承担着判断失误的风险。同时由于均值一方差理论所需投入的数据非常多，包括组合中包含的资产的期望收益和方差的估计值及相关系数或协方差的估计值，计算过程复杂，因此对其运用的条件要求较高，这在我国基金现有条件下很难达到。

(四)无限制的资金规模在现实中难以实现。

均值一方差理论对资产组合没有数量和资金上的限制，但在基金实际运作中，封闭式基金都是有资金规模限制的，并且《基金法》规定，资产组合中证券不能超过百分之八十，债券不能超过百分之二十，在这种限制性条件下作出的资产选择自然与按照均值一方差理论作出的选择之间存在差异。

(五)时效性、灵活性较差。

对均值一方差理论中的各参数进行计算时需要样本长度足够大才能保证其参数估计的准确性，而样本数据只能反映相应时间段的风险状况，当样本长度太大时往往会造成其反映的信息时效性差、对近期变化估计不足的现象。另外，证券投资组合中包含的证券数目、股票持有期的长短、资本金数量的多少、交易的频繁程度等都会对组合资产的选择造成较大的影响，而均值一方差理论在同一种风险偏好情况下只存在唯一的最优解，这显然与实际情况不符，因此，该模型在实际运用中灵活性较差。

总之，均值一方差理论主要是通过对完全不相关或相关性较低的风险资产进行组合投资，从而达到分散风险的目的。但这种分散仅对非系统性风险有效，而我国存在宏观政策干预性较强、证券市场体制不健全、投资行为不规范等因素，致使系统性风险比重较大，仅仅通过分散非系统性风险难以达到大幅度降低风险的效果。由此可见，在现阶段不适宜用均值一方差理论来指导我国的证券投资。

思考与练习

1. 考虑一个期望收益率为18%的风险组合。无风险收益率为5%，投资者如何构造一个期望收益率为24%的投资组合？

2. 投资者的投资由一个期望收益率为12%、标准差为25%的风险投资组合以及一个收益率为7%的无风险资产组合构成。如果总投资组合的标准差为20%，它的期望收益率是多少？

3. 证券市场上有很多证券，其中A股票的预期收益率和标准差分别为12%和15%，B股票的预期收益率和标准差分别为24%和25%，A、B两股票之间的相关系数等于-1，假设投资者可以按相同的无风险利率自由借贷，请问，用 A、B 两股票组合一个无风险组合，则无风险利率等于多少？

4. 如何区分风险厌恶者和风险偏好者？

5. 简述非系统风险与系统风险，并说明系统风险如何度量。

6. 说明可行集、有效集和有效边界三者之间的异同。

7. 对于以证券组合的期望和方差为变量的效用函数，如何确定投资者的最优投资组合？如果知道最优投资组合的两个参数(μ_0, σ_0)，那么这个投资组合能确定吗？

8. 简述两基金分离定理，并说明其在证券投资策略的制定中的意义。

9. 给定某一风险厌恶型投资者效用函数 $U=\mu-0.5A\sigma^2$。给定无风险资产收益 r_f 为 7%，风险资产组合收益 r_p 为 15%，标准差 σ_p 为 22%，常数 $A=4$。试问：该投资者如何在风险资产与无风险资产之间权衡投资的比例从而实现投资效用最大化？

10. 设市场中有三种风险资产，它们收益的协方差矩阵和期望收益向量分别为：

$$V=\begin{bmatrix} 0.0036 & 0.002 & -0.004 \\ 0.002 & 0.04 & 0.008 \\ -0.004 & 0.008 & 0.01 \end{bmatrix}, \mu=\begin{bmatrix} 0.08 \\ 0.12 \\ 0.09 \end{bmatrix}$$

求最小方差组合，并画出期望—标准差平面上的有效组合边界。

第九章　资本资产定价模型(CAPM)与因素模型

本章学习目标

资本资产的定价是资本理论中最核心的问题，在资本市场中，几乎所有问题的研究都是与定价问题的研究相关。自从20世纪50年代马科维茨提出证券投资组合理论以后，近半个世纪以来，可以说资本资产定价问题是现代金融理论研究中吸引学者最多和研究成果最多的研究领域。资本资产定价模型(Capital Asset Pricing Model ,CAPM)是由夏普(Sharpe)、林特(Linter)和莫森(Mossin)等人在马科维茨理论的基础上创立的，成为现代金融学的基石，它给出了风险资产的期望收益率及其风险之间精确预测。不过，这个模型应用的一个根本性的障碍在于模型所需要的参数：每种资产的均值及资产之间的协方差。这些参数值不能直接获得，只能利用历史数据采取一定的估计方法进行估计来间接地获得，当资产数目较多时，计算量非常大，精确度也是一个问题。

在本章后半部分，我们介绍的因素模型(Factor Model)避免了在解释资产的收益时所必须面临的大量参数估计问题。在因素模型的基本思想启发下，一种新的资产定价模型——套利定价理论(Arbitrage Pricing Theory ,APT)产生了。APT是由罗斯(Ross)于1976年提出的。他试图提出一种比传统CAPM更好的解释资产定价的理论模型，经过几十年的发展，APT在资产定价理论中的地位已不亚于CAPM。

第一节　资本资产定价模型(CAPM)

一、资本资产定价模型的基本假设

资本资产定价模型是在理想的，称之为完善的资本市场中建立的。它的基本假设是：

1. 所有投资者对一个证券组合以一期的期望回报率和标准差来评价此组合。

2. 投资者具有不满足性。因此当面临其他条件相同的两种选择时，他们将选择具有较高预期回报率的那一种。

3. 投资者都是风险厌恶者。因此当面临其他条件相同的两种选择时，他们将选择具有较小标准差的那一种。

4. 任何一种资产都是无限可分的。意味着，如果投资者愿意的话，他可以购买一个股份的一部分。

5. 税收和交易成本不予考虑。

6. 投资者可以按同一利率水平无限制地借入或贷出资金。

7. 所有投资者考虑的投资期都一样。

8. 对所有投资者来说，无风险利率相同。

9. 所有信息对任何投资者都是免费的，且即时提供。

10. 投资者的预期相同，即他们通过获得相同的信息，按资产组合理论进行投资决策，运用同一方法估计期望收益率、方差自然相同，投资者最后会得到一样的预期。

同时满足以上假设的市场就称之为完善资本市场。在完善的资本市场里，每一个投资者有同样的信息和对证券的未来前景看法一致，这使得我们把问题的焦点从人们应该如何投资转向如果人们以相同方式投资，证券价格会发生什么变化，这样，每一种证券的收益与风险之间的最终均衡关系将会得到进一步确立。

二、资本市场线

在完善的资本市场里，所有投资者对证券期望收益率、方差以及无风险利率的看法一致，从而，每一个投资者具有相同的有效边界和相同的切点证券组合，因此，对于一个投资者来讲，在决定最优风险资产组合时，不需要考虑这个投资者对风险和收益的任何偏好。也即，最优风险资产组合的决定完全由市场确定，与投资者的偏好无关。偏好的差异只体现在风险资产组合与无风险资产的相对投资比例。进一步地，在完善地资本市场里，当市场处于均衡状态时，最优风险组合等于市场组合。所谓市场组合也即市场证券组合是指包含对所有证券投资的证券组合，其中每一种证券的投资比例等于它的相对市值。

根据以上的分析，在完善的资本市场里，所有投资者手里持有的资产组合只能由市场组合和无风险资产两部分组成，这时的有效边界是在 $\sigma o\bar{r}$ 坐标系中，从点(o, r_f)出发，过点 M 的一条射线（如图 9.1－1），称它为资本市场线(Capital Market Line)，简记为 CML。其中，M 代表市场组合，r_f表示无风险利率。

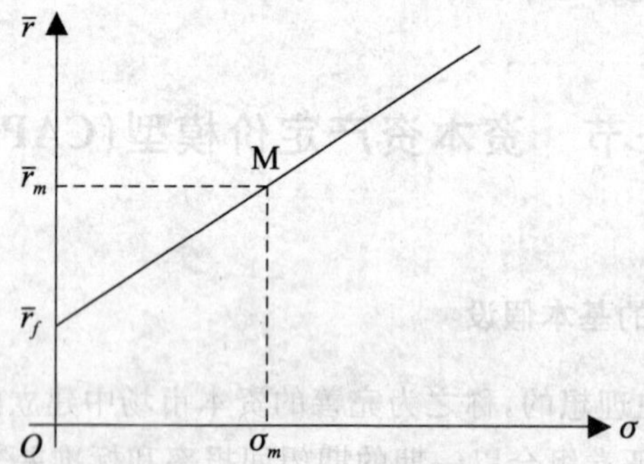

图 9.1－1 资本市场线示意图

设市场组合 M 的期望收益率为 $\bar{r}_m$，标准差为 σ_m，则 CML 的方程为：

$$\bar{r}=r_f+\frac{\bar{r}_m-r_f}{\sigma_m}\cdot\sigma \tag{9.1.1}$$

CML 是一条在 $\bar{r}$ 轴上截距为 r_f，斜率为$\frac{\bar{r}_m-r_f}{\sigma_m}$的直线。它刻画了均衡状态下有效资产组合的期望收益与标准差之间的线性关系。

由式(9.1.1),我们可以得到:

$$\bar{r}-r_f=\frac{\bar{r}_m-r_f}{\sigma_m}\cdot\sigma \qquad (9.1.2)$$

式中 $\bar{r}-r_f$ 称为资产组合的期望超回报,并且风险 σ 每增加一单位,市场给予的期望超回报的增量是一个常量,即 CML 的斜率 $\frac{\bar{r}_m-r_f}{\sigma_m}$,称斜率 $\frac{\bar{r}_m-r_f}{\sigma_m}$ 为风险报酬(风险的价格)。称截距 r_f 为等待报酬(时间的价格),即投资者延迟消费应得到的补偿。意思是:若你仅把资本投入到无风险资产上,则可得到期望回报率 r_f;若你把资本投入到风险资产组合中,则由于你承担了风险,故市场对你每承担一单位风险就额外给予期望回报 $\frac{\bar{r}_m-r_f}{\sigma_m}$。

资本市场线刻画了有效资产组合的预期收益率与标准差之间的均衡关系,但它并未涉及具体单个资产的收益和风险的关系。因为单个风险资产本身不是一个有效组合,即总可以找到资产组合,它的期望回报率与此风险资产相等,但风险要小一些,因而单个风险资产总是位于 CML 的下方。然而,资产的定价问题很大程度上在于确定单个资产收益和风险之间的均衡关系。在资本资产定价模型里,所谓的证券市场线(Security Market Line,简记 SML)有效的解决了这一问题。

三、证券市场线

考虑单个风险资产 i 和市场组合 M 的投资组合 P。设在资产 i 上的投资比例为 x_i,则在 M 上的投资比例为 $1-x_i$,因而该组合的期望收益率和标准差分别为:

$$\bar{r}_p=x_i\bar{r}_i+(1-x_i)\bar{r}_m \qquad (9.1.3)$$

$$\sigma_p=[x_i^2\sigma_i^2+(1-x_i)^2\sigma_m^2+2x_i(1-x_i)\sigma_{im}]^{\frac{1}{2}} \qquad (9.1.4)$$

资产组合 P 的期望收益率 $\bar{r}_p$ 和标准差 σ_p 的关系形如图 9.1－2 所示的连接 i 和 M 的曲线。

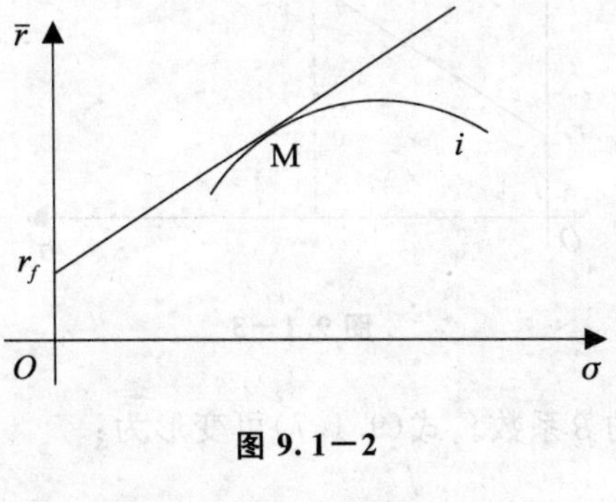

图 9.1－2

当 $x_i=0$,就是点 M,当 $x_i=1$,就是资产 i。曲线 iM 和直线 CML 必在 M 点相切,否则曲线 iM 穿过 CML,就与 CML 为有效边界矛盾。

现求 iM 在 M 点的斜率。式(9.1.3)对 x_i 求导:

$$\frac{d\bar{r}_p}{dx_i}=\bar{r}_i-\bar{r}_m \qquad (9.1.5)$$

式(9.1.4)对 x_i 求导：

$$\frac{dv_p}{dx_i}=\frac{x_i\sigma_i^2-\sigma_m^2+x_i\sigma_m^2+\sigma_{im}-2x_i\sigma_{im}}{\sigma_p} \tag{9.1.6}$$

由式(9.1.5)和式(9.1.6)可得：

$$\frac{d\bar{r}_p}{d\sigma_p}=\frac{(\bar{r}_i-\bar{r}_m)\sigma_p}{x_i\sigma_i^2-\sigma_m^2+x_i\sigma_m^2+\sigma_{im}-2x_i\sigma_{im}}$$

$$=\frac{(\bar{r}_i-\bar{r}_m)\left[x_i^2\sigma_i^2+(1-x_i)^2\sigma_m^2+2x_i(1-x_i)\sigma_{im}\right]^{\frac{1}{2}}}{x_i\sigma_i^2-\sigma_m^2+x_i\sigma_m^2+\sigma_{im}-2x_i\sigma_{im}}$$

令 $x_i=0$，可得曲线 iM 在 M 点的斜率：

$$\left.\frac{d\bar{r}_p}{d\sigma_p}\right|_M=\frac{(\bar{r}_i-\bar{r}_m)\sigma_m}{\sigma_{im}-\sigma_m^2}$$

又 CML 在点 M 的斜率为 $\frac{\bar{r}_m-r_f}{\sigma_m}$，所以有：

$$\frac{(\bar{r}_i-\bar{r}_m)\sigma_m}{\sigma_{im}-\sigma_m^2}=\frac{\bar{r}_m-r_f}{\sigma_m}$$

化简得：

$$\bar{r}_i=r_f+\frac{\bar{r}_m-r_f}{\sigma_m^2}\sigma_{im} \tag{9.1.7}$$

这就是证券市场线的方程。式(9.1.7)是在 $\sigma_{im}or_i$ 坐标系中，从点 (o,r_f) 出发，过点 M 的一条射线(如图 9.1—3)。

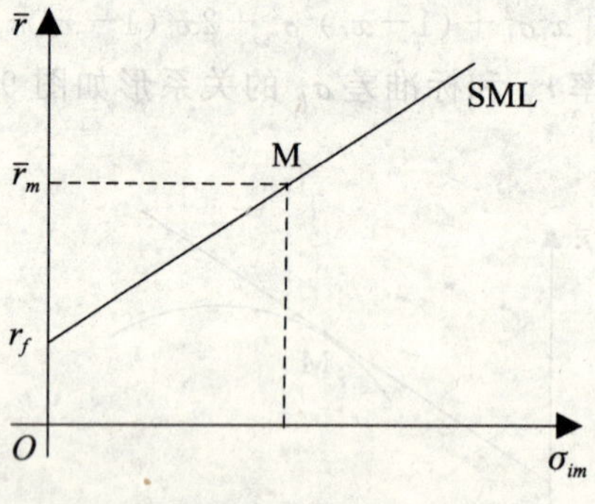

图 9.1—3

令 $\beta_i=\frac{\sigma_{im}}{\sigma_m^2}$，称为资产 i 的 β 系数。式(9.1.7)可变形为：

$$\bar{r}_i=r_f+(\bar{r}_m-r_f)\beta_i \tag{9.1.8}$$

或

$$\bar{r}_i-r_f=(\bar{r}_m-r_f)\beta_i \tag{9.1.9}$$

总结以上结果，可得到资本资产定价(CAPM)定理：当完善的资本市场达到均衡时，任何风险资产的超回报和市场证券组合的超回报成比例关系，即有关系式(9.1.9)。式(9.1.7)和(9.1.8)是等价形式。

由式(9.1.8)，$\bar{r}_m - r_f$ 与 i 无关，可看作市场风险的价格；r_f 是无风险利率，与风险无关；β_i 可解释为资产 i 的风险量，由资产 i 和市场证券组合 M 的协方差 σ_{im} 决定。故 CAPM 揭示：在均衡状态时，资产 i 的期望回报率等于无风险利率加上风险溢价(风险价格与风险量的乘积)，并且与市场证券组合 M 有较大协方差的资产 i 有较大的风险(与其本身的方差无关)，应该有较大的期望回报率；反之，期望回报率就小。考虑一个极端情况，假设风险资产 i 与市场完全不相关，即 $\beta_i = \frac{\sigma_{im}}{\sigma_m^2} = 0$。则根据 CAPM，$\bar{r}_i = r_f$。它表明即使资产的风险很高($\sigma_i^2$ 很大)，但其期望收益率将等于无风险资产的收益率，即对风险没有溢价。出现这种情况的原因是如果一项资产与市场完全无关，即只存在非系统风险，而其风险可以通过多元化投资加以消除，所以不需要补偿。进一步我们可看出 β 系数是对系统风险的度量。

例 9.1 已知市场组合的期望收益率 r_m 为 12%，无风险利率 r_f 为 7%，资产 A 和 B 的 β 系数分别为 1.4 和 0.9，分别求 A 和 B 期望收益率 $\bar{r}_A$ 和 $\bar{r}_B$。

解：由式(9.1.8)，A 和 B 期望收益率分别为：

$$\bar{r}_A = 7\% + (12\% - 7\%) \times 1.4\% = 14\%$$
$$\bar{r}_B = 7\% + (12\% - 7\%) \times 0.9\% = 11.5\%$$

第二节 因素模型

一、单因素模型

假设市场上有 n 种资产，资产 i 的收益率为 r_i，i=1,2,3⋯.,n。f 是影响资产收益的一个因素，它是一个随机变量。资产的收益与因素的关系可表示为：

$$r_i = \alpha_i + \beta_i f + \varepsilon_i, \quad i = 1,2,3\cdots.,n \qquad (9.2.1)$$

其中，α_i 是因素为零时的期望收益，β_i 是在资产持有期非预期的因素对资产收益的影响或资产 i 对这种因素的敏感度，ε_i 是随机误差项，ε_i 具有零均值，并且假定 ε_i 与 f 以及 ε_i 与 ε_j ($i \neq j$)之间互不相关，即 $E(\varepsilon_i)=0$，$\mathrm{cov}(\varepsilon_i, f)=0$，$\mathrm{cov}(\varepsilon_i, \varepsilon_j)=0$。式(9.2.1)就称为资产收益的单因素模型。

二、多因素模型

在现实经济中，影响预期收益率改变的因素往往不止一个，因此用多因素模型取代单因素模型分析资产的收益率，将会更切合实际。我们重点考察两因素模型。

假定分别有 k 个因素 $f_1, f_2, \cdots, f_k$ 影响资产的收益率，此时，资产收益和因素的关系可表示为：

$$r_i = \alpha_i + \beta_{i1} f_1 + \beta_{i2} f_2 + \cdots + \beta_{ik} f_k + \varepsilon_i, \qquad i = 1,2,3\cdots.,n \qquad (9.2.2)$$

参数假定与单因素模型基本一致，假设 $E(\varepsilon_i)=0$，$\mathrm{cov}(\varepsilon_i, f_k)=0$，$\mathrm{cov}(\varepsilon_i, \varepsilon_j)=0$，另外要求 $\mathrm{cov}(f_i, f_j)=0$。

我们可得到资产 i 的期望收益率为：

$$\bar{r}_i=\alpha_i+\beta_{i1}\bar{f}_1+\beta_{i2}\bar{f}_2+\cdots+\beta_{ik}\bar{f}_k$$

如果因素之间不存在相关关系，资产 i 的方差为：

$$\sigma_i^2=\beta_{i1}^2\sigma_{f_1}^2+\beta_{i2}^2\sigma_{f_2}^2+\cdots+\beta_{ik}^2\sigma_{f_k}^2+\sigma_{\varepsilon_i}^2$$

任意两种资产 i,j 的协方差为：

$$\mathrm{cov}(i,j)=\sigma_{ij}^2=\beta_{i1}\beta_{j1}\sigma_{f_1}^2+\beta_{i2}\beta_{j2}\sigma_{f_2}^2+\cdots+\beta_{ik}\beta_{jk}\sigma_{f_k}^2$$

以上结论是单因素模型结论的一般化，由资产 i 的方差方程可看出，资产的风险由两部分组成：一是系统性风险，由 k 个经济因素的不确定性共同决定；一是非系统风险，由随机项的不确定性决定。一旦运用上述方程估计出每一种资产的期望收益率、方差和协方差，投资者就可以找出马科维茨有效组合，加上无风险收益率，就能确定切点处的证券组合，继而根据投资者的无差异曲线决定最优证券组合。

三、因素模型与均衡

通过前面的学习已了解到，资本资产定价模型(CAPM)是一个资产定价的均衡模型：决定证券或组合的预期回报率的唯一因素是该证券或组合的风险(用贝塔值来衡量)，即具有相同 β 值的不同证券或组合的预期回报率应相等。用公式表示便是上节给出的证券市场线：

$$\bar{r}_i=r_f+(\bar{r}_M-r_f)\beta_{iM} \tag{9.2.3}$$

而本节所讨论的因素模型却并不一定是资产定价的均衡模型。以单因素模型为例，证券或组合的预期回报率由下式决定：

$$\bar{r}_i=a_i+b_i\bar{F} \tag{9.2.4}$$

该模型说明：具有相同因素敏感性(b_i)的不同证券或组合，由于它们的截距项 a_i 可能不同，从而使预期回报率可能存在明显的差别。也即，在因素模型中，证券或组合的预期回报率并不由其因素敏感性(b_i)唯一决定。

尽管因素模型并不一定是一个资产定价的均衡模型，但从式(9.2.3)和(9.2.4)的形式上看，似乎可以觉察出单因素模型与资本资产定价模型的参数之间有某种换算关系。当我们将单因素模型中的因素 F 看作市场组合的回报率 r_M 时，式(9.2.4)可以写成：

$$\bar{r}_i=a_i+b_i\bar{r}_M \tag{9.2.5}$$

而(9.2.3)式经简单变形得：

$$\bar{r}_i=(1-\beta_{iM})r_f+\bar{r}_M\beta_{iM} \tag{9.2.6}$$

比较(9.2.5)与(9.2.6)式不难发现，(9.2.5)式满足均衡定价的条件是：

$$a_i=(1-\beta_{iM})r_f \tag{9.2.7}$$

$$b_i=\beta_{iM} \tag{9.2.8}$$

这就是说,虽然因素模型并不是均衡定价模型,但当估计参数 a_i、b_i 满足(9.2.7)和(9.2.8)式的关系时,因素模型也是一均衡定价模型。

四、因素的确定

在建立因素模型时,首先要确定哪些因素被包含在模型中。由于"因素"是影响证券价格共同变动的变量,因此一般选择一些宏观经济因素,如:(1)国内生产总值GDP;(2)利率水平;(3)通货膨胀率等。

第三节 总风险的分解

一、单因素模型下总风险的分解

根据单因素模型,任何证券 i 的总风险均由其方差 σ_i^2 来测度,并且 σ_i^2 可分解为两部分。即:

$$\sigma_i^2 = b_i^2\sigma_F^2 + \sigma_{\mu_i}^2$$

其中:$b_i^2\sigma_F^2$ 为证券 i 的因素风险;$\sigma_{\mu_i}^2$ 为证券 i 的非因素风险。

就一个投资组合而言,当这个组合中第 i 个证券的资金比例为 w_i(i = 1, 2,⋯, k)时,组合的回报率为:

$$r_{pt} = \sum_{i=1}^{k} w_i r_{it} \tag{9.3.1}$$

若每个证券的回报率由同一单因素模型 $r_{it} = a_i + b_i F_t + \mu_{it}$ 决定,则投资组合的单因素模型为:

$$\begin{aligned} r_{pt} &= \sum_{i=1}^{k} w_i(a_i + b_i F_t + \mu_{it}) \\ &= \sum_{i=1}^{k} w_i a_i + (\sum_{i=1}^{k} w_i b_i)F_t + \sum_{i=1}^{k} w_i \mu_{it} \\ &= a_p + b_p F_t + \mu_{pt} \end{aligned} \tag{9.3.2}$$

其中:$a_p = \sum_{i=1}^{k} w_i a_i$,$b_p = \sum_{i=1}^{k} w_i b_i$,$\mu_{pt} = \sum_{i=1}^{k} w_i \mu_{it}$

显然,组合的单因素模型(9.3.2)是单个证券的单因素模型(9.3.1)的扩展。因此,测度组合的总风险的组合回报率的方差 σ_p^2 也可分解为两部分。即

$\sigma_p^2 = b_p^2\sigma_F^2 + \sigma_{\mu_p}^2$

其中,$b_p^2\sigma_F^2$ 为组合的因素风险;$\sigma_{\mu_p}^2$ 为组合的非因素风险。

二、市场模型下的总风险

市场模型是单因素模型的一个特例,在该模型中,因素为市场指数的收益率。上一节中我

们曾论述过市场模型 $r_i=\alpha_{iI}+\beta_{iI}r_I+\varepsilon_{iI}$。证券 i 的方差 σ_i^2(总风险)也可分解为两部分,即

$$\begin{aligned}\sigma_i^2&=E(r_i-\bar{r}_i)^2=E[(\alpha_{iI}+\beta_{iI}r_I+\varepsilon_{iI}-\alpha_{iI}-\beta_{iI}\bar{r}_I)^2]\\&=E\{[\beta_{iI}(r_I-\bar{r}_I)+\varepsilon_{iI}]^2\}\\&=\beta_{iI}^2\sigma_I^2+2\beta_{iI}Cov(r_I,\varepsilon_{iI})+\sigma_{\varepsilon_{iI}}^2\\&=\beta_{iI}^2\sigma_I^2+\sigma_{\varepsilon_{iI}}^2\end{aligned}$$

显然,$\beta_{iI}^2\sigma_I^2$ 为证券 i 的市场风险即系统性风险,$\sigma_{\varepsilon_{iI}}^2$ 为非系统性风险。

然而,当我们考虑一个投资组合,且组合中每一个证券的资金比例为 $w_i(i=1,2,\cdots,k)$ 时,则由市场模型有 $r_p=\alpha_{pI}+\beta_{pI}r_I+\varepsilon_{pI}$,其中:$\alpha_{pI}=\sum_{i=1}^{k}w_i\alpha_{iI}$,$\beta_{pI}=\sum_{i=1}^{k}w_i\beta_{iI}$,$\varepsilon_{pI}=\sum_{i=1}^{k}w_i\varepsilon_{iI}$。

利用上述同样的分析可得,组合的总风险 σ_p^2 也可分解为两部分。即

$$\sigma_p^2=\beta_{pI}^2\sigma_I^2+\sigma_{\varepsilon_p}^2$$

其中,$\beta_{pI}^2\sigma_I^2$ 为组合的市场风险即系统性风险;$\sigma_{\varepsilon_p}^2$ 为组合的个别风险即非系统性风险。它们分别与单因素模型中的因素风险和非因素风险相对应。

由投资组合理论知,随着组合证券数目的增加,$\sigma_{\varepsilon_p}^2\to 0$,而 $\beta_{pI}^2\sigma_I^2$ 将趋于一稳定值。这就是说,随着组合的分散化,将导致个别风险的减少和市场风险的平均化,进而使得总风险逐渐降低并趋于市场风险水平,如图 9.3－1 所示。

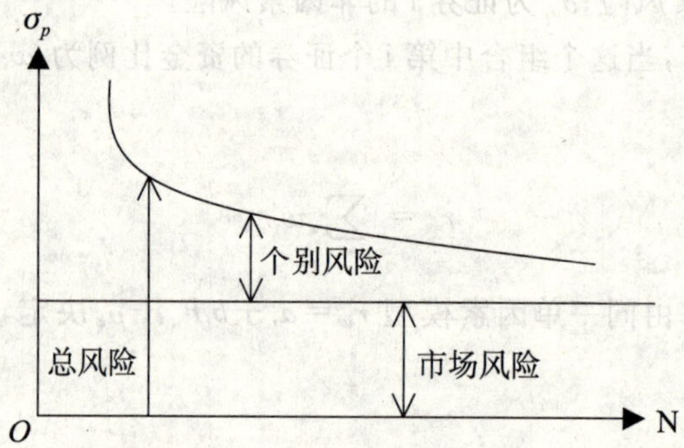

图 9.3－1 总风险及其分解

第四节 套利定价理论(APT)

与 CAPM 类似,APT 也是一种均衡的资产定价模型,讨论的也是资产收益和风险之间的关系,但 APT 所用的假设比 CAPM 要少得多。APT 的基本假设包括:市场处于竞争均衡状态;投资者追求利益最大化;资产的回报可以用一个因素模型表示。

一、套利组合

1. 套利

套利是指利用同一种资产的不同价格来获取无风险收益的行为,具体可分为时间套利和地点套利。前者是利用不同时点上同种资产的价格差异进行套利,后者是利用同种资产在不

同地点的价格差异进行套利。无论哪种套利活动,投资者都是买低卖高,从中获得无风险的价格差收益。例如,投资者发现甲地某债券的价格为100元,而同种债券在乙地的售价却为105元,他就找到了一个套利机会。通过在甲地买进债券到乙地卖出,如果忽略交易成本,他就可以赚取5%的利润。但这种套利行为产生一个价格调整过程:低价购买使得资产价格向上涨,高价出售使得资产价格下跌,最后价格趋于相等,使获利机会消失,使市场达到均衡状态。在均衡状态下,任何套利行为都中止了,债券和债券组合都处于合理的价位。

2. 套利组合

根据套利理论,投资者会竭力发掘一个套利组合的可能性,以便在不增加风险的情况下,增加组合的期望收益率。那么,如何构造一个套利组合呢?一般而言,套利组合必须同时具备三个特征:

(1)它是一个不需要投资者任何额外资金的组合,即投资者只对原有的组合进行调整,没有追加新的投资也没有在原有投资基础上减少投资。令 x_i 表示投资者对证券 i 持有量的变化(即套利组合中证券 i 的权数),$i=1,2,\cdots,n$,则:

$$x_1+x_2+\cdots+x_n=0 \tag{9.4.1}$$

(2)为了获得无风险收益,套利组合应该对任何因素的敏感度都为零,组合不承担因素风险。因为证券组合对某种因素的敏感度等于组合中各个证券对该因素敏感度的加权值,所以在 k 因素模型中:

$$\begin{gathered}\beta_{11}x_1+\beta_{21}x_2+\cdots+\beta_{n1}x_n=0\\ \cdots\cdots\\ \beta_{1k}x_1+\beta_{2k}x_2+\cdots+\beta_{nk}x_n=0\end{gathered} \tag{9.4.2}$$

其中,β_{ij} 表示证券 i 对第 j 个因素的敏感度。

(3)组合的期望收益率应大于零。这是投资者进行套利活动的根本动因,即

$$x_1\bar{r}_1+x_2\bar{r}_2+\cdots+x_n\bar{r}_n>0 \tag{9.4.3}$$

其中,$\bar{r}_i$ 表示证券 i 的期望收益率。

二、单因素的套利定价理论

考虑一个由 n 个证券构成的套利组合 P。它的期望收益率为:

$$\bar{r}_p=x_1\bar{r}_1+x_2\bar{r}_2+\cdots+x_n\bar{r}_n$$

相关符号的假定同前。投资者的目标就是最大化投资组合的期望收益率,他们希望通过套利活动实现这一目标,结合套利活动的约束式(9.4.1)、(9.4.2),其中由于我们仅考虑一个因素的影响,所以式(9.4.2)用 $\beta_1x_1+\beta_2x_2+\cdots+\beta_nx_n=0$ 表示(β_i 指证券 i 对因素的敏感度)。我们可以确定,为保证投资者的套利组合具有最大的期望收益率,组合中的证券 i 需要满足以下条件(证明略):

$$\bar{r}_i=\lambda_0+\lambda_1\beta_i \tag{9.4.4}$$

公式(9.4.4)就是单因素套利定价模型,其中 λ_0,λ_1 是两个常数,下面确定这两个常数。

因为对无风险资产而言,其期望收益率总是无风险利率,而且对任何经济因素的敏感度 β_i

都为零，所以结合式(9.4.4)可得：

$$\lambda_0 = r_f \tag{9.4.5}$$

考虑资产组合 P_1，它对因素的敏感度为1，代入式(9.4.4)得到：

$$\bar{r}_{p_1} = \lambda_0 + \lambda_1$$

从而

$$\lambda_1 = \bar{r}_{p_1} - r_f \tag{9.4.6}$$

由公式(9.4.5)、(9.4.6)可以得到 λ_0,λ_1 是两个常数值，其中 λ_0 等于无风险利率，λ_1 等于资产组合 P_1 期望收益率中超过无风险利率的部分，可以称 λ_1 为风险的价格。

因此，单因素套利定价模型可以写为：

$$\bar{r}_i = r_f + (\bar{r}_{p_1} - r_f)\beta_i \tag{9.4.7}$$

从 $\bar{r}_{p_i}$ 的经济含义知，$\bar{r}_{p_i}$ 是完全与因素变化率具有相同方向和程度的预期收益率，$\bar{r}_{p_i} - r_f$ 就是投资者承担因素风险的超额回报率，又称为因素风险溢价(factor risk premium)或因素预期回报率溢酬(factor－expected return premium)。故(9.4.7)式揭示了证券i与因素风险溢价之间的关系，即证券i的预期收益率由两部分构成，一部分是无风险收益率，另一部分则是投资者承担因素风险的补偿。

三、多因素的套利定价理论

单因素套利定价理论假定证券收益率只受一个因素的影响，这显然与现实不符，一个更一般的假定是证券收益率由多个因素同时决定。

与单因素套利定价理论类似，多因素套利定价理论可以用公式表示为：

$$\bar{r}_i = \lambda_0 + \lambda_1\beta_{i1} + \lambda_2\beta_{i2} + \cdots + \lambda_k\beta_{ik} \tag{9.4.8}$$

与前面类似，我们可知：

$$\lambda_0 = r_f \tag{9.4.9}$$

为了求出其它常数的值，我们构造 j 个资产组合 P_j，$(j=1,2,\cdots,k)$，它除对第j个因素的敏感度为1外，对其它因素的敏感度均为0(称为第 j 个因素组合)。代入式(9.4.8)得到：

$$\bar{r}_{p_1} = \lambda_0 + \lambda_1 \cdot 1 + \lambda_2 \cdot 0 + \cdots + \lambda_k \cdot 0$$

$$\cdots\cdots$$

$$\bar{r}_{p_1} = \lambda_0 + \lambda_1 \cdot 0 + \lambda_2 \cdot 0 + \cdots + \lambda_k \cdot 1$$

从而可得：

$$\lambda_j = \bar{r}_{p_j} - r_f \qquad j=1,2,\cdots,k$$

因此，多因素套利定价模型可以写为：

$$\bar{r}_i = r_f + (\bar{r}_{p_1} - r_f)\beta_{i1} + \cdots + (\bar{r}_{p_k} - r_f)\beta_{ik} \tag{9.4.10}$$

为了对以上理论有一个直观的认识，我们考察一个两因素的例子。假设因素1代表国内生产总值(GDP),因素 2 代表预料之外的通货膨胀;考虑有两个因素组合,它们的期望收益率假设为 $\bar{r}_{p1}=10\%$,$\bar{r}_{p2}=12\%$,进一步假定无风险利率 $r_f=4\%$。现存在一个资产组合 A,其对两个因素的敏感度分别为 0.5,0.75。由多因素套利定价模型,我们可以知道该资产组合的期望收益率应该为:4%+(10%-4%)×0.5+(12%-4%)×0.75=13%。要了解为什么资产组合的期望收益率为 13%,而不是其它,我们考虑一下若期望收益率为 12%,会出现什么结果?可以构造一个具有和资产组合 A 相同敏感度的资产组合 B,这个资产组合由两个因素及无风险资产组合而成,其中因素 1 的权重为 0.5,因素 2 的权重为 0.75,无风险资产的权重为 -0.25,B 的期望收益率为 0.5×10%+0.75×12%-0.25×4%=13%,显然如果对组合 B 做多头,组合 A 做空头,即可获得套利利润。

第五节　APT 与 CAPM 的比较

APT 和 CAPM 皆认为在市场达到均衡时,个别证券的期望回报率可由无风险利率加上风险溢价来决定。不同的是,CAPM 纯粹从市场投资组合的观点来讨论风险与报酬的关系,认为市场报酬率才是影响个别证券期望报酬率主要且唯一的因素;而 APT 则认为不止一个经济因素会对个别证券的报酬率产生影响。另外,CAPM 虽然借助市场投资组合来代表整个市场,但市场证券组合几乎是不存在的,而 APT 由于不需要市场证券组合,因此只要设定数个有效的经济因素加入模型中,配合实际数据进行运算,即可求出个别证券的期望报酬率,作为预测之用。但 APT 的缺点在于并未说明哪些因素影响证券的期望回报率。

另外,从某种意义上讲,CAPM 可看作 APT 的一个特例。下面将用单因素模型加以说明。

根据单因素套利定价模型有:

$$\bar{r}_i=\lambda_0+\lambda_1\beta_i \tag{9.5.1}$$

其中,$\lambda_0=r_f$,这个公式肯定也适用于市场组合收益率唯一决定证券收益率的情况,考虑市场组合的期望收益率 $\bar{r}_m$,并注意到此时 $\beta_i=\beta_m=1$,可以得到:

$$\lambda_1=\bar{r}_{m_1}-r_f$$

从而式(9.5.1)可重新表示为:

$$\bar{r}_i=r_f+(\bar{r}_m-r_f)\beta_i \tag{9.5.2}$$

将式(9.5.2)与 CAPM 的式(9.1.8)进行比较,可以发现两者完全相同,所以说,当市场组合收益率是唯一影响证券收益的因素时,CAPM 与 APT 一样,前者是后者的一个特例。

思考与练习

1. 设市场证券组合的期望回报率为 $\bar{r}_m=12\%$,方差为 $\sigma_m^2=0.3$,无风险利率 $r_f=6\%$,证券 A,B 的期望回报率分别为 $\bar{r}_A=14\%$,$\bar{r}_B=10\%$,试用 CAPM 比较评价:

(1)证券 A,B 的 β 系数；

(2)当预计市场变化为看涨与看跌时，在两种证券上分别有什么投资策略。

2. 已知如下资料：

股　票	与市场的相关系数	标准差
A	0.5	0.25
B	0.3	0.3

$$\bar{r}_m=12\%,r_f=5\%,\sigma_m^2=0.01$$

(1)计算股票 A、B 的 β 系数；

(2)利用 CAPM，计算 A、B 的预期收益。

3. 假定两个投资组合 A,B 都已充分分散化，$\bar{r}_A=12\%$，$\bar{r}_B=10\%$，如果影响经济的因素只有一个，并且 $\beta_A=1.2$，$\beta_A=0.6$，求无风险利率为多少？

4. 有一个以利率与汇率为风险因素的 APT，假设无风险利率为 4%，利率的风险价格为 4%，汇率的风险价格为 6%。若某股票对利率的敏感度为 0.8，对汇率的敏感度为 1.2，请问股票的期望回报率为多少？

第十章　期权定价模型

第一节　期权简介

一、期权发展概况

期权交易的出现已达几个世纪之久。在17世纪30年代的“荷兰郁金香热”时期，郁金香的一些品种堪称欧洲最为昂贵的稀世花卉。1635年，那些珍贵品种的郁金香球茎供不应求，加上投机炒作，致使价格飞涨20倍，成为最早有记载的泡沫经济。同时，这股投机狂潮却开启了期权交易的大门。郁金香交易商向种植者收取一笔费用，授予种植者按约定最低价格向该交易商出售郁金香球茎的权利。同时，郁金香交易商通过支付给种植者一定数额的费用，以获取以约定的最高价格购买球茎的权利。这种交易对于降低郁金香交易商和种植者的风险十分有用。

1973年4月，芝加哥期权交易所(CBOE)正式成立，标志着期权交易进入了标准化、规范化的全新发展阶段。CBOE先后推出了股票的看涨期权(Call Options)和看跌期权(Put Options)都取得了成功。之后，美国商品期货交易委员会(CFTC)放松了对期权交易的限制，有意识地推出商品期权交易和金融期权交易。1982年，作为试验计划的一部分，芝加哥期货交易所(CBOT)推出了长期国债期货的期权交易。1983年1月，芝加哥商业交易所(CME)推出了S&P 500股票指数期权，随着股票指数期权交易的成功，各交易所将期权交易迅速扩展至其它利率外汇等金融品种上。1984年到1986年间，CBOT先后推出了大豆、玉米和小麦等品种的期货期权。除美国之外，全球有影响的期权市场还有欧洲期货交易所(Eurex)、伦敦国际金融期货期权交易所(Liffe)、香港交易所(Hkex)、韩国期货交易所(Kofex)等。期权市场无论从品种上还是地域上都获得了长足的发展。

2000年以来，全球期权交易发展更为迅猛。美国期货业协会(Origins Fututes Industry Association，FIA)的统计数据表明，2001年至2004年，全球期权的交易量连续超过了期货。2003年全球期货与期权交易量为89亿手，其中期权53.79亿手，期货35.11亿手，期权市场呈现出良好的发展态势和前景。2003年分资产的成交量统计表明，股指、利率、股票与农产品的期货与期权交易量排名靠前。韩国的Kospi200指数期权合约以28亿手的全年成交量成为全球最活跃的合约。韩国期货交易所亦凭此成为全球交易量最大的交易所。

期权交易的全称是期货合约选择权交易，它不是以商品实体或标准期货合约作为交易的对象，而仅仅表现为一种权利合约的买卖。

二、期权的概念

期权(Option),是指在未来一定时期可以买卖的权力,是买方向卖方支付一定数量的金额(指权利金)后拥有的在未来一段时间内(指美式期权)或未来某一特定日期(指欧式期权)以事先规定好的价格(指履约价格)向卖方购买或出售一定数量的特定标的物的权力,但不负有必须买进或卖出的义务。

期权是在期货的基础上产生的一种金融工具。从其本质上讲,期权实质上是在金融领域中将权力和义务分开进行定价,使得权力的受让人在规定时间内对于是否进行交易,行使其权力,而义务方必须履行。在期权的交易时,购买期权的和约方称作买方,而出售和约的一方则叫做卖方;买方即是权力的受让人,而卖方则是必须履行买方行使权力的义务人。具体的定价问题则在金融工程学中有比较全面的探讨。期权合约中的资产称为基础资产。在期权合约中所规定买入或卖出的基础资产的价格称为履行价或执行价。期权的最后有效日期称为期权的到期日。期权的买卖双方购买或出售期权合约的价格称为期权费或期权的价格或期权权利金。

三、期权交易的特点

(一)期权交易中基本参与者

在期权交易中有四种基本参与者:卖方期权的购买者与卖出者、买方期权的购买者与卖出者,但是期权的买卖双方不能直接进行交易,他们的交易必须通过经纪人进行。经纪人属于证券公司。证券公司有场外经纪人与场内经纪人即交易所经纪人。投资者首先把购买期权的意向委托给场外经纪人,场外经纪人再把委托意向通知本公司的场内经纪人。场内经纪人根据委托意向期权种类、日期、价格及数量等信息寻找交易对象。他可能和另一个经纪人交易,也可能和期权经销商交易。经纪人为别人买卖期权,收取佣金。经销商自己买卖期权,赚取买卖差价。买价是经销商准备购买期权的价格,卖价是经销商准备卖出期权的价格。当然,卖价高于买价,二者之间的差额就是经销商的利润。交易所通常规定最大买卖差价。

(二)与远期交易和期货交易相比,期权交易有以下特点

1. 交易的标的物不同。期权交易的标的物是一种权利,而期货交易的标的物是标准化的期货合约;远期交易的标的物则是具体的金融商品。

2. 交易双方的权利义务不同。期权交易的购买方通过支付期权费与出售方签订期权合约后,便获得了决定履行或不履行合约的权利;而期货和远期交易在合约到期时,必须履行合约规定的义务。

3. 风险责任与利润受益不同。在期权交易中,期权的购买方只承担有限的风险并可能获得无限的收益,一旦损失超过了期权权利金,买方则放弃期权合约规定的权利,其损失仅局限于所交纳的期权权利金;而合约资产的价格如果向有利于买方的方向变动,则买方会执行期权的权利,从而获得收益。与之相对应,期权的出手方则可能承担无限的亏损并只能获得有限的收益。而在期货交易和远期交易中,买卖双方的收益和风险,从理论上讲都是无限大的。

四、期权的分类

(一)按交割时间划分

1. 欧式期权。指期权和约的购买方在合约到期日才能决定是否履约的期权。

2. 美式期权。指期权合约的购买方在合约的有效期内的任何一个时间都能决定是否履约的期权。

(二)按购买者权利划分

1. 看涨期权。所谓看涨期权,是指期权的购买者享有在规定的有效期内按某一具体的履约价格买进某一特定数量的相关金融资产权利,但不负有必须买进的义务。看涨期权又称为买入期权。

2. 看跌期权。所谓看跌期权,是指期权的购买者享有在规定的有效期内按某一具体的履约价格卖出某一特定数量的相关金融资产权利,但不负有必须卖出的义务。看跌期权又称为卖出期权。

3. 双重期权。所谓双重期权,是指期权的购买者既享有在规定的有效期内按某一具体的履约价格买进某一特定数量的相关金融资产权利,又享有在规定的有效期内按某一具体的履约价格卖出某一特定数量的相关金融资产权利。这种期权实为在同一价格水平上,看涨期权和看跌期权的综合运用。

(三)按交易品种划分

1. 外汇期权。又称货币期权。是指外汇交易双方根据标准化合约,买方买入在一定期限内可以按协定汇率向卖方购入或卖出一定数量外汇或外汇期货合约的权利,卖方收取期权费,并有义务应买方要求卖出或买入该笔外汇或外汇期货合约。期权的购买方可以在到期时不进行外汇或外汇期货合约的买卖,这时他损失的只是支付的期权费。

2. 利率期权。是指期权的购买者支付期权费,从而获得在一定期权内按约定价格出售或购买一定数量有息资产的权利。利率期权的标的物包括:存款或贷款、债券及其利率的期货,其中利率期货占相当大的比重。

3. 股票期权。是指买方支付权利金后,便有权在一定期限内按协定价格购买或出售特定数额的股票的权利。

4. 股票指数期权。是指以股票指数为期权合约标的物的一种选择权,买方有权在一定期限内按履约价格向卖方购买或出售特定的股票指数期货合约。由于股票指数期货合约的价格以点数表示,所以股票指数期权的价格也是以点数表示的,它与股票期权的价格直接以货币表示明显不同。

第二节 期权中的风险锁定

在金融期货的相关理论中,通过套期保值管理金融风险的方案,它提供了金融资产价格的确定性,使人们避免了价格变动所带来的风险。但是,确定性在使投资者避免损失的同时,也失去了获利的机会。风险包括了市场的正向和反向的变动,人们避免风险是需要的,但更需要的是在回避风险的同时,抓住获利的机会。

期权是金融工程所有工具中独特的一种,它使买方既能避免坏的结果,又能从好的结果中获益。当然,这不是免费的(需支付一定的期权费)。

一、期权与期货合同双方交付的比较

1. 期货合同双方交付的特点

期货合同双方的交付具有“直线”性质。

例如，伦敦国际金融交易所的德国国债期货合约，在市场价格为 98 时买卖双方的交付情况如图所示。

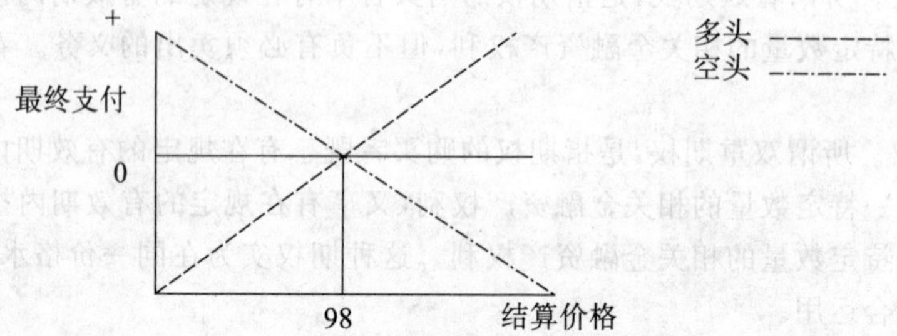

图 10.2—1 债券期货合约双方的支付

在这种情况下，期货合约的买方和卖方的盈利和损失的机会均等，该交易的预期价值为零。因此，无论是买方还是卖方都没有必要提前向对方支付一定的费用。

2. 期权合同双方支付的特点

期权不同于期货，由于买方购买的是一种权利，而非义务，这样买方能够从市场的一种变动中受益，但市场向相反的方向运动时，买方又不受损失，这就使得买卖双方的地位不均等。因此，为获得这种权利，买方需要向卖方支付一定的费用，用以补偿卖方承担了义务而没有相应的权利的损失，这种买卖方权利的不对称决定了期权交付也具有不对称性。

例如，某种期权的持有者具有在未来到期日以 98 元的价格购买债券的权利，如果该债券的价格高于 98 元，期权持有人将行使权利，并从中获利，如图的上半部分表示；而若债券价格低于 98 元，持有人将放弃行使期权，从而仅损失期权费。与期权的买方相对应，期权的卖方支付如图的下半部分所示。

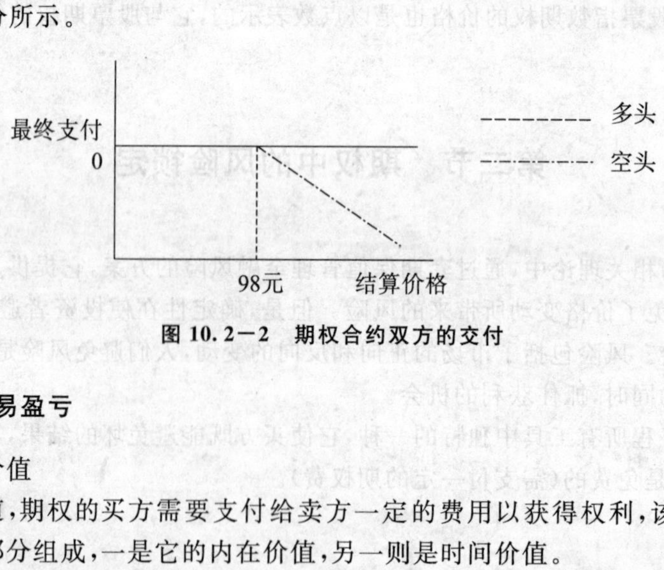

图 10.2—2 期权合约双方的交付

二、期权的交易盈亏

(一)期权的价值

我们已经知道，期权的买方需要支付给卖方一定的费用以获得权利，该笔费用即为期权费。期权费由两部分组成，一是它的内在价值，另一则是时间价值。

所谓内在价值，是指当期权立即行使时的正净值。根据期权当前是否具有内在价值，可将期权当前的状态分为价内(In the Money)或实值状态、价外(Out of the Money)或虚值状态和平价(At the Money)或两平状态。具有内在价值的期权称为价内，暂时没有内在价值的称为价外，而平价通常指交割价格和当前基础资产的市场价格一致。设S为基础资产的市场价格，X为履约价，看涨期权和看跌期权的价值关系如表10—1。

表10—1 期权的价内、价外与平价的关系

	看涨期权	看跌期权
S<X	价外	价内
S=X	平价	平价
S>X	价内	价外

期权的持有者只有在期权为价内时才会执行该期权，因此，看涨期权的内在价值为：

$$c=\max(0,S-X) \tag{10.2.1}$$

看跌期权的内在价值为：

$$p=\max(0,X-S) \tag{10.2.2}$$

图10.2—3(a)和(b)分别表示了某一执行价格为100美元的股票期权的看涨期权和看跌期权的内在价值。对于看涨期权，根据(10.2.1)式，其内在价值为 max(0,$S-\$100$)。即当标的股票市场价格低于100美元时，期权的价值为0；当标的股票的市场价格高于100美元时，期权的价值 $S-\$100$。同样的分析适用于看跌期权。

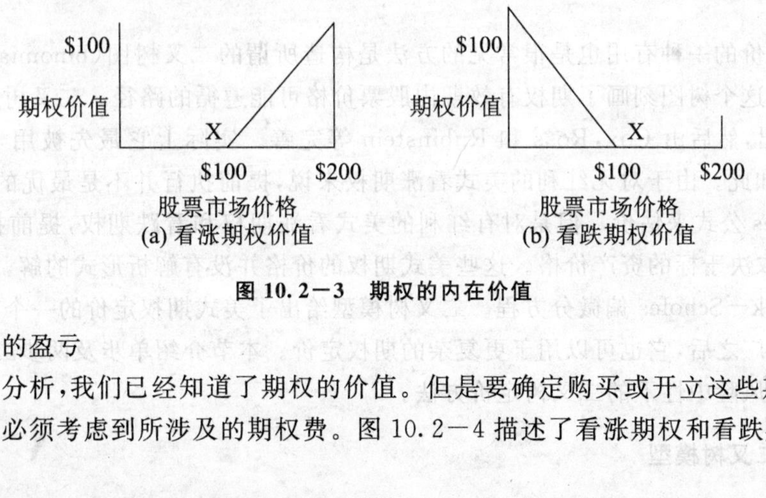

图10.2—3 期权的内在价值

(二)期权的盈亏

根据以上分析，我们已经知道了期权的价值。但是要确定购买或开立这些期权所带来的利润或损失还必须考虑到所涉及的期权费。图10.2—4描述了看涨期权和看跌期权的买卖双方的盈亏。

期权买方的盈亏实际上是在期权的内在价值的基础上扣除期权费用得到的。由于期权的买方以期权费买入了期权，因而只享有期权而无义务，因此只承担有限的亏损，而享受无限的受益。这样，通过买入期权，投资者便将价格风险控制在预知范围内，相当于买入了保险。而期权的卖方在卖出期权获得期权费用后，只承担了义务而不享受权利，因此其盈利是有限的，而潜在的亏损则是无限的。期权买方的盈利(亏损)即是卖方的亏损(盈利)，两者之和为0。在图10.2—4中它们具有明显的对称性。

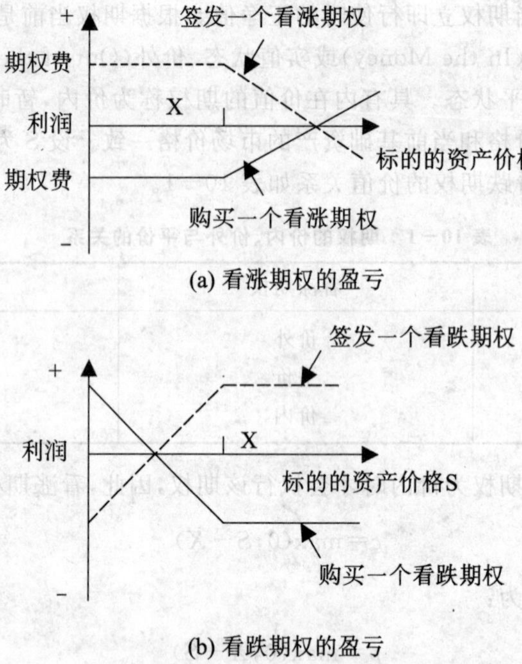

图 10.2－4 期权交易的盈亏

第三节 期权定价——二叉树方法

为期权定价的一种有用也是很常见的方法是构造所谓的二叉树图(binomial tree)或称为二叉树模型。这个树图刻画了期权有效期内股票价格可能遵循的路径。二叉树定价模型首先由 Sharpe 提出,然后由 Cox,Ross 和 Rubinstein 等完善。实际上它最先被用于美式期权定价,现在仍然如此。由于对无红利的美式看涨期权来说,提前执行并不是最优的,它们可以用 Black－Scholes 公式来估价。但是对有红利的美式看涨期权和看跌期权,提前执行却有可能是最优的,这取决于标的资产价格。这些美式期权的价格并没有解析形式的解,所以必须用数值方法解 Black－Scholes 偏微分方程。二叉树模型给出了美式期权定价的一个简单而直观的数值方法。推广之后,它也可以用于更复杂的期权定价。本节介绍单步及两步二叉树方法,在下一节将讨论风险中性下的二叉树定价方法。

一、单步二叉树模型

(1)单步二叉树模型的简单介绍

我们从一个非常简单的例子开始。当前的股价为 20 美元,我们知道 3 个月后的股价可能变为 22 美元或 18 美元。我们希望对 3 个月后有权以 21 美元买入股票的欧式看涨期权估值。这一期权的价值在 3 个月后有两种可能值。如果到时股票价格是 22 美元,期权的价值将为 1 美元;如果到时股票价格为 18 美元,那么期权的价值将为零。

这个例子说明,我们可以用一种相对简单的方法为期权定价。我们唯一需要做的假设是不存在套利机会。我们可以按某种方式构造一个股票和期权的组合，使得在 3 个月后该组合的价值是确定的。这样，由于该组合无风险，我们就可以说它的收益必定等于无风险收益率。这使我们可以计算出建立这一组合所需要的成本，进而得出期权价格。由于只有两种证券(股票和股票期权)，并且只有两个可能的结果，我们总是可以构造出无风险组合。

考虑这样一个组合，该组合包括 Δ 股的股票多头头寸和一个看涨期权的空头头寸。我们将计算出构造无风险组合的 Δ 值。如果股票价格从 20 美元上升到 22 美元，那么股票头寸的价值为 22Δ，期权头寸的价值为 1，这样组合的总价值为 $22\Delta-1$。如果股票价格下降到 18 美元，股票头寸的价值为 18Δ，期权头寸的价值为零，组合的总价值为 18Δ。如果选择的值使得组合在两种情况下的终值相等，则该组合就是无风险组合。

这意味着：$22\Delta-1=18\Delta$

即： $\Delta=0.25$

因此，一个无风险组合是：

买入：0.25 股股票

卖出：1 个期权

如果股票价格上升到 22 美元，组合价值为：

$$22\times0.25-1=4.5$$

如果股票价格下降到 18 美元，组合价值为：

$$18\times0.25=4.5$$

因此，无论股票价格上升还是下降，在期权有效期期末时组合的价值总是 4.5。

在无套利机会条件下，无风险组合的收益率必定为无风险利率。假设在本例中无风险年利率为 12%。我们可以得到今天该组合的价值必定是 4.5 的现值，即：

$$4.5e^{-0.12\times3/12}=4.367$$

今天的股票价格是已知的，为 20 美元，假设期权价格用 C 来表示，那么今天的组合价值为：

$$20\times0.25-C=5-C$$

于是 $5-C=4.367$

即 $C=0.633$

这说明在不存在套利机会的情况下，期权当前的价值必定为 0.633 。如果期权价值高于 0.633，构造该组合的成本就会低于 4.367，该组合的收益率就会高于无风险利率。如果期权价值低于 0.633，卖空该组合将可以获得利率低于无风险利率的资金。

(2)单步二叉树模型的具体应用

我们可以将上述论证进行推广。具体地考虑：假定在任何一个给定的时间，金融资产的价格以事先规定的比例上升或下降，记上升的比例为 $\mu-1$，下降的比例为 $1-d$。如果基础资产的价格在时间 t 为 S，它可能在时间 $t+\Delta t$ 上升至 uS 或下降至 dS，则相应的看涨期权的价格也相应地上升到 C_u 或下降到 C_d，如图 10.3－1 所示。图 10.3－1 中唯一未知的便是看涨期权在到期日前的一段时期的价格 C。

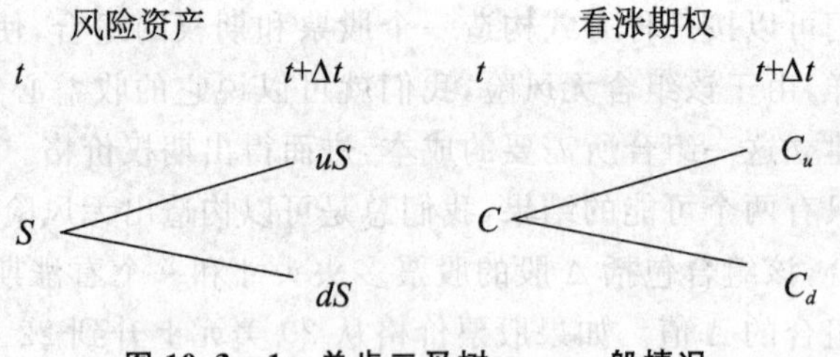

图 10.3－1　单步二叉树—— 一般情况

为了便于对二叉树定价方法的理解，下面我们先看一个具体的例子。

设 $S=100$，$u=1.2$，$d=0.9$，一年期看涨期权的执行价格为 100，依据期权到期时的内在价值决定关系式(10.2.1)可知，如果基础资产价格上升至 120，期权到期时价值为 20；如果基础资产价格下降至 90，期权到期时价值为 0，如图 10.3－2 所示。

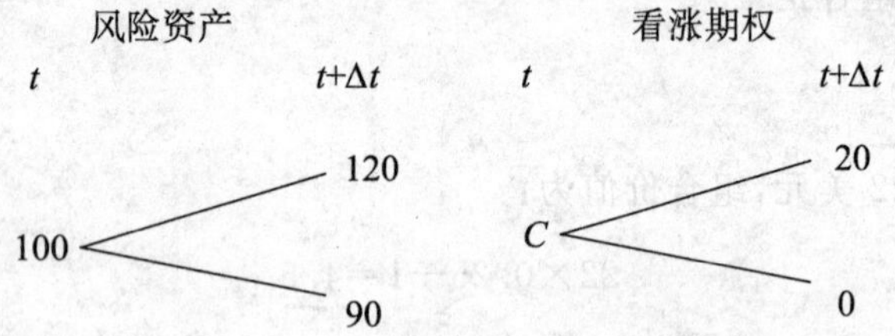

图 10.3－2　单步二叉树——具体实例

考虑这样一个资产组合：(1)以价格 C 卖出一个看涨期权；(2)以价格 100 买入 h 单位基础资产(不妨假定为股票)。

欲使该组合对资产投资者而言不存在套利机会，即该组合为一无风险组合(其收益率为无风险收益率)，确定该组合的 h 值为多少。

表 10－2 显示了组合的初始价值以及到期日股票价格的升、降情况下，资产组合的最终价值。由于该组合不存在套利机会，因此组合的最终价值相等，即 $120h-20=90h$，解得 $h=2/3$。因此，该组合的最终价值是 $120\times2/3-20=60$(或 $90\times2/3=60$)。

表 10－2　看涨期权和基础资产组合的结果

	初始	上升	下降
股票价值	$100h$	$120h$	$90h$
期权价值	C	20	0
组合的总价值	$100h-C$	$120h-20$	$90h$

在无套利机会的情况下，无风险组合的收益率为无风险利率。假设无风险利率为 10%，则构成该组合的初始价值为 60 的现值，即 $60\times e^{-0.1\times1}=54.29$。组合的现值是由股票与期权的初始价值构成的，也就是说，$100h-C=54.29$，解得 $C=12.38$。

这说明，在无套利机会下，期权的当前价值为 12.38。这一价值是通过构造无风险组合所需成本计算出来的。

对于一个无红利支付的股票的看涨期权的一般情况，我们同样可以构造一套利资产组合，

即以价格 C 卖出一个看涨期权；以价格 S 买入 h 股股票。

组合的初始价值以及到期日期股票价格、期权价值的值如表 10－3 所示。在到期日，无套利均衡决定了无论股票价格是升还是降，资产组合的价值均相等，即

表 10－3 看涨期权和基础资产组合的结果

	初始	上升	下降
股票价值	Sh	uSh	dSh
期权价值	C	C_u	C_d
组合的总价值	$Sh-C$	$uSh-C_u$	$dSh-C_d$

$$uSh-C_u=dSh-C_d \tag{10.3.1}$$

解(10.3.1)式得：

$$h=\frac{C_u-C_d}{uS-dS} \tag{10.3.2}$$

由于风险组合是无风险的，因此组合的初始价值必然等于组合到期日以无风险贴现的现值，即

$$(uSh-C_u)e^{-r_fT}\text{或}(dSh-C_d)e^{-r_fT}$$

其中，r_f 为无风险连续年复利；T 为离期满日的时间，以占一年的几分之几表示。

由于构造该组合的成本是 $Sh-C$，因此

$$Sh-C=(uSh-C_u)e^{-r_fT} \tag{10.3.3}$$

将式(10.3.2)式中的 h 值代人(10.3.3)式得

$$C=[qC_u+(1-q)C_d]e^{-r_fT} \tag{10.3.4}$$

其中：

$$q=\frac{e^{-r_fT}}{u-d} \tag{10.3.5}$$

(10.3.4)式和(10.3.5)式即为单步二叉树的定价模型。

二、二步二叉树模型

前面介绍的一期期权定价的方法可以扩展为更长到期日的期权定价。这里我们利用二步二叉树模型分析二期期权的定价问题。在多期二叉树模型中，其基本的分析方法与单期相同，且可利用单期模型的一般结论，只是值得注意的是，多期二叉树所采用的是倒退分析方式，即从二叉树的最右边开始，分枝进行定价，直到二叉树起点的那一枝。二期二叉树模型如图 10.3－2 所示。

设初始股票价格依然为 100，在二步二叉树图的每个单步二叉树中，股票上升 20％或下降 10％($u=1.2,d=0.9$)，且每个单步的期限为 1 年，无风险年利率为 10％，期权的执行价格为 100。

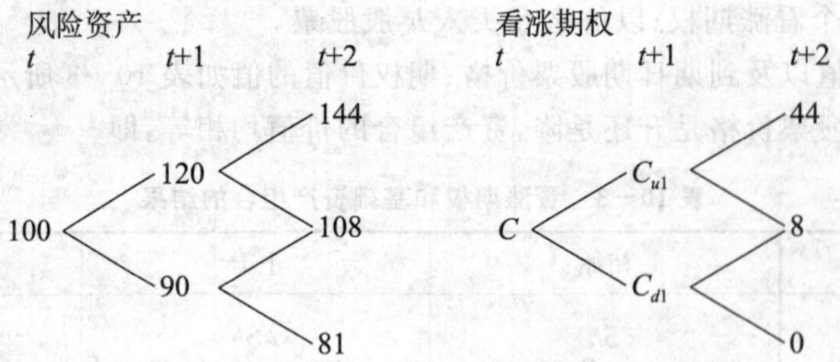

图 10.3－2　两步二叉树—股票与期权价格

在图 10.3.2 中，先分别考虑 $t+1$ 至 $t+2$ 期的两个单期模型，或者说先利用单步二叉树定价模型(10.3.4)式和(10.3.5)式求出 C_{u_1}，C_{d_1} 的值：

$$q=\frac{e^{0.1}-0.9}{1.2-0.9}=0.6839$$

$$C_{u_1}=[0.6839\times 44+(1-0.6839)\times 8]\times e^{-0.1}=29.52$$

$$C_{d_1}=[0.6839\times 8+(1-0.6839)\times 0]\times e^{-0.1}=4.95$$

然后再直接利用(10.3.4)式计算 t 至 $t+1$ 期的单期期权价格，即

$$C=[0.6839\times 29.52+(1-0.6839)\times 4.95]\times e^{-0.1}=19.68$$

$C=19.68$ 就是两期看涨期权价格或期权费。

三、二叉树模型的进一步讨论

(一)二叉树模型的另一种表达

利用二叉树方法对期权定价，另一种可行的方式是利用金融工程学中最主要的分析技术，即复制技术。就前述讨论的单期买入期权来说，还可利用股票与无风险债券的适当组合来复制。由于是对买权价值变动的一种完全复制，故复制组合的成本就是期权的价值。单期买入期权的复制组合以下方式生成：

(1)买入 h 股股票；

(2)借入本金为 B 的无风险资金(卖空无风险债券)。

经复制后，可得复制组合的成本与期权价值之间存在关系

$$C=Sh-B \tag{10.3.6}$$

表 10－4 显示了股票价格上升或下降时无风险债券和看涨期权的价值。无论股票价格上升还是下降，复制的结果总是能保证期权的价值等于复制组合的价值。即：

表 10－4　利用股票与无风险债券复制看涨期权

	初始	上升	下降
股票价值	Sh	uSh	dSh
无风险债券的价值	B	$Be^{r_f T}$	$Be^{r_f T}$
期权价值	C	C_u	C_d

$$\begin{cases} uSh - Be^{r_f T} = C_u \\ dSh - Be^{r_f T} = C_d \end{cases} \tag{10.3.7}$$

整理得：

$$\begin{cases} B = (uSh - C_u)e^{-r_f T} \\ B = (dSh - C_d)e^{-r_f T} \end{cases} \tag{10.3.8}$$

将(10.3.7)式与(10.3.8)式代入(10.3.6)式得

$$C = Sh - (uSh - C_u)e^{-r_f T} \tag{10.3.9}$$

$$C = Sh - (dSh - C_d)e^{-r_f T} \tag{10.3.10}$$

比较(10.3.9)与(10.3.10)式，不难发现二者是完全一致的，所以(10.3.9)或(10.3.10)式就是买入期权的定价公式。

利用(10.3.8)式可以求出复制组合中股票与无风险证券的具体头寸，即 h，B 的值。

由(10.3.8)式得

解得

$$h = \frac{C_u - C_d}{uS - dS} = \frac{C_u - C_d}{S(u-d)} \tag{10.3.11}$$

将(10.3.11)式代入(10.3.8)式得

$$B = \left(uS \cdot \frac{C_u - C_d}{uS - dS} - C_u\right)e^{-r_f T} = \frac{dC_u - uC_d}{u-d}e^{-r_f T} \tag{10.3.12}$$

以上分析说明，投资者只要构筑一个由(10.3.11)式决定的股票多头和由(10.3.12)式决定的无风险债券空头的投资组合，就可以完全复制该股票的买入期权。

对于多期期权，投资者只要在二叉树模型中根据式(10.3.11)和式(10.3.12)不断地调整股票与无风险债券的头寸 h 与 B，同样也能实现对期权的复制。

比较期权定价的无套利资产组合与复制组合，不难发现构筑股票多头头寸的 h 是完全一致的，(这也是为什么我们在两种方法中采用相同符号的原因)，因此，h 值在期权定价中具有特殊的意义。

(二)保值匹配率

期权的保值匹配率是指，当基础资产的价格变化了一个单位时，期权价值变化的单位数。依此定义，可得期权保值匹配率为$\frac{\partial C}{\partial S}$。由(10.3.6)式知$\frac{\partial C}{\partial S}=h$，所以保值匹配率就是无套利资产组合或复制组合中股票多头的购买量。这里我们求 C 关于 S 的偏导时，利用了(10.3.6)式，为什么不用(10.3.3)式或(10.3.11)式，请读者自己思考。

有了$\frac{\partial C}{\partial S}=h$ 的关系后，我们就能利用 h 计算期权的保值匹配率。

前述单步与两步例子中的保值匹配率可分别计算如下。

单步二叉树模型例中的保值匹配率

$$h = \frac{20-0}{120-90} = 0.67$$

在两步二叉树模型例中的保值匹配率分别为

$$h_u=\frac{44-8}{144-108}=1$$

$$\frac{8-0}{108-81}=0.30$$

$$\frac{29.52-4.95}{120-90}=0.82$$

图 10.3－3 显示了整个两步二叉树模型的定价过程。

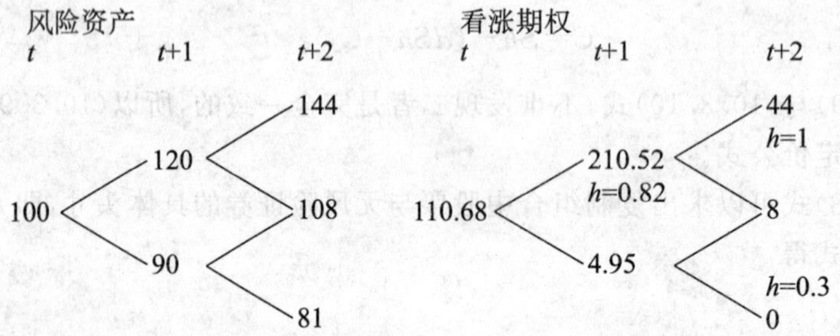

图 10.3－3 两步二叉树——完整过程

第四节 风险中性下的二叉树定价

前面我们所讨论的期权二叉树方法定价，实际上是在风险中性假设的条件下定价的。在风险中性的世界里，每一个人都是风险中性的。在这样的世界里投资者对风险不要求任何补偿，所有证券的期望收益均为无风险利率。

考察期权的二叉树定价模型(10.3.4)，从该式的构成上看，如果变量 q 视为股票价格上升的概率，$(1-q)$则可视为股票价格下降的概率，则期权价值就是预期收益率无风险利率贴现的现值。

反过来看，在风险中性假设下，若投资者将花费在购买期权上的资金 C 用于购买无风险证券，则到期后，其得到一个固定的无风险收益，即 Ce^{r_fT}。但由于投资者没有真正购买无风险证券，而是购买了期权，风险中性假设意味着，投资者购买期权的期望收益等于 Ce^{r_fT}。设投资者获得期权值 C_u 的概率为 q，获得 C_d 的概率则为 $1-q$，则 Black—Scholes 微分方程的购买期权的预期收益为 $qC_u+(1-q)C_d$ 所以有：

$$qC_u+(1-q)C_d=Ce^{r_fT} \tag{10.4.1}$$

若对(10.4.1)式两边同时乘以 e^{-r_fT}，则(10.4.1)式与(10.3.4)式就完全一致了。

由前面分析知，投资者购买期权获得 C_u 的概率 q 与股价上升的概率是一致的，获得 C_d 的概率 $1-q$ 与股价下跌的概率是一致的。为了确定 q 和 $1-q$ 不妨设投资者用资金 M 购买股票，则期望的预期收益为 $E(M)=quM+(1-q)dM$，在风险中性下，$\frac{E(M)}{M}$应等于无风险收益

$e^{r_f T}$。即 $qu+(1-q)d=e^{r_f T}$，解得 $q=\frac{e^{r_f T}-d}{u-d}$，它与(10.3.4)式中的 q 完全一致。

因此，我们就可以将(10.3.4)中的 q 视为风险中性下股价上升的概率，$1-q$ 视作股价下跌的概率。式(10.4.1)也就是风险中性下的二叉树定价模型，其中 $q=\frac{e^{r_f T}-d}{u-d}$。

当我们将 q 和 $1-q$ 作为股价上升与下降的概率后，由于该概率分布服从二项分布特征，所以就不难得到 n 期的一般定价公式为：

$$C=e^{-r_f T}\sum_{j=0}^{n}\left[\frac{n!}{j!\ (n-j)!}\right]q^j(1-q)^{n-j}C_{u^j d^{n-j}} \tag{10.4.2}$$

为了证明上述结论，这里特利用前述单步二叉树定价的例子，进行验证。

在风险中性假设下，股票的预期收益等于无风险利率。因此有 $120q+90(1-q)=100e^{0.1\times 1}$，解得 $q=0.6839$。与式(10.3.5)计算结果一致，即 $q=\frac{e^{r_f T}-d}{u-d}=\frac{e^{0.1}-0.9}{1.2-0.9}=0.6839$。由此可知，一年后，看涨期权价值为 20 的概率为 0.6839，价值为 0 的概率为 0.3161。从而得，看涨期权的预期价值为：$0.6839\times 20+0.3161\times 0=13.678$。

利用无风险利率折现得当前价值为

$$13.678e^{-0.1}=12.38$$

这一结果与上一节所得结果相同，说明无套利理论与风险中性定价的方法具有相同的结论。

第五节 随机游走模型及布朗运动

一、随机过程及布朗运动

(一)随机过程(stochastic process)

1. 随机过程的概念

随机过程可以简单的定义为一族随机变量，即指定一参数集，对于其中每一参数点 t 指定一个随机变量 $x(t)$。以 ω 表示随机变量 $x(t)$ 的定义域中的一点，并以 $x(t,\omega)$ 表示随机变量在 ω 的值，则随机过程就由刚才定义的点 $X(t,\omega)$ 的函数以及概率的分配完全确定。如果固定 t，这个二元函数就定义一个 ω 的函数，即以 $x(t)$ 表示的随机变量。

实际上，随机过程 $\{X(t),t\in T\}$ 是一个二元函数：

①对于每一个固定的时刻 $t_0\in T$，$X(t_0)$ 是一个随机变量，并称作随机过程 $X(t)$ 在 $t=t_0$ 时的一个状态，它反映了 $X(t)$ 的随机性。

②对于每一个 $\omega_0\in\Omega$，$X(t)$ 是一个确定的样本函数，它反映了 $X(t)$ 的变化过程。

2. 随机过程的分类

随机过程按照参数集(时间)可分为离散时间随机过程和连续时间随机过程；按照变量取值可分为离散变量随机过程和连续变量随机过程。

随机过程按照过程的概率结构分类，有独立随机过程、独立增量随机过程、马尔可夫过程和平稳随机过程等。其中，独立增量随机过程是指，随机过程 $\{X(t), t\in T\}$ 对于任意 n 个不同的 $t_1, t_2, \cdots, t_n \in T$，且 $t_1<t_2<\cdots<t_n$，随机变量 $X(t_2)-X(t_1), X(t_3)-X(t_2), \cdots, X(t_n)-X(t_{n-1})$ 是相互独立的。

(二)维纳过程(wiener process)(布朗运动 Brownian motion)

1. 维纳过程的概念

如果随机过程 $\{X(t), t\in T=(0,\infty)\}$ 满足：

①$X(0)=0$；

②$X(t)$ 是其次的独立增量过程；

③对于每一个 $t>0$，有 $X(t)\sim N(0,\sigma^2 t)$，$dY=adt+b\varepsilon\sqrt{dt}$，$dY\sim N(adt, b^2dt)$，则称随机过程 $X(t)$ 为维纳过程或布朗运动过程。$X(t)$ 的均值、方差、协方差及相关函数分别为：

$$E[X(t)]=0$$

$$Var[X(t)]=\sigma^2 t$$

$$Cov[X(t_1), X(t_2)]=R[X(t_1), X(t_2)]=\sigma^2\min(t_1, t_2)$$

其中：$R[X(t_1), X(t_2)]$ 是相关系数。

当 $\sigma=1$ 时，称为维纳过程。对于标准的维纳过程，它可以表述成

$$dX=\varepsilon\sqrt{dt} \tag{10.5.1}$$

其中，ε 为服从正态分布的随机变量，即 $\varepsilon\sim N(0,1)$。因此，dX 也服从正态分布，且 $dX\sim N(0, dt)$ 对于一般化的维纳过程(generalized wiener)，可用：

$$dY=adt+bdX \tag{10.5.2}$$

其中，a 和 b 为常数。dY 服从正态分布，且 $dY\sim N(adt, b^2dt)$。

这个过程指出变量 Y 关于时间和 dX 的动态过程。其中第一项 adt 称之为确定项，它意味着 Y 的期望漂移率是每单位时间为 a。第二项 bdX 称之为随机成分，它表明对 Y 的动态过程添加的可变性或者噪音。这种噪音是由 winner 过程的 b 倍给出的。

当随机成分为零时，$dY=adt$ 或者 $\frac{dY}{dt}=a$。这等价于 $Y=Y_0+at$。

因此，Y 在任何时间的值均由它的初始值 Y_0 加上其漂移乘上时间周期的长度。现在，对于较长的 Δt 及式(10.5.1)，可以把式(10.5.2)改写成：

$$dY=adt+b\varepsilon\sqrt{dt} \tag{10.5.3}$$

与前面一样，由于 ΔY 服从正态分布，其均值为 $a\Delta t$，标准差为 $b\sqrt{\Delta t}$，方差为 $b^2\Delta t$，因此 $dY\sim N(adt, b^2dt)$。

2. 维纳过程的马氏性

所谓马氏性是指，随机过程在时刻 t_{n-1} 状态已知的条件下，它在 $t_n(t_n>t_{n-1})$ 所处的状态仅与时刻 t_{n-1} 的状态有关，而与过程在时刻 t_{n-1} 以前的状态无关。该性质又称为无后效应。

二、随机微分及 ITO 定理

(一)随机微分等式

随机微分等式的形式为：

$$dX(t)=a(X(t),t)dt+b(X(t),t)dW_t \qquad (10.5.4)$$

其中，W_t 表示在无穷小时间间隔 dt 的不可测事件，$a(X(t),t)$和 $b(X(t),t)$分别是漂移率和扩散因子。

(二)ITO 定理

金融模型很少用依赖单个变量的函数来描述，一般采用的是多个变量的函数。ITO 定理是随机分析的基本工具，它使这样的函数可以进行微分。我们将利用 Taylor 级数展开式近似导出 ITO 定理。

设 f 为变量 x 的连续可微函数。如果 Δx 是 x 的一个微小变化，则 f 的一个微小变化为：

$$\Delta f\approx\frac{df}{dx}\cdot\Delta x \qquad (10.5.5)$$

换句话说，Δf 大约等于 f 对 x 的变化率乘以 Δx。误差项包括高阶小量 Δx^2。如果要求更精确的话，可以运用 Δf 的 Taylor 展开式：

$$\Delta f\approx\frac{df}{dx}\cdot\Delta x+\frac{1}{2}\frac{d^2 f}{dx^2}(\Delta x)^2+\frac{1}{6}\frac{d^3 f}{dx^3}(\Delta x)^3+\cdots$$

如果 f 依赖于两个变量 x 和 y，那么 Δf 有类似的结果：

$$\Delta f\approx\frac{\partial f}{\partial x}\cdot\Delta x+\frac{\partial f}{\partial y}\cdot\Delta y \qquad (10.5.6)$$

Δf 的 Taylor 展开式为：

$$\Delta f=\frac{\partial f}{\partial x}\cdot\Delta x+\frac{\partial f}{\partial y}\cdot\Delta y+\frac{1}{2}\frac{\partial^2 f}{\partial x^2}(\Delta x)^2+\frac{1}{2}\frac{\partial^2 f}{\partial y^2}(\Delta y)^2+\frac{\partial^2 f}{\partial x\partial y}\Delta x\Delta y+\cdots \qquad (10.5.7)$$

当 Δx 和 Δy 接近于零时，在极限情况下，方程(10.5.6)变为：

$$df=\frac{\partial f}{\partial x}dx+\frac{\partial f}{\partial y}dy \qquad (10.5.8)$$

考虑一种衍生证券 $f(x,t)$，其价值依赖于时间和资产价格 x。假定 x 遵循一般的 ITO 过程，即：

$$dx=a(x,t)dt+b(x,t)dW \text{ 或 } \Delta x=a(x,t)\Delta t+b(x,t)\varepsilon\sqrt{\Delta t} \qquad (10.5.9)$$

由于 f 是变量 x 和 t 的函数，由式(10.5.7)得到：

$$\Delta f=\frac{\partial f}{\partial x}\cdot\Delta x+\frac{\partial f}{\partial t}\cdot\Delta t+\frac{1}{2}\frac{\partial^2 f}{\partial x^2}(\Delta x)^2+\frac{1}{2}\frac{\partial^2 f}{\partial t^2}(\Delta t)^2+\frac{\partial^2 f}{\partial x\partial t}\Delta x\Delta t+\cdots \qquad (10.5.10)$$

在极限情形下，即当 Δx 和 Δt 趋近于零时，不能略去 Δx^2 项，因为 $\Delta x^2=b^2\varepsilon^2\Delta t+$($\Delta t$ 的高阶项)。

因为 ε 服从具有零期望 $E(\varepsilon)=0$ 和单位方差 $E(\varepsilon^2)-E(\varepsilon)^2=1$ 的正态分布，故 $E(\varepsilon)^2=1$，$E(\varepsilon^2\Delta t)=\Delta t$。$\varepsilon^2\Delta t$ 的方差是与 Δt^2 同阶的，因而当 Δt 趋近于 0 时，$\varepsilon^2\Delta t$ 变为非随机项且等于该值对 Δt 的期望值，即 Δx^2 趋近于 b^2dt，因此，方程(10.5.10)的极限形式为：

$$df=\frac{\partial f}{\partial x}dx+\frac{\partial f}{\partial t}dt+\frac{1}{2}\frac{\partial^2 f}{\partial x^2}b^2 dt \tag{10.5.11}$$

这恰好就是ITO定理。把 dx 用 $a(x,t)dt+b(x,t)dW$ 代入式(10.5.11)得到：

$$df=\left(\frac{\partial f}{\partial x}a+\frac{\partial f}{\partial t}+\frac{1}{2}\frac{\partial^2 f}{\partial x^2}b^2\right)dt+\frac{\partial f}{\partial x}bdW \tag{10.5.12}$$

三、股票价格的行为过程

这里我们仅讨论不付红利股票价格遵循的规律。并假设股票价格变动的百分比收益率遵循一般化的维纳过程。

1. 股票价格变动的ITO过程

设 μ 为股票的期望收益率，σ^2 为股票收益率变动的方差率，则股票价格的瞬时期望漂移率为 μS、瞬时方差率为 $\sigma^2 S^2$，其ITO表达式为：

$$dS=\mu Sdt+\sigma SdW_t \tag{10.5.13}$$

或

$$\frac{dS}{S}=\mu dt+\sigma dW_t \tag{10.5.14}$$

因此，在时间 Δt 内，股票价格的变动率服从均值为 $\mu\Delta t$，标准差为 $\sigma\sqrt{\Delta t}$ 的正态分布，即：

$$\frac{\Delta S}{S}\sim N(\mu\Delta t,\sigma^2\Delta t) \tag{10.5.15}$$

其中，ΔS 为短时间 Δt 后股票价格 S 的变化量。

从ITO定理得到 S 与 t 的函数 $F=F(S,t)$ 遵循的过程为

$$dF=\left[\frac{\partial F}{\partial S}\mu S+\frac{\partial F}{\partial t}+\frac{1}{2}\frac{\partial^2 F}{\partial S^2}\sigma^2 S^2\right]dt+\frac{\partial F}{\partial S}\sigma SdW_t \tag{10.5.16}$$

2. 预期价格的分布特征

股票价格收益率遵循维纳过程的假设表明，股票价格服从对数正态分布，即股票价格的自然对数服从正态分布。

设 $F=\ln S$，则 $\frac{\partial F}{\partial S}=\frac{1}{S}$，$\frac{\partial^2 F}{\partial S^2}=-\frac{1}{S^2}$，$\frac{\partial F}{\partial t}=0$，代入式(10.5.16)中得：

$$dF=(\mu-\frac{\sigma^2}{2})dt+\sigma dW_t \tag{10.5.17}$$

由此可知，时间 Δt 内 F 的变化服从均值为 $(\mu-\frac{\sigma^2}{2})\Delta t$，标准差为 $\sigma\sqrt{\Delta t}$ 的正态分布，即

$$(\ln S_T-\ln S_0)\sim N((\mu-\frac{\sigma^2}{2})\Delta t,\sigma^2\Delta t) \tag{10.5.18}$$

其中，S_0 和 S_T 分别为当前时刻和未来时刻 T 的股票价格。由于 $\ln S_0$ 已知，故根据正态

分布的特征，可得

$$\ln S_T \sim N(\ln S_0 + (\mu - \frac{\sigma^2}{2})\Delta t, \sigma^2 \Delta t) \tag{10.5.19}$$

第六节 布莱克——斯科尔斯(black—Scholes)模型

在二叉树的期权定价模型中，如果标的证券期末价格的可能性无限增多时，其价格的树状结构将无限延伸，从每个结点变化到下一个结点(上涨或下跌)的时间将不断缩短，如果价格随着时间周期的缩短，其调整的幅度也逐渐缩小的话，在极限的情况下，二叉树模型对欧式权证的定价就演变为关于权证定价理论的经典模型：B－S模型(B－S是两位经济学家BLACK和SCHOLES名字的缩写，为了纪念他们发现该模型而用他们的名字命名)。

一、布莱克—斯科尔斯(Black—Scholes)模型的假设条件

股票期权定价模型必须对股票价格怎样随时间变化作出一些假设。如果当前的股票价格为100美元，那么1天后、1周后、或是1年后股票价格的概率分布是怎样的呢?

布莱克—斯科尔斯(Black—Scholes)模型的潜在假设是，(在不支付股利的条件下)短期股票价格变动的百分比大致是服从正态分布的，在连续的几个短时期内股价变动之间是相互独立的。股价变动百分比就是股票的收益率，而在连续时期内发生随机且相互独立变动的变量服从随机游走。除此之外，还包括：

(1)基础资产可以自由买卖，并可分割成若干部分；

(2)基础资产可以卖空；

(3)基础资产可在到期日前不支付股息及其他收入；

(4)以同样无风险利率可以进行借、贷，且连续发生；

(5)期权为欧式期权，到期日前不可行使；

(6)没有税收交易成本和保证金要求；

(7)基础资产价格连续；

(8)基础资产价格和利率的变化在期权内保持一贯。

二、看涨期权的布莱克—斯科尔斯(Black—Scholes)模型

(一)Black—Scholes 微分方程

假设股票价格S遵循上一节讨论的随机过程(10.5.13)，令C是依赖于S的欧式看涨期权的价格，即$C=C(S,t)$，由ITO定理得：

$$dC = [\frac{\partial C}{\partial S}\mu S + \frac{\partial C}{\partial t} + \frac{1}{2}\frac{\partial^2 C}{\partial S^2}\sigma^2 S^2]dt + \frac{\partial C}{\partial S}\sigma S dW_t \tag{10.6.1}$$

且式(10.5.13)与式(10.6.1)的离散形式可分别表示成：

$$\Delta S = \mu S \Delta t + \sigma S \Delta W_t \tag{10.6.2}$$

$$\Delta C=[\frac{\partial C}{\partial S}\mu S+\frac{\partial C}{\partial t}+\frac{1}{2}\frac{\partial^2 C}{\partial S^2}\sigma^2 S^2]\Delta t+\frac{\partial C}{\partial S}\sigma S\Delta W_t \tag{10.6.3}$$

其中，ΔS 为短时间 Δt 后股票价格 S 的变化量，ΔC 为短时间 Δt 后欧式看涨期权价格的变化量。由于(10.6.2)式和(10.6.3)式中均包含 $\Delta W_t(=\varepsilon\sqrt{\Delta t})$ 项（ε 为标准正态分布的随机抽样值），因此股票价格 S 与欧式看涨期权的价格 C 遵循相同的维纳过程。

观察这样一个组合，即卖空一单位的看涨期权，买入 $\frac{\partial C}{\partial S}$ 单位的股票。则组合的价值为：

$$V=-C+\frac{\partial C}{\partial S}S \tag{10.6.4}$$

经 Δt 时间后，组合的价值变化量为

$$\Delta V=-\Delta C+\frac{\partial C}{\partial S}\Delta S \tag{10.6.5}$$

将(10.6.2)式和 (10.6.3)式代入(10.6.5)式得

$$\Delta V=(-\frac{\partial C}{\partial t}-\frac{1}{2}\frac{\partial^2 C}{\partial S^2}\sigma^2 S^2)\Delta t \tag{10.6.6}$$

由于(10.6.6)式不包含 ΔW_t，表明经时间 Δt 后，组合的价值 V 没有风险，因此组合的瞬间收益率必定与其短期无风险证券的收益率相同，否则便会有套利机会使投资者获得无风险收益。在无套利均衡套利条件下，有

$$\frac{\Delta V}{V}=r_f\Delta t \text{ 或 } \Delta V=Vr_f\Delta t \tag{10.6.7}$$

其中：r_f 为风险年利率。

将(10.6.4)式和(10.6.6)式代入(10.6.7)式得：

$$\left(\frac{\partial C}{\partial t}+\frac{1}{2}\frac{\partial^2 C}{\partial S^2}\sigma^2 S^2\right)\Delta t=(C-\frac{\partial C}{\partial S}S)r_f\Delta t$$

经化简后有：

$$\frac{\partial C}{\partial t}+r_f S\frac{\partial C}{\partial S}+\frac{1}{2}\frac{\partial^2 C}{\partial S^2}\sigma^2 S^2=r_f C \tag{10.6.8}$$

这就是著名的 Black—Scholes 微分方程，该方程可以有许多解，它的解取决于衍生证券的边界条件(boundary conditions)。在这里欧式看涨期权关键的边界条件是到期日的价值为 $C=\max(S-X,0)$，它的以无风险利率为贴现因子的现值为：

$$C=e^{-r_f\Delta t}\max(S-X,0) \tag{10.6.9}$$

(二)风险中性的讨论

仔细观察(10.6.8)式不难发现 Black—Scholes 微分方程中并不包含股票的预期收益率 μ（μ 不独立于风险偏好。投资者厌恶风险的程度高，要求的 μ 越大）。方程中出现的变量为股票当前的价格、时间、股票价格方差和无风险利率，它们都独立于风险偏好。

由于方程中不包含风险偏好相关变量，此即意味着风险偏好将不会对方程的解产生影响，因此，在决定 C 的模型中，便可以提出一个简单的假设，即所有投资者都是风险中性的。而在一个所有投资者都是风险中性的世界里，证券的预期收益率均为无风险利率 r_f。所以欧式看涨期权现在价值为 $C=e^{-r_f\Delta t}\max(S-X,0)$，并且，在风险中性的世界里：$\mu=r_f$，所以

$$\ln S \sim N\left(\ln S_0+\left(r_f-\frac{\sigma^2}{2}\right)\Delta t,\sigma^2\Delta t\right) \tag{10.6.10}$$

(三)看涨期权的 Black—Scholes 定价公式

根据边界条件，可以求出(10.6.8)式解的表达式，从而得到 Black—Scholes 定价公式

$$C=N(d_1)S_0-\frac{X}{e^{r_f\Delta t}}N(d_2) \tag{10.6.11}$$

其中：

$$d_1=\frac{\ln(S_0/X)+(r_f+0.5\sigma^2)\Delta t}{\sigma\sqrt{\Delta t}} \tag{10.6.12}$$

$$d_2=\frac{\ln(S_0/X)+(r_f+0.5\sigma^2)\Delta t}{\sigma\sqrt{\Delta t}}$$

$$=d_1-\sigma\sqrt{\Delta t} \tag{10.6.13}$$

其中：S_0 为标的资产当前的市场价格；X 为期权的执行价格；r_f 为无风险连续年复利；Δt 为离期满日的时间，以占一年的几分之几表示；σ 为标的资产的风险，以连续计算的年回报率的标准差来测度；$N(d_1)$ 和 $N(d_2)$ 分别表示在标准正态分布中(期望为 0，方差为 1 的标准正态分布)，出现结果小于 d_1 和 d_2 的累计概率。

例如，某一执行价格为 40 美元、3 个月后到期的看涨期权，其标的股票的市场价格与风险分别为 36 美元和 50%。问该看涨期权的公平价值是多少？

解：在本例中，$X=40,\Delta t=0.25,r_f=0.05,S_0=36,\sigma=0.5$

$$d_1=\frac{\ln(36/40)+(0.05+0.5\times0.5^2)0.25}{0.5\sqrt{0.25}}=-0.25$$

$$d_2=-0.25-0.5\sqrt{0.25}=-0.5$$

$$N(d_1)=N(-0.25)=0.4013$$

$$N(d_2)=N(-0.5)=0.3085$$

将这些值代入(10.6.11)式可得

$$C=0.4013\times36-40/e^{0.05\times0.25}\times0.3085=2.26(\text{美元})$$

即该看涨期权的价值是 2.26 美元。

(四)与二项式定价模型的比较

将二项式期权定价公式(10.3.6)式与 Black—Scholes 模型定价公式(10.6.11)式进行比价可以看出：(1)(10.6.11)式中的 $N(d_1)$ 相当于(10.3.6)式中的 h，即保值匹配率。它对应于投资者在执行某一旨在获得与看涨期权相同回报的投资策略时所应购买的股票数。(2)(10.6.11)式中的 $\frac{X}{e^{r_f\Delta t}}N(d_2)$ 相当于(10.3.6)式中的 B，即作为该投资策略的另一个组成部分，

投资者应借入的无风险资产的数额。$XN(d_2)$为到期日投资者应归还的金额，$Xe^{-r_f\Delta t}$为贴现系数。

这样，看似复杂的 Black—Scholes 期权定价模型便有了一个直观的解释。

（五）静态分析

看涨期权的 Black—Scholes 模型的公平价值取决于 5 个相关变量——标的资产当前的市场价格 S_0、期权的执行价格 X 、离期满日的时间长度 Δt、无风险连续年复利 r_f 以及标的资产的风险 σ。当这 5 个因素中的一个因素发生改变而其他 4 个因素保持不变时，看涨期权的价值将呈现如下的变化规律：

1. 标的资产当前的市场价格 S_0 越高，看涨期权的价值也越高；
2. 期权的执行价格 X 越高，看涨期权的价值越低；
3. 离期满日的时间 Δt 越长，看涨期权的价值也越高；
4. 无风险连续年复利 r_f 越高，看涨期权的价值也越高；
5. 标的资产的风险 σ 越大，看涨期权的价值也越高。

三、看跌期权的布莱克—斯科尔斯(Black—Scholes)模型

（一）看涨—看跌平价

通过 Black—Scholes 看涨期权的定价公式，并利用看涨期权与看跌期权价格之间的“看涨—看跌平价”可以推算出相应的欧式看跌期权的价值。

看涨—看跌平价关系，可以通过构筑以下投资组合来说明：

(1)卖出看涨期权，到期日为 T，离到期日的时间为 Δt，期权执行价格为 X；

(2)买入与看涨期权到期日与执行价格相同的看跌期权；

(3)买入基础资产；

(4)借入与期权执行价格现值($Xe^{-r_f\Delta t}$)相等的一笔无风险资产。

若 S_0 为基础资产的初始市场价格，C 为看涨期权的价格，p 为看跌期权的价格，则完成以上所有交易的现金流为

$$C-p-S_0+Xe^{-r_f\Delta t}$$

到期日时，无论基础资产的价格如何变化，都应归还借款，从而导致 X 的流出($Xe^{-r_f\Delta t}$的终值)。而看涨期权与看跌期权是否被执行，则取决于基础资产的价格。

①在到期日，如果 S_T(基础资产在到期日时的市场价格)$>X$，则看涨期权为价内，买方将行使期权，卖方将以持有的基础资产的价格 X 履约，获得相当于执行价格 X 的资金，恰好可以归还借款；而如果看跌期权为价外则不执行，此时净现金流为 0。

②在到期日，如果 $S_T<X$，则看涨期权为价外，不执行；看跌期权为价内，看跌期权买方执行期权，即他以价格 X 将持有的基础资产卖给期权买方，获得相当于执行价格 X 的资金，恰好可以归还借款，此时，净现金流也为 0。

③在到期日，如果 $S_T=X$，看涨与看跌期权均无价值，此时，可以将基础资产以 X 的价格卖出，从而归还借款，其净现金流仍然为 0。

通过以上分析可以看出，无论基础资产价格如何变化，这组交易组合的最终净现金流均为 0。而如果资产组合的终值为 0，则其初值也应为 0。即 $C-p-S_0+Xe^{-r_f\Delta t}=0$，则欧式看跌期

权的价值 p 为：

$$p=C+\frac{X}{e^{r_f\Delta t}}-S_0 \tag{10.6.14}$$

将(10.6.11)式中的C代入(10.6.14)式中，经简化后整理后可得看跌期权价值

$$p=\frac{X}{e^{-r_f\Delta t}}N(-d_2)-N(-d_1)S_0 \tag{10.6.15}$$

例如，某一执行价格为40美元、3个月后到期的看涨期权，其标的股票的市场价格与风险分别为36美元和50%。问该看跌期权的公平价值为多少？

解：在本例中，$X=40,\Delta t=0.25,r_f=0.05,S_0=36,\sigma=0.5$

$$d_1=\frac{\ln(36/40)+(0.05+0.5\times0.5^2)0.25}{0.5\sqrt{0.25}}=-0.25$$

$$d_2=-0.25-0.5\sqrt{0.25}=-0.5$$

$$N(-d_1)=N(0.25)=0.5987$$

$$N(-d_2)=N(0.5)=0.6915$$

将上述个变量的值代入(10.6.15)式得

$$p=0.6915\times40/e^{0.05\times0.25}-36\times0.5987=5.76(\text{美元})$$

(二)静态分析

看跌期权的Black—Scholes模型的公平价值同样取决于5个相关变量，并呈现如下的变化规律：

1. 标的资产当前的市场价格 s_0 越高，看涨期权的价值也越低；
2. 期权的执行价格X越高，看涨期权的价值越高；
3. 离期满日的时间 Δt 越长，看涨期权的价值也越高；
4. 无风险连续年复利 r_f 越高，看涨期权的价值也越低；
5. 标的资产的风险 σ 越大，看涨期权的价值也越高。

第七节 风险中性的期权定价公式

对一般的读者来说，上节中利用解随机微分方程的方式获得买权定价公式(10.6.11)是比较难以理解的。本节我们介绍风险中性下买权定价的另一种数学推导。虽然这种方法看上去比较复杂，但整个过程在技术层面上却易于掌握，且从推导中我们还能够明确体会(10.6.11)式中 $N(d_1)$ 和 $N(d_2)$ 的统计意义。

一、买权定价公式的数学推导

由期权的基本特征知，期权(买权或看涨期权)的价值为：$\max\{\overline{S}(T)-X,0\}$。其中，$\overline{S}(T)$ 为标的资产在 T 即到日期的预期市场价值，X 为期权合约中的执行价格。在风险中性的世界

里，买权价格应为 $\max\{\bar{S}(T)-X,0\}$ 期望值的现值，即 $c(s(t),t)=e^{-r_f(T-t)}E(\max\{\bar{S}(T)-X,0\})$，其中，$r_f$ 为无风险利率，$s(t)$ 为标的资产的当前价值。

令 $f[\bar{S}(T)]$ 为 $\bar{S}(T)$ 的密度函数，则：

$$c(s(t),t)=e^{-r_f(T-t)}\int_0^{\infty}\max[\bar{S}(T)-X,0]f(\bar{S}(T)] \tag{10.7.1}$$

$$=e^{-r_f(T-t)}\int_X^{\infty}[\bar{S}(T)-X,0]f[\bar{S}(T)]d\bar{S}(T)$$

由于假设标的资产的收益率服从正态分布，标的资产的价格服从对数正态分布，且综合考虑期限 $T-t$（相当于(10.6.11)式中的 Δt），即 $\ln\frac{\bar{S}(T)}{s(t)}\sim N[\bar{\mu}(T-t),\sigma^2(T-t)]$，其中，$\bar{\mu}$ 为标的资产收益率的期望值。令：

$$Z=\frac{\ln\left[\frac{\bar{S}(T)}{s(t)}\right]-\bar{\mu}(T-t)}{\sigma\sqrt{T-t}} \tag{10.7.2}$$

则有 $Z\sim N(0,1)$，由(10.7.2)式有：

$$Z\sigma\sqrt{T-t}+\bar{\mu}(T-t)=\ln\left[\frac{\bar{S}(T)}{s(t)}\right]$$

$$\therefore\frac{\bar{S}(T)}{s(t)}=e^{Z\sigma\sqrt{T-t}+\bar{\mu}(T-t)}$$

$$\therefore\bar{S}(T)=s(t)e^{Z\sigma\sqrt{T-t}+\bar{\mu}(T-t)} \tag{10.7.3}$$

将 $\bar{S}(T)=X$ 代入(10.7.2)即可得到(10.7.1)式的积分下限为：

$$\frac{\ln\left[\frac{\bar{S}}{s(t)}\right]-\bar{\mu}(T-t)}{\sigma\sqrt{T-t}}=-\frac{\ln\left[\frac{s(t)}{\bar{S}(T)}\right]-\bar{\mu}(T-t)}{\sigma\sqrt{T-t}}=-\bar{d} \tag{10.7.4}$$

由(10.7.2)式知，$\bar{S}(T)\to\infty$ 时，$Z\to\infty$，表明(10.7.1)的积分上限仍为∞。因为 $\ln\frac{\bar{S}}{s(t)}\sim N[\bar{\mu}(T-t),\sigma^2(T-t)]$，且 $s(t)$ 为标的资产的当前价格，为已知的正值。所以 $\ln\bar{S}(T)\sim N[\bar{\mu}(T-t)+\ln s(t),\sigma^2(T-t)]$，又由对数正态分布密度函数的具体表达式知：

$$f[\bar{S}(T)]=\frac{1}{\bar{S}(T)\sqrt{2\pi(T-t)}\sigma}\exp\left\{-\frac{1}{2\sigma^2(T-t)}[\ln\bar{S}(T)-\bar{\mu}(T-t)-\ln s(t)]^2\right\}$$

又由 $\mathrm{\bar{S}(T)=s(t)e^{Z\sigma\sqrt{T-t}+\bar{\mu}(T-t)}}$

$$\therefore \mathrm{f[\bar{S}(T)]}=\frac{1}{\mathrm{s(t)e^{Z\sigma\sqrt{T-t}+\bar{\mu}(T-t)}\sqrt{2\pi(T-t)}\sigma}}$$

$$\exp\left\{-\frac{1}{2\sigma^2(\mathrm{T-t})}\left[ln\frac{\mathrm{s(t)e^{Z\sigma\sqrt{T-t}+\bar{\mu}(T-t)}}}{\mathrm{s(t)}}-\bar{\mu}(\mathrm{T-t})\right]^2\right\}$$

$$=\frac{1}{\mathrm{s(t)e^{Z\sigma\sqrt{T-t}+\bar{\mu}(T-t)}\sqrt{2\pi(T-t)}\sigma}}$$

$$\exp\left\{-\frac{1}{2\sigma^2(T-t)}\left[Z\sigma\sqrt{T-t}+\bar{\mu}(T-t)-\bar{\mu}(T-t)\right]^2\right\}$$

$$=\frac{1}{s(t)e^{Z\sigma\sqrt{T-t}+\bar{\mu}(T-t)}\sqrt{2\pi(T-t)}\sigma}$$

$$\exp\left\{-\frac{1}{2\sigma^2(T-t)}Z^2\sigma^2(T-t)\right\}$$

$$=\frac{1}{s(t)e^{Z\sigma\sqrt{T-t}+\bar{\mu}(T-t)}\sqrt{2\pi(T-t)}\sigma}\exp\frac{-z^2}{2}$$

另外，对(10.7.3)式两边求微分得：

$d\bar{S}(T)=s(t)e^{Z\sigma\sqrt{T-t}+\bar{\mu}(T-t)}\cdot\sigma\sqrt{T-t}dz$，所以：

$$f(\bar{S}(T))d\bar{S}(T)=\frac{e^{\frac{-z^2}{2}}}{s(t)e^{Z\sigma\sqrt{T-t}+\bar{\mu}(T-t)}\sqrt{2\pi(T-t)}\sigma}\cdot s(t)e^{Z\sigma\sqrt{T-t}+\bar{\mu}(T-t)}$$

$$\cdot\sigma\sqrt{T-t}dz$$

$$=\frac{e^{\frac{-z^2}{2}}}{\sqrt{2\pi}}dz \tag{10.7.5}$$

将式(10.7.5)代入式(10.7.1)得：

$$c(s(t),t)=e^{-r_f(T-t)}\int_{-\bar{d}}^{\infty}\left[s(t)e^{Z\sigma\sqrt{T-t}+\bar{\mu}(T-t)}-X\right]\frac{e^{-\frac{z^2}{2}}}{\sqrt{2\pi}}dz$$

$$=\int_{-\bar{d}}^{\infty}s(t)e^{Z\sigma\sqrt{T-t}+(\bar{\mu}-r_f)(T-t)}\frac{e^{-\frac{z^2}{2}}}{\sqrt{2\pi}}dz-Xe^{-r_f(T-t)}\int_{-\bar{d}}^{\infty}\frac{e^{-\frac{z^2}{2}}}{\sqrt{2\pi}}dz \tag{10.7.6}$$

则 $z=-\omega+\sigma\sqrt{T-t}$，$z^2=\omega^2-2\omega\sigma\sqrt{T-t}+\sigma^2(T-t)$，且 $d\omega=-dz$，当 $z=-\bar{d}$ 时，$\omega=\bar{d}+\sigma\sqrt{T-t}$，当 $z\to\infty$时，$\omega\to-\infty$，代入(10.7.6)式右边第一项得：

$$\int_{-\bar{d}}^{\infty}s(t)e^{Z\sigma\sqrt{T-t}+(\bar{\mu}-r_f)(T-t)}\frac{e^{-\frac{z^2}{2}}}{\sqrt{2\pi}}dz$$

$$=\int_{\bar{d}+\sigma\sqrt{T-t}}^{-\infty}s(t)e^{(-\omega+\sigma\sqrt{T-t})\sigma\sqrt{T-t}+(\bar{\mu}-r_f)(T-t)}\frac{e^{-\frac{1}{2}[\omega^2-2\omega\sigma\sqrt{T-t}+\sigma^2(T-t)]}}{\sqrt{2\pi}}(-d\omega)$$

$$=\int_{\bar{d}+\sigma\sqrt{T-t}}^{-\infty}s(t)e^{-\omega\sigma\sqrt{T-t}+\sigma^2(T-t)+(\bar{\mu}-r_f)(T-t)}e^{\omega\sigma\sqrt{T-t}-\frac{1}{2}\sigma^2(T-t)}\frac{e^{-\frac{\omega^2}{2}}}{\sqrt{2\pi}}(-d\omega)$$

$$=\int_{\bar{d}+\sigma\sqrt{T-t}}^{-\infty}s(t)e^{\frac{1}{2}\sigma^2(T-t)+(\bar{\mu}-r_f)(T-t)}\frac{e^{-\frac{\omega^2}{2}}}{\sqrt{2\pi}}(-d\omega)$$

$$=s(t)e^{\frac{1}{2}\sigma^2(T-t)+(\bar{\mu}-r_f)(T-t)}\int_{-\infty}^{\bar{d}+\sigma\sqrt{T-t}}\frac{e^{-\frac{\omega^2}{2}}}{\sqrt{2\pi}}d\omega \tag{10.7.7}$$

对式(10.7.6)中得第二项，令 $z=-\omega$，当 $z=-\bar{d}$ 时，$\omega=\bar{d}$。当 $z\to\infty$时，$\omega\to-\infty$，则有：

$$\int_{-\bar{d}}^{\infty}\frac{e^{-\frac{z^2}{2}}}{\sqrt{2\pi}}dz=\int_{-\infty}^{\bar{d}}\frac{e^{-\frac{\omega^2}{2}}}{\sqrt{2\pi}}(-d\omega)=\int_{-\infty}^{\bar{d}}\frac{e^{-\frac{\omega^2}{2}}}{\sqrt{2\pi}}d\omega \tag{10.7.8}$$

再将式(10.7.8)、(10.7.7)代入式(10.7.6)得：

$$\begin{aligned}c(s(t),t)&=s(t)e^{\frac{1}{2}\sigma^2(T-t)+(\bar{\mu}-r_f)(T-t)}\int_{-\infty}^{\bar{d}+\sigma\sqrt{T-t}}\frac{e^{-\frac{\omega^2}{2}}}{\sqrt{2\pi}}d\omega-Xe^{-r_f(T-t)}\int_{-\infty}^{\bar{d}}\frac{e^{-\frac{\omega^2}{2}}}{\sqrt{2\pi}}d\omega\\&=s(t)e^{(\bar{\mu}-r_f+\frac{1}{2}\sigma^2)(T-t)}\int_{-\infty}^{\bar{d}+\sigma\sqrt{T-t}}\frac{e^{-\frac{\omega^2}{2}}}{\sqrt{2\pi}}d\omega-Xe^{-r_f(T-t)}\int_{-\infty}^{\bar{d}}\frac{e^{-\frac{\omega^2}{2}}}{\sqrt{2\pi}}d\omega\end{aligned} \tag{10.7.9}$$

由于 $\bar{\mu}=r_f-\frac{1}{2}\sigma^2$（后面加以说明），因此 $e^{(\bar{\mu}-r_f+\frac{1}{2}\sigma^2)(T-t)}=1$，代入式(10.7.9)得：

$$c(s(t),t)=s(t)N(\bar{d}+\sigma\sqrt{T-t})-Xe^{-r_f(T-t)}N(\bar{d})$$

令 $d_2=\bar{d}$，$d_1=\bar{d}+\sigma\sqrt{T-t}=d_2+\sigma\sqrt{T-t}$，即期权定价公式为：

$$c(s(t),t)=s(t)N(d_1)-Xe^{-r_f(T-t)}N(d_2) \tag{10.7.10}$$

比较式(10.7.10)与(10.6.11)，不难发现两者是完全一样的。

二、$N(d_2)$的统计意义

因为：

$$\begin{aligned}P(\bar{S}(T)>X)&=P[s(t)e^{Z\sigma\sqrt{T-t}+\bar{\mu}(T-t)}>X]=P\left[e^{Z\sigma\sqrt{T-t}+\bar{\mu}(T-t)}>\frac{X}{s(t)}\right]\\&=P\left[Z\sigma\sqrt{T-t}+\bar{\mu}(T-t)>\ln\left(\frac{X}{s(t)}\right)\right]\\&=P\left[Z>\frac{\ln\left(\frac{X}{s(t)}\right)-\bar{\mu}(T-t)}{\sigma\sqrt{T-t}}\right]\\&=P\left[Z>-\frac{\ln\left(\frac{s(t)}{X}\right)+\bar{\mu}(T-t)}{\sigma\sqrt{T-t}}\right]\\&=P\left[\omega<\frac{\ln\left(\frac{s(t)}{X}\right)+\bar{\mu}(T-t)}{\sigma\sqrt{T-t}}\right]\qquad(\text{令 }\omega=-z)\end{aligned}$$

即有：

$$P(\bar{S}(T)>X)=P(\omega<d_2)=N(d_2) \tag{10.7.11}$$

式(10.7.11)表明，$N(d_2)$为标的资产到期时的价格大于执行价的累积概率，或标准正态分布下随机变量取值小于 d_2 的累积概率。同样可得 $N(d_1)$的统计意义，作为练习，请读者自己证明。

三、对 $\bar{\mu}=r_f-\frac{1}{2}\sigma^2$ 的解释

记 r_i 为不同时期股票收益率，并假设：①r_i 独立分布；②股票的价格变化是连续的。

$\ln\left[\frac{\bar{S}(T)}{s(t)}\right] \sim N(\bar{\mu}(T-t), \sigma^2(T-t))$意味着

$$E\left\{\ln\left[\frac{\bar{S}(T)}{s(t)}\right]\right\} = \bar{\mu}(T-t), \operatorname{Var}\left\{\ln\left[\frac{\bar{S}(T)}{s(t)}\right]\right\} = \sigma^2(T-t)$$

在概率论中已经证明，当

$Z \sim N(0,1)$时，有 $E(e^{tZ}) = e^{\frac{1}{2}t^2}$（矩母函数或特征函数），所以 $E(e^{Z\sigma\sqrt{T-t}}) = e^{\frac{1}{2}\sigma^2(T-t)}$。

对式(10.7.3)求期望，并将 $E(e^{Z\sigma\sqrt{T-t}}) = e^{\frac{1}{2}\sigma^2(T-t)}$ 代入得：

$$E(\bar{S}(T)) = s(t)e^{\bar{\mu}(T-t)}E(e^{Z\sigma\sqrt{T-t}}) = s(t)e^{\bar{\mu}(T-t)+\frac{1}{2}\sigma^2(T-t)} \tag{10.7.12}$$

又由风险中性假设，有 $E(\frac{\bar{S}(T)}{s(t)}) = e^{r_f(T-t)}$，即：

$$E(\bar{S}(T)) = s(t)e^{r_f(T-t)} \tag{10.7.13}$$

比较式(10.7.12)与式(10.7.13)得 $e^{r_f(T-t)} = e^{\bar{\mu}(T-t)+\frac{1}{2}\sigma^2(T-t)}$，两边取对数得：$r_f(T-t) = \bar{\mu}(T-t)+\frac{1}{2}\sigma^2(T-t)$，所以 $r_f = \bar{\mu} + \frac{1}{2}\sigma^2$，即：

$$\bar{\mu} = r_f - \frac{1}{2}\sigma^2 \tag{10.7.14}$$

布莱克—斯科尔斯第一个期权定价公式于 1973 年发表之后，立刻在金融学界引起了极其广泛的关注，此后的一批金融学家在继承该成果的基础上推出了多种期权定价的变形公式，其中以莫顿在期权定价理论的完善和推广方面做出的贡献最为突出。正是因为在期权定价理论上的巨大贡献，莫顿和斯科尔斯荣获了 1997 年度的诺贝尔经济学奖（布莱克不幸于 1995 年去世）。人们今天将布莱克—斯科尔斯 1973 年的研究成果视为现代金融学的里程碑。这不仅表现在实践中它极大地推动了衍生工具市场的发展，而且表现在理论上，期权定价公式克服了未来标的资产价格不可知的局限，实现了仅通过标的资产的当前价格为期权定价的梦想。

第八节　相关变量对期权价值的影响

由布莱克—斯科尔斯期权定价公式可知有六种因素影响股票期权价值：(1)股票的现价，S_0；(2)执行价格，K；(3)到期期限，T；(4)股票价格的波动率，σ；(5)无风险利率，r；(6)期权有效期内预计发放的股利。

本节我们将分析当其中一个因素发生变化而其他因素保持不变时，期权价格会怎样变化。表 10—5 对此进行了总结。

一、股票价格和执行价格变动对期权价值的影响

如果在未来某一时间执行看涨期权，其收益是股票价格执行价格的差额。因此，看涨期权的价值随着股票价格的上升而上升，随着执行价格的上升而下降。对于看跌期权而言，执行期权的收益为执行价格减股票价格的差额。因此，看跌期权的价值随着股票价格的上升而下降，随着执行价格的上升而上升。图 10.8—1 中的(a)(b)(c)和(d)阐述了看跌期权和看涨期权价

表 10－5　其他变量保持不变时一个变量增加对股票期权价值的影响

变量	欧式看涨期权	欧式看跌期权	美式看涨期权期权	美式看跌期权
股票现价	＋	—	＋	—
执行价格	—	＋	—	＋
到期期限	?	?	＋	＋
波动率	＋	＋	＋	＋
无风险利率	＋	—	＋	—
股利	—	＋	—	＋

注：＋表示变量的增加会带来期权价值的上升；—表示变量的增加会带来期权价值的下跌；? 表示关系不确定。

格随股票价格和执行价格变化的方式。

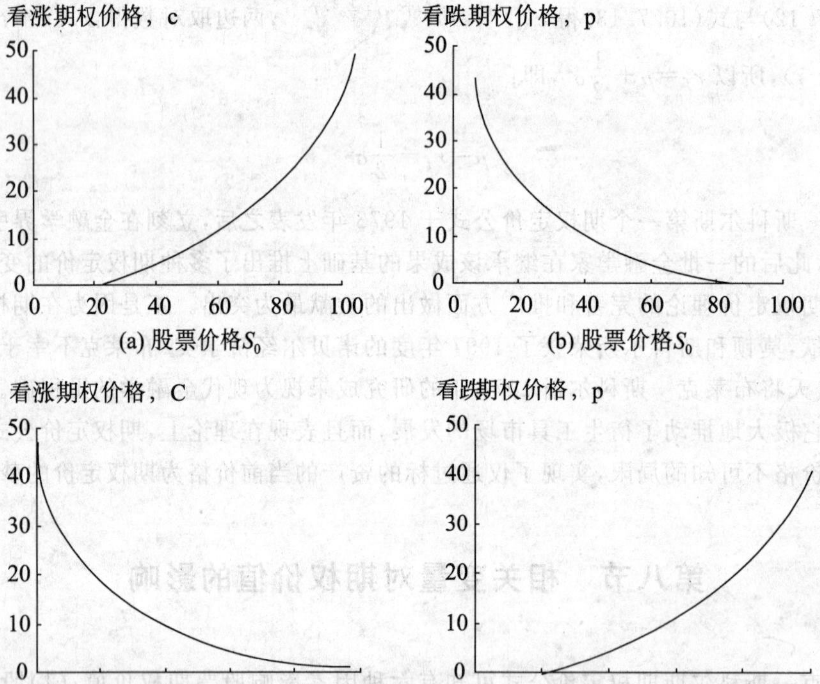

图 10.8－1　当 $S_0=50, K=50, r=5\%, \sigma=30\%$, T=1 时，股票价格、执行价格对期权价格的影响

二、到期期限变动对期权价值的影响

下面考虑到期期限对期权价格的影响。随着到期期限的增加，美式看涨期权和美式看跌期权的价值都会增加。为了说明这一点，考虑到期日不同外其他条件都相同的两个期权，期限较长的期权的持有者比期限较短的期权持有者拥有更多执行期权的机会。因此，期限长的期权价值必定大于或是等于期限短的期权价值。

尽管欧式看涨和看跌期权的价值通常也会随到期期限的增加而增加（例如图 10.8－2(a)

(b)),但是这一关系并不总是成立。为说明这一点,考虑两个股票欧式看涨期权:一个到期期限为1个月,另一个为2个月。假设预计在6周后会有大量股利支付,股利会使股票价格下降,这样期限短的期权就会超过期限长的期权价值。

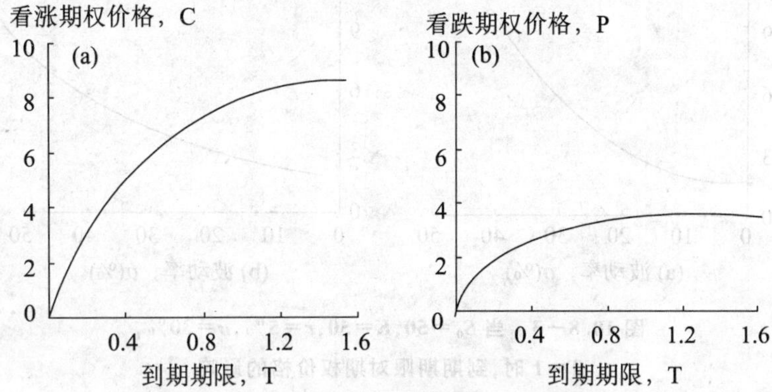

图 10.8-2 当 $S_0=50,K=50,r=5\%,\sigma=30\%$,
$T=1$ 时,到期期限对期权价格的影响

三、波动率变动对期权价值的影响

何谓波动率,简单地说,股票的波动率(volatility)是用来衡量未来股票价格变动的不确定性的。随着波动率的增加,股票价格上升到很高或是很低的机会随之而增加。对于股票持有者而言,这两种结果会相互抵消。但是对于看涨期权和看跌期权的持有者来说,情况则不同了。看涨期权的持有者可以从股价上升中获利,而股价下降给其带来的损失只是期权费,因而股价下跌带来的风险是有限的。同样,看跌期权的持有者可以从股价下跌中获利,但股价上升给其带来的风险是有限的。因此,随着波动率的上升,看涨期权和看跌期权的价值都在增加。(见图 10.8-3(a)(b))。

四、无风险利率变动对期权价值的影响

无风险利率对期权价格的影响不是那么直接。当整个经济中的利率上升时,投资者要求的股票的期望回报率会趋于上升。此外,期权持有者收到的未来现金流的现值将会减少。这两种作用综合起来会增加看涨期权的价值,而降低看跌期权的价值(见图 10.8-4(a)(b))

需要强调的是,以上结论都是建立在当利率变化时其他变量都保持不变的基础上。尤其是我们假设利率变化时股票价格保持不变。而实际上当利率上升(下降)时,股票价格趋于下降(上升)。利率上升和随之而来的股利下跌的净效应将会降低看涨期权的价值而增加看跌期权的价值。同样,利率下降和随之而来的股价上升的净效应将会增加看涨期权的价值而降低看跌期权的价值。

五、股利变动对期权价值的影响

在除息日股利会降低股票的价格,这对于看涨期权的价值而言是不利消息,而对于看跌期权价值而言则是个好消息。因此,看涨期权价值与预期股利的大小负相关,而看跌期权价值则与预期股利的大小正相关。

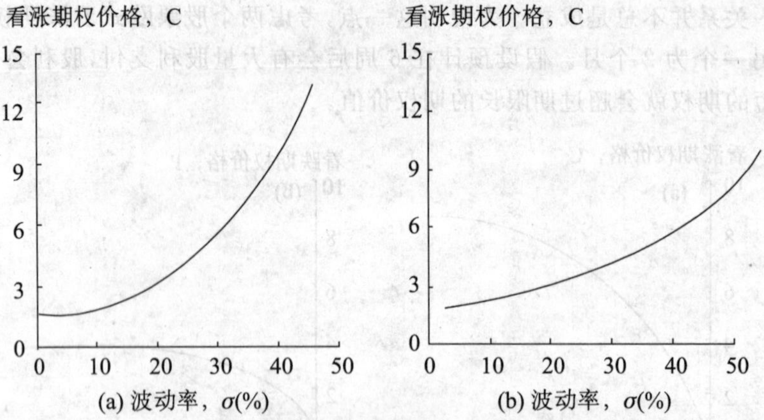

图 10.8－3　当 $S_0=50, K=50, r=5\%, \sigma=30\%$，$T=1$ 时，到期期限对期权价格的影响

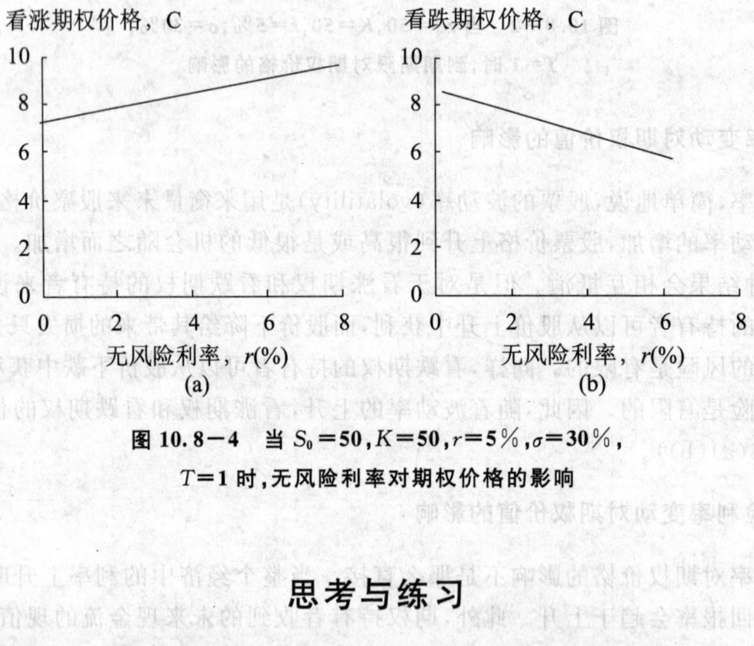

图 10.8－4　当 $S_0=50, K=50, r=5\%, \sigma=30\%$，$T=1$ 时，无风险利率对期权价格的影响

思考与练习

1. 什么是期权，与远期交易和期货交易相比，期权交易有哪些特点。

2. 期权有哪些主要的分类。

3. 什么是期权的内在价值，看涨、看跌期权的内在价值是如何确定的。

4. 为什么说风险中性下的二项式定价与无套利方法对期权定价的结论是一致的。

5. 怎样理解 Black－Scholes 期权定价模型的里程碑意义。

6. 决定看涨(看跌)期权的 Black－Scholes 价值的五个因素的变化如何影响期权价值的变化。

7. 某一年期看涨期权的执行价格的执行价格为 45 美元/股，标的资产为某上市公司的股票，其现货价格为 40 美元/股，在期权有效期内，该股票价格每半年发生一次变动，或上涨 15%，或下跌 10%。设市场无风险利率为 8%。问：该看涨期权的价值为多少？该看涨期权的保值匹配率为多少？

8. 某一看涨期权的执行价格为 45 美元，6 个月后到期，该期权标的资产的市场价格与风险分别为 48 美元和 60%。如果无风险利率为 6%，则该看涨期权的公平价值为多少？如果其他条件不变，该期权为看跌期权时，其公平价值为多少？

第十一章 VaR 与风险管理

本章学习目标

风险管理是通过数量化风险量度逐步发展起来的，假如没有风险的数量化量度，就不可能控制风险或设置限额。近年来，这种数量化量度已得到了极大地改进。VaR(Value at Risk)即风险价值或受险价值，是度量与控制金融风险的最有力的工具，它借助统计学的思想与方法来评估金融机构资产价值中暴露于风险中的风险大小，是现代风险管理的理论基础。

第一节 置信水平与统计预测

置信水平与统计预测是 VaR 方法应用的统计学基础。这其中最重要的也就是统计推断与参数估计的问题。

统计推断是利用样本的数据对总体的数量特征作出具有一定可靠程度的估计和判断。统计推断的基本内容有参数估计和假设检验两方面。概括地说，研究一个随机变量，推断它具有什么样的数量特征，按什么样的模式来变动，这就是估计理论的内容，而推测这些随机变量的数量特征和变动模式是否符合我们事先所作的假设这属于检验理论的内容。参数估计又包括点估计和区间估计。

点估计又称定值估计，它是直接以样本统计量作为相应总体参数的估计量。例如根据某地区样本资料计算粮食亩产量 650 公斤，就以这个数字作为全地区粮食亩产水平的估计值。点估计的优点在于它能够提供总体参数的具体估计，可以作为行动决策的数量依据。但点估计也有不足之处，任何点估计不是对就是错，并不能提供误差情况如何，误差程度有多大的信息。

点估计几乎不可能做到完全精确，更谈不上有多大的置信度。如果换一种思路，估计总体参数落在某一区间内，这就有把握多了。区间估计是根据给定的置信度要求，指出总体参数被估计的上限和下限。一般地说，对于总体被估参数 θ，找出样本的两个估计量 $\hat{\theta}_1$ 和 $\hat{\theta}_2$（其中 $\hat{\theta}_2 > \hat{\theta}_1$）使被估参数落在区间 $(\hat{\theta}_1, \hat{\theta}_2)$ 内的概率为 $1-\alpha$，其中 α 为介于 0—1 之间的已知数。即

$$P(\hat{\theta}_1 \leq \theta \leq \hat{\theta}_2) = 1-\alpha \qquad (11.1.1)$$

称区间 $(\hat{\theta}_1, \hat{\theta}_2)$ 为总体参数的估计区间，$\hat{\theta}_1$ 为估计下限，$\hat{\theta}_2$ 为估计上限，$1-\alpha$ 为估计置信度，α 为显著性水平。如图 11.1—1 所示。

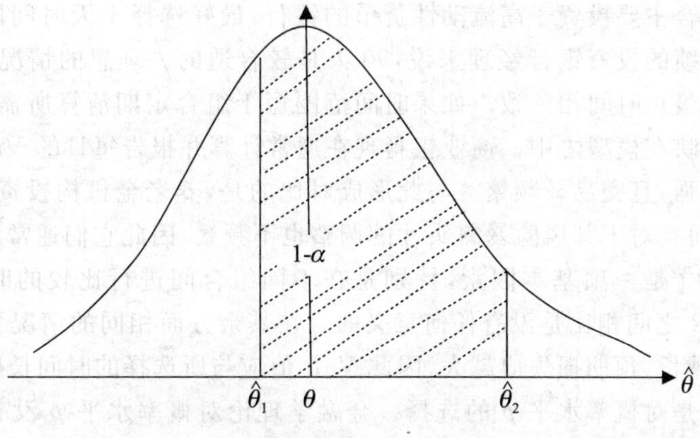

图 11.1—1 正态分布图

区间估计的特点是它不是指出被估参数的确定数值，而是指出被估参数的可能范围，同时对参数落在这一范围内给定相应的概率保证程度。

现在我们在此基础上引入统计预测的概念。统计预测是以实际统计资料为基础，按照事物的内在联系及其发展规律，运用统计方法，揭示现象的变化特征和数量关系，对其未来发展状况进行估计和推断的方法。

统计预测的步骤主要包括：一是确定预测对象，搜集资料。预测对象即预测所要解决的问题，包括具体的预测目标和指标。信息资料是统计预测的基础，包括数据资料和定性分析资料，资料的搜集在预测之前就要完成，数据资料要求内容完整、准确、具有可比性。二是建立预测模型。资料审核、整理后，要分析其结构形式和变化趋势，提出能够描述其变动特征的预测模型，并估计出模型参数。三是检验预测模型，用于预测。统计模型估计后一般要经过检验才能用于预测。四是分析预测误差，改进预测模型。由于预测结果可能出现随机误差和非随机误差，对预测结果进行客观评价，确切掌握误差范围与程度，努力提高预测精确度，就成为统计预测本身一个必不可少的环节。

第二节 VaR 简介

本节对 VaR 方法先做一个总体上的介绍，让读者对 VaR 的基本概念和特征有个认识。在后面的各小节中会对 VaR 方法展开深度分析。

首先对于什么是 VaR 有许多不同的定义。在 VaR 的开山之作中，P. Jorion 是这样定义的："VaR 是给定的置信水平和目标时段下预测的最大损失（或最坏情况下的损失）"。皮埃特罗·潘泽和维普·K·班塞尔认为："VaR 作为一个统计概念，本身不过是个数字，它是指一家机构（我们以银行为例）面临"正常"的市场波动时，相信自己的资产组合可能遭受的最大损失"。现在我们给出 VaR 的正式定义：一家实体机构的 VaR 是指这样一种损失额，给定概率 p 和持有期限 t 日，在 t 日持有期内预计超过这一损失的概率不会大于 p。由此可知 t、p 以及期望收益概率函数决定了 VaR。

对时间范围 t 的选择主要是主观行为，与银行/金融机构的业务和所分析的资产组合类型有关。对于交易组合主要投资于高流动性货币的银行，最好选择1天时间段。对于需按季度调整组合并报告业绩的投资银行经理来说，90天是较合适的。理想的情况是，时间范围与组合定期清算所需的最长时间相一致。如果时间范围短于组合定期清算所需的时间，则必须把流动性风险明确反映在模型之中。商业银行现在通常计算并报告每日的VaR值，这是因为其资产组合的流动性强，且交易较频繁。与此形成对比的是，养老金机构投资者，通常投资于流动性不强的资产，而且对于其风险暴露头寸的调整也不频繁，因此它们通常计算并报告每月的VaR值。时间范围t是一项基本因素，特别是在不同组合间进行比较的时候，因为10天的VaR和1天的VaR之间相比是没有任何意义的。在其余方面相同的情况下，前者比后者大。从直觉来看，时间越长，预期损失应越大，因此VaR值应与所选择的时间长度正相关。

另一个因素就是对概率水平p的选择。金融学理论对概率水平p没有提供任何指导原则，它主要取决于风险管理系统如何解释VaR值。在5%或1%的损失概率是否应被视为"极端情形"，从风险管理经理的角度来看，就只是个选择的问题。在实践中，使用VaR系统的商业银行选择不同的概率水平：美国的花旗银行采用的是95.4%的置信水平、J. P摩根银行和美洲银行均采用的是95%的置信水平，银行信托公司采用的是99%的置信水平。由于概率水平p是个极端情形，因此p值越小（置信水平$1-p$越大），相应的VaR值应越大。

不同置信水平的选择影响是否显著要视其用途而定，如果所得置信水平用于决定需多少铺底资金，那么置信水平的选取非常关键。所选定的置信水平应反映公司对风险的回避程度及超过VaR的损失成本。风险回避程度越高，损失成本越大，表明弥补损失所需的资本量越大，从而置信水平也越高。而如果得到的VaR只是作为一种公司内部比较不同市场风险的尺度，置信水平的选择就显得不那么重要。

最后，期望收益率的概率函数的选择也是影响VaR水平的重要因素。计算VaR，要求期望收益率（或组合的与其价格变动）概率密度函数为已知，或可由已知的分布推导出来。目前所是用的假设分布是正态分布。该假设大大简化了VaR繁重的运算负担，为风险管理者提供了一套功能强大的统计工具。采用正态分布是因为几乎所有已知的推论性统计方法的出发点都是正态假设，它在理论上已经过中心极限定理的证明。然而，关于资产收益率的大量实证分布在均值附近峰值比正态分布高，而尾部则比正态分布粗的结论与正态分布假设不完全一致，这使人们对用正态假设计算的VaR值产生怀疑。今天，一部分金融学家或统计学家开始将该领域的研究重心转向对资产收益率概率分布的估计上。显然，这一工作对于提升VaR的实际应用价值是至关重要的。

通过上面的分析，我们总结一下VaR的主要特征：

1. VaR是个总结性度量值。度量特定风险的总结性方法很长时间以前就已经存在了，但VaR却是一种独特的风险度量方法，它在综合框架下考虑了市场风险所有可能的来源，可以事前计算风险，不像以往风险管理的方法都是在事后衡量风险大小。

2. VaR不仅能计算单个金融工具的风险，还能计算由多个金融工具组成的投资组合风险，这是传统金融风险管理所不能做到的。VaR要求用随机形式表达一个组合未来的损益（以下称P&L），以致未来的每个预期，P&L或P&L的区间都可以与其所发生的概率同时表达。通过预期历史数据并把它们用于对未来的预测或者通过为预期的P&L假设一个合适的概率/密度函数均可以做到这一点。

3. VaR值依赖于所选择的时间范围。让我们举个例子作为启发，对于一个给定的组合，人们会预期一天的 VaR 值比一个月的 VaR 值小一些。这不过是个常识:给定一只股票,持有一个月的预期 P&L 一般会比同一只股票持有一天的预期 P&L 大得多(用绝对值衡量)。

4. VaR 取决于所选择的概率水平。事实上,我们希望在设定的时间范围内未来实际发生的损失超过给定概率下(例如 5%)的 VaR 水平。概率越大,VaR 越小(但作用也更小)。

第三节 VaR 的计算

一、VaR 计算中的相关问题

计算单个资产或资产组合的 VaR 时,要经过两个重要的基本步骤:

(1)测算资产/组合对市场的因素的敏感性。

(2)测算所考虑时间段市场收益率的(联合)概率分布。

关于组合相对于市场收益率的敏感性的假设是 VaR 计算过程中的基础环节。在选择市场因素时,有一定程度的任意性。这种选择显然要依赖于金融学理论,但精巧的模型也不能保证能完全解释资产收益率的变动。特别是对于股票而言,诸如 CAPM 或 APT 一类的标准模型的解释能力就相对薄弱。

我们假设分布是正态分布。但收益率的实际时间序列与正态分布的标准假设有一定的出入,特别是这些序列呈现出尖峰形态(即在均值处高于正态分布,而在尾部粗于正态分布)。粗尾的意义显而易见,小概率事件的发生概率大于正态分布的情况。如果实际分布呈尖峰形态,但仍然用正态分布计算 VaR 时,就会低估风险。为解决这一问题,可采取两种方法:

(1)在给定的概率水平上测算风险时,扩大与均值之间的距离。

(2)用不同的分布来表示市场因素的波动。例如帕累托稳定分布。

二、VaR 计算方法

(一)参数法计算 VaR

参数方法是计算 VaR 最常用的方法,该方法假设收益率服从正态分布参数方法主要有以下四种:(1)组合—正态法;(2)资产—正态法(Risk Metrics 模型采用的方法);(3)δ—正态法;(4)$\delta-\gamma$ 法。

前三种方法假设组合的现金流为线性,最后一个模型假设现金流非线性。现在我们只介绍前三种方法。

1. 组合—正态法

组合—正态法把 VaR 看作是组合收益率标准差等一系列元素的乘积,即

$$VaR = \alpha\sigma_P\sqrt{t} \tag{11.3.1}$$

其中,α 为常数,决定标准正态分布的单尾置信区间;σ_P 为组合收益率在选定时间段的标准差。$\sqrt{t}$为调整因素,用于测算资产收益率的变化情况。

此方法是基于组合收益率的正态性假定:$r_p \sim N(\mu_P, \sigma_P)$

若组合中仅包含少量资产,且它们的收益率服从正态分布,或组合包含大量头寸,其分布

仅限于正态分布,模型将被证明有效。

组合—正态方法的实用性体现在两个方面。一方面是分散化投资成功的组合都包括大量彼此独立的资产头寸,且服从正态分布。如果组合中任何资产的收益率分布的均值和方差均有极限,就可应用中心极限定理获得组合的收益率服从正态分布。另一方面是通过这一方法迅速确定向交易部门分配的资本准备金数量。如果能观察到交易部门的收益率历史记录,就可以计算出收益率的均值和标准差(例如,季度收益率或年收益率)。可以据此提取准备金以防备可能发生的损失,或为整个部门设置交易限额。

虽然组合—正态法有很好的性质和实用性,但不能就这样认为它是风险度量和风险管理的唯一解决方案,特别是当组合中包括大量高度非线性资产(如期权)时,或在评估各行业组合时应尤为谨慎。这一方法的主要优点就是其简洁性,与资产—正态法和 δ—正态法比起来,它不要求估计大规模的相关性矩阵。

2. 资产—正态法

资产—正态法根据组合中各资产的权重和它们收益率之间的相关性来计算组合的标准差。

$$VaR=\alpha\sigma_P\sqrt{t} \tag{11.3.2}$$

组合标准差的计算不是依据组合收益率的历史记录,而是根据公式

$$\sigma_p=\sqrt{W^T\Omega W} \tag{11.3.3}$$

其中,W 为单个资产头寸权重的 $N\times 1$ 向量,Ω 为组合收益率的相关性矩阵。

该方法的潜在假设为:

(1)资产头寸的收益率服从联合正态分布。我们假定组合(零息债券或对应的附息债券、股票指数、股票期权等)中单个头寸的收益率服从正态分布。

(2)组合收益率服从正态分布是因为组合中每个头寸都服从正态分布。实际上,由于几个正态分布随机变量之和也服从正态分布,所以组合的收益率也服从正态分布。

资产—正态法具有特别的优势,因为它是从哈里·马科维茨的现代组合理论直接推导出来的方法。事实上,它的基本假定(资产收益率服从正态分布,用组合收益率的标准差测度风险)也是现代组合理论和资本资产定价模型的基础。但是,资产—正态法也存在一些缺陷。它依赖于头寸收益率的正态性;它是一种局部方法(即只适用于头寸收益率变动为无穷小的情形);它是彻底的线性方法,对现金流呈现高度非线性特征的资产(如期权)没有应用二次项(或二阶)进行估计;它运算繁琐,因为它不仅要求进行资产分解及现金流对应的工作,而且要计算规模很大的相关性矩阵。

资产—正态法最明显的缺点在于它的运算量过大,特别是当头寸变多的时候。在 N 个头寸下,就需要计算 N 个方差和 $N(N-1)/2$ 个协方差。δ—正态法的原理是引入有限个风险因素,然后把单个资产价格(或收益率)变动与市场因素的价格(或收益率)变动联系起来,这样就可减少资产—正态法的运算负担。引入有限个风险因素控制了相关的存在性,使得在组合容量很大时也能有效地计算市场风险。相关性维数的减少是靠增加风险因素(市场因素)而非风险头寸来实现的,但这并不是说资产分解没有必要(经典的例子是外汇远期利率协议,它可分解成三个基础头寸以体现风险、本币市场利率、汇率),而是它大大简化了计算程序。

3. δ—正态法

在δ—正态法下,单个资产的波动是通过每个市场因素的变动乘以该变动的敏感性参数得出来的,例如,市场因素 j 的变动乘以资产价格变动。这些敏感性参数被称为δ因子。

δ—正态模型基于如下假设:

(1)市场因素的变动服从联合正态分布。市场因素变化的未来波动性估计以及不同市场因素变动的协方差估计都基于此假设。

(2)市场因素变动与单个资产变动之间成线性关系。这就意味着组合价值的变动可用市场因素变动的线性形式表示出来。

(3)正态分布变量的线性组合也服从正态分布,对市场因素变动的正态性假定的隐含意义是组合变动的概率密度函数也服从正态分布。

正规表述是,假设组合的市场价值是 M 个市场因素组合的集合 S 的函数,例如,$MV_P=f(S_1,S_2,S_3,\cdots,S_M)$。组合的市场价值可以写成为

$$MV_P=\theta t+\sum\delta_j S_j=\theta t+S\delta^T \tag{11.3.4}$$

其中:S_j 为市场组合对第 j 个市场因素的风险暴露,$S=(S_1,S_2,S_3,\cdots,S_M)$。

$$\delta\text{ 等于}(\partial MV/\partial S_1,\partial MV/\partial S_2,\cdots,\partial MV/\partial S_M)$$

对δ模型来说,组合价格的变动为:

$$\Delta MV_P=\theta\Delta t+\Delta S\delta^T \tag{11.3.5}$$

其中,$\theta\Delta t$ 为组合价值随时间发生的变化(组合的 θ 值乘以时间段),ΔS 为因素变动向量。

组合的风险为:

$$\sigma_p=\sqrt{\delta\Omega\delta^T} \tag{11.3.6}$$

其中,Ω 是因素协方差矩阵。

VaR 值的计算为:

$$VaR=\alpha\sigma_P\sqrt{t} \tag{11.3.7}$$

δ—正态模型是精确度与复杂度之间折衷的产物。它适用于短期(例如一日内的变动)和组合中不包括或包括少量期权的情形。与资产—正态法相比,它的优势在于体现了波动性风险(若波动性被当作一个市场因素的话),并且大大降低了问题的复杂程度。

(二)模拟法计算 VaR

上面我们介绍了参数方法(即明显依赖于给定的收益率概率分布来计算 VaR 的方法)。模拟模型则是另外一种方法。尽管比参数法要求更多的运算工作,模拟模型还克服了参数法的许多缺陷。模拟模型可分为历史模拟模型和蒙特卡罗模型。

1. 历史模拟法

历史数据模拟是最简单的非参数方法,是用给定历史时期上所观测到的市场因子变化来表示市场因子的未来变化,采用全值估计方法即根据市场因子的未来价格水平对头寸进行重新估计,计算出头寸的价值变化,最后将损益从小到大排列得到损益分布,通过置信度 T 分位数求 VaR。

这种方法对于历史价格走势应用三步骤模型技术。因此比较直观：

(1)选择合适的长期市场因素历史收益率时间序列$[F_j(t)]$，$t=-T,-T+1,\cdots,0$，一般用3～5年的日数据，其中F_j为市场因素j的向量。

(2)给定第一步得到的时间序列，计算清算期间(当前)组合价值变动的时间序列。在位组合中的单个资产定价时，采用实际价格函数(例如对简单期权用布莱克—斯科尔斯公式或Garman－Kohlhagen公式，对现金流用零息债券贴现函数)或者采用δ或δ—γ参数估计模型。显然，如果组合中所有的交易都可以直接有效地估计的话，选择哪种函数则完全凭个人判断。

(3)最后一步，把从历史数据归纳出的收益率实际分布情况列表显示，选择某一概率水平，计算该分布在这一概率水平下可能出现的极值，然后据此计算的风险资本额。

这种方法对生成组合收益率的市场价格过程几乎不做假定，它只是假设未来的市场价格信息与历史上的市场价格一样，都取自同一经验分布。用统计学术语来讲，这种方法唯一的假定就是市场因素收益率服从一个静态的过程，从而概率密度函数不随时间变化，或不发生大幅变化。在选择市场因素收益率时间序列的历史区间时，存在任意性，这既可能包括极端的价格波动，也可能排除极端情形，比如1987年股灾或者1992年欧洲货币体系危机。

从另一方面来看，通过使用经验分布，分析师就可以规避那些在为市场价格波动建模时遇到的问题。这些问题例如，市场价格分布呈粗尾形态，比正态分布下预测的形状偏斜一些；波动性和相关性不够稳定等。

除此之外，对价格函数(描述的是市场因素的变化引起单个资产如何变化)几乎不做任何假定。利用实际价格分布，可以对整体组合随时重新定价。这里隐含的意思是说，组合的现金流体现了总体特征，而不仅仅是个局部测算。如果计算现金流，则应在模型中引入估计误差值。

该方法与参数方法相比，有三个明显的优势：模型本质上简单，多数时候无需估计任何参数，市场因素序列都是观测出来的。完全体现了市场因素的实际分布，分布的各阶矩(甚至高于二阶的)以及市场因素之间的相关性集合均可模拟出来，非常易于向最高管理层作出说明，但历史模拟法也有许多缺陷和问题。首先，也是最重要的一点，如果市场因素的未来分布与历史分布差别过大，测算结果就会非常不准。历史模拟的第二个缺陷是跟其他模拟法一样，要承担大量的运算，对银行来讲尤其如此。最后一点值得特别关注。如果市场因素收益率观察值数量过少，就不太可能精确界定分布的尾数形态；如果样本时间段过短，相对于真实分布，该方法就会低估或高估极端波动。反过来，如果样本区间过长，就很难再假设市场因素的分布是静态的了。鉴于历史模拟法简单实用和直观易懂，很多大银行都采用这种方法。

2. 蒙特卡罗模拟模型

参数方法利用灵敏度和统计特性简化了VaR，但对于分布形式的特殊假定和灵敏度的局部特征，参数方法很难有效处理金融市场的厚尾性和大幅波动的非线性问题，这样往往会产生各种误差和模型风险。

历史模拟法应用的基础是资产价格或市场因素价格的历史实际观测值。据此，可以得出组合损益的几个结果，并基于所观察到的损益分布计算VaR。蒙特卡罗模拟模型与上述理念类似，最大的区别是资产收益率或市场因素收益率不是取历史观测值，而是用计算机模拟出来的。

蒙特卡罗模拟方法可以较好的处理非线性、非正态问题，其主要思路是反复模拟决定金融工具价格的随机过程，每次模拟都可以得到组合在持有期末的一个可能值，如果进行大量模拟，那么组合价值的模拟分布将收敛于组合的真实分布。这样通过模拟分布可以导出真实分布，求出 VaR。

蒙特卡罗模拟计算步骤：

(1)选择随机过程和随机变量分布，并估计相应参数

(2)产生伪随机序列 $\varepsilon_i(i=1,2,\cdots,n)$ 利用随机过程求出 $S_{t+1},S_{t+2},\cdots,S_{t+n}$

(3)在该价格序列下估计组合价值 $P_{t+n}=P_T$ 及变化 $\Delta P_{t+n}=\Delta P_{T.}$ 可采用定价公式进行全值估计，也可采用一阶灵敏或高阶灵敏度进行近似估计。

(4)重复(2)，(3)直至达到模拟要求．这样得到组合价值变化分布 $\Delta P_T{}^1$，$\Delta P_T{}^2\cdots$根据特定置信度由分位数可估计 VaR.

蒙特卡罗技术与历史模拟法在如何生成模拟数据方面存在不同。历史模拟法是从历史中找数据，这样就能体现各种金融工具间现有的关系，但同时也要求实际数据生成过程随时间变化保持静态稳定。

而对于蒙特卡罗技术，我们需选择随机过程和概率分布来生成所考察的时间序列，然后构造出非常多的情景来评估组合的损益情况。一旦能够生成满足一定相关性的时间序列，下一个选择就是决定生成多少个序列。我们可以根据历史数据计算每种资产的波动性以及组合内其他资产之间的相关性。若我们有 N 个资产，就应生成 N 个相关的时间序列，例如 1000 次，然后得出该组合的现金流分布情况。从某种意义上看，这种方法很像资产—正态法。一个更常用且简洁的方法是只生成市场因素时间序列，这就可以大大降低时间序列的个数。此时，组合中任何资产价值发生的变动都可以通过 δ 或 $\delta—\gamma$ 近似法测算出来。

蒙特卡罗技术是功能最强、应用最灵活的 VaR 计算方法。它的主要优点在于：

(1)所生成的大量情景使得在测算风险时比解析模型能得出更可靠、更综合的结论。

(2)它体现了非线性资产的凸性，考虑到了波动性随时间变化的情形。

(3)δ 可以用于不同收益率走势的假设下(白噪声、自回归、双线性等)，以及收益率/信息项服从不同分布时进行模拟分析。

它的主要缺陷在于：

(1)它依赖于所确定的随机过程或所选用的历史数据来估计组合的最终价值和 VaR。

(2)它需要功能强大的计算设备，并使得运算耗时过长(几个小时)。这对于交易组合来说，就不得不采用其他 VaR 计算方法。

第四节 随机过程与 VaR

风险计算模型可以描述资产组合价值的未来预测波动特征，其资本前提是能够在任何时点计算出期望收益率随时间的动态变化及其概率分布。从投资和统计的角度来看，与价格概念相比，收益率概念更受欢迎，在收益率基础上建模比在价格基础上建模要容易得多，因此，VaR 风险管理体系主要讨论收益率模型。下面我们主要介绍一下随机过程和收益率模型。

未来收益率的实际变化是无法准确预测的，但并不是说预测根本不可行，而是说未来的收

益率的取值可能,位于给定某个区间,其各种可能结果的概率由一个概率密度函数(以下简称密度函数)来确定。收益率被视为随机变量,其性质体现在密度函数上,我们把单期的对数收益率定义为 r。

金融分析师们不只对单期收益率感兴趣,而更关注收益率在未来的变化路径为满足这一需要,就必须建立收益率随时间变化的模型,在我们的分析中,收益率可以看作随时间不断变化的随机变量。定义该变量为 $r(t)$,其中 t 为时间指标。在任何时点上(即 $t=1,2,\cdots,n$),$r(t)$只是个随机变量。随机变量族 $r(t)$定义了一个随机过程(或随机函数)。在时间序列分析和建立金融模型时,随机过程是个非常重要的概念,因为一旦我们识别出一个随机过程,并产生出一系列的观察值,就可以对该序列做出一些推断,从而预测未来的收益率。

由于 $r(t)$是个随机变量,可以假定 $r(t)$(在任何时点)取任意值。若把实验重复 k 次,我们会得出 k 个不同的 $r(t)$值。因此,对随机过程的观测值记录(例如收益率观测值序列)只不过相当于我们观察到的一组收益率序列中的一个记录。收集所有可能的记录被称为"总体",每个特定的记录则称为"实现值"。统计人员过去曾认为所观察的时间序列是从一个随机过程中生成的。从理论上讲,一个随机过程可以生成大量的、甚至无穷多的序列。与经典推断性统计相对应,可以称随机过程为总体,所观察的时间序列为样本。

二者的区别在于,在经典实验中,样本是从总体中随机采集的,通常需要多少样本就可以提取多少个值。但对时间序列则不是这样,所观察到时间序列是唯一能得到的样本,它不是随机的。

随机过程的特征是随机变量服从联合概率分布,这些随机变量是一系列随机过程的集合 $[r(1),r(2),r(3),\cdots,r(k)]$,其联合概率密度函数为 $F[r(1),r(2),r(3),\cdots,r(k)]$。独立的密度函数 $f[r(1)],f[r(2)],f[r(3)]$,代表 $r(1),r(2),r(3),\cdots,r(k)$的边缘分布。一般地,我们无法单从 $f[r(1)],f[r(2)],f[r(3)]$确定联合密度函数 $F[r(1),r(2),r(3),\cdots,r(k)]$,因为这些函数无法提供 k 个随机变量的联合变动情况,除非这 k 个随机变量是独立分布的。因此,联合密度函数写成:

$$F[r(1),r(2),r(3),\cdots,r(k)]=f[r(1)]\times f[r(2)]\times f[r(3)] \tag{11.4.1}$$

即使 k 趋向于无穷大(即有无穷多个观测值),在一般条件下,也还是可以从大量的、但是有限多个观测值中估计随机过程的概率结构(与整体行为相关的事件概率)。

第五节　预测方差—协方差矩阵计算 VaR*

目前,巴塞尔委员会(Basle Committee)的建议(1995 年 4 月)是,在 10 个工作日持有期内计算 99%水平的 VaR 值。不论采取方差—协方差矩阵法还是么蒙特卡罗模拟法,任何 VaR 模型的核心都是准确预测持有期的方差和协方差。J. P. 摩根银行的 Risk Metrics 模型采用指数加权移动平均方法,其日数据应用的衰减因子为 0.94,月度数据的衰减因子为 0.97。指数加权移动平均得出的结论与 GARCH(1,1)预测过程的结论非常相似。毫无疑问,GARCH 是最完整的预测技术,但需要从事大量的运算工作。如果持有期长达几个月,则需要在一个合适的长期的数据时段求简单无条件方差—协方差矩阵,条件是收益率平方序列是稳定的(即存在无条件方差)。虽然GARCH方法能对较短时段给出越来越精确的预测结果,但在估计庞大的方差—协方差矩阵时仍无法克服固有的运算难题。然而,可以针对给定风险类别中各要素的收益率展开主成分分析(principle components analysis)。尽管其结果实际上是使矩阵规模变小,但这样做不是为了降低矩阵维数,而是使主成分正交,从而令无条件相关系数等于0按照定义,主成分无条件方差—协方差矩阵对角线矩阵。

按照某一标准,衡量一下各种模型的作用如何,就可给它们排出座次。此时有必要制定一个标准来比较哪个模型更有效。一个可行的方法就是取很长的数据时期内的无条件标准差为参照标准,再拿各种模型预测的波动性值与其对比:如果某个模型这方面无法改进,就不应予以采用。

无论模型在确定样本期估计(即在样本的数据期间估计模型参数)中表现得多好,真正验证其功效大小的还是在样本之外(常称为样本后期 post sample)的预测检验中进行。标准的计量经济学方法是保留模型所采用的数据部分,然后再以某种方式估计模型预测是否准确。

不管怎样,仍无法回避一个问题,即如何确定用以衡量一个检验模型是否适当的标准。一般的方法是用均方误差来衡量波动性和相关性预测是否准确,但这也存在问题,根均方误差(root－mean－square error)标准来自正态似然函数(normal likelihood function),当波动性等于常数,实际预测值与预测均值之间平方差最小化,其方差是否也服从正态分布在事前却无法预知。因此,采用基于极大似然估计值的标准不可行。

在不同波动性预测值之间难以比较的另一个原因是,它们常代表不同的时间段,比如,历史波动性常用于做长期预测,即一个月以上的预测,而隐含波动性则无法与其他预测值相对比,因为其预测值是连续变化的。

无论采用何种预测方法,短期波动性估计总比长期波动性估计准确。令人遗憾的是,在比较不同预测方法有效性的问题上,只有这么一个确定的答案。

第六节 基于VaR估计模型的沪深股市风险的实证分析

一、要素选择

计算VaR需要三个因素变量,一是概率水平 p,一是持有期限 t,再就是期望收益概率(密度)函数的选择。

1. 时间范围的选择主要是主观行为,与银行/金融机构的业务种类和所分析的资产组合类型有关。t 天的VaR大致等于 乘以1天的VaR。

2. 置信水平的选择。所取的置信水平越大,相应的VaR值应越大。巴塞尔委员会(Basle Committee)的建议(1995年4月)是,在10个工作日持有期内计算99%水平的VaR值。

3. 期望收益概率(密度)函数的选择。计算VaR要求期望收益率的概率密度函数为已知。由于金融资产期望收益率近似正态分布,通常假定收益率序列服从正态分布,并使用正态分布进行VaR估计。

4. 收益率采用对数一阶差分计算形式,即 $r_t=\ln(p_t/p_{t-1})=\ln(p_t)-\ln(p_{t-1})$,其中 p_t 为

股市指数收盘价。

5. 假定用1000万元投资于中国沪深股市，分别计算在95％的置信度下1天持有期各自的VaR值。

二、数据来源及处理

1. 选取2004年至2006年上半年上证指数和深成指数每个交易日的指数收盘价，分别提取588个样本数据。选取股票综合指数的目的是避免个股带来风险的特殊性和片面性，也是为了合理评价各种估计模型的变动性和估计精度。

2. 采用历史模拟法、方差—协方差法进行VaR估计，并使用方差—协方差法计算动态VaR。

三、统计分析

1. 历史模拟法

历史模拟法是一个简单的、非理论的方法，它由实际的历史资料，来推估未来价格可能的变动情形。其方法是：把从历史数据归纳出的收益率实际分布情况列表显示，然后选择某一概率水平，计算该分布在这一概率水平下可能出现的极值，然后据此计算合适的风险资本额。首先对587个收益率数据从小到大进行排序，由于置信度为95％，因此，由小到大的从收益率列中提取5％的数据（587 × 5％ ＝ 29）。

由此得到沪市的最小收益率 *r*max＝－ 2.0976％，则VaR值＝*V*×*r*max ＝ － 209,760元。深市的最小收益率 *r*max＝ － 2.248％，则VaR值＝*V*×*r*max ＝ － 224,800元。

2. 方差－协方差法

方差－协方差法是假定资产收益是正态分布，利用历史数据计算资产收益的方差、标准差、协方差，可求出在一定置信水平下，反映了分布偏离均值程度，从而推导出VaR值。

(1)沪深股市收益率分布图，见图11.6－1、图11.6－2

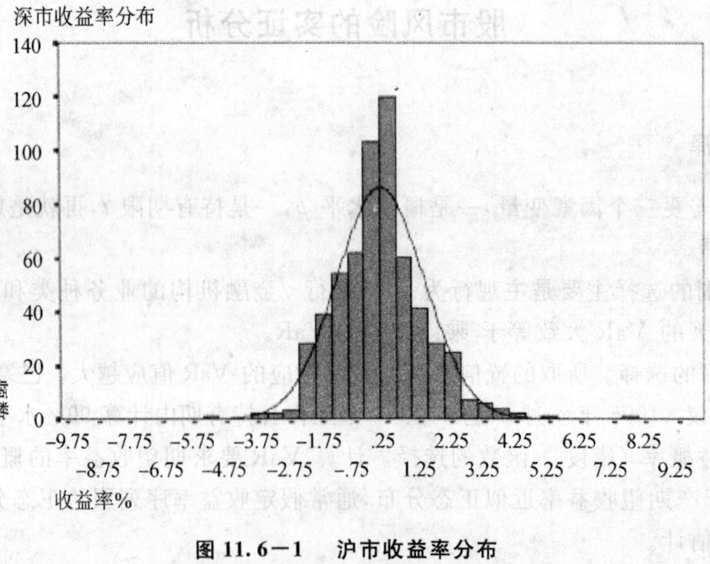

图11.6－1　沪市收益率分布

从收益率分布图上可观测到沪深股市收益率分布表现出较强的正态特征：众数附近十分集中，尾部细小，由此假设收益率序列服从正态分布。

(2)沪深股市收益率方差

沪深股市 2004 年至 2006 年上半期间收益率的标准差，是通过从沪深市提取的 588 个样本。收盘数据计算得到 587 个对数收益率序列，再用 SPSS 软件计算该序列的标准差，所得结果如表 11－1、11－2 所示。

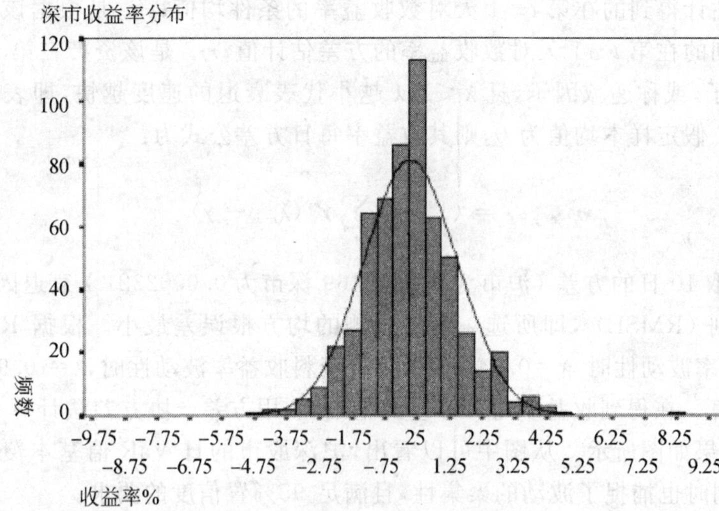

图 11.6－2 深市收益率分布

表 11－1 沪市收益率的描述统计

	N	Mean (均值)	Std. Deviation (标准差)	Variance (方差)
收益率(沪市)	587	0.0001657	0.0136281	0.0001857
Valid N (listwise)	587			

表 11－2 深市收益率的描述统计

	N	Mean (均值)	Std. Deviation (标准差)	Variance (方差)
收益率(深市)	587	0.0003504	0.01443041	0.0002082
Valid N (listwise)	587			

(3)分别代入计算公式得出深沪股市的 VaR 值

① 计算在 95%的置信度水平，持有期为 1 天的沪市 VaR 值为：$-Z_\alpha \times \sigma \times V \times (t)^{\frac{1}{2}} = -1.65 \times 0.013628 \times 1000$ 万$= -224, 862$ 元

其中 V 为投资金融资产的价值，Z_α 为 95%置信度正态分布的分位数，σ 为标准差，t 为持有投资产品的时期。

② 计算在 95%的置信度水平，持有期为 1 天的深市 VaR 值为：$-Z_\alpha \times \sigma \times V \times (t)^{\frac{1}{2}} =$

$-1.65 \times 0.01443041 \times 1000$ 万$= -238,101$ 元

3. 动态 VaR 估计

利用 EWMA 方法(指数加权移动平均法)计算沪深股市收益率的每日方差。对于单变量的情况而言，EWMA 计算公式：

$$\sigma_t^2 = (1-\lambda)(r_{t-1} - \mu_{t-1}) + \lambda\sigma_{t-1}^2$$

其中 σ_t^2 是 EWMA 模型要估计的某资产在第 t 天对数收益率的条件方差；μ_{t-1} 是某资产在一定的样本区间估计得到的在第 $t-1$ 天对数收益率的条件均值；σ_{t-1}^2 是根据该资产在一定的样本区间估计得到的在第 $t-1$ 天对数收益率的方差估计值；r_{t-1} 是该资产在第 $t-1$ 天对数收益率；λ 为衰退因子，或称递减因子，且 $\lambda<1$，λ 越小代表衰退的速度越快，即表示近期资料具有较大的影响力。假定样本均值为 0，则其收益率每日方差公式为：

$$\sigma^2_{\ t+1\mid f} = (1-\lambda)\sum_{k=0}^{t}\gamma^k\ (\lambda_{t-k} - \bar{\gamma})^2$$

$\sigma^2_{\ t+1\mid f}$ 的初始值取 10 日的方差（沪市为 0.0002469 深市为 0.0002321）衰退因子 λ 的估计采用均方根误差原则（RMSE），即所选 λ 使得预测的均方根误差最小。根据 Risk Metrics 方法，当计算日收益率波动性时，$\lambda=0.94$，而计算月资料收益率波动性时，$\lambda=0.97$。在此，选用 $\lambda=0.94$ 进行计算。在得到收益率每日方差的基础上，用方差－协方差法计算 95%置信度下的日 VaR 值。结果如图所示。从图中可以看出，沪深股市的日 VaR 值基本覆盖了绝大部分交易日的损失，同时也捕捉了波动的聚集性，且满足 95%置信度的要求。

（四）结果分析，沪深两市收益率及动态 VaR 的计算结果如图 11.6－3、11.6－4 所示。

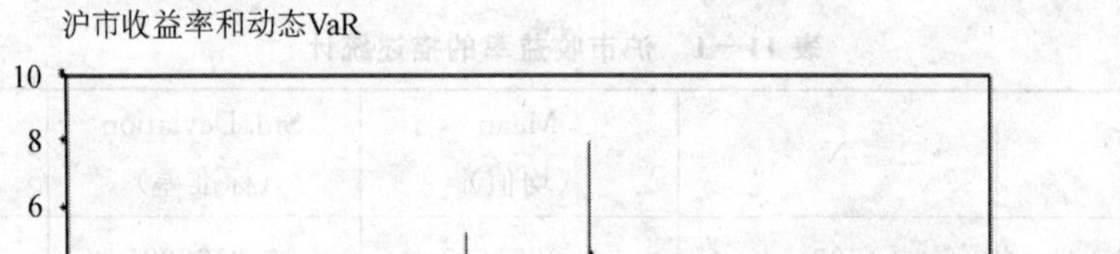

图 11.6－3 沪市收益率和动态 VaR

1. 深市的市场风险大于沪市的市场风险

从上面的计算结果可以看出，无论是采用方差－协方差法还是历史模拟法，均可有效地计算沪深股市的 VaR 值。从总体上可得出深市的风险要大于沪市（Rs≥Rh）的结论。同样投资 1000 万元，在 95%的置信度下，采用方差－协方差法得到的结果是，投资深市 1 天内最大损失为 238101 元，而沪市的最大损失为 224862 元，前者要多损失 13239 元。采用历史模拟法

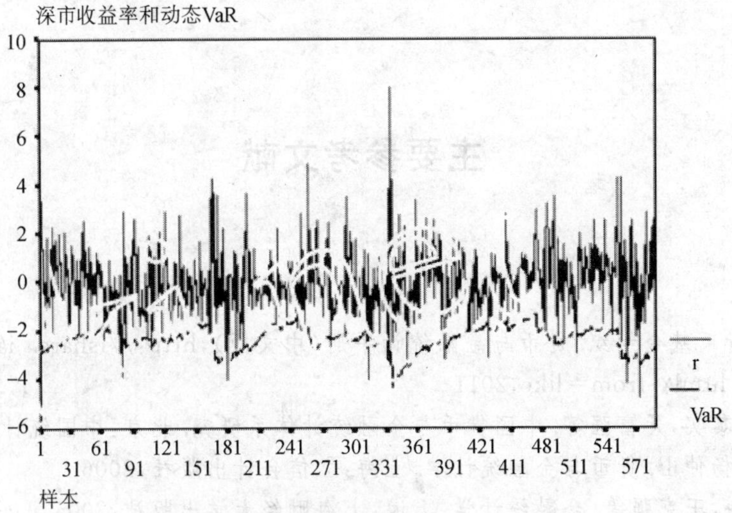

图 11.6—4 深市收益率和动态 VaR

的结果是，深市的 VaR 值为 224800 元，而沪市的 VaR 值为 209760 元，前者要多损失 15040 元。两种 VaR 的计算方法得出的结论一致。说明深市股指波动比沪市大，深市投资者面临的股指下跌的潜在风险大于沪市。当然，这个结论只是在一定的概率基础之上，并针对总体而言，至于具体到某一股票、某一个投资者，由于具体操作不同，其结果会有较大差异。

2. 动态 VaR 估计要比静态 VaR 估计好。动态 VaR 估计基本覆盖了绝大部分交易日的损失，同时也捕捉了波动的聚集性，不仅描述了风险价值时变的特征，而且能够提供更好的预测精度，有利于交易员凭借同一标准对彼此交易头寸之间的风险进行比较。

思考与练习

1. 置信水平、置信区间、估计精度之间的关系是怎样的？
2. 什么是 VaR？VaR 的大小取决于哪几个因素？
3. “组合—正态法”计算 VaR 有哪些优缺点？
4. “资产—正态法”与“组合—正态法”在计算 VaR 时，有哪些主要区别？
5. “资产—正态法”计算 VaR 有哪些优缺点？与之相比“δ—正态法”在计算 VaR 时有哪些改进？
6. 历史模拟法计算 VaR 的计算步骤是什么？该方法的优缺点是什么？
7. 与历史模拟法相比，蒙特卡洛模拟法的最大改进是什么？
8. “组合—正态法”、“资产—正态法”和“δ—正态法”各自的理论依据是什么？

主要参考文献

[1] 国际货币基金组织.货币与金融统计手册(中文版),http://ishare. iask. sina. com. cn/f/8398690. html? from=like,2011

[2] 庞浩,黎实,聂富强等.中国货币与金融统计体系研究.北京:中国统计出版社,2003

[3] 蒋萍,杨仲山.货币与金融统计学.上海:立信会计出版社,2006

[4] 刘红梅,王克强等.金融统计学.上海:上海财经大学出版社,2005

[5] 杜金富.货币与金融统计学(第二版).北京:中国金融出版社,2006

[6] 徐国祥.金融统计学.上海:格致出版社,2009

[7] 许涤龙.货币与金融统计学.北京:科学出版社,2008

[8] 赵彦云.金融统计分析(修订本).北京:中国金融出版社,2000

[9] 宋光辉 .金融统计学.北京:中国统计出版社,2002

[10] 宋逢明.金融工程原理一无套利均衡分析[M].北京:清华大学出版社,1999

[11] 方兴.金融工程学[M].北京:首都经济贸易大学出版社,2004

[12] 黄辉.金融工程学[M].北京:清华大学出版社,2007

[13] 陈世炬,高材林等 .金融工程原理[M].北京:中国金融工程出版社,2000

[14] 周洛华.金融工程学[M],上海:上海财经大学出版社,2004

[15] 周站强.行为金融理论与应用[M].北京:清华大学出版社,2004

[16] 苏同华.行为金融学教程[M].北京:中国金融出版社,2006

[17] 凌江怀.金融学概论[M].北京:高等教育出版社,2004

[18] 李楚霖,杨明,易江.金融分析及应用[M].首都经济贸易大学出版社,2002

[19] 张永林.数理金融分析——基础原理与方法[M].经济科学出版社,2007

[20] 史建平,杜惠芬.投资学[M].武汉大学出版社,2005

[21] 何孝星.证券投资理论与实务[M].清华大学出版社,2004

[22] 林清泉.固定收益证券[M].武汉大学出版社,2005

[23] 鲁珀特著.孙志宾等译.统计与金融.北京:中国人民大学出版社,2010

[24] 菲利普 .乔瑞著.张海鱼译.VAR:风险价值—金融风险管理新标准.北京:中信出版社,2000

[25] 达雷尔 .达菲著.潘存武译.动态资产定价理论(第三版).上海:上海财经大学出版社,2004

[26] 马达拉,拉奥编.王美今等译.金融中的统计方法.上海:格致出版社,2008

[27] 赫尔著.张陶伟译.期权、期货及其他衍生产品(第 6 版).北京:人民邮电出版社,2011

[28] 凯宾斯基，扎斯特温尼克著. 佟孟华译. 金融数学——金融工程引论. 北京：中国人民大学出版社，2009

[29] 彭纳齐著. 杨墨竹等译. 资产定价理论. 大连：东北财经大学出版社，2009

[30] 李腊生，翟淑萍编著. 现代金融投资统计分析（第二版）. 北京：中国统计出版社，2009

[31] Joseph Stampfli，Victor Goodman 著. 蔡明超译. 金融数学. 北京：机械工业出版社，2004

[32] 史道济，张玉环主编. 应用数理统计. 天津：天津大学出版社，2008

[33] 孙建军，成颖主编. 应用数理统计. 南京：东南大学出版社，2007

[34] 克里斯 . 布鲁克斯著. 邹宏元译. 金融计量经济学导论. 成都：西南财经大学出版社，2005

[35] 李子奈，潘文卿编著. 计量经济学（第二版）. 北京：高等教育出版社，2005

[36] 何晓群，刘文卿编著. 应用回归分析（第二版）. 北京：中国人民大学出版社，2007

[37] 茆诗松等编著. 概率论与数理统计教程. 北京：高等教育出版社，2004

[38] 刘嘉焜，王公恕编著. 应用随机过程（第二版）. 北京：科学出版社，2004

[39] 龚光鲁，钱敏平著. 应用随机过程教程. 北京：清华大学出版社，2004

[40] 陈学彬编. 中央银行概论（第二版）. 北京：高等教育出版社，2007